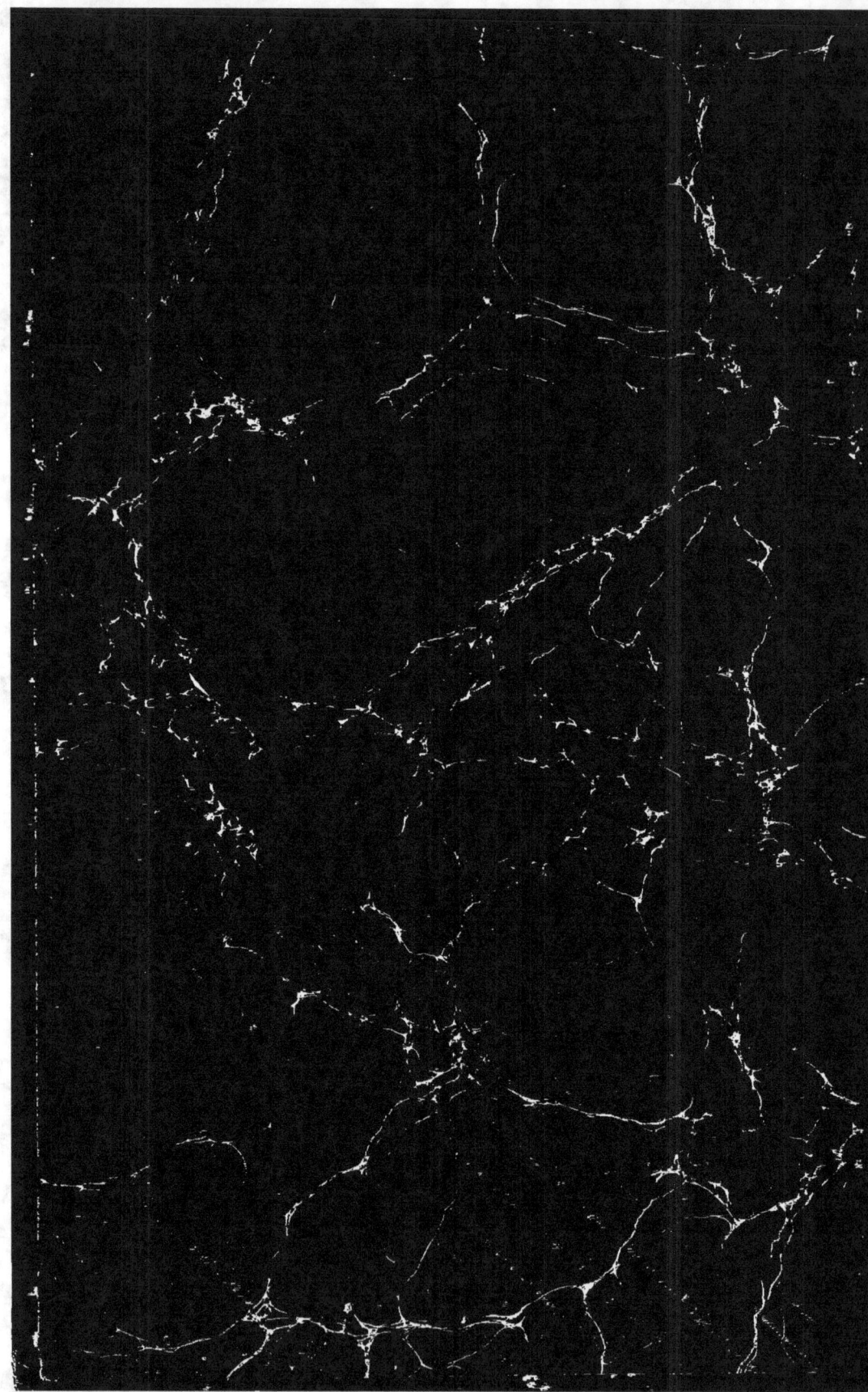

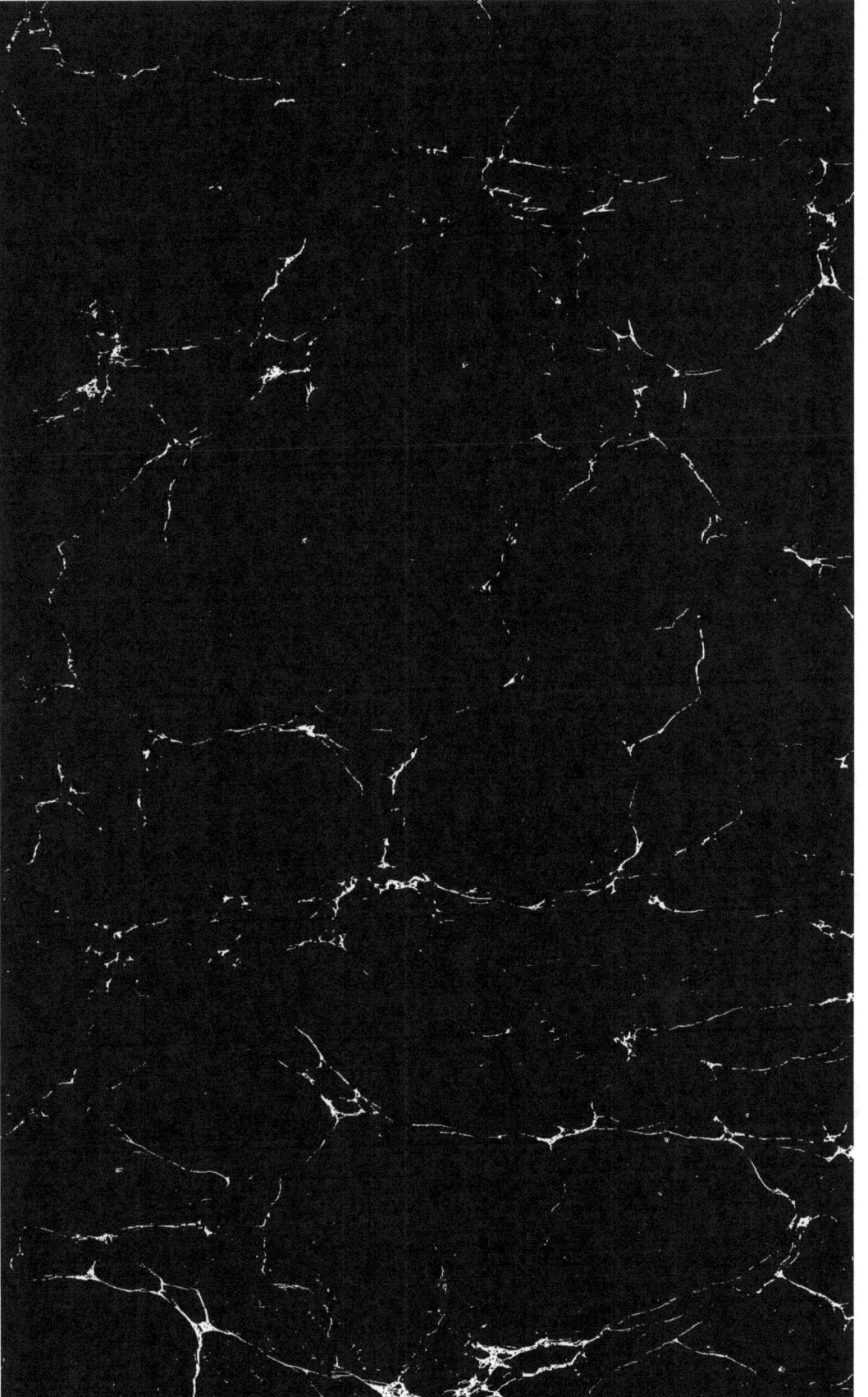

14164

DE LA

POTERIE GAULOISE

COLLECTION CHARVET

PARIS. — TYPOGRAPHIE DE ROUGE FRÈRES, DUNON ET FRESNÉ

rue du Four-Saint-Germain, 43.

DE LA

POTERIE GAULOISE

ÉTUDE

SUR LA

COLLECTION CHARVET

PAR

HENRI DU CLEUZIOU

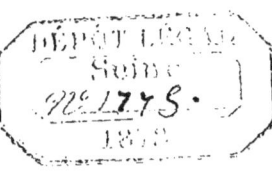

> L'histoire de la céramique, c'est l'histoire
> de l'humanité toute entière.
> J. LELEWEL.

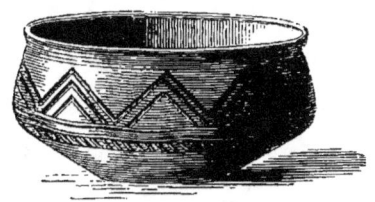

PARIS

LIBRAIRIE POLYTECHNIQUE, J. BAUDRY, ÉDITEUR

15, RUE DES SAINTS-PÈRES

Même maison à Liège

1872

Tous droits réservés

A M. J. CHARVET

Monsieur,

Je commençais en 1867 à déchiffrer avec peine les caractères si peu connus de la poterie gauloise, courant les musées si pauvres alors en spécimens de l'art de terre chez nos aïeux, allant de Sèvres à Cluny, de Cluny à Saint-Germain, et de Saint-Germain au musée ethnographique du Louvre, dessinant, comparant, étudiant, et souvent je revenais de ces courses navré du peu de documents que j'avais récolté dans ma journée.

Comme un botaniste qui, rompu par la fatigue, après avoir gravi maintes collines et traversé maints vallons, rentre au logis et ne retrouve dans son herbier que quelques plantes sèches, sans caractère, sans couleur et sans vie, au lieu du trésor que m'avait fait rêver, au matin, mon imagination en quête de merveilles, je revoyais, le soir, mes albums à peine couverts d'indications prises par-ci par-là, sans lien, sans corps et sans suite.

Je baissais la tête et je me disais : pourtant, il doit y avoir un art gaulois. Oui, il y a un art gaulois, et si jamais on en trouve les traces, ce ne sera ni dans les médailles, imitations de la Grèce ou de Rome ; ni dans les armes : le bras qui frappe et tue ne peut créer et reproduire la nature ; ni dans les parures : colliers, bracelets, bijoux et fibules, instruments de luxe et de coquetterie. Ce sera dans la poterie !

Cherchons les vases.

Et je retournais voir les quatre ou cinq urnes de Saint-Germain, les quelques fragments de Sèvres, les débris de Cluny, et je feuilletais le Brongniart aux bibliothèques, et l'histoire de Maryat, et Riocreux et Demmin et Lubbock et cent autres, sans avancer d'un pas.

Lorsque, tout à coup dans l'immense bazar du Champ de Mars, au milieu de tout le fouillis qu'on avoit débarqué là, une vitrine frappa mes regards,

Mes types rêvés, mes formes personnelles à la Gaule, mes inscriptions joyeuses et vives, mes hanaps à porter les braves santés, mes petites tasses riantes, mes urnes à conserver, mes grands plats, mes bouteilles, mes coupes, tout était là, pimpant, frais, intact, non plus couvert de poussière comme chose qu'on délaisse, mais choyés, aimés, parés, vivants enfin.

Je n'en dormis pas de deux nuits.

Et je vous écrivis, car au Palais, encore plus qu'ailleurs, il fallait, comme toujours en France, verbaliser, signer, contre-signer, pétitionner, timbrer, légaliser, réviser et parapher avant de pouvoir s'approcher de cette bienheureuse vitrine.

Ici on ne peut étudier une collection particulière, et même certaines collections publiques, qu'à la distance militaire de quinze pas. Si vous avancez en tirant un carnet de notes, un gardien vous met la main au collet comme à un voleur, et vous dit : « On ne dessine pas, monsieur, le propriétaire l'a défendu ! » Le propriétaire ! plus stupide que le paysan, qui a peur quand il vous rencontre au coin de son champ, assis sur votre trépied, la palette à la main, que vous n'emportiez sur vos cahiers sa maison, son arbre, sa grange, son moulin, ses bestiaux ou ses pommes de terre.

J'avais la terreur d'un vieil amateur maussade, avaricieux et maniaque, enfermant dans des armoires à triples serrures ses richesses, dont il ne jouit pas, mais dont il ne laisse au moins jouir aussi personne. J'avais la crainte d'un pédant à charabia scientifique qui allait me répondre, « un travail sur la céramographie gallo-franco-romaine, monsieur ! j'en prépare un depuis vingt ans, et je n'autorise personne à courir sur mes brisées. »

Pas du tout. Je rencontrai un homme franc, rond d'allures, de pensées, de geste et de parole, qui m'écrivit : « Vous voulez travailler, monsieur, allez, prenez mes vases, dessinez-les, gravez-les, faites-en ce que vous voudrez. Ah ! je ne saurais trop flétrir le procédé de certaines gens, qui mettent la lumière sous le boisseau, arrêtent l'essor de la science, au lieu de lui fournir d'utiles matériaux, dont les collections sont de véritables fléaux, qui accaparent, dissimulent à tous les regards les monuments qui serviraient à reconstituer le passé.

Comme le peintre des vitraux d'Anet et du jugement dernier écrivait sur ses volumes, « ce livre est à Jean Cousin et à ses amis », je vous dis mes collections appartiennent à tous ceux qui ont le désir de les étudier.

Pline avec Marius Agrippa voulait « que les merveilles qu'un siècle « transmet à un autre, comme la plus belle part de son héritage, fussent « exposées au regard du public, et non pas enfouis sans honneur chez de « riches particuliers. La place des chefs-d'œuvre, disait-il, est sur les places « publiques, sur les portiques et dans les temples, partout où s'arrête le « peuple. C'est une trahison de les reléguer dans les villas où nul ne les « regarde, pas même leurs égoïstes possesseurs. » Venez chez moi, et s'il vous faut des renseignements, je vous prie de croire qu'ils ne vous feront nullement défaut. »

Voilà comment je parvins à cette époque, grâce à vous, monsieur, à publier quelques articles sur la poterie gauloise comparée à la poterie péruvienne, égyptienne, étrusque, grecque, etc.

Depuis, vous avez bien voulu, en m'initiant complétement à l'étude de cette branche si importante de l'archéologie, m'aider de toutes manières à compléter cet essai. Je tiens à vous en remercier publiquement, en vous dédiant cet ouvrage, qui est votre œuvre bien plus que la mienne.

Je me souviendrai toujours des charmantes matinées de la rue de Londres, des excursions du Pecq, des journées heureuses passées avec vous, en devisant de toutes ces formes si caractérisées de la poterie de nos pères. Puissent ces quelques pages vous en rappeler de même le souvenir!

Dans cet espoir, monsieur, recevez donc, avec tous mes remerciements, l'assurance de ma considération la plus distinguée,

Henri du Cleuziou.

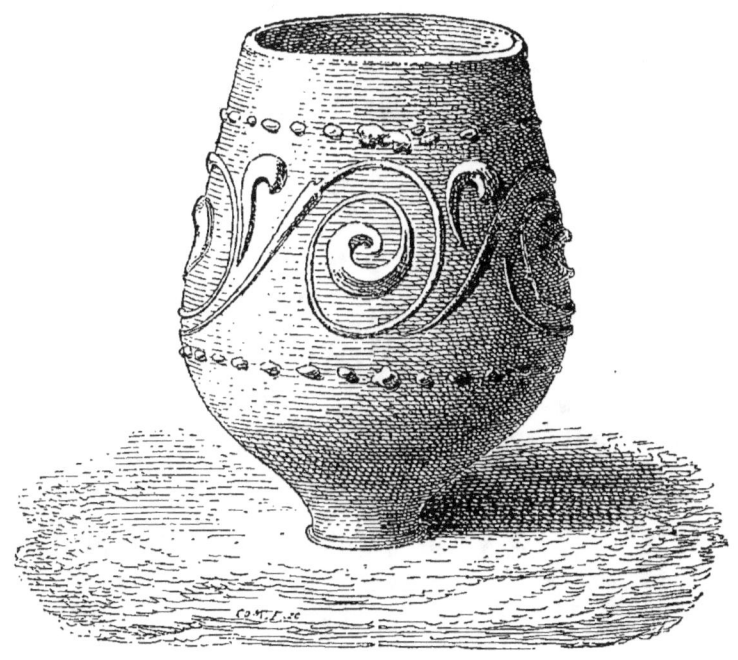

Fig. 1

AVANT-PROPOS

On s'est plu, depuis des siècles, à nous représenter les Gaulois, nos pères, comme des barbares féroces.

Les Latins nous ont fait de leurs mœurs des tableaux pleins de fantaisie.

César, le premier, César, ce grand ennemi de notre race, qui massacrait, impassible, tout le Sénat des Vénètes, et vendait à l'encan ses prisonniers ; César, qui renfermait dans les sombres cachots de Rome la Grande, Vercingétorix, l'immortel Arverne, et lui faisait endurer six longues années de torture pour le réserver à la pompe de son triomphe.

« César, bien plus propre à vaincre les Gaulois qu'à les peindre[1], » non content de les piller à outrance, de les exterminer en

---

1. *La Religion des Gaulois,* tirée des plus pures sources de l'antiquité, p. 333, t. I, Paris, Saugrain MDCCXXVII. Par le R. P. Dom ¹ ⁺*.

César, écrit le même Père (Dom Martin), dans une autre partie de son ouvrage ouvrage qu'on semble dédaigner aujourd'hui et qu'on devrait plus souvent relire, car il est plein de bonne foi, de science profonde, de patientes recherches et de patriotisme éclairé). — César « vit tout en Gaule *avec des yeux romains.* » Il ne sut de la religion « que *ce qui pouvait se savoir en gros.* » — Il ne faut pas attendre de lui de grandes lumières sur la religion des Gaulois, *qu'il n'entendait peut-être pas,* ou du moins *dont il s'embarrassait fort peu.* »

« Il s'est évidemment trompé comme la plupart de voyageurs qui se mêlent d'écrire des commentaires. Ils veulent paraître tout savoir, et pour y parvenir, forment *leurs jugements* sur des apparences légères ou chimériques. »

L'enquête qu'entre deux batailles le conquérant fit en Gaule, fut une enquête officielle ; on sait ce qu'elles peuvent valoir.

masse, a calomnié ses vaincus, et, jusqu'à ces derniers temps, nos historiens, se traînant à sa remorque, ont à l'envi répété ses diatribes.

En vain Aristote avait-il affirmé que la philosophie grecque était fille des Semnothées de la Gaule, en vain Pythagore avait-il rendu justice à la sublime doctrine des druides, en puisant chez eux ses théories métaphysiques et sa science des astres [1], nous avons, au dire d'Aristote, au dire de Pythagore, préféré celui du chauve ami de Nicomède.

Il est temps de nous souvenir enfin des vertus de nos ancêtres, de rétablir, suivant la franche expression de Malo Corret de la Tour-d'Auvergne : « sur la liste des nations le peuple gaulois [2]. »

Non, César en envahissant la Gaule, n'y a pas apporté la lumière !

---

1. Le témoignage de César sur les dieux gaulois, est superbe de légèreté. — « De his eamdem fere quam reliquæ gentes habent opinionem. Les Gaulois, là-dessus, ont *à peu près* les mêmes sentiments que les autres nations. » Tout César est dans cet *à peu près*.

« Ils font la guerre à toutes les religions, » disait Cicéron, qui ne croyait point à la sienne. »— Henri Martin, t. I, p. 81, *Histoire de France*. Paris, Furne, MDCCCLX.

« Ce sont des philosophes initiés à la notion de la cause première, » s'écriaient au contraire, les sages de la Grèce, qui saluaient de loin les druides comme leurs frères. *Idem*, t. I, p. 81, et aux éclaircissements, 473, X, sur l'astronomie des druides et leurs affinités avec Pythagore et Numa.

« *Aristote*, au rapport de *Diogène Laërce*, appelle les philosophes celtes et gaulois, des noms de druides et de semnothées, » c'est-à-dire, suivant la traduction de Jean Reynaud, d'adorateurs de Dieu. *Polyhistor* reconnaît que la Gaule avait précédé la Grèce dans la connaissance de la philosophie.

Jamblique fait de Pythagore le disciple des prêtres gaulois, et *Plutarque* attribue l'honneur de l'institution religieuse de Numa, fondée sur le monothéisme, aux leçons d'un philosophe étranger, qui fut certainement, d'après Jean Reynaud, un Celte de l'Ombrie.

Les Pères de l'Église sont encore plus affirmatifs dans leurs témoignages. *Saint Clément* déclare que les druides avaient une religion de philosophes. *Saint Cyrille d'Alexandrie* soutient, contre l'empereur Julien, que la philosophie,« c'est-à-dire, comme on l'entendait alors, la croyance à l'unité de Dieu, » (?) n'était point particulière à la Judée, mais commune encore aux druides, aux mages et aux brahmanes. *Origène*, d'accord en cela avec *Celse*, son adversaire, convient que les druides de la Gaule, professaient des croyances tout à fait conformes aux doctrines des Juifs. (84 et suiv., *Études de la mythologie celtique*, par Jules Leflocq. Orléans, Herluison, 1869. — *La Religion des Gaulois*, liv. II, p. 329, Dom Martin.

2. *Origines gauloises*, celles des plus anciens peuples de l'Europe, puisées dans leur vraie source, par le citoyen La Tour-d'Auvergne-Corret. — Paris, Quillau, an V de la République française, p. VI, *Avant-Propos*.

AVANT-PROPOS.

Non, César, en égorgeant les nôtres, n'a pas ouvert à la civilisation un pays qui la possédait bien avant sa conquête.

Nous savons aujourd'hui ce que valent les sauveurs de sociétés, suivis de cohortes et de légions, traînant après eux une soldatesque grossière et stupide.

Non, ce n'est pas au milieu d'un troupeau de bêtes féroces que s'est jeté l'ambitieux épicurien d'Italie, rassasié de vices et criblé de dettes. Il a conquis, grâce à cet art funeste « le seul qu'ait jamais connu les Romains, l'art de la guerre[1], » un peuple libre, grand, plein d'honneur, de passion généreuse et de fraternité, dont la supériorité morale a persisté quand même, malgré le double envahissement des serviles armées romaines et des hordes indisciplinées de la Germanie.

Des barbares, nos pères !

Nous aurions dû savoir que ces peuples qui accueillaient avec amour les étrangers que le hasard ou la tempête jetait sur leurs côtes, les entouraient, s'assemblaient pour écouter leurs récits, les arrêtaient en plein champ pour les questionner avec une curiosité infatigable[2], que ces peuples, dont les filles simples et naïves offraient au Phocéen éloigné de sa patrie la coupe amoureuse du mariage, avec une sublimité toute patriarcale[3] étaient des hommes et de vrais hommes.

On nous a dit qu'ils ne se nourrissaient que de sang et de pil-

---

1. Montesquieu : *Grandeur et Décadence des Romains*, t. II, p. 3 et 6. — Paris, Hachette, 1862.
2. « Ces hommes, comme les Grecs, sont avides de toutes choses nouvelles et lointaines; ils *s'intéressent à tout ce qui se passe dans le monde.* » Henri Martin *Histoire de France*, t. I, p. 35.

« Les Gaulois invitent les étrangers à leurs festins, et ce n'est qu'après le repas qu'ils leur demandent qui ils sont et ce qu'ils viennent faire dans leur pays. » Diodore de Sicile. Posidonius (A. Thierry, *Histoire des Gaulois*, t. I, p. 469).

3. Voir dans Henri Martin, t. I, p. 11, l'histoire d'*Euxène* le Phocéen, et de *Nann*, le chef des Segobriges (*Fondation de Marseille*) et dans Amédée Thierry. *Histoire des Gaulois*, t. 1, p. 36, l'anecdote de la belle *Gyptis*, que son époux appela *Aristoxène*, la meilleure des hôtesses.

« Ce ne sont certes pas des esclaves écrasées sous de durs fardeaux, ni d'oisifs instruments de plaisir que ces belles et fières créatures tant admirées des historiens,

lage, que les nations voisines en avaient horreur et ne les approchaient qu'avec crainte [1], et nous avons cru ceux qui disaient le mal sans nous occuper des autres.

Nous aurions dû savoir que c'était avec ce souverain mépris de la mort, qui fait les grandes âmes, que la veuve en larmes du chef au collier d'or, comme sa sœur l'Indienne, venait offrir spontanément au couteau de l'Ovate sa poitrine frémissante d'amour, en chantant son chant de mort [2].

Nous aurions dû savoir que c'était par un sentiment d'amitié plus qu'humain, que le *Breur*, ce frère d'armes kimrique, le dévoué, le *soldeur*, venait réclamer à cause de son serment sacré le droit de suivre au frais pays d'*Avallon*, dans le cercle des voyages, celui qu'il avait perdu sur la terre [3].

qui nous les montrent épouses si dévouées, si bonnes éducatrices, égalant en force d'âme leurs maris, auxquels elles préparent des fils dignes d'eux.

« L'usage de la coupe nuptiale, tel qu'il apparaît dans les traditions sur la fondation de Massalie, est le symbole le plus éclatant de *la liberté naturelle*, qui appartient à la jeune fille de choisir son époux, liberté depuis méconnue, foulée aux pieds durant des siècles dans les sociétés les plus civilisées, par l'autorité paternelle dégénérée en tyrannie.» Henri Martin, *Histoire de France*, t. I, p. 38.

1. Discours sur la nature et les dogmes de la Religion gauloise, servant de préliminaire à l'*Histoire de l'Église gallicane*, par M. Chiniac de La Bastide du Claux, avocat au Parlement. Paris, Butard, MDCCLXIX. Avant-Propos, p. IV.

2. « C'est la fête autour des deux lacs, un lac m'environne et environne le cercle; un autre cercle ceint de douves profondes; une belle grotte est devant, de grandes pierres la recouvrent, le serpent s'avance dehors en rampant vers les vases du sacrificateur; (cette grotte est le tombeau du mort et le serpent son âme. Dans toutes les religions primitives, le serpent est le symbole de l'immortalité), du sacrificateur aux cornes d'or, les cornes d'or dans sa main, sa main sur le couteau, le couteau sur ma tête. »

Chants d'Uther pen Dragon, de la Villemarqué; *Contes des anciens Bretons*, t. II, p. 292.

3. « On voit parfois un héros fameux, au lieu de deux écuyers, réunir autour de lui des centaines de chevaliers qui lui sont associés pour la vie et la mort, le sauvent avec eux ou meurent avec lui dans la bataille, ou, s'ils n'ont pu le suivre, à l'instant même se précipitent dans les flammes de son bûcher ou s'entretuent sur son tombeau. »

Ces associations portent en langue gauloise le nom de Fraternité (*Brodeurde*). Henri Martin, t. I, p. 45.

A la bataille de Marius contre les Kimris, tous les guerriers du premier rang s'attachèrent les uns aux autres avec des chaînes de fer fixées à leurs baudriers. — *Histoire des Gaulois*, Amédée Thierry, t. I, p. 33.

Polybe appelle ces amitiés du doux nom grec d'Εταιρεια.

AVANT-PROPOS.

On nous a dit qu'au fond des forêts sombres, le druide immolait jour et nuit à des dieux immondes des victimes humaines, que sous son couteau de pierre, sur la table du dolmen, le sang ruisselait sans cesse [1].

Voir l'histoire des dévoués de Sertorius; Romey, *Histoire d'Espagne*, t. I, p. 282.
César, qui veut toujours voir des bûchers dans la Gaule, même lorsqu'il n'y avait que de simples inhumations, ce qui serait facile à démontrer par des fouilles récemment faites dans le département de la Marne, par M. Le Beuf, César dit :
« Funera sunt pro cultu Gallorum magnifica et somptuosa. Omnia quæ vivis cordi fuisse arbitrentur in ignem inferant etiam animalia, ac paulo supra hanc memoriam *servi et clientes* quos ab iis dilectos esse constabat justis funeribus confectis *una cremabantur*. Les funérailles des Gaulois, eu égard à leur civilisation, sont magnifiques et somptueuses. Tous les objets qu'on pense avoir été chers aux morts, et même les animaux, sont jetés dans le bûcher funèbre. A une époque qui n'est pas éloignée de nous, les esclaves et les clients qui les avaient aimés, étaient brûlés avec eux quand les formalités des funérailles étaient accomplies. — César, liv. VI, *Comm*.

(Nous reviendrons plus tard sur cet *una cremabantur*.)

Dans un des cimetières de la Marne, celui des Crons (Croms, Cercles), nous avons fouillé nous-mêmes des tombes doubles. — On en a trouvé en très-grand nombre, avec des cadavres superposés, d'autres avec des cadavres enterrés aux pieds du maître. Une enfin avec deux corps, les bras unis après la mort par un unique bracelet. Le bronze en verdissant les quatre os de ces deux bras, donnait la plus irréfragable preuve de l'usage dont parle ici César. — Ce bracelet avec les os qu'il entourait est au musée de Saint-Germain-en-Laye, donné par M. Le Beuf.

1. On sait maintenant que tous les prétendus autels de pierres, connus sous le nom de *dolmens*, ne sont que des chambres sépulcrales analogues aux chambres des pyramides égyptiennes. Un *tumulus*, ou pour mieux dire, un tertre de gazon recouvrait toujours ces chambres et devait être, la plupart du temps, surmonté d'un *menhir* (la pierre du souvenir). Dans la plaine de Carnac, il en existe encore d'entiers, malgré les archéologues qui en renversent tous les jours. Ils se composaient parfois de deux ou trois chambres, comme à Plouharnel. La butte de Tumiac est un dolmen complet. Gavrinis possède encore sa tombelle. Le mont Saint-Michel de Carnac est entier. Quand le temps, la main des hommes, les pluies et le reste finissent par enlever la terre, le squelette du monument se découvre; parfois il est brisé, alors il arrive à n'avoir que trois pierres, ce qui forme ce qu'ils appellent un *trilithe*, parfois un des supports manque, on a le *semi-dolmen*; mais toutes ces divisions et subdivisions n'existent que dans l'imagination des savants. Tout *dolmen* primitivement a eu son tertre, et l'œil le moins exercé, quand il n'est pas aveuglé par le parti pris, en découvre toujours les traces dans les mouvements de terrains qui environnent la ruine.

Quant aux autels avec cuvette et rigoles destinées au sang des victimes, il suffit d'avoir visité les côtes de Bretagne, d'avoir gravi les roches de Ploumanarch, de Saint-Mathieu, de Crozon ou d'ailleurs pour comprendre l'inanité de l'hypothèse du sacrifice dans ces cuvettes. Le granit, en se désagrégeant sous l'action des pluies, creuse un petit trou qui s'agrandit toujours; l'eau cherchant une issue forme la rigole, et il y a dans les falaises dont nous parlions tout à l'heure, nombre de bassins

On nous a dit que, pour apaiser les dieux immortels, ils entassaient dans des mannequins d'osier tressé, des masses d'hommes vivants, qu'ils y mettaient le feu et se délectaient à cet horrible spectacle[1].

formant les plus beaux autels du monde, dans des situations où jamais druide, eût-il cent pieds de haut, n'aurait pu sacrifier la moindre victime.

J'avoue avoir exploré et dessiné presque tous les dolmens connus de l'Armorique et n'avoir pu rencontrer encore un seul autel à sacrifices.

1. Natio est omnium Gallorum admodum dedita religionibus, at que ob eam causam qui sunt affecti gravioribus morbis, quique in præliis peiculisque versantur aut pro victimis homines immolant aut se immolaturos vovent, administrisque ad ea sacrificia druidibus utuntur; quod pro vita hominis nisi hominis vita reddatur, non posse deorum immortalium numen placari arbitrantur, publiceque ejusdem generis habent instituta sacrificia. Alii *immani magnitudine simulacra* habent quorum contexta viminibus vivis membra hominibus complent, quibus succensis, circumventi flamma exanimantur homines. Supplicia eorum qui in furto aut in latrocinio aut aliqua noxa sint comprehensi gratiosa diis immortalibus esse arbtrantur, sed quum ejus generis copia defecit *ad innocentium supplicia descendunt,*

César, *Comm.*, liv. VI, p. 269. — *Guerre des Gaules*, Charpentier, 1865.

La nation gauloise, tout entière, est très-portée à la superstition, et par ce motif, ceux qui sont attaqués de maladies graves, ceux qui font la guerre et qui vivent dans les dangers immolent des hommes pour victimes ou font vœu d'en immoler. Les druides sont les ministres de ces sacrifices; ils croient que les dieux immortels ne peuvent être apaisés qu'en rachetant la vie d'un homme par celle d'un autre homme. Les sacrifices de ce genre font même partie des institutions de l'État. Quelques peuples ont de très-grands mannequins d'osier tressé qu'ils remplissent d'hommes vivants, ils y mettent le feu, et ces hommes périssent enveloppés dans les flammes. Ils croient que l'immolation de ceux qui sont convaincus de vol, de brigandage ou de quelque autre action criminelle est celle qui plaît le plus aux dieux immortels; mais quand ces sortes de victimes ne sont point assez nombreuses, ils y suppléent en sacrifiant des innocents. — Traduction de M. Charles Louandre.

Heureusement que nous n'avons qu'à tourner quelques pages pour nous convaincre de la véracité de l'historien des Gaules. Je vous épargne le texte latin.— « On y voit (en Gaule) des animaux nommés élans. Leur forme se rapproche de celle du chevreuil, mais ils sont un peu plus grands; ils ont la peau mouchetée, ne portent point de cornes, et *leurs jambes n'ont ni jointures ni articulations* (et crura sine nodis articulisque habent). *Ils ne se couchent point pour dormir, et quand ils tombent, ils ne peuvent ni se soulever, ni se remettre debout.* (Neque quietis causa procumbunt neque si quo afflictæ casus conciderunt erigere sese aut sublevare possunt.) Les arbres leur servent à se gîter; ils s'y appuient en se penchant un peu, et c'est ainsi qu'ils dorment. Quand les chasseurs ont reconnu, à l'empreinte de leurs pieds, l'endroit où ils ont leurs repaires, ils déracinent tous les arbres ou *les scient de manière que le tronc se tienne encore debout;* lorsque les élans, suivant leur habitude, viennent s'y appuyer, *ils renversent par leur poids ces arbres qui n'offrent plus de résistance, et tombent avec eux.* » Comm., liv. VI, p. 277, *idem.*

Quand on examine la nature d'une aussi puérile façon et qu'on ose transmettre à la postérité de pareilles réflexions, on pourra nous parler tant que l'on voudra des sacrifices religieux des druides, nous fermerons l'oreille et nous ne croirons pas.

Et nous avons cru l'ennemi sans même chercher à comprendre le dévouement plein de grandeur et d'idéal de celui qui, n'ayant pas d'enfer, ne connaissait point la terreur du trépas [1].

Nous aurions dû savoir le rôle admirable que jouaient dans la société gauloise les femmes, ces êtres faibles et beaux, dont le respect chez nous s'est conservé quand même, malgré l'influence de la barbarie franke.

Nous aurions dû savoir que ce respect avait enfanté dans notre patrie la Velléda des Bructères qui, du fond de sa solitude mystérieuse, soulevait les guerriers de l'indépendance [2] ; la Peponilla de Sabinus qui, semblable à la lionne au fond de son antre, nourrissait en silence les rejetons du proscrit [3] ; la Boadicé de Tacite qui, dans l'île de Bretagne menait, pleine du courage des héroïnes de France, des Jeannes immortelles, les siens à la victoire [4]. On

---

1. Te, non Paventis funera Galliæ. — Horace, *Odes*, livre IV, Ode XIV, à Auguste.

2. Voir dans l'*Histoire des Gaulois*, de M. Amédée Thierry, l'histoire de cette Velleda, « qui, se dérobant à tous les regards, se tenait cachée au haut d'une tour et dirigea la grande révolte de Civilis. » — *Histoire des Gaulois*, t. II, p. 524. Paris, Didier, 1863.

3. Tacite l'appelle *Eponina* ; Plutarque, *Emponé* ; Dion Cassius, *Peponilla*. Ce fut elle qui vécut neuf ans enfermée dans les souterrains d'une villa, avec son époux, et qui n'ayant pu obtenir de Vespasien la grâce de Sabinus, demanda à mourir avec lui. — « Fais-moi cette grâce, Vespasien, s'écria-t-elle, car ton aspect et tes lois me pèsent mille fois plus que la vie dans les ténèbres et sous la terre ? » Plutarque. *Histoire des Gaulois*, t. II, p. 549.

4. Tacite, *Vie d'Agricola*, XVI.

Plutarque dans son traité *De virtutibus mulierum* cite encore deux traits qui peignent complètement le caractère de la femme gauloise.

Celui de la belle Camma, qui, poursuivie par les obsessions de Sinorix, tétrarque puissant, assassin de son époux Sinat, finit par consentir à lui donner sa main. Le jour des noces, aux pieds de la statue de Diane, elle lui tendit, après l'avoir bue à moitié, la coupe de l'hymen ; puis, quand il l'eut portée à ses lèvres, s'écria : « Chaste déesse, sois bénie de ce qu'ici même j'ai pu venger la mort de mon époux assassiné à cause de moi. Maintenant que tout est consommé, je suis prête à descendre vers lui aux enfers. — Pour toi, ô le plus scélérat des hommes, Sinorix, dis aux tiens qu'ils te préparent un linceul et une tombe, car voilà la couche nuptiale que je t'ai destinée. » — La coupe était empoisonnée.

Plutarque, t. II, p. 257, *De virtutibus mulierum*, Francfort, 1599.

Henri Martin, *Histoire de France*, t. I, p. 38, Paris, Furne.

Amédée Thierry, *Histoire des Gaulois*, t. I, p. 414, Paris, Didier.

Kiomara, qui étonna Polybe par la finesse de son esprit, l'élévation et l'énergie de son âme, fit mieux encore pendant la guerre de Manlius ; comme elle combattait

nous les a montrées confinées dans des îles sauvages, couronnées de lierre comme des bacchantes, découvrant et reconstruisant leur temple aux lueurs de la lune, et déchirant de leurs ongles aigus les chairs palpitantes de leurs compagnes pour en semer les débris sur les roches de la côte¹.

On nous les a montrées l'effroi des navigateurs, qui ne passaient qu'en tremblant dans ces parages, repoussés par la foudre et les éclairs, terrifiés par des spectres armés de flammes, assourdis par des hurlements épouvantables.

Femmes des Gaules, aux cheveux fauves qu'enviaient les nonchalantes Romaines, nous avons cru toutes ces choses, et nous vous avons méprisées, vous les vraies mères de nos aïeux².

Nous aurions dû connaître et respecter les festins funèbres que faisaient, au moment de la mort de leurs proches sur la fosse entr'ouverte, comme dernier adieu à leurs chers morts, ceux qui

---

avec son mari Ortiagon, elle tomba entre les mains des ennemis. Sa beauté tenta le centurion qui la gardait; il voulut la séduire, n'y parvint pas et la viola; puis son avarice le poussa à l'échanger contre une rançon de la valeur d'un talent attique. Comme il venait la nuit toucher son or aux avant-postes du camp gaulois, Kiomara, dans sa langue maternelle, parla aux soldats qui venaient la prendre ; ils massacrèrent le centurion. — Alors elle prit la tête du Romain, l'enveloppa dans sa robe, et quand elle parut devant son époux, jeta par terre cette tête encore sanglante, et s'adressant à Ortiagon s'écria : « Il y a quelque chose de plus beau que la fidélité, c'est de pouvoir dire : deux hommes vivants ne se vanteront pas de m'avoir possédée. »
Plutarque, *Loc. cit.*, p. 258. — Tite-Live, XXXVIII, 24.
Henri Martin, *Histoire de France*, t. I, p. 39.
Amédée Thierry, *Histoire des Gaulois*, t. I, p. 402.
Et l'on a accusé les Gaulois de polygamie !
1. Strabon, liv. IV, p. 198.
2. Les femmes, dit Plutarque, étaient toujours consultées dans les occasions solennelles de la vie publique.
Le Brenn convoquait toujours les femmes avant la déclaration de la paix ou de la guerre.
Elles seules apaisaient les différends qui s'élevaient entre les Gaulois et leurs alliés, entre les Gaulois entre eux.
On sait le rôle que jouèrent les femmes dans la fameuse bataille des Eaux sextiennes.
Ce fut aux femmes gauloises, réunies en tribunal, au bord du Tet, qu'Annibal dut de traverser en ami la Gaule pour aller attaquer Rome.
Henri Martin, *Histoire de France*, t. I, p. 39.
Amédée Thierry, *Histoire des Gaulois*, t. I, p. 435.

avaient si fermement enraciné dans l'âme l'amour des trépassés [1], mais on est venu nous dire qu'ils hachaient, avec d'autres viandes, la chair amaigrie de vieillards débiles et décrépits, et la servaient à leurs parents, à leurs voisins, à leurs amis, invités en grande pompe [2].

Et nous avons ajouté foi à ces fables, et nous avons souillé de ces ignominies la mémoire des héros couchés sous le tertre vert. Il est temps de faire justice de tous ces contes! Il est plus que temps de venger ces grands chefs de famille qui, après avoir été calomniés par leur vainqueur, ont encore été reniés par leurs fils.

Car ce dernier opprobre ne leur fut même pas épargné. La tourbe qui suit d'ordinaire le triomphateur, couvrant de baisers les traces marquées dans le sang de leurs pères, commença chez nous, de bonne heure, LA GRANDE TRAHISON DE LA PATRIE.

Les navigateurs de la Seine, *Nautœ Parisiaci*, ces marchands! à peine initiés aux sublimes vérités de la religion druidique, il fallait vingt ans d'épreuves avant d'être jugé digne d'interpréter le sens symbolique des triades, les navigateurs de la Seine, ces satisfaits! flattant les empereurs, qui leur bâtissaient des palais, des temples, des arcs de triomphe, des villas, des thermes et même des arènes, romanisèrent les dieux qu'ils ne connaissaient pas [3].

Dès l'aurore de la conquête, Jupiter fraternisa chez eux avec le défricheur Esus ; Kernunos, le père de l'agriculture, descendit au même rang que Vulcain. Les Rhèmes, ces amis de la première

---

1. Voir plus loin cette question du repas funèbre et du *don sépulcral*, comme l'appelle le savant docteur Pruner Bey.
2. Strabon, liv. IV; Diodore de Sicile, liv. V, p. 214.
Discours sur la nature et les dogmes de la religion gauloise, par M. de Chiniac de la Bastide du Claux, avocat au Parlement. — Paris, Butard, MDCCLXIX, *Avant-Propos*, page x.
Saint Jérôme dit avoir vu dans sa jeunesse, pendant un voyage qu'il fit en Gaule, *des Écossais qui mangeaient de la chair humaine.* « Ils trouvent, ajoute-t-il, dans les forêts des troupeaux entiers de pourceaux et d'autre bétail, et cependant ils préfèrent de couper les fesses des bergers et les mamelles des femmes, ce sont pour eux les plus délicieux de tous les mets. »
Hier. adv. Jovin, liv. II, p. 53.
3. Tout le monde connaît les fameux autels gallo-romains trouvés le seizième

heure, lui donnaient pour compagnons le blond Phœbus et Mercure le voleur [1].

La Gaule se couvrit de temples dédiés à Mars, à Vénus, à Castor, à Pollux, à Minerve, à tant d'autres.

La mythologie, volée par Rome à la Grèce, cette Rome n'avait même pas de dieux à elle ! la mythologie du Capitole s'imposa officiellement à la Gaule.

On oublia, pour les nouveaux venus, la fée blanche Koridwen,

---

jour de mars 1711, à Paris, sous le chœur de l'église Notre-Dame, pendant que l'on creusait le caveau destiné à la sépulture des archevêques, et l'inscription pompeuse de l'un de ces autels.

```
        TIB CAESARE
       AVG JOVI OPTVM
         MAXVMO - MO
       NAVTAE PARISIACI
       PVBLICE POSIERV
             NT.
```

Ils sont aujourd'hui déposés dans la salle du musée des Thermes et catalogués sous les numéros 1, 2, 3, 4 dans le livret du musée de Cluny.

Dom Martin les a décrits, p. 51, t. II dans sa *Religion des Gaulois*, et Dulaure. p. 67, t. I, dans son *Histoire de Paris*.

Sur l'un de ces autels, au-dessus d'une figure cornue, on lit le mot CERNVNOS, Je ne veux pas faire ici une dissertation sur la mythologie gauloise et charger ces notes déjà trop longues d'un nouveau commentaire sur ces soi-disant dieux de nos pères.

Mais, à propos de ce Cernunos, qu'on me permette un rapprochement. Il existe à Karnac une église dédiée à saint Cornely. Les catholiques ont traduit saint Corneille et en ont fait un pape. A ce saint, on mène de partout les bestiaux du pays. — Il est figuré au-dessus du porche de l'église flanqué de deux bœufs cornus. La pierre de saint Cornely guérit les bêtes par son seul frottement ! Ne retrouverait-on pas dans ce Corneul un ressouvenir du Kerneun de Gaule ? Ce saint ne serait-il pas un druide guérisseur ? On ne puise pas assez dans ces légendes anciennes que l'on dédaigne de nos jours.

En cherchant bien, je crois que parmi ces saints on retrouverait bien des hommes dignes de la reconnaissance que leur ont témoignée les races au milieu desquelles ils vécurent jadis.

Ce qui s'efface dans les cités reste en permanence dans les campagnes. En grattant un peu la couche chrétienne de toutes ces traditions, on arriverait facilement jusqu'à leur origine réelle, qui me semble, dans bien des circonstances, extraordinairement gauloise.

1. Le musée de Reims possède un fragment d'autel où ce même dieu cornu, assis à l'orientale, le cou orné d'un collier et faisant tomber, comme une manne, entre un cerf et un bœuf des graines d'un sac qui repose sur ses genoux, est accosté de Mercure, armé du caducée, et d'Apollon, appuyé sur sa lyre.

la Nature, source de toute science, et Gwyon, le Prométhée gaulois, père du front rayonnant: Taliesin, l'*esprit*. On oublia Tud-Tad-Teutatès, le père des peuples, l'Hermès révélateur, on oublia Bel-Heol, le soleil générateur et tous ces symboles presque égyptiens, complètement hindous, qui indiquaient si formellement la parenté de notre race et des races asiatiques primitives [1].

L'apostasie des cités fut générale. Le bourgeois, fier de son titre de citoyen romain rasa sa chevelure libre, et, dédaignant la soie rayée des ancêtres, le collier de bronze, le bracelet ciselé, l'épinglette émaillée de pierres fines, les pendeloques d'ambre et la braie flottante, s'affubla d'une toge incommode, se donna un prénom grotesque en *us*, et traina majestueusement sur le forum de son endroit le manteau des sénateurs d'Italie.

Il ne pouvoit plus habiter Bibracte, Alise ou Gergovie. Il nomma sa ville *Augustodunum* (Autun), *Julio Magus* (Angers), *Cæsarodunum* (Tours), *Augustonemetum* (Clermont), *Cæsaromagus* (Beauvais), *Nemausus-Augusta* (Nîmes), partout du Jules, partout du

---

[1]. Rien n'est beau comme la légende de cette Koridwen. Gwyon le voyant surprend les secrets de la nature, la cuisson des six plantes dans la chaudière d'airain qu'entoure les perles de la mer. Poursuivi, il se change en lièvre, Koridwen en levrette; il devient poisson, Koridwen loutre; il prend la figure de l'oiseau, Koridwen la forme d'un épervier; il se fait grain de blé, Koridwen poule; elle le saisit, l'absorbe, et de son union sort Taliesin le front rayonnant.

Les différentes incarnations de Vichnou sont là. Les transformations d'Isis et d'Osiris sont là.

Les métamorphoses d'Apulée sont là.

Pour l'initié, par l'accointance avec la nature, par sa fréquentation la plus intime, on arrive à la voir telle qu'elle est, *rerum cognoscere causas*. On est Gwyon, *voyant*, puis, absorbé par elle, on en sort apôtre, *front rayonnant*, capable d'enseigner aux autres à son tour, d'illuminer le monde par son intelligence, de répandre la lumière en tout lieu, d'être Taliesin.

Quant à Teutatès, le Toth phénicien et égyptien l'Hermès, Épervier du Panthéon de Champollion, depuis longtemps on connaissait la signification de son nom. Dom Martin, t. I, p. 326, dès l'année 1726, l'avait traduit. Tud, Tad « en langue celtique signifie : Père du peuple. » — Depuis, M. Henri Martin (*Histoire de France*, t. I, p. 57) a fait l'honneur de cette interprétation à M. de la Villemarqué. — Les traces du culte indien de Bel-Heol sront tès-communes parmi nous, nos feux de joie aux solstices en sont la preuve. Les *Merveilles de la nuit de Noël* et le *Songe d'une nuit d'été* sont là pour le prouver de reste.

Bien des villages en France portent des noms dérivés de ce radical. Il y en est un, *Belz*, auprès de Carnac.

César, partout de l'Auguste. Il y eut l'*Augusta* des Auskes (Auch), l'*Augusta* des Trévires (Trèves) ; il y eut la *Julia Valentia* (Valence), l'*Apta Julia* (Apt), enfin la *Carpentoracte Julia* (Carpentras) ! [1].

Puis, comme il était de mode en ce temps déjà de faire remonter sa généalogie jusqu'aux dieux, comme César était petit-fils de Vénus, les Arvernes proclamèrent qu'ils étaient frères des Romains, qu'ils descendaient des compagnons d'Énée [2]. On donna pour père aux vieux Celtes Hercule, époux de la nymphe *Celto,* pour père aux Bretons *Brutus,* petit-fils du vieillard Anchise.

Plus tard, lorsque les Francs se ruèrent à leur tour sur ce beau pays dévasté, on les fit, par une raison semblable, descendre de *Francus,* fils d'Hector, et Lutèce se glorifia de son fondateur troyen, le beau *Pâris*[3].

L'Église, qui avait adopté, comme langue de son choix, le latin des premiers envahisseurs, consacra l'usurpation romaine, et Karl le Grand, devisant dans « la nouvelle Athènes » sous des arcades byzantines, avec Rikulfe *Damœtas,* Théodulphe *Pindare,* Eginhard *Calliopœus,* se fit sacrer empereur romain, fut proclamé *Auguste,* et donna le dernier coup à la personnalité gauloise.

« L'esprit humain, comme le dit si bien l'auteur de la *Vie de Jésus,* fut réduit durant six ou sept cents ans à la plus complète nullité. Un long sommeil s'empara de lui, il retomba en pleine barbarie. »

Où se cachait, pendant ce temps, l'âme de la nation ? Dans les campagnes, au fond des forêts, sur les sommets déserts, près des

---

1. Henri Martin, t. I, p. 196.
2. Id., t. I, p. 203.
3. « Les Finns d'Islande durent leur origine à un roi Fénus, issu de la nation phénicienne ; les Scots descendirent de Scota, la fille de Pharaon. Les Bretons se rattachèrent à la maison d'Énée, par le petit-fils d'Ascagne, un consul romain, dit leur historien Nennius. Les Cimbres vinrent en droite ligne de Gomer, fils de Japhet. C'est ainsi qu'une fable antique déjà mentionnée par Appien, donnait pour ancêtres aux Gaulois deux frères, Galas et Celtus, nés de la nymphe Galatée. »
Lefloch, *Etudes de Mythologie celtique,* p. 24.

plages silencieuses. Où se réfugiait l'esprit invaincu des vieux âges ? Dans les vallées discrètes du Bourbonnais et du Morvan, sur les hauts plateaux de la Champagne, derrière les âpres rochers de l'Armorique. Partout, partout, dans ce que l'on appelle LE PEUPLE. Là, les potiers, gardant ce qui restait de la tradition de l'art patriotique, modelaient dans la glaise ces petites figurines de *déesses mères,* véritables Isis d'Égypte, offrant à leurs fils jumeaux leurs mamelles fécondes, déesses qui préparèrent si bien, par la suite, le culte plus épuré de la Vierge mère.

Là, ils façonnaient dans l'argile la joviale physionomie du *Rire,* ce dieu si gaulois de la gaieté dont nous sommes encore, malgré tout, les fervents adorateurs.

Là, ils coulaient, dans de rustiques moules, ces coqs à la crête pimpante, qui sont restés notre blason national, depuis le Bren de Camille jusqu'aux derniers jours de nos révolutions [1].

Le génie de la religion druidique, dédaigneux des bienfaits du césarisme et de l'administration militaire, avait pris son vol vers des contrées plus libres. Il établit sa demeure dans les îles de l'Océan, la verte Irlande et la Cambrie bretonne, et là, continuant à expliquer aux initiés, aux voyants, sous « l'œil de la lumière [2], » le sens caché des pointes de bouleau, les mystères de la coupe, la signification des rameaux marqués sur la table des sentences. Pur de tout paganisme sensuel, il prépara dans ses colléges bar-

---

1. Voir sur les déesses mères ; — les déesses nourrices ; — les déesses protectrices des champs; — le dieu Risus ; — les coqs gaulois, etc., le grand ouvrage de M. Edmond Tudot sur les figurines gauloises de l'Allier.
Collection de figurines en argile, œuvres premières de l'art gaulois, avec les noms des Céramistes qui les ont exécutées, recueillies, dessinées et discutées; par Edmond Tudot. Paris, Rollin, MDCCCLX.

2. Cet œil de la lumière, l'œil d'Osiris des bas-reliefs égyptiens, l'œil des coupes étrusques, l'œil des baris de Thèbes et des barques de Malte, l'œil enfin du triangle maçonnique, brille encore de nos jours dans l'Eisteddvod, réunion bardique du pays de Galles. Voir le Congrès celtique international de Saint-Brieuc, 1868, Guyon-Saint-Brieuc. Séance du 15 octobre 1867, discours du R. Jenkins, pasteur à Morlaix, p. 20 ; et le *Voyage dans le pays de Galles,* de M. Alfred Erny; *Tour du monde,* 1867, 1er semestre, p. 278, *Eisteddfod de Carnarvon.*

diques l'union de la grande religion de la charité, de l'amour et de la fraternité avec le vieux culte de la nature.

C'est de ces colléges, devenus monastères, que sortirent ces saints légendaires d'Hibernie, canonisés par le seul respect du peuple. Ces blancs moines, aux noms significatifs, Hervé *le Vivant*[1], Armel *le Doux,* Gouesnou *le Pur,* Aubin *le Blanc,* Melaine *le Doré,* et les Brieuc, et les Malo, et les Gildas, et les Tromeur, qui, poussés dans des auges de pierre par les génies ailés des vents rapides, débarquèrent aux rives d'Armor, et purent inscrire sans violence la croix sur le menhir et la croyance du sacrifice et de la rédemption dans le cœur des *dévoués* de la Gaule.

Les initiés par le baptême, la communion et le baiser fraternel ne devaient-ils pas facilement convertir les initiés par l'eau, la coupe et la main fermée dans la main [2]?

---

1. Un des dictons populaires sur ce saint confirme ce que nous disions plus haut de saint Cornely.

Sant Hervé deuz Menè Brè
Lacke an dour a lech' ne vè
Lenm an dour a lech' e ve ré.

« Saint Hervé du Menè Brè (montagne près de Guingamp) met de l'eau là où il n'y en a pas, et en enlève là où il y en a trop. »

Ah! que celui qui, sachant à fond ce qui nous reste de la langue de nos pères, s'en irait le sac au dos (c'est le seul moyen de voyager fructueusement), à travers les deux Bretagnes d'abord, à travers la France ensuite, recueillant les légendes, les traditions, les contes et ballades, lisant les inscriptions des menhirs, dessinant tous les monuments qui nous restent de ce temps, les comparant, les analysant, les traduisant au besoin, ferait une merveilleuse récolte.

Au bout de quelques mois, il verrait revenir à la surface ce qui nous reste de gaulois dans le sol natal, et rendrait à la science un signalé service.

Effacer la trace de l'invasion de l'Infâme, détruire tout ce que la conjuration de ses successeurs a accumulé de mensonges sur cette donnée fausse de barbarie, inventée par lui et rétablir enfin dans leur vérité, et les usages funèbres, et les croyances sacrées, et les symboles parlant, et les mariages, et les fêtes, et la vie gauloise tout entière en un mot.

Quelle magnifique mission!

A qui sera-t-il donné de la remplir?

2. Les rapports de la franc-maçonnerie et des initiations bardiques anciennes, sont aussi complets que ceux de cette société secrète avec les réceptions d'initiés aux rites d'Isis et aux mystères de la grande Déesse. — Voir Gérard de Nerval, voyage en *Orient, les Nuits de Ramazan, les Mystères d'Isis,* par Boulaye, *Fable sainte* *L'Ane d'or* d'Apulée, livre XI.

Une première RENAISSANCE, une bienfaisante réaction s'annonça dès lors, et la nuit provoquée par le triomphe de la brutalité franque, qui succédait immédiatement à la brutalité romaine, se dissipa tout à coup.

Un homme, un Celte, fut le type formel de l'épanouissement complet de cette réaction. Abeilard, le grand penseur[1], le revendicateur des « droits de la raison », le successeur direct du Kimri Morgan qu'on appelle vulgairement Pélage, et qui, de son temps, avait défendu « le libre arbitre » contre *Augustinus*, le sauvage Africain, digne champion de l'intolérance romaine, Abeilard, sur lequel la belle Héloïse, que M. de Rémusat n'hésite pas à appeler « la première des femmes » (dans toutes les choses gauloises, l'influence de cet être si cher devra-t-il donc toujours se faire deviner et sentir ?) jeta le reflet suave d'un poétique amour. Il se leva dans « son camp » de la montagne Sainte-Geneviève, et refusa de voir dans la Trinité catholique autre chose qu'une triade gauloise : la puissance (le père) unie à la sagesse (le fils) par l'amour (l'esprit).

Dans notre art national, cette renaissance est encore vivante aujourd'hui, conservée par le respect du peuple pour la pierre qui parle. C'est le moment où les dragons ailés, les oiseaux à tête d'homme, les serpents mordus par des aigles, les sirènes, les centaures, les griffons, les licornes et toute la fantastique terreur de l'an mil disparaissent pour faire place à la vigne enroulée gracieusement au lierre grimpant, aux roses fleuries, aux feuilles d'aune, au chêne vénéré, à toute la flore enfin de nos cathédrales antiques[2].

C'est le moment où le rire pénètre dans cette société morne et triste ; où sa souriante figure, sa gaieté parfois trop franche pointe aux angles des portiques sacrés sur les grands contre-forts de la nef et jusque dans les clefs de voûte du sanctuaire.

C'est le moment enfin où, sur le fronton de Chartres, la seconde

---

1. Il était le fils aîné d'un chevalier breton, et naquit au Pallet, près de Nantes. Voir Henri Martin, *Histoire de France*, t. III, p. 319 et suiv.

2. Voir comme type de l'ornementation végétale du treizième siècle, la porte rouge à la cathédrale de Paris.

vertu sociale (fille de la Vertu par excellence, la Douceur dans la force), la Liberté, la grande LIBERTÉ[1], prend en main son étendard ou sa lance, et, s'appuyant sur son écu vainqueur de trois royautés, crie à tous : « Courage, enfants, je suis là ! »

Toutes nos renaissances, du reste, ont été marquées par le réveil de cet esprit : celle du seizième siècle se personnifie dans le sublime railleur qui a nom Rabelais, Gaulois complet de cœur et de langue.

Et celle de 89 ne fut que le retour le plus accentué qui se puisse voir aux sentiments, aux lois, aux usages même de l'antique patrie.

Alors Quintus Aucler s'écria : « Français et Belges, races gauloises et celtiques, vous vous êtes débarrassés du culte où s'étaient rattachés les barbares… Revenez à celui de la nature, à celui des tribus indiennes, tribus celtiques émigrées jadis des hauts plateaux de l'Asie[2]. »

Alors Sieyès proposa « de rejeter dans les forêts de la Franconie toutes ces familles qui conservaient la folle prétention d'être issues de la race des conquérants, et d'avoir succédé à des droits de conquête. » — « Il faut épurer la nation, disait-il, et prouver à nos pauvres concitoyens qu'ils tirent leur noblesse des Gaulois, et que celle-là vaut au moins autant que celle qui viendrait des Sicambres, des Welches et autres sauvages sortis des bois et des marais de l'ancienne Germanie[3].

---

1. Dans le porche septentrional de la cathédrale de Chartres, trois voussures sont consacrées aux vertus : la première, celle qui est la plus près du sanctuaire contient les vertus de l'intelligence, de la science, de la perfection. La seconde, les vertus domestiques intimes de la famille, et la troisième, celle qui regarde le dehors, la foule, les vertus de la société.
La première de ces vertus, celle qui engendre les autres, tient abaissé son bouclier orné de roses et marche elle-même sur un parterre de roses. C'est la Force. *Virtus* dans la douceur. La première fille immédiatement au-dessus, est la Liberté et pour que nul ne l'ignore, son nom est écrit en gros caractères le long de la moulure voisine LIBERTAS ; son bouclier est orné de trois couronnes, elle tenait en main un étendard ou une lance qui n'existe plus ; à sa suite marchent l'amitié, la concorde, etc. Ce poème de pierre est sublime de grandeur, on dirait presque de l'antique.
2. Gérard de Nerval, *Les Illuminés*. — Quintus Aucler, p. 263.
3. *Le Tiers État*, par l'abbé Sieyès.

Alors en essayant de rendre aux mois des dénominations prises dans la nature, on refit, sans s'en douter, un calendrier celtique [1].

Alors, enfin, fut déposé aux archives de l'hôtel de ville une pétition signée Ducalle, où on demandait aux citoyens administrateurs de ne plus porter le nom dont s'honore une troupe de brigands.

« Nous sommes du sang pur des Gaulois, s'écriaient les auteurs de cette requête. Chose plus qu'étonnante! Paris est une pépinière de savants, Paris a fait la révolution et pas un seul de nos savants n'a encore daigné nous instruire de notre origine, quelque intérêt que nous ayons à la connaître. C'est chez vous, citoyens administrateurs, que nous venons chercher cet appui; souffrirez-vous que les Parisiens n'aient fait la révolution que pour faire honneur de leur courage, à nos plus grands, à nos seuls ennemis de quatorze siècles, aux bourreaux de nos ancêtres et à nos oppresseurs? Non, sans doute. Vous les instruirez qu'ils ne sont point de cette race abominable qui ne s'est jamais distinguée que par ses crimes, surtout contre nous et vous concourrez avec nous à obtenir de la Convention nationale qu'elle nous rende le nom de *Gaulois* [2]. »

On peut dire de nos jours que l'appel des hommes de quatre-vingt-neuf a trouvé de l'écho parmi nous.

Une science toute nouvelle, l'archéologie a commencé à fouiller avec le soin et la patience qui la caractérisent les annales du passé. Elle a fait parler les pierres nues de la lande, les cavernes des îles, les lacs profonds, les grèves immenses ; elle a réveillé dans leurs tombes des cadavres qui sommeillaient depuis de longs âges, et leur a demandé les secrets enterrés jadis avec eux.

---

[1] Le nom du mois en breton est toujours caractéristique. Guenveur, janvier, mois tout blanc. Ebrel, avril, mois sans souffle. Gwen-golo, septembre, mois de la blanche paille. Du, novembre, mois noir. Kerdu, décembre, mois très-noir, etc. Vous voyez que ces dénominations s'accordent passablement pour l'esprit, avec les nivôse, les pluviôse, les ventôse, les brumaire du calendrier républicain.

[2]. *Magasin pittoresque*, des noms de Gaule et de France. XVI, 1848, p. 22 et suivantes.

Sans souci des légendes romaines, elle a voulu les confronter avec les traditions nationales pour reconnaître la fausseté des unes et la vérité des autres. La vraie vie gauloise renaît enfin, grâces à ses recherches.

Au grand monument de la réhabilitation des ancêtres, apportons donc aussi notre modeste pierre.

Pour une telle œuvre, les moindres matériaux dans les mains des ouvriers de la pensée trouvent parfois leur utilité quand même. A ceux-là, nous offrons cette *étude*, espérant qu'ils en feront ressortir quelque gloire pour ceux dont nous gardons au fond du cœur, le pieux respect, la mémoire fidèle et la patriotique vénération.

Malheureusement l'archéologie se traîne encore dans ce que j'appellerai l'ornière romaine. Le moindre talus que l'on rencontre en France devient un *camp de César*, la plus petite route est une *voie romaine* [1].

Le chercheur découvre-t-il des traces de maisons gauloises sur les flancs de quelque colline, c'est un *pagus*. Sous les ronces l'appareil d'un mur de grosses pierres se laisse-t-il apercevoir, c'est un *oppidum*. Il n'est pas jusqu'au costume qui ne prenne, sous la plume de nos savants, des dénominations latines. Ils appellent le saye *sagum*, le bracelet *armille*, le glaive *spathè*, le collier *torques*, l'épinglette *fibule*.

Dans leur manie de se créer un vocabulaire spécial pour parler d'un cocher qui mène un char, attelé de deux chevaux, ils s'écrieront : C'est un *aurige* conduisant un *bige*. Pour décrire une femme assise sur une chaise près d'un trépied orné de vases à parfum, ils diront : Une *puelle* enveloppée du *peplos* assise sur une *cathedra*, se tient auprès d'une *mensa tripes* surmontée d'une *oxibaphon* et d'une *olpa*.

Pour eux un jeune homme est un *éphèbe*, un sabot est un *trocus*,

---

[1]. Le grand dolmen de Lokmariaher, auprès duquel se trouve couché le fameux menhir brisé, est appelé dans le pays : *La table de César*.

un fouet un *stimulus*, une cruche une *hydrie*, une coupe un *cylix*, et l'étude des vases qui nous occupe de la *ceramographie*.

Puisque nous sommes en veine de réaction, élevons-nous contre cette habitude funeste.

A des Français, parlons en bon français.

Et rappelons-nous la verte réprimande du grand Pantagruel à ce Limosin plein de verbocination latiale qui cuidoit pindariser en déambulant dans les compites et les quadrivies de l'inclyte urbe que l'on vocite Lutece.

Ne ronsardisons point en prose et dédaignons enfin pour jamais

> De ces grands mots le faste pédantesque.

La science ne doit point être, comme le dit si sagement Montaigne : « un fantosme à effrayer les gens. »

Jetons au panier ces défroques ; on a bien assez longtemps romanisé la Gaule.

Puisque nous sommes Gaulois, soyons Gaulois tout du long.

Rendons à César ce qui est à César, et leur langue, leur gloire, leur honneur à ceux qui furent autrefois.

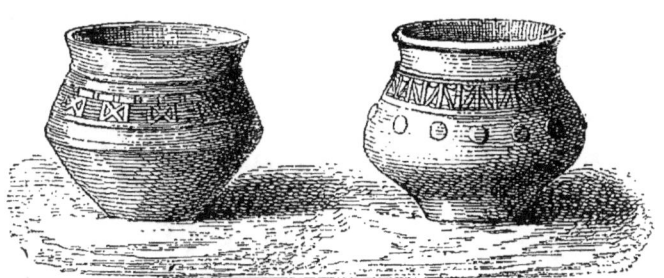

Fig. 2. Fig. 3.

INTRODUCTION

SOMMAIRE : — L'art de terre. — Sa première inspiration. — Les formes génératrices des vases : naissent à l'imitation du végétal. — Trois lois. — La loi de parenté. — La loi d'analogie. — La loi de personnalité. — L'histoire de la céramique, c'est l'histoire de l'humanité. — Application des trois lois à l'art de la Gaule. — La poterie fournissant les points saillants de la généalogie de la race gauloise.

L'art n'est que l'étude, la contemplation, la compréhension de la nature.

C'est un miroir, dit M. de Broglie. C'est un reflet, dit M. Charles Blanc.

Les bardes qui mettaient en ordre les mystères du monde, selon la belle expression de Taliesin [1], demandaient à l'*Awen*, inspiration artistique dans la plus large expression du mot, trois conditions nécessaires :

Un œil qui sache voir la nature.

Un cœur qui sache comprendre la nature.

Une volonté qui ose suivre la nature [2].

De tous les arts, le premier donc, le plus noble, le plus ancien « le plus utile à la République [3], » L'ART DE TERRE, comme l'ap-

---

[1]. Cyfrinach Beirdd ynis Pridain. *Le Mystère des Bardes de l'île de Bretagne*, par Adolphe Pictet, p 71; Genève, Joël Cherbuliez, 1856.

[2]. *Idem*, p. 64.

[3]. *Œuvres complètes de Bernard Palissy*, p. 323. Paris, Dubouchet. 1844.

pelle si bien le grand Bernard de Saintes, puisa comme les autres, mais avant tous, ses formes, ses modèles et ses types, à cette source universelle et féconde.

Quel objet frappa tout d'abord les yeux du pétrisseur d'argile [1] ?
La fleur, les plantes.

Les formes génératrices des vases, dit le savant polonais Joachim Lelewel, durent naître à l'imitation du végétal [2].

Lorsque, seul, étendu sous l'ombre des grands arbres à l'entrée de la caverne qu'il venait de disputer aux bêtes féroces, à la porte de la hutte de terre sèche qu'il venait d'élever aux bords des grands lacs, l'homme se prit à entrer en délibération avec sa pensée, se civilisa lui-même en un mot, ce qui advint dès qu'il y eut constitution de famille et éducation d'enfant, il jeta les regards autour de lui.

L'animal fuyait à travers les herbes et disparaissait au loin dans la forêt; l'oiseau s'échappait; le poisson glissait dans l'onde ou mourait; restait la fleur qui entr'ouvrait sa corolle aux doux rayons du soleil, se penchait vers lui, s'offrait à lui pour ainsi dire. Il la saisit, l'examina et façonna la terre, facile expression de sa pensée, à son image et à sa ressemblance [3].

Le souvenir de cette contemplation s'est conservé chez tous les

---

1. Les traditions du premier modeleur biblique ont jeté comme un reflet sublime sur tous ceux qui vinrent après lui, et la Grèce, cette patrie des chefs-d'œuvre de la sculpture antique, a fait de son Prométhée cet ouvrier de terre, le rival du foudroyant Jupin ; mais l'ami de la sage Minerve et le protégé d'Hercule, génie bienfaisant, redresseur de torts et dompteur de monstres.

2. *L'Art de terre chez les Poitevins*, par Benjamin Fillon. Lettre de Lelewel à l'auteur. Préface, p. 2. Niort, Clouzot, 1864.

3. Le goût étant chose de délicatesse et de sentiment, il nous est doux de penser que ce fut peut être la femme qui, la première, eut l'idée de façonner l'argile à l imitation de la fleur. Chez les sauvages, ce sont les femmes qui fabriquent encore de nos jours les poteries destinées à la famille. Voyez Brongniart, *Poterie des Cafres*, p. 14. M. Marcoy, sur le revers des Cordelières, dans les Pampas del Sacramento, chez les Indiens Conibos (*Voyage à travers l'Amérique du Sud, Tour du Monde*, p. 167, année 1864, 2ᵉ semestre) dit que la fabrication des vases est spécialement réservée aux femmes, et donne sur cette fabrication presque sacrée des détails excessivement intéressants. Qu'on nous laisse croire que l'art est entré dans le monde par la femme, tant de gens en font la source de tout mal et de tout péché.

peuples du monde et semble établir un lien de parenté entre toutes les nations de la terre [1].

Plus un vase est ancien, plus il se rapproche de l'image exacte de la fleur, soit qu'il affecte la forme du bouton qui se dégage à peine de la verte enveloppe de son calice dilatant avec une grâce exquise ses pétales au matin du jour. Tel que le saisit l'homme

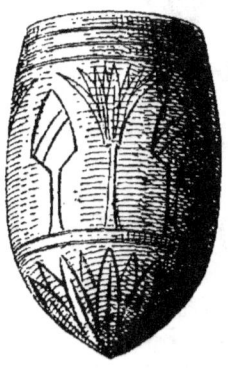

Fig. 4. Vase apode orné de lotus. Musée égyptien du Louvre.

quand il l'enleva de sa tige pour en faire le type des vases apodes ou sans bases (*fig.* 4, 5, 6) que nous trouvons, au Mississipi, dans l'Amérique [2], sur le bord du fleuve des Gazelles [3], chez

---

Le premier meuble du foyer dut sortir de ses mains et nous vient d'héritage maternel. La première coupe offerte à l'homme harassé de fatigue à son retour de ses courses lointaines n'a pu être présentée que par une femme.

Les traditions du mariage par la coupe, que nous allons examiner dans les chapitres suivants, semblent du reste confirmer cette hypothèse.

1. Je vois, dit Lelewel, dans les poteries modelées par les hommes, depuis le jour où la main commença à façonner l'argile, je vois les rameaux de la race humaine leurs mariages, déplacements, fusions de branches, notées clair par une forme, un profil, un procédé de fabrique, une couleur, un vernis. — *L'Art de terres chez les Poitevins*, p. 3.

2. *Ancient Monuments of the Mississippi valley*, EG. Squier. AM. and. EH. Davis, MD. Smithsoniam, institution. City of Washington, 1847; — et *Observations on the Aboriginal Monuments of the Mississippi valley*, by EG. Squier. New-York, 1847, p. 32.

3. *Voyage au fleuve des Gazelles* (Nil Blanc), par Bolognesi, *Tour du monde*, p. 39 ; année 1862, 1er semestre. Paris, Hachette.

les Scandinaves[1], en Égypte[2], dans les lacs de Suisse[3], au fond des tombelles du pays d'Ar mor[4]; soit qu'il ressemble à cette coupe aux bords recourbés, Lotus qui s'épanouit aux fraîches heures du lever de l'aurore; pleine encore de la rosée du ciel, que l'homme prit dans sa main creuse et leva vers le soleil qui la fécondait (*fig.* 9, 10, 11), coupe commune à tous : à l'Indien[5], au Celte[6]

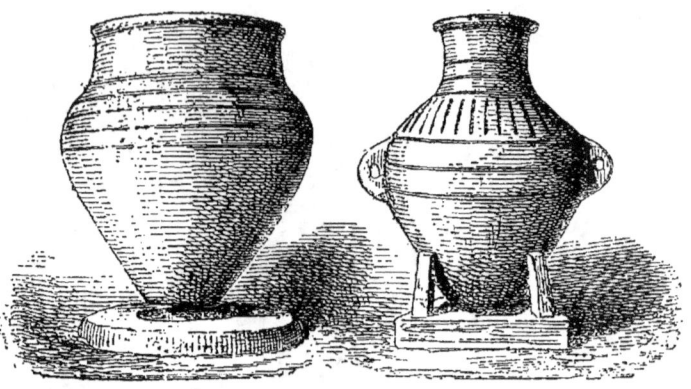

Fig. 5. Vase apode gaulois. Musée céramique de Sèvres. Support annuliforme (Habitations lacustres). Musée céramique de Sèvres.

Fig. 6. Vase antique scandinave (apode). Musée céramique de Sèvres.

au Péruvien[7], comme au prêtre de Babylone[8], au Pharaon de la Bible[9], comme au grand chef de famille des vallées champenoises[10].

1. Musée céramique de Sèvres.
2. *L'Art égyptien*, par M. Prisse d'Avennes (*passim*), Musée égyptien du Louvre.
3. Habitations gauloises sur les lacs. Fouilles du lac de Zurich. *Magasin pittoresque*, année 1855, t. XXIII, p. 181. Exposition universelle de 1867, *Histoire du travail* n° 336 du catalogue.
4. Musée archéologique de la Société polymatique du Morbihan. Vannes. *Tour du Connétable.* — Fouilles du Moustoir Carnac. — Fouilles du dolmen er Roch', à la la Trinité-sur-Mer.
5. *Inde*, par M. Dubois de Jancigny. *Univers pittoresque*, p. 447.
6. Musée de Vannes, *Fouilles du Mané Beker Noz* (la montagne du Hurleur de la nuit), presqu'île de Quiberon.
7. Musée ethnographique du Louvre.
8. Musée assyrien de Louvre. Bas-relief du palais de Khorsabad.
9. Vases peints, des trésors de Rhamsès VII. Tombeau d'Aïmesi, Thèbes et *passim*. *L'Art égyptien*, par M. Prisse d'Avennes.
10. Musée de Saint-Germain-en-Laye. *Fouilles des Crons de Bergères*, près Vertus par M. Lebeuf.

La fleur inspira toutes les formes primitives des vases.

Le soir, quand elle replie sur elle-même sa belle parure aux

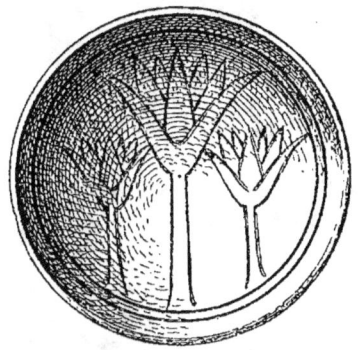

Fig. 7. Coupe ornée de lotus. Musée égyptien du Louvre.

couleurs vives, cachant aux yeux les mystérieuses liaisons de ses organes, l'homme, dans la méditation sereine de la plante, rêva l'urne (*fig.* 12, *fig.* 13, *fig.* 14, *fig.* 15, *fig.* 16) qui gardait

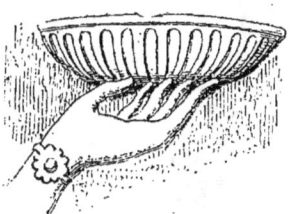

Fig. 8. Coupe assyrienne. Bas-relief de Khorsabad. Musée du Louvre.

l'eau du Nil dans les nécropoles de Thèbes ([1]), l'eau du Rhin peut-être dans les profondeurs des sépulcres de Cologne ([2]),

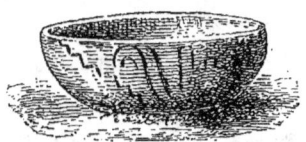

Fig. 9. Coupe péruvienne. Musée ethnographique du Louvre.

1. Tombeau découvert par M. Passalacqua. *Histoire des usages funèbres et des sépultures* chez les peuples anciens, par Ernest Feydeau ; Paris, Gide et Baudry MDCCCLVI.
2. Voyez p. 47 et 48.

le Blé mur du festin funèbre à la butte de Tumiac ([1]), les cendres du fils de Miltiade au sol sacré de la Grèce ([2]).

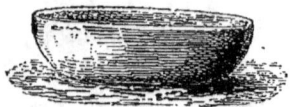

Fig. 10. Coupe gauloise. Musée céramique de Sèvres.

Quand la graine se forme, la corolle tombe, le pistil s'élargit et se gonfle, nageant au dessus de l'onde comme le nelumbium, ce

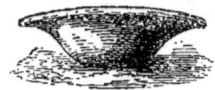

Fig. 11. Coupe gauloise. Musée céramique de Sèvres.

pain du cachemire, et gardant le germe de la renaissance future. L'homme le copia dans le vase à libation (*fig.* 17, *fig.* 18, *fig*, 19),

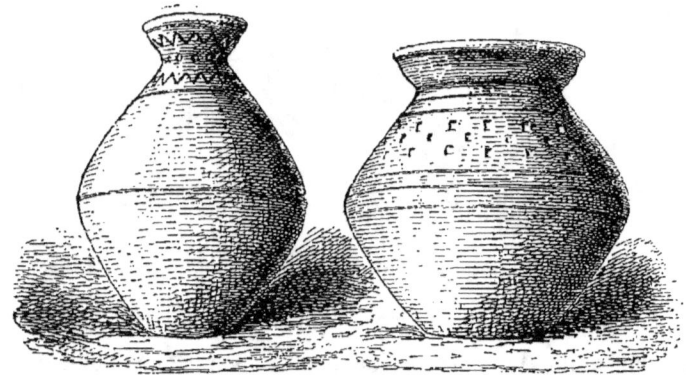

Fig. 12. Vase égyptien émaillé (Musée du Louvre).

Fig. 13. Vase gaulois Biturbiné. A. Brongniart. *Traité des arts céramiques.*

1. Les fouilles dans le Morbihan ne se font pas toujours avec le tact qu'on devrait apporter dans ces sortes de choses. Ce qu'on a brisé de vases anciens dans ce pays est incalculable. — Depuis quelques années seulement, l'intelligent conservateur du musée, M. de Cussé, les recueille, les restaure, les rétablit avec un soin, une finesse, une science dont on ne peut que le remercier quand on s'occupe de céramique.
2. Vase funéraire de Cimon, donné par M. Fauvel, consul de France, trouvé à Athènes et déposé à la Bibliothèque.

que le savant retrouve aux mains allongées des prêtresses à l'œil bordé d'antimoine, versant la liqueur du sacrifice devant le grand Osiris, ou la féconde Neith, la génératrice divine, mère de Phtha[1].

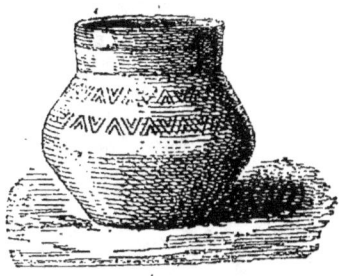

Fig. 14. Vase gaulois très-caractérisé. A. Brongniart. *Traité des arts céramiques*.

Et les dragueurs de la Seine le découvrent au fond des bancs de sable du fleuve aimé des Parises [2].

Le fruit pend à l'arbre à demi caché par ses feuilles. L'homme

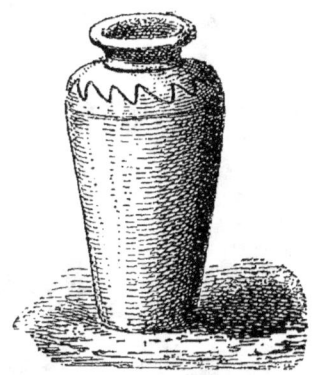

Fig. 15. Vase gaulois celtique trouvé entre Ploudaniel et Plounéventer. A. Brongniart. *Traité des arts céramiques*.

en (*fig*. 20, *fig*. 21, *fig*. 22) forma la gourde, vase sacré des pèlerins d'Orient, du vieux brahmine de l'empire du milieu [3], vase saint des

---

1. Musée égyptien du Louvre.
2. Musée céramique de Sèvres.
3. Voir sur les gourdes des derviches, le *Magasin pittoresque*, p. 55, année 1854, t. XXII, et pour les gourdes chinoises, le *Po-kou-Thou*, recueil d'antiquités, figures 1772.

32   POTERIE GAULOISE.

musées de Troyes, de Moulins, de Lutèce [1], le même partout avec son trou central, ses petites anses rondes et son armature de lianes

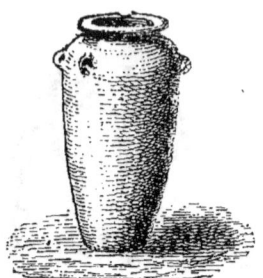

Fig. 16. Vase égyptien. Musée du Louvre.

légères. Pure, limpide et calme, la source, à l'endroit le plus caché

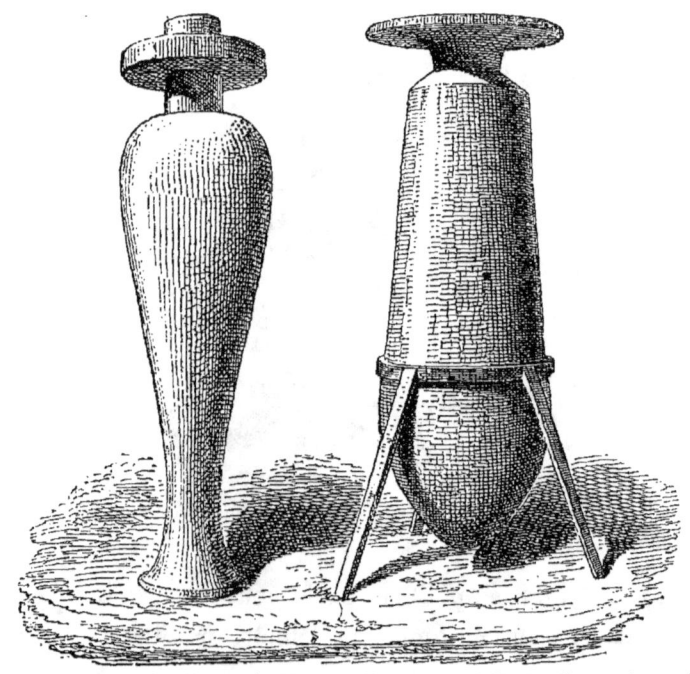

Fig. 17. Vase à libation (égyptien). Musée du Louvre.   Fig. 18. Vase à libation (étrusque). Musée du Louvre.

1 Exposition universelle de 1867, *Histoire du travail*, — Vitrines de Troyes et de Moulins, — *Revue archéologique*, 1868, p. XXII.
Vase trouvé dans la Cité, à Paris.

de la forêt, vierge de toute trace humaine, reflète dans toute leur

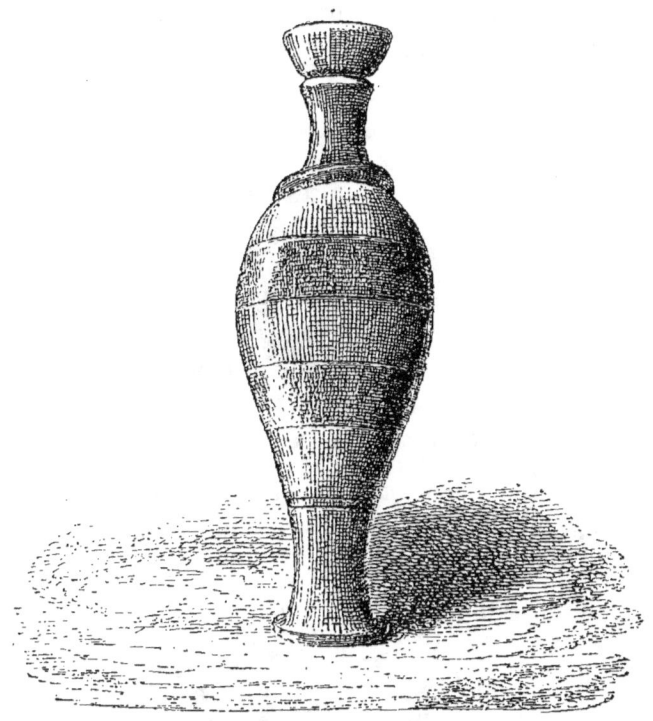

Fig. 19. Vase à libation (gaulois). Musée céramique de Sèvres.

vérité grandiose, les roseaux, les grands arbres, les fleurs qui l'en-

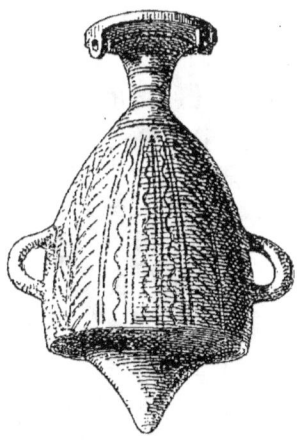

Fig. 20. Vase américain. Musée ethnographique du Louvre.

vironnent. Plus immaculée, l'âme de l'homme à l'origine refléta la nature dans toute sa pureté naïve et sublime à la fois (*fig.* 23, *fig.* 24, *fig.* 25, *fig.* 26).

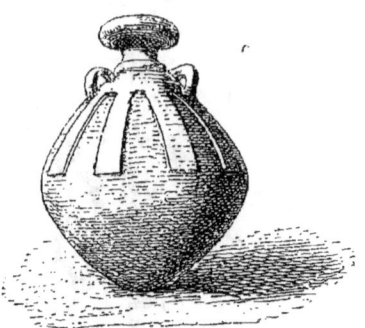

Fig. 21. Vase américain. Musée ethnographique du Louvre.

Que conclure ? Que de la même motte de terre ont dû sortir et la race jaune à l'œil oblique, et la race rouge à la peau rance, et la race

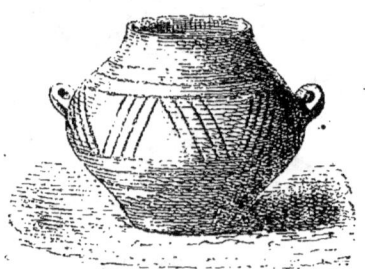

Fig. 22. Vase trouvé dans un tombeau germain. Musée céramique de Sèvres.

noire au visage aplati, et la race blanche au regard limpide ? Non, la question de couleur ne nous importe guère. Mais que jadis une

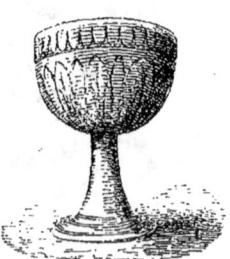

Fig. 23. Vase égyptien orné de lotus trouvé en Étrurie. Musée céramique de Sèvres.

parenté certaine les unit, que jadis le ruisseau du valon ne rendait pas ennemis ceux de la rive gauche et de la rive droite ; qu'ils

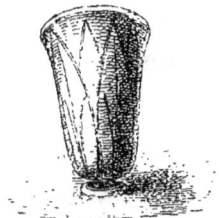

Fig. 24. Vase égyptien orné de lotus. Musée du Louvre.

burent à la même coupe et s'abreuvèrent au même sein, qu'ils étaient frères, rien de plus [1].

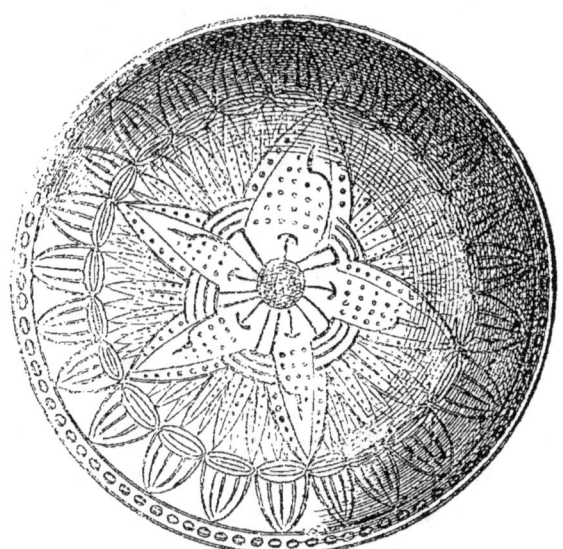

Fig. 25. Coupe égyptienne figurant un lotus épanoui. Musée du Louvre.

Et que si nous retrouvons chez eux les mêmes légendes, origines des religions, nous ne devons pas nous étonner aussi d'y voir les

[1]. Babel, ce point où se *confondaient* les langues ; cette Nigni-Novogorod des légendes bibliques est là, du reste, pour le prouver.
Les Philistins, les Jébuséens, les Amorrhéens, les Chananéens, les Sinéens, etc., s'y confondaient jadis, trafiquant, au bord de l'Euphrate et débitant leurs produits, comme les Russes, les Chinois, les Tartares, les Circassiens, les Persans, les Turcs, les Kalmouks et les Kirghis le font au bord du Volga, à la grande foire du mois de juillet.

mêmes poteries, les mêmes vases, imitations naïves de la végétation d'un même sol, qu'ils durent fouler ensemble dans les siècles qui se cachent à l'horizon des âges. Mais un jour, l'aîné, le barbu, le fort, imposa sa volonté, se fit maître, roi! Alors le faible, le lutteur de l'esprit, le dresseur de pierres levées [1], le pasteur aux douces rêveries, qu'on le nomme Abel ou qu'on le nomme Jacob,

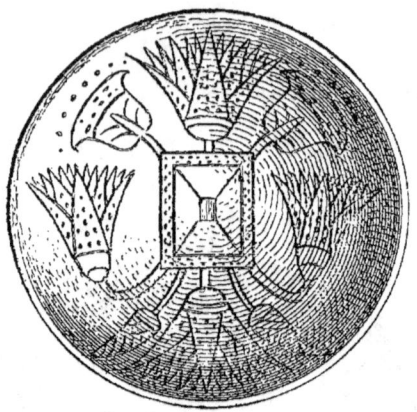

Fig. 26. Coupe égyptienne ornée de lotus. Musée du Louvre.

partit et vint planter ses tentes où l'air était plus libre, l'herbe plus verte, l'eau plus limpide et la terre moins dure, emportant avec les dieux de Rachel la souvenance des formes primitives des meubles de la maison paternelle.

Sous d'autres cieux, ils rencontrèrent d'autres plantes. De la réunion était née *la loi de parenté*, de la séparation naquit *la loi d'analogie*, loi que constatait Pline [2], et qu'il voyait répandue dans

---

[1]. Voir dans l'*Esprit de la Gaule*, de Jean Reynaud, les rapprochements très-curieux entre nos pierres celtiques et la pierre du témoignage de Gal-aad, la pierre de sépulture de Rachel à Bethléem, la pierre de secours de Samuel à Sen, la pierre du serment de Josué à Sichem, sous le chêne d'Abraham, p. 212 et suiv., *Œuvres choisies* de Jean Reynaud. L'*Esprit de la Gaule*, Furne et Jouvet, Paris, 1866. Consulter de même dans le Recueil d'antiquités romaines et gauloises trouvées dans les Flandres, de M. J. de Bast, Gand, Steven, 1808, le chapitre de la pierre de Brunehaut. M. de Bast y fait de curieux rapprochements entre les menhirs gaulois et les monuments de pierres brutes décrits dans l'Écriture sainte et dans l'Histoire profane, avec textes de Sanchoniaton, Pausanias, Quinte-Curce, Strabon, Hérodote, etc.

[2]. *Idem*, p. 38, Cit.

tout l'univers, quoique divisé et inconnu à lui-même; loi que M. Jacquemart indique dans ses *Merveilles de la Céramique* [1]; se refusant de voir traces d'imitations où il y a identité de pensée, égalité d'avancement dans l'intelligence; loi dont M. Charles Magnin [2] donne la formule en constatant que les phénomènes littéraires se produisent constamment les mêmes dans des conditions semblables, sous des latitudes de civilisation correspondantes, comme les couches de même formation en géologie, suivant l'heureuse expression de M. Ampère; loi que Michelet [3] enfin appelle la grande harmonie à travers l'espace et le temps, l'immense concert de la fraternité humaine; loi qui nous donna, dans la branche de l'art dont nous nous occupons, des formes nouvelles, mais à peine distinctes des primitives, des ornementations analogues et pourtant déjà particulières. Triangles, cercles, pointillés, finesses d'ébauchoir, maniement plus habile de l'outil, qui nous conduisit à la troisième phase de l'art de terre, la *loi de personnalité*.

Le chasseur qui passait à travers la nature sans la voir, sans se préoccuper aucunement de ses merveilles, poursuivait sa victime à travers les montagnes, les plaines, les forêts et les fleuves, tuant et voilà tout.

Celui de qui devaient naître plus tard les conquérants, les Alexandre, les César et les Tamerlan, revint sur les traces des fugitifs. Il ne produisait pas, lui! mais ayant soif de posséder, et, sentant qu'il était la force, il pillait, volait, et se faisait adorer par ses sujets.

Et les penseurs, effrayés, s'échappèrent cette fois; ils ne devaient s'arrêter qu'à l'endroit où finissait le monde [4].

1. *Les Merveilles de la céramique*, par A. Jacquemart, première partie, Orient, p. 336. — Paris, Hachette, 1866.
2. *Les Origines du théâtre antique et du théâtre moderne*, depuis le premier jusqu'au seizième siècle, par M. Charles Magnin, p. 64, Paris, Eudes, 1868.
3. *Bible de l'humanité*, J. Michelet, p. 13, Paris, Chamerot, 1864.
4. *Histoire de France*, par Henri Martin, p. 29, t. I, Paris, Furne, MDCCCLX. — « Finistère de Bretagne, de Gaule et d'Espagne; 1° La Cornouaille ou Corne de Gaule anglaise; 2° la Cornouaille française, don l'extrême pointe, le cap Saint-Mahé, s'appelle, en breton, le Pen-ar-Bed, ou tête du monde; 3° le promontoire celtique du cap Finistère de Galice. »

Là, tout en conservant religieusement les traditions de la famille première, ils les modifièrent petit à petit. La personnalité de chaque race se développa suivant le changement des milieux. L'art, et particulièrement l'art de terre, qui s'inspire toujours de la nature ambiante, prit un caractère entièrement personnel, et se diversifia suivant les latitudes et les contrées.

A Louqsor, à Karnac, à Denderah, le palmier découpait sur le ciel son chapiteau de feuilles régulières; le papyrus étendait sur les rives du fleuve ses larges ombelles; le lotus croissait au milieu de l'onde, allongeant, sur les flots tranquilles, ses feuilles épaisses et les coupes blanches et bleues de ses fleurs au parfum trop suave.

Et les sculpteurs du Nil chargeaient leurs colonnes, inspirées de la forme et du tronc du palmier, de papyrus épanouis, de lotus entr'ouverts et, devant les sables du désert et les horizons mornes, modelaient dans le granit rose les silencieux colosses de Memnon, le calme et froid visage des androsphinx.

Et les potiers arrondissaient leur terre mate et blanche à l'exemple de la fleur des étangs sacrés, et peignaient sur leurs flancs les lotus blancs et bleus, les gracieuses ombelles du papyrus.

Dans la vallée de Tempé, sur le mont Olympe ou le mont Parnasse, aux rives de Corinthe, l'achante enroulait, aux corbeilles oubliées sur les tombes, ses feuillages profondément découpés; le laurier abritait les Apollon gardeurs de blancs troupeaux; sous leurs ombrages retentissait le pas rhythmé des Muses, et les Phidias, sur les colonnes du temple, enlaçaient l'achante aux volutes de leurs adorables moulures, et les Théricles et les Nycosthènes tordaient, autour des urnes, le laurier, l'olive et le mûrier de la presqu'île [1].

Ailleurs, où se voient aujourd'hui les ruines de Chichen-Itza, d'Uxmal ou de Pallanqué, le cactus éclatait aux torrides rayons

---

[1]. On sait que la culture du *mûrier* formait la principale branche de commerce de la *Morée*.

du soleil ; l'aloès dressait ses feuilles grasses, armées de piques ; les bananiers servaient de refuge aux perroquets bavards, aux geais bleus, aux serpents, aux iguanes, et le Mexicain sculptait les enchevêtrements inextricables du palais des Nones et du grand cirque des tigres, et le potier du Pérou accouplait ses étranges

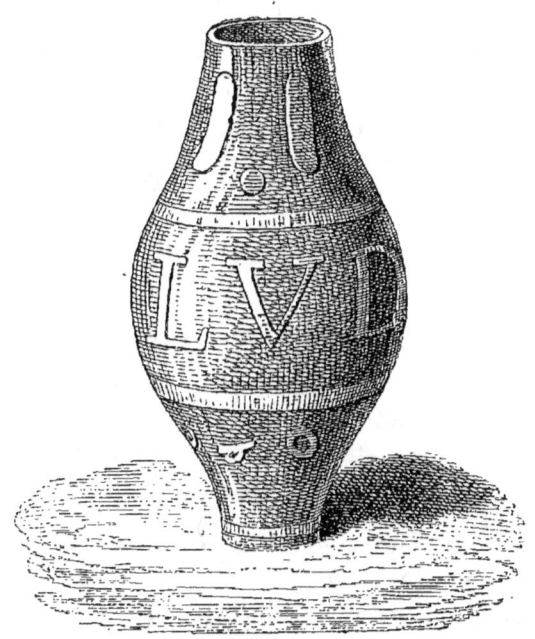

Fig. 27. Vase sans anses, terre rouge couverte noire (sic), décoration blanche. On y lit l'inscription : Lude, trouvé à Famars, N° 1110 du Catalogue général de la Commission impériale de l'Exposition universelle de 1867.

fruits aux goulots étroits, fabriquait ses grandes jarres, ornées de pointes, évasait ses coupes et suspendait ses gourdes, ornées de zigzags.

Dans la Gaule, s'acclimatait la vigne ; l'églantier croissait au fond des bois ; le lierre se suspendait aux troncs des vieux chênes ; la fougère inondait la lande et le chardon sauvage émaillait de ses feuillages bleuâtres le sable blanc des falaises. Plus tard, l'ouvrier devait y retrouver les décorations des chapiteaux de ses cathédrales ; aux heures de l'enfance, le façonneur d'argile enguirlandait ses hanaps de vrilles élégantes, imitait la grappe, gravait au poinçon les feuillages réguliers de l'herbe sans fleurs, et chargeait ses grands plats des feuilles lancéolées de la plante des courants rapides.

Ah ! certes, si l'on aligne sur une même étagère ces produits si divers, et quand on remonte aux temps oubliés de l'histoire, peu à peu si semblables ; si l'on analyse leurs formes ; si l'on scrute la pensée de leurs auteurs, je ne sais quelle vision passe devant vos yeux, s'empare de votre âme, et l'on s'écrie avec l'illustre savant, que l'on ne saurait trop citer quand on parle de ces matières :

« L'histoire de la céramique, c'est l'histoire de l'humanité tout entière ! »

Essayons donc, pour notre seule patrie, de tracer l'esquisse de ces variations.

Comme le médecin dans la conformation caractéristique d'un crâne, dans un ossement perforé, découvre et signale les relations d'une race avec une autre race, nous, cherchons dans nos vases les marques d'atavisme qui relient les familles de la Seine et de la Loire aux familles de l'Indus et du Gange. Notons les identités, les analogies, les ressemblances ; dégageons enfin les signes de la personnalité gauloise qui fut si marquée dans cet art, et qui ne dut rien, nous espérons le prouver surabondamment, à Rome, cette grande machine, comme l'appelle M. Renan, pas plus qu'aux Franks, ces horribles barbares.

Les exemples ne nous manqueront pas ; la terre qui a rongé les sceptres, les couronnes, les diadèmes des princes ; qui a dévoré les glaives des conquérants, a respecté le vase durci au feu, a respecté la terre, qui conserve encore, à travers les siècles, les nobles marques des mains patriarcales qui la façonnèrent.

« La terre est la bibliothèque des livres encore inconnus qui attendent les clairvoyants[1]. »

---

1. Lettre de Lelewel à M. Benjamin Fillon. — *Art de terre chez les Poitevins*, p. III.

Renouons donc les anneaux brisés de cette chaîne, qui relie nos pères à leurs aïeux ; refaisons cette généalogie plus utile que celle si vaniteuse et si puérile des Noailles et des Carman[1], fils par Abraham et Japhet de la blonde compagne du premier homme, et d'âge en âge, de race en race, en nous appuyant sur les légendes et les traditions populaires remontons jusqu'au profond Orient, jusqu'à cette Inde antique qui fut, selon la magnifique expression de M. Michelet « la matrice du monde[2]. »

1. Les Noailles descendent directement d'Adam et partageaient noblement, en l'an I du monde.
Restif de la Bretonne descendait bien de Pertinax (Restif) par Olibrius Helvius et Didia.
Quant aux Carman de Kermavan, leur devise était : Doue araog, Dieu avant, c'était encore un peu plus ancien que les Noailles!!!
2. *Bible de l'humanité*, J. Michelet, III, *l'Art indien*, p. 15.

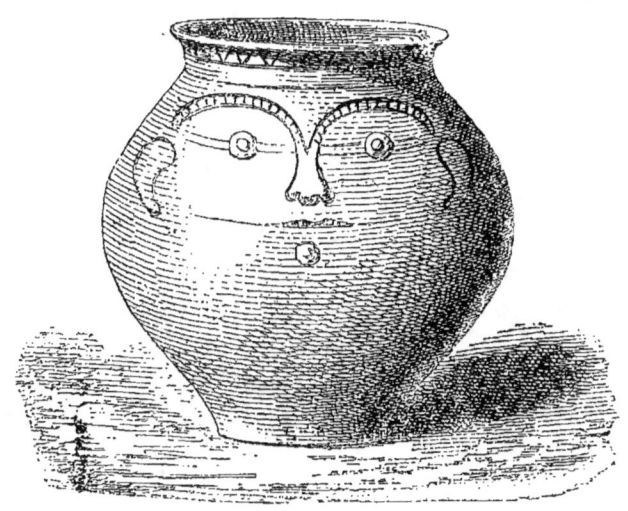

Fig. 28.

DE LA

POTERIE GAULOISE

PREMIÈRE PARTIE

L'ORIENT EN GAULE

I

LE REPAS FUNÈBRE

§ I. Sommaire : Les vases des tombes consacrés par le souvenir du mort. — Les festins funèbres, d'usage constant chez les races orientales. — Des festins funèbres en Egypte. — Des festins funèbres dans l'Inde. — Des festins funèbres chez les Hébreux. — Un enterrement gaulois d'après les textes et les monuments. — Permanence de l'usage des festins funèbres dans la Gaule moderne. — L'administration de la pompe funèbre à Rome. — Du cas que l'on doit faire du *cremabantur* de César et des urnes cinéraires en Gaule.

« Lorsque le premier homme, dit M. Feydeau, dans son *Histoire des usages funèbres*, pressa sur son sein désolé le cadavre de son semblable, de quelle longue stupeur, de quelle poignante terreur ne dut-il pas être frappé, en voyant l'immobilité de la mort paralyser les mouvements de la vie, et les marques livides de la destruction défigurer les traits qui reflétaient sa propre image... Longtemps il crut à une étrange et pénible lassitude... Longtemps il conserva l'espoir de réchauffer, de ranimer ce corps inerte. Longtemps il refusa de croire à l'impossibilité du retour... Longtemps dans les vagues soupirs du vent, dans le doux murmure de l'onde, dans la voix mystérieuse des solitudes, il crut reconnaître les gémissements et les appels de ceux qui l'avaient quitté »[1].

Alors il déposa près du corps desséché, dans la caverne bouchée par des pierres amoncelées, dans la grotte de pierre couverte d'un tertre vert, dans la tombe même au sein de la terre, les objets chéris du mort : « les fruits qu'il aimait, le lait de ses brebis et de ses chèvres, » la chair des animaux qu'il préférait.

Alors entra dans son esprit la croyance à une nouvelle vie, à de nouveaux voyages, dans un autre corps, la foi en l'immortalité de l'âme.

Le jour du départ il avait porté près du mort les vases dont il se servait d'habitude, la coupe dans laquelle il buvait, la gourde qui l'accompagnait dans ses courses. Puis le soir, après le repas, pris avec les amis du défunt venus de loin pour lui dire un dernier adieu, lorsqu'au foyer il vit la place vide où *soulait* se mettre l'absent ; lorsqu'il ne trouva plus toutes ces choses qu'il avait vues si souvent dans ces mains maintenant immobiles et froides, il se prit à rêver au mort et, dans son esprit, par une association d'idée naturelle ; à l'image de celui qui n'était plus se joignit l'image de tout ce qu'il avait emporté. Le dernier regard jeté dans la caverne, dans la grotte ou dans la tombe, lui revint en mémoire et la coupe du père son urne, sa gourde, etc., devinrent pour lui quelque chose de grand, de souverainement respectable, d'immuablement consacré par le souvenir.

Voilà pourquoi, avec les traditions du repas funèbre, la forme des vases de ce repas dut se conserver après la séparation identiquement la même chez les races les plus diverses sur toute la surface du monde. (*Fig.* 29 et 30.)

Le repas funèbre, il est partout, en Orient.

Chez les Égyptiens, quand les embaumeurs rendaient à la famille

---

[1]. *Histoire des usages funèbres et des sépultures des peuples anciens,* par M. Ernest Feydeau. Paris, Gide et Baudry. MDCCCLVI, t. I, p. 61 et suiv.

« Toutes les religions tirent de la mort leur seule raison d'être. »
Des cultes qui ont précédé et amené l'idolâtrie ou l'adoration des figures humaines, par J.-A. Dulaure. Paris, Fournier, MDCCCV. P. 409.

« Dans les sociétés primitives, l'événement qui devait causer la plus forte impression parmi les individus, était la mort de leurs semblables... Chez eux, l'amour de la patrie se confondait avec la tendresse respectueuse qu'ils portaient aux cendres de ceux qui leur avaient donné l'être. En conséquence de ce respect, on déposait dans les tombeaux les objets que les morts avaient le plus affectionnés pendant leur vie, leurs bijoux, leurs armes, leur chien, etc., etc. » P. 411.

LE REPAS FUNÈBRE. 45

la momie dans son cartonnage peint, on la plaçait debout dans une salle de la maison qu'elle avait habitée et devant elle on étendait des plantes bulbeuses, liées ensemble en forme de vase, les assistants les présentaient au mort sur des tables ornées, et c'était à qui viendrait offrir à

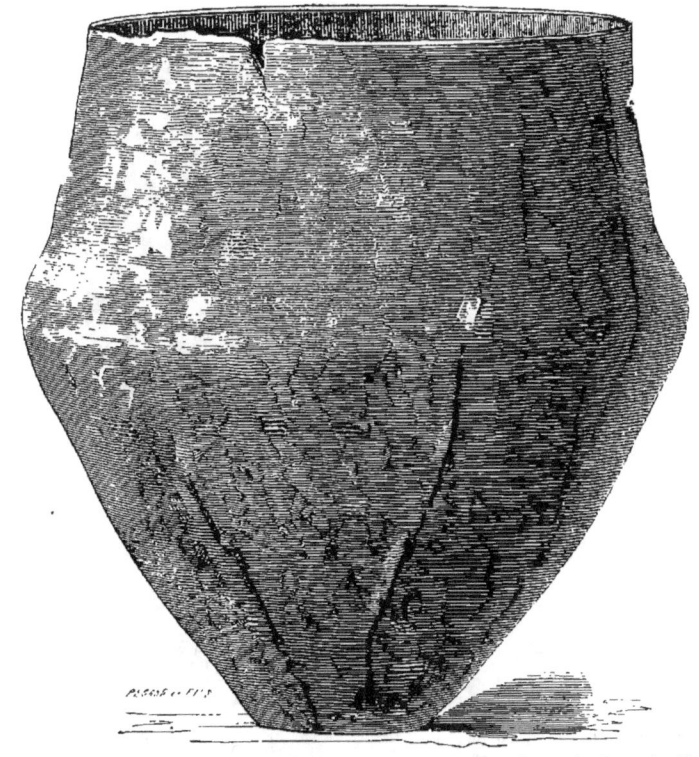

Fig. 29. Vase à conserver en terre noirâtre fruste sans ornement façonné à la main. Hauteur, 27 centimètres, largeur, 17. — Provenance cimetière de Cologne, n° 2 du Catalogue.

celui qui était parti pour d'autres régions, des paniers de raisins, des fruits amoncelés dans des mannes, des branches de palmes, des bouquets de fleurs, des vases de toute forme et de toute grandeur et surtout l'éternelle fleur bénie du lotus.

Puis, dans une dernière réunion de famille, avant de charger le cercueil sur la *bari* [1] symbolique que devaient traîner les bœufs blancs,

---

1. La *bari* était une barque peinte ornée de ses rames et des deux statues d'Isis et de Nephtys, emblèmes du commencement et de la fin sur laquelle les Égyptiens plaçaient le cercueil de leur mort. La barque, montée sur un chariot, était ensuite traînée de la sorte par des bœufs jusqu'à la nécropole.

tachetés de noir, les fresques innombrables nous montrent les assistants buvant dans de larges coupes, accroupis sur une jambe, le genou relevé, servis par des femmes, les cheveux pendants, vêtues de gaze légère et transparente, respirant le doux parfum des fleurs, pendant qu'auprès d'eux se balancent, dans des poses gracieuses et tristes, des almées au

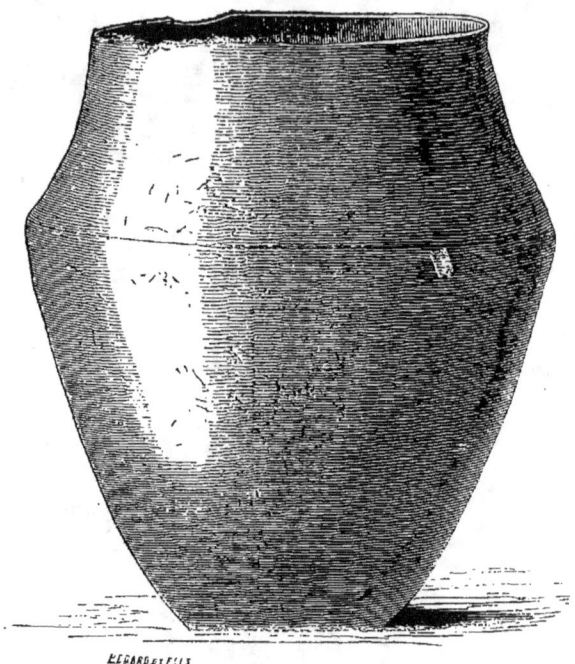

Fig. 30. Vase à conserver en terre noirâtre fruste sans ornement, façonné à la main. Hauteur, 24 centimètres, largeur, 16. — Provenance cimetière de Cologne, n° 1 du Catalogue.

corps souple et fin, le buste et les bras nus, les cheveux teints de couleur d'azur, ceints de bandeaux, revêtues de longues robes blanches chantant les louanges du mort en s'accompagnant sur la harpe dorée, la flûte de roseau, le théorbe ou la mandore au long manche [1].

« *O grand prêtre oblateur d'Ammon, tu as vécu en parfaite justice, tu es mort en présentant la royale offrande à ton seigneur, que des milliers de biens te soient offerts, Amenemoph Osirien homme véridique* [2].

1. Voir les délicieux bas-reliefs du repas funèbre et des danseuses de Thèbes, dessinés par M. Prisse d'Avennes dans le grand ouvrage de M. Feydeau.
2. Chant funèbre copié par Rosellini dans la tombe d'un prêtre d'Ammon frappé d'apoplexie au moment où il remplissait ses fonctions sacerdoales, p 107. *Loc. cit*.

LE REPAS FUNÈBRE. 47

Et quand avait défilé le long cortége des serviteurs aux tuniques courtes, des prêtres ornés de peaux de léopards, portant les pains sacrés, les amphores, les canopes, les colliers, les bustes des ancêtres, les armes et les oiseaux figures de l'âme.

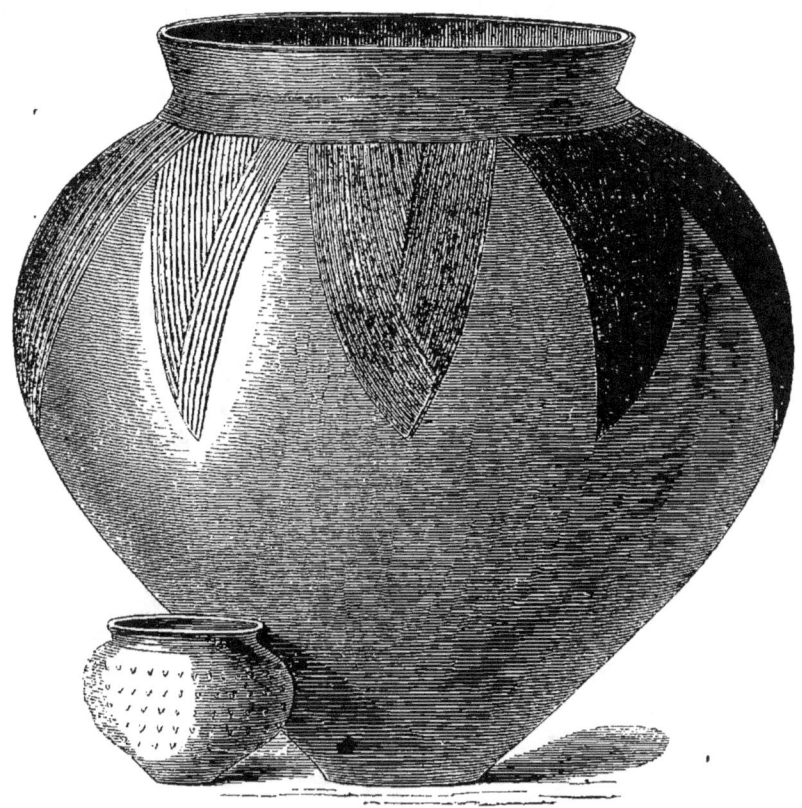

Fig. 31. Grand vase à conserver en terre brune fruste, orné de raies horizontales au col et de raies obliques en triangle au-dessous (en creux). Hauteur, 30 centimètres, largeur à l'orifice, 25 centimètres. — Provenance Cologne, n° 24 du Catalogue.
Petit vase à boire en terre rougeâtre, pointillé en creux. Hauteur, 6 centimètres, largeur, 6. — Provenance cimetière de Cologne, n° 150 du Catalogue.

Quand avaient fui les pleureuses[1] appuyées sur de longs bâtons blancs, les membres de la famille enfermaient dans la chambre creusée quatre grandes jarres (*fig.* 31 et 32) remplies de l'eau du Nil, des gâteaux

---

[1]. Voir la procession funèbre d'un scribe royal du règne d'Amenoph. III, xviie dynastie. *Idem.*

placés sur des lits de feuilles de sycomore du blé nouveau, et la tête entière du bœuf mangé dans le repas funèbre [1].

Dans l'Inde antique l'âme des morts était invitée à prendre part au repas funèbre *sraddha*. « Viens, lui disait le Rig Veda, viens par les voies antiques où nos pères ont passé avant nous, viens sur ce siége élevé que dresse la piété, entre dans cette demeure et revêts-toi d'un

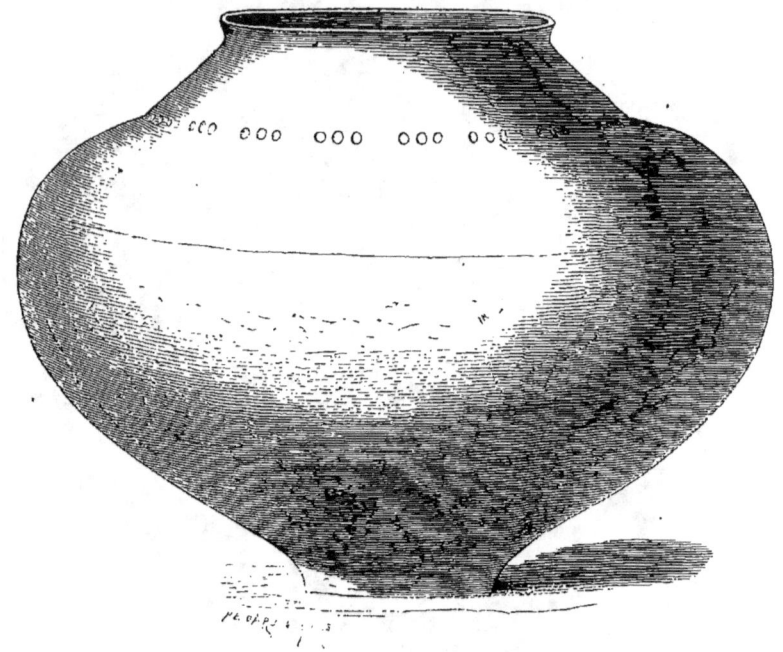

Fig. 32. Grand vase à conserver en terre brune fruste, orné de compressions posées trois par trois au-dessus de la partie renflée du vase. Hauteur, 24 centimètres, largeur à l'orifice, 22 centimètres. — Provenance cimetières de Cologno, n° 23 du Catalogue.

corps brillant. Yama! permets que le trépassé descende jouir des libations du matin et du soir [2]. »

Puis la femme, exempte de larmes et de maux, couverte de parures, se levait près du foyer.

1. Voir la description d'une tombe inviolée, découverte par M. Passalaqua dans la montagne d'El-Assassif. Outre les objets sacrés, on enterrait les Égyptiens avec leurs outils : le laboureur avec sa houe, le nautonier avec sa rame; le scribe emportait son écritoire, l'enfant ses jouets et ses poupées. (On trouve souvent en Gaule de petits coqs, espèce de jouets, enterrés avec des cadavres d'enfants.) P. 214, *Histoire des usages funèbres*, et p. 221. *Idem*.

2. *Rig Veda*, IV, p. 153.

Et l'on chantait au mort :

« *O toi, va trouver la terre, cette mère large et bonne, toujours jeune.*
« *Qu'elle soit pour toi douce comme un tapis moelleux.*
« *Terre soulève-toi ; ne blesse point ses ossements ; sois pour lui prévenante.*
« *Couvre-le comme une mère couvre son enfant d'un pan de sa robe.*
« *Que la terre se soulève pour toi ; que sa poussière t'enveloppe mollement.*
« *J'amasse la terre autour de toi, je forme ce tertre* [1] *pour que tes osse-*
« *ments ne soient point blessés, que les Pitris gardent cette tombe ; que*
« *Yama creuse ici ta demeure.* »

Plus tard, lorsque la veuve qui ne voulait pas, après la mort de l'époux, « prononcer même le nom d'un autre homme, » vint, ornée de bagues, couronnée de pierres précieuses, s'appuyant au bras de son frère, se coucher à côté du mort, sur le bûcher, et saisit au milieu des flammes, dans un baiser suprême, de ses bras blancs pleins de vie, la tête froide du cadavre de son mari [2].

Les brahmanes continuèrent la tradition du *Sraddha*.

Ce fut au milieu des bois, dans une clairière silencieuse et solitaire, au bord d'un humble ruisseau, que la famille indienne se réunit alors ; assis sur des siéges de gazon, couverts d'habits blancs, lisant leurs saints livres, les brahmes, parés de guirlandes de fleurs, accueillaient le mendiant à cette table sainte et le chef de famille élevait la voix vers les ombres chères, qui planaient au-dessus des vivants.

On mangeait des lentilles noires, de la chair de poisson, des gâteaux de riz, on buvait des liqueurs parfumées, puis commençaient les chants.

« *Lève-toi, pourquoi dors-tu ? me voici arrivé sur ton ordre, moi Bharata.*
« *D'où vient qu'autrefois, à mon retour de quelque pays éloigné, tu me fai-*
« *sais monter sur ton sein, tu me donnais sur le front un baiser, tu me com-*
« *blais des caresses de ton amour, et pourquoi, dans ce moment, ne m'adres-*
« *ses-tu pas la parole ?*

---

1. On voit par ce texte que le tertre était dans l'Inde plus vieux que le bûcher, que l'inhumation précéda la crémation.
Voir, sur le *stupa*, les *tumuli* et les *topes* de l'Indoustan, le chapitre XXII de M. Feydeau : *Usages funèbres des peuples anciens*, t. I, p. 398, et le chapitre VI, t. I, p. 231.

2. Voir, dans Diodore de Sicile, liv. XIX, XXXIV, la dispute des femmes de Céteus, la triomphante immolation de la plus jeune, « spectacle qui excita dans toute l'armée autant de pitié que de louanges. » p. 258. *Loc. cit.*

« *Pourquoi ne parles-tu pas, mon père, à ma mère que voici?*
« *Pourquoi t'en vas-tu? pourquoi nous as-tu délaissés* [1] *?*

Chez les Hébreux enfin, lorsqu'on avait porté les corps sur des lits couverts d'aromates et de parfums, jusqu'à la vallée de Josaphat, lorsque la foule, revêtue de vêtements sombres, le front couvert de poudre, avait murmuré des chants funèbres et brûlé devant le mort des plantes odoriférantes, on rentrait au logis du défunt, on rompait le pain ensemble, on buvait dans la coupe de la consolation [2], on faisait le banquet avec toute la multitude et alors s'élevait une voix triste qui psalmodiait langoureusement :

— Devant le sang des hommes tués [3],
Devant la graisse des héros,
L'arc de Jonathane n'a jamais reculé en arrière;
Le glaive de Schaoul ne revenait pas vide.

— Schaoul et Jonathane !
Aimables et agréables pendant leur vie,
Non séparés dans la mort,
Plus agiles que des aigles,
Plus forts que des lions !

— Filles d'Israël,
Pleurez sur Schaoul
Qui vous revêtait d'écarlate,
Vous faisait vivre avec délices,
Qui surmontait de parures d'or vos vêtements.

---

1. *Râmâyana*, t. III, p. 196 et suiv. *Histoire des usages funèbres*, de M. Ernest Feydeau, t. I, p. 345.
Les brahmanes, qui souhaitaient aux mânes, comme les Celtes, de ne pas retourner dans le cercle des transmigrations, de ne pas renaître dans un autre monde, mais d'aller directement dans les mondes éternels, où sont ceux qui assurent la sécurité des peuples, p. 296, amoncelaient aussi sur le corps les vases du sacrifice. P. 337.
2. Jérémie, chap. XVI, p. 7. *Et non frangent inter eos lugenti panem ad consolandum super mortuo: et non dabunt eis potum calicis ad consolandum super patre suo et matre.*
Biblia sacra. Vulgatæ editionis. Parisiis, Gauthier, t. II, p. 605.
3. La Bible traduite par Cahen, Samuel, III, 80. Ernest Feydeau. *Loc. cit.*

LE REPAS FUNÈBRE.   51.

— Comme les héros qui sont tombés dans le combat,
Jonathane, sur tes hauts lieux blessé à mort,
Je suis dans la peine au sujet de toi, Jonathane mon père.
Ton amour pour moi fut extrême...
Comme ils sont tombés les héros
Et dispersés les foudres de guerre [1].

En Gaule, lorsqu'on avait porté jusqu'au tertre d'abord, jusqu'aux *rons* par la suite, le mort couvert d'un grand drap blanc, qui flottait au gré de la brise [2], lorsqu'on l'avait couché, la face tournée vers le

---

[1]. Je ne puis résister au désir de rapprocher de ce chant complétement oriental des versets des chants de mort en usage chez les bardes. La parenté est tellement flagrante dans la tournure, dans le ton, dans les images, qu'il est inutile d'insister davantage; le lecteur en jugera :

> — Devant Gherent, fléau de l'ennemi,
> J'ai vu les chevaux blancs d'écume,
> Du sang jusqu'aux deux genoux,
> Devant l'assaut du grand fils d'Erbin.
> ..... Le fils de Pabo ne recule jamais.
> Lorsque le sang coulait, comme des joncs il fauchait
> Les guerriers. Il ne recula jamais.
>
> — C'était un aigle puissant, brave, généreux,
> Un poursuivant toujours vainqueur,
> Kendelen, sanglier vorace, lion belliqueux.
> O Gwen ! tu étais l'aigle qui s'abat
> A l'embouchure des fleuves.
>
> — Levez-vous, jeunes filles, et regardez le pays de Kendelen,
> Kendelen, au cœur maintenant froid,
> Qui prodiguait la cervoise de Trem.
> Que son bras était terrible ! que les siens étaient riches !
>
> — Blanche Freer, le frère qui te nourrissait,
> N'était pas né d'un tronc mort.
> Blanche Freer, les frères que tu avais,
> Quand ils entendaient le cri de guerre,
> Le repos n'était pas avec eux.
>
> — La salle de Kendelen est sombre cette nuit.
> Sans feu, sans lit, je pleure amèrement, et...
> Je me tais après.
> ..... Mon cœur est en proie à une grande tristesse,
> Quand je pense que des planches noires
> Pressent la chair de Kendelen, le chef de cent armées.

Les Bardes bretons, par le vicomte Hersart de la Villemarqué. Paris, Didier, 1860. — *Passim*. Chant de mort de Gherent, fils d'Erbin ; chant de mort de Kendelann fils de Kendrouen.

[2]. Sulpice Sévère, *Vita sancti Martini*, c. 9. — *La religion des Gaulois*, tirée de plus pures sources de l'antiquité, livre V, chap. II, t. II, p. 214. — Dom Martin.

soleil levant, ayant à son côté droit son glaive, à sa gauche ses lances et son bouclier, revêtu de sa saye brillante, le cou orné de son collier d'or

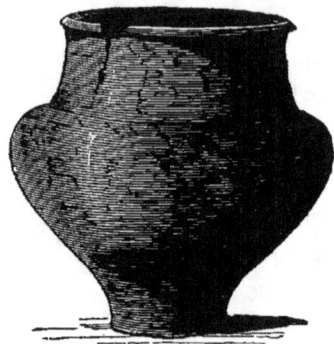

Fig. 33. Vase de terre noirâtre, trouvé dans la Seine. Hauteur, 12 centimètres, largeur, 9. Provenance Paris, n° 7 du Catalogue.

ou de bronze ciselé, les bras garnis de ses bracelets, la taille entourée de sa ceinture d'anneaux, on posait doucement près de lui les vases

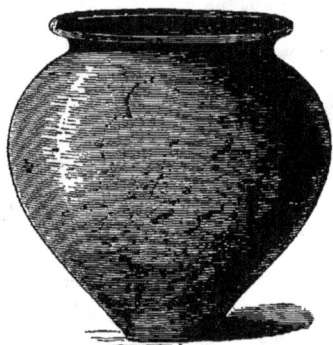

Fig. 34. Vase de terre noirâtre, sans ornement, fendillé, façonné à la main. Hauteur, 11 centimètres, largeur, 10. — N° 8 du Catalogue.

qui devaient contenir sa part du repas (*fig.* 33, 34, 35, 36), sur sa poitrine la coupe qu'il aimait (*fig.* 51, 52), à ses pieds des urnes pleines (*fig.* 37, 38, 39, 40), dans sa main le baume qui guérit les blessures [1].

Parfois l'épouse montrait au prêtre son sein blanc et lui disait: «Frappe là, vois comme il frémit, mon cœur, frappe,» et l'on ne séparait pas le

---

1. *Quasi illo unguento post mortem sanari possit.* Burchard. *De pœnit.*, c. 5, 215. *Loc. cit.* — Dom Martin.

chef de famille de sa chère compagne. Parfois les *dévoués* venaient la main dans la main, se tuer pour partir avec le chef, et l'on ne séparait

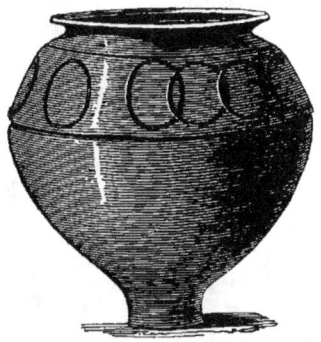

Fig. 35. Vase de terre noire, orné d'une bande de cercles sur la panse en relief de la même teinte que le vase. Hauteur, 12 centimètres, largeur, 9. — Provenance cimetières de Cologne, n° 38 du Catalogue.

pas les *dévoués* de leur compagnon d'armes. Puis on rentrait dans la hutte solitaire ; autour de la table ronde se groupaient les vieillards ;

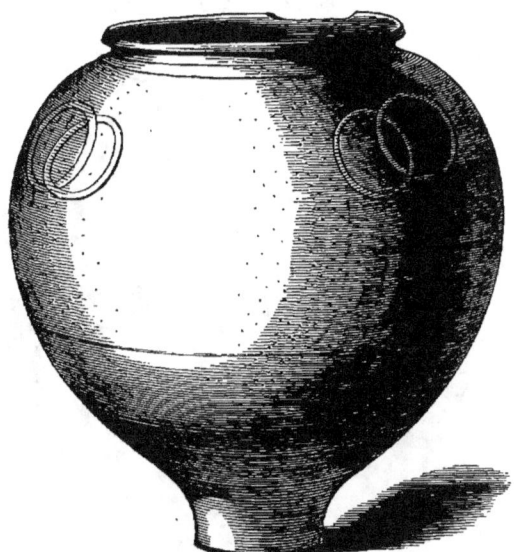

Fig. 36. Vase à conserver en terre jaunâtre, orné de six cercles accouplés deux par deux en barbotine blanche (relief). Haut., 21 centimètres, largeur, 12.— Provenance Metz, n° 37 du Catalogue.

derrière eux, debout, se tenait le premier rang des servants d'armes, la lance au poing, et plus loin le second, le bouclier peint sur l'épaule.

54 POTERIE GAULOISE.

Autour de la table basse circulait la coupe, les plats se succédaient, apportés par les serviteurs, le hanap, rempli de nouveau, se passait de

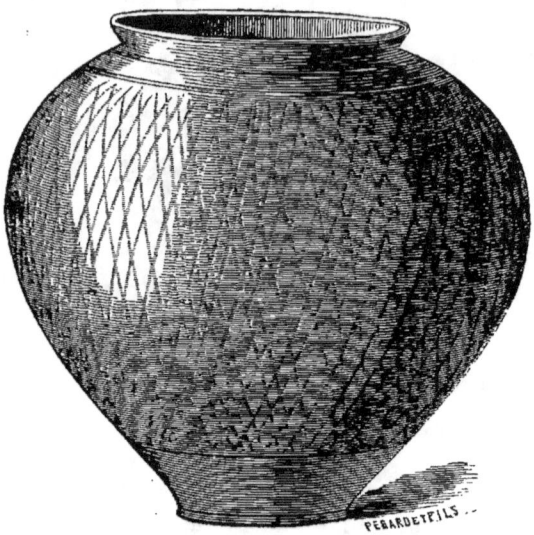

Fig. 37. Vase à conserver en terre noirâtre, orné de raies croisées tracées sur la panse (ornementation sans relief). Hauteur, 20 centimètres, largeur à l'orifice, 10 centimètres. — N° 26 du Catalogue.

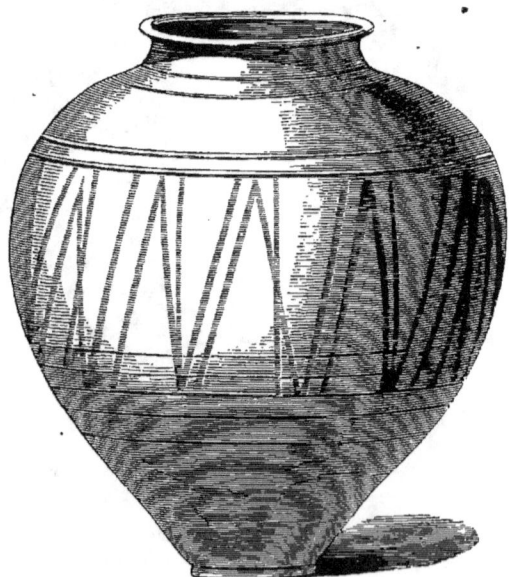

Fig. 38. Vase à conserver en terre grise mate sur la panse. Ornements en zigzags à peine indiqués. Hauteur, 21 centimètres, largeur, 12. — N° 40 du Catalogue.

main en main [1], puis, touché de l'Awen, le barde prenait sa rote suspendue à la solive de la demeure jadis pour lui si souvent hospitalière et s'écriait :

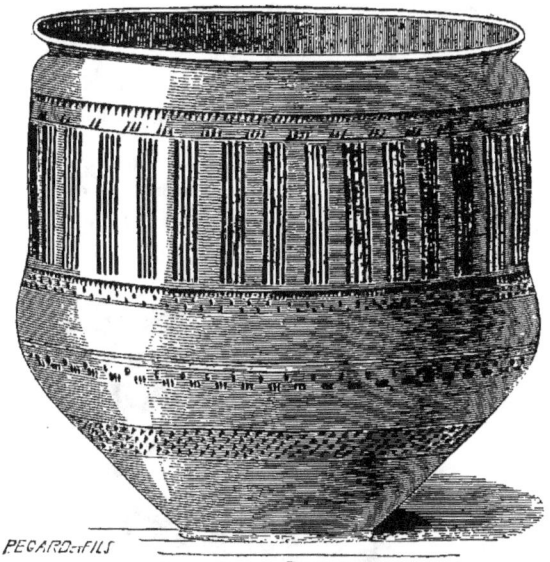

Fig. 39. Vase à conserver en terre jaune clair, orné de raies perpendiculaires en creux, trois par trois et les zones horizontales pointillées. Hauteur, 19 centimètres, largeur, 18. — Provenance Clermont-Ferrand, n° 31 du Catalogue.

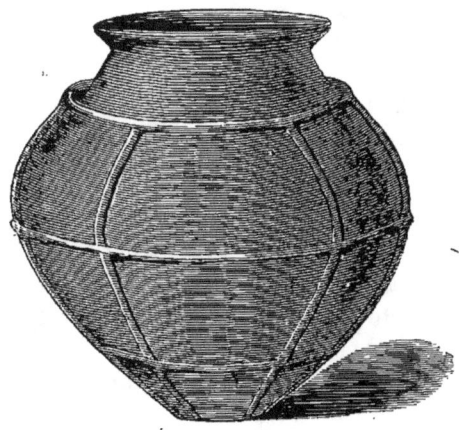

Fig. 40. Vase de terre noirâtre, orné de cordes verticales et horizontales en forme de filet (relief.) Hauteur, 14 centimètres, largeur à l'orifice, 8. — Provenance Albano, n° 6 du Catalogue.

1. Posidonius. Cité par Amédée Thierry. *Histoire des Gaulois*, t. I, p. 408 et suiv.

« A Guened, j'ai vu couler le sang et les cadavres devant les armes et les hommes rouges de sang devant l'assaut de la mort.

« A Guened, j'ai vu les éperons d'hommes qui ne reculent pas devant la peur des lances, et qui avaient bu du vin dans des coupes brillantes.

« Ils étaient légers, les coursiers sous les cuisses de Morvan, hauts sur jambes, nourris d'orge, impétueux comme le feu des broussailles sur les montagnes désertes.

« Ils étaient légers, les coursiers sous les cuisses de Morvan, hauts sur jambes, rouges, impétueux comme des aigles bleus.

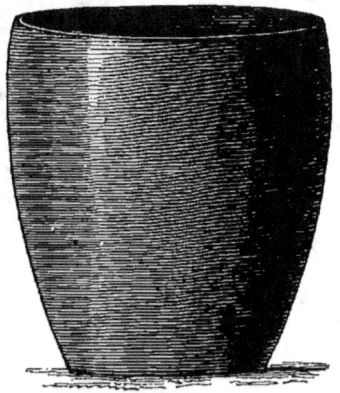

Fig. 41. Vase de terre noire, sans ornement, façonné à la main. Variété champenoise. — Provenance Thuisy, n° 4 du Catalogue.

« Et son corps délicat et blanc sera couvert d'épais gazons, de mottes de terre surmontées d'un signe.

« Malheur à moi, le fils du Brenn est tué.

« Et son corps délicat et blanc sera couvert de pierres choisies.

« Malheur à moi, à quelle chute étais-je destiné ?

« Elle est triste, cette nuit, Eurzel ; à Guened, a été tué son frère.

« Elle est triste, elle est dans la douleur, Eurzel privée du chef de l'armée ; à Guened, a été tué Morvan.

« Silence à toi, souffle du poëte, ils seront rares les chants d'éloge. Morvan n'est plus.

« Que tu es sombre, salle du Lech', quel silence règne autour de toi, plus de compagnons, plus de cornes circulant dans les banquets. O mort ! prends-moi vite.

« Que tu es sombre, salle du Lech', accoutumée jadis aux acclamations des grands chefs, aux concerts des bardes, aux cris des guerriers.

« La ronce, l'ortie, l'épine et la mousse envahissent le foyer, il n'entendra plus, autour de la table, le bruit de l'épée terrible de Morvan ! O mort ! prends-moi.

« Ô foyer, plus de cervoise dans les grands vases, plus de gardiens près de ta flamme, plus de chants sur ta pierre bénie.

« Morvan est mort, ô mort ! prends-moi [1]. »

Puis l'on se séparait pour se réunir plusieurs fois en souvenir des trépassés.

En Gaule, l'ensevelissement, le convoi, le festin, tout était oriental.

Où il y avait une telle parité d'idées, d'usages, de coutumes, comment s'étonner de trouver identité de forme, de galbe, de tournure dans les vases funèbres ?

Tout ce qui est tradition du peuple proprement dit reste inébranlable et persistant dans les races [2].

Et croyez-vous qu'il faudrait chercher encore bien loin, pour retrouver vivaces en France ces usages des temps passés ?

Suivez cette longue file de femmes noires, au capuchon replié sur la face, qui sort de cette ferme du pays de Léon et s'en va par la vallée mystérieuse, derrière un cercueil revêtu d'un immense linceul blanc qui flotte à l'air, comme celui qui vit autrefois Sulpice Sévère.

Suivez ce cortége d'hommes grimpés sur de petits chevaux au poil fauve, qui descendent par la lande sauvage, enveloppés dans leurs immenses manteaux bruns, les cheveux au vent, l'œil attristé regardant devant eux la bierre qui chemine attachée sur la croupe d'un cheval ou traînée dans une petite charrette tendue de noir.

Le soir, vous les retrouverez assis près du foyer, faisant *le grand ser-*

---

1. *Les Bardes bretons*, par le vicomte Hersart de la Villemarqué. Paris, Didier, 1860. — *Passim*.

2. « N'ayez pas dédain de la poterie la plus grossière, dit Joachim Lelewel, qui, étant usité du *peuple,* n'en est que plus persistante dans ses types. »
(*L'art de terre chez les Poitevins*, de M. Benjamin Fillon. Préface, II.)
Les enseignes des boutiques de nos petits marchands sont là pour prouver la persistance de ces traditions. Où sont à présent l'*Arbre-Sec*, l'*Orme-Saint-Gervais*, la *Porte-Montmartre*, le *Puits-qui-parle*, la *Grange-Batelière*, la *Harpe-du-roi-David*, et tant d'autres ? Où sont les neiges d'antan ? Qu'il survienne un Haussmann, tout disparaîtra croyez-vous. Revenez cent ans après et lisez l'enseigne qui porte bonheur vous ; retrouverez au-dessus de la boutique le souvenir de tout cela conservé malgré les bouleversements, les changements et les transformations. Ah ! croyez-le bien, tout passe, même les gouvernements, et la tradition ne se perd jamais ; elle a ses racines dans le sol, dans le peuple.

vice; là trois *beleks,* « invités d'une manière honorable, » selon les prescriptions du Veda, porteront bonheur à ce repas. Écoutez les pauvres, nous sommes dans l'Inde.

« Comme j'allais à la fontaine puiser de l'eau, le rossignol de nuit chantait d'une voix douce.

« Heureuses les jeunes filles qui meurent au printemps!

« Comme la rose quitte la branche, la jeunesse quitte la vie.

« Heureuses les jeunes filles que l'on couvrira de fleurs nouvelles! »

Et les pauvres prennent place à la table.

« Et ces âmes qui, dans les clairières du Scorf ou de l'Ellé, comme dans celles de l'Indus, « sont aussi nombreuses et plus pressées dans l'air que les feuilles flétries dans le mois noir. »

Baratha répandait, aux pays d'Orient, la libation sainte qui rassasiait l'âme de son père.

Jamais, au jour du dimanche, le Breton n'oubliera d'aller répandre l'eau sur la pierre qui recouvre « son monde » *e tud*, comme il dit.

Et que de chants tristes, pour les morts, depuis celui du frère de lait avec son paradis de jeunes filles qui dansent sous des arbres chargés de pommes jusqu'à celui de la fiancée de la mort, qui passe cent ans à écouter la chanson des oiseaux dans un jardin couvert d'ombre.

Et l'on viendra nous parler après cela de bûchers d'*ustrina* de *Pyra*, d'urnes cinéraires, de lacrymatoires, de combustion, de balsamaires, de *columbarium* et d'*unguentaria*.

Des cendres, encore des cendres, et toujours des cendres.

Et les dieux mânes, et les Parques, et Caron et sa barque, et quand nous prononcerons le mot de festin funèbre, et d'inhumation, un sourire railleur épanouira les figures, et l'on nous jettera à la face le *cremabantur* de César.

Nous répondrons simplement : Non ! l'usage de brûler les morts n'était pas général en Gaule. On a découvert nombre de cimetières antérieurs à la conquête, en Allemagne, en Champagne, en Armorique [1], où sont enterrés les cadavres avec leurs vases, leurs coupes, leurs armes.

Pourquoi n'a-t-on pas pris jusqu'ici plus de soin de toutes ces choses [2] ? On en découvrira bien d'autres, si l'on veut, à Paris, en

---

1. Les savants du Morbihan ont même cru devoir donner à celui de la pointe de Quiberon un nom complétement anglais. Oh! les savants!

2. Si l'on avait classé les vases trouvés dans ces différents cimetières, la question

plein Paris, au-dessous des arènes; les fameux martyrs chrétiens n'étaient autre chose que des Gaulois enterrés selon le rite ancien [1].

César avait l'esprit plein des usages de Rome; il voyait tout à la romaine, l'aspect lointain d'un bûcher sur lequel on jetait, comme chez les Hébreux, des plantes odoriférantes [2] près du mort que l'on recouvrait de gazon, pouvait bien donner le change à des gens habitués aux cérémonies italiennes.

Quelle différence pourtant entre notre culte des morts, nos usages et les leurs !

A Rome, un convoi funèbre était un spectacle, on l'annonçait longtemps à l'avance, on était invité, par proclamation [3], à assister aux combats de gladiateurs, qui l'accompagnaient. Le maître des cérémonies [4] assignait à chacun sa place au cortége. Il y avait des joueurs de flûte [5], des pleureuses à gage [6], qui se déchiraient les cheveux, traînaient leurs robes et se frappaient la poitrine à tant par heure. Il y avait les mimes [7] qui dansaient en costume grotesque, les victimaires, puis le grand comédien [8] qui jouait le défunt avec ses gestes, ses attitudes et ses allures. Il y avait tout l'attirail des images des ancêtres [9], ostentation aristocratique digne de ces peuples vautrés dans la servitude impériale.

La foule se précipitait pour regarder, admirer et critiquer la dépense,

---

serait aujourd'hui vidée, et nous n'aurions qul besoin de nous escrimer à prouver une chose évidente pour qui s'occupe de poterie. « La connaissance de la poterie, dit M. Benjamin Fillon, est la pierre angulaire de l'archéologie. C'est sans doute pour cela qu'elle est si peu avancée. Le sort de toutes les sciences est de n'aborder qu'en dernier lieu le point auquel elles auraient dû s'attaquer avant tout. » *Loc. cit.*, p. IV.

1. Les cinq cadavres réunis dans une seule tombe étaient des *soldures;* les trois enterrés d'une façon si bizarre, un chef et ses deux écuyers. Le grand squelette du milieu avait encore en tête son vase, semblable à ceux de Champagne. Des pierres, comme aux Crons et à Aulnay, entouraient les tombes.

2. A Aulnay-aux-Planches, au pied du mort se trouvait un amas de cendres.

3. *Funus indictivum.* Tacite, *Ann.*, VI, II. — Cheruel, *Dictionnaire des antiquités romaines.* Paris, Didot, 1861, p. 291.

4. *Designator*, entrepreneur de funérailles. *Id.*, 256.

5. *Tibia longa, Id. Loc. cit.*, et p. 645, à l'article *Tibia.*

6. *Præficæ.* Voir les figures des funérailles de Méléagre, p. 507.

7. *Mimus*, bouffon armé de *crotala.* L'auteur les appelle *paillasses*, p. 407.

8. *Archimimus.* L'archimime singeait en tout le défunt, se coiffait comme lui, prenait sa tournure, ses habits, ses gestes.

Voir Cheruel, p. 49, et le *Magasin pittoresque*, t. II, p. 202. 1834.

9. *Imagines. Coronæ Phaleræ, Id.*, p. 257, à l'article *Exsequiæ.*

puis on allait voir le bûcher [1], les flammes et les immolations de chiens, de chevaux, de bestiaux de toute sorte.

Puis les augures, qui avaient examiné les victimes, les entrailles de poulet et les boyaux de moutons, prédisaient toutes les prospérités du monde à la famille et aux assistants, s'en revenaient au temple et riaient entre eux.

L'administration de la pompe et la pompe de l'administration !

Et l'on veut nous faire croire que les funérailles des nôtres ressemblaient à cette comédie, que tous les vases que nous trouvons dans le sol de France sont des vases cinéraires. — Jamais ! — Fouillez avec plus de piété ce sol béni, jetez loin de vos yeux ce bandeau que notre éducation latine rend de jour en jour plus épais, oubliez l'école et songez aux traditions antiques. Alors apparaîtront à vos yeux les vrais usages de la Gaule. Alors vous ne mépriserez plus ces ossements dans lesquels vous retrouverez les glorieux restes des guerriers de l'indépendance, et, surprenant César en flagrant délit de mensonge, vous l'honorerez du souverain mépris qu'il mérite.

1. *Pyra, Rogus.* *Pyra* avant que le feu n'y fût mis, rogus pendant l'embrasement.

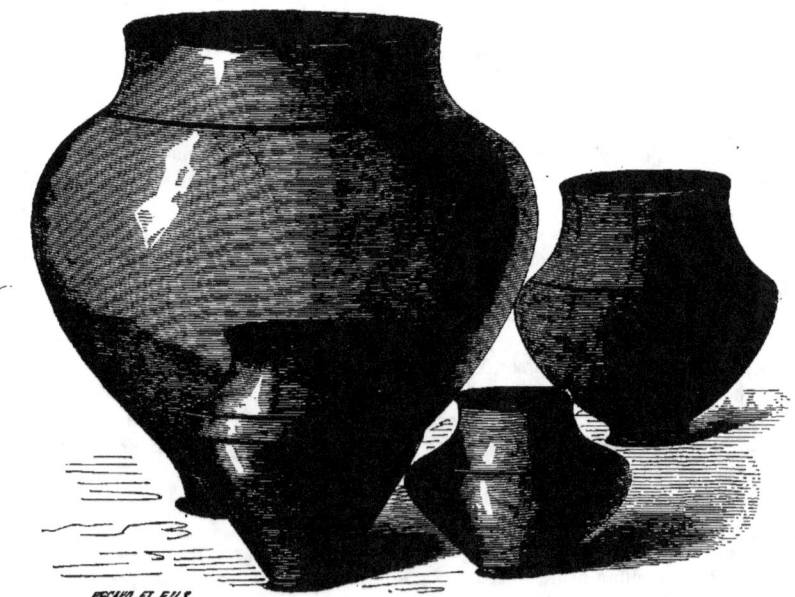

Fig. 42. Vases de terre noire polie lustrée de différentes grandeurs. Hauteur, 23 centimètres, largeur, 17 centimètres, le plus grand. Hauteur, 13 centimètres, largeur, 10 centimètres, le plus petit. — Nos 41, 44, 46 et 47 du Catalogue.

§ II. Sommaire : La libation suite du festin funèbre. — La soif des morts dans le *Râmâyana*. — La soif des morts dans l'*Odyssée*. — La soif des morts au moyen âge.— La soif des morts chez les Bretons actuels.

Sous la motte de gazon vert, le mort reposait tristement, mais son souvenir n'avait point quitté le toit béni, le foyer saint de la famille.

Quand le vent du soir heurtait à la porte, on entendait sa voix dans le bruit du vent ;

Quand passait l'hirondelle en jetant un cri plaintif ;

Quand, sur les rochers noirs au milieu des vagues blanches, gémissait la mouette, c'était lui qui criait aux siens de se rappeler.

L'idée sublime de l'immortalité, cette consolation, *ce verbe d'espérance*, comme l'appelle si bien M. Dumesnil [1], était entrée dans l'âme de l'homme, elle ne devait plus en ressortir ;

L'immortalité fut la révélation de nos aïeux [2].

Alors quand le soleil torride avait séché l'herbe des prés ; que la fleur, demi-morte, se penchait le long de sa tige amaigrie ; que le ruisseau des montagnes laissait voir son lit de cailloux blancs ; que la fontaine ne donnait plus d'eau sous les grands arbres, on disait en pensant à lui : «Sous la terre, il a bien soif peut-être, » et l'on se lamentait, puis on venait au tertre, l'herbe était rouillée par la sécheresse, on arrosait l'herbe, on donnait à boire au pauvre cher défunt.

La libation fut, dès l'aurore de l'humanité, la suite, la conséquence du repas funèbre. (*Fig.* 43, 44.)

On la retrouve dans toutes les religions antiques.

Dans l'Inde, le fils du mort descend dans la rivière, emplit d'eau ses deux mains réunies en coupe et répand cette eau pour *rassasier* l'âme de son père.

« Les glorieux héros parvinrent, non sans peine, à ce fleuve saint, délicieux, aux ondes fraîches, aux charmants tîrthas, aux forêts fleuries;

---

1. L'*Immortalité*, par M. Alfred Dumesnil. Paris, Dentu, 1861. P. 25.
2. *Idem*, p. 4.

entrés dans un endroit uni, tous répandirent l'onde heureuse et limpide, en s'écriant : *Que cette eau soit pour lui.*

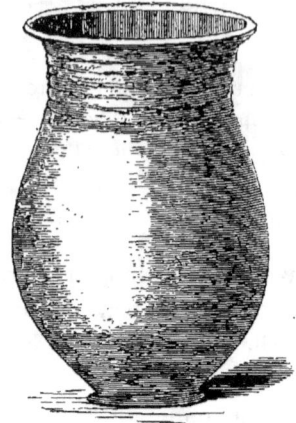

Fig. 43. Vase en terre grisâtre conservant à sa dépression près du goulot des traces d'une corde imprimée dans la terre détrempée. Hauteur, 15 centimètres, largeur, 9 centimètres. — Provenance Cologne, n° 9 du Catalogue (1).

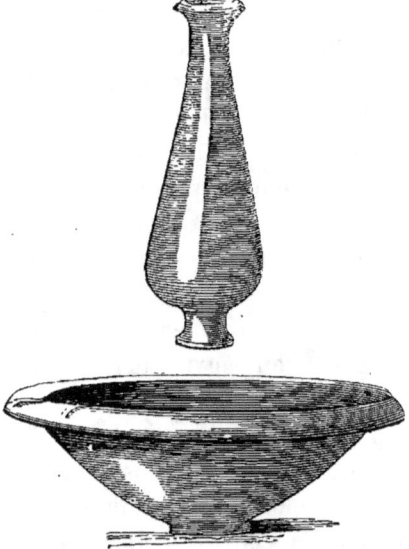

Fig. 44. Vase à libation en terre blanche, muni de sa coupe. Hauteur, 14 centimètres, largeur, 4 centimètres. Provenance cimetières de Cologne, n° 120 du Catalogue.

1. Dans le cimetière de la colonie libio-phénicienne du Liby, canton de Bourg-Saint-Andéol (Ardèche), M. Ollier de Marichard a trouvé un vase semblable à celui-ci.
Voir les *Carthaginois en France*, par Jules Ollier de Marichard et Pruner-Bey. Fig. 5, t. II. Paris, Delahaye, 1870.

« Rama, levant ses mains réunies en coupe et remplies d'eau, articula ces mots, en pleurant, le visage tourné vers la plage soumise à l'empire d'Yama :

« Cette eau limpide, roi des rois, la plus sainte des eaux, qui t'est donnée par moi, puisse-t-elle te servir à jamais pour *étancher ta soif* dans le royaume des mânes [1].

« Bharata descendit pour donner l'onde aux mânes de son père sur les bords de la Çarayoû, sainte rivière qui roule à rives pleines une eau sainte, fréquentée des grands richis.

« Ensuite, assisté de ses amis, Bharata se plongea dans la pure Çarayoû et *répandit*, à l'intention de son auguste père, *une libation d'eau* prise dans ses deux mains réunies en coupe.

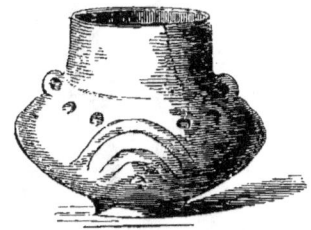

Fig. 45. Vase à boire en terre lisse noire, muni d'anses et d'ornements en creux à l'ébauchoir. Hauteur, 8 centimètres, largeur, 4 centimètres. — Provenance tourbières de la Somme, n° 16 du Catalogue.

« Bharata, aidé par ses amis, *rassasia* avec l'eau de cette rivière sainte l'âme de son père qui était passée de la terre au ciel [2]. »

Le livre sacré revient à chaque instant sur cette cérémonie. On assure, dit le poëte, « que *l'eau donnée par une main chérie demeure intarissable* dans les mondes où habitent les mânes [3]. »

Dans *l'Odyssée* d'Homère, Ulysse poussé par le vent magique de

[1]. *Râmâyana* (H. Fauche), t. III, p. 253.
[2]. *Râmâyana*, t. III, p. 196.
[3]. M. Ernest Feydeau, en citant ce passage, rapproche la libation indienne de la libation égyptienne, et dit à ce propos : « Les libations égyptiennes n'étaient pas toutes faites pour le même but. Lorsque le fils adressant des offrandes de comestibles à la momie de son père, l'oint d'huile et de parfum qu'il lance par-dessus sa tête, il n'entend pas étancher sa soif dans le royaume des mânes, il veut tout simplement le purifier; car la mort est une souillure. Je remarque cependant qu'en Égypte les libations sont parfois répandues sur des autels à offrandes. Ce fait me donne à penser que les vivants pouvaient bien offrir aux morts aussi bien l'eau et le vin, pour *étancher leur soif*, que des aliments pour les rassasier. » *Histoire des usages funèbres et des sépultures chez les anciens*, t. I, p. 347.

La soif des morts n'était pas inconnue aux Égyptiens, témoin les grandes jarres d'eau du Nil trouvées dans le tombeau découvert par M. Passalacqua.

l'enchanteresse Circé, parvient à la rive opposée de l'océan aux profonds abîmes, chez les Cimmériens (Kimris), peuples toujours enveloppés de nuées et de brouillards.

Là est situé l'Enfer des Grecs.

Le héros creuse une fosse d'une coudée en tout sens ; il y fait, pour tous les morts, des libations de lait, de miel, de vin délectable et d'eau limpide.

Puis il évoque les siens. Alors accourent en foule et sortent des flots de l'Érèbe, les âmes de tous ceux qui ne sont plus : jeunes femmes, vieillards, tendres vierges, guerriers blessés par les javelots d'airain, et tous s'empressent en tumulte autour de la fosse avec un frémissement horrible.

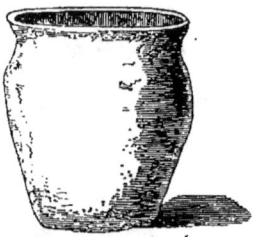

Fig. 46. Vase à boire en terre rougeâtre très-grossier, façonné à la main. Hauteur, 7 centimètres, largeur, 6 centimètres. — Provenance Vendôme, n° 20 du Catalogue.

Assis devant, le glaive en main, l'époux de Pénélope ne permet à aucun de goûter à la libation, avant d'avoir interrogé Thirésias.

Enfin, lorsque le devin de Thèbes approche, un sceptre d'or à la main : « Laisse-moi boire, crie l'ombre, et je te dirai des choses véritables. » Il remet au fourreau son glaive et Thirésias hume avec avidité le liquide, puis il parle.

L'âme de sa mère approche, elle boit et s'entretient avec son fils. La soif de ces morts, chez Homère, est terrible, chaque fois qu'Ulysse rapproche de sa forte cuisse son glaive tranchant, elles se précipitent vers la fosse ; chaque fois qu'il fait briller le fer, elles fuient.

Elphenor, Anticlée, Antiope, Alcmène, Mégare, la belle Chloris, Léda, l'épouse du cygne, Phèdre, Procris et la sublime initiatrice, fille de Minos, la divine Ariane, viennent tour à tour s'abreuver à longs traits et rentrent joyeuses dans les profondeurs de l'abîme [1].

Dans la Champagne, sur la poitrine des morts, tournés vers le ciel,

---

1. Homère, *Odyssée*, chant XI. Œuvres complètes d'Homère. Paris, Hachette, 1860. P. 468 et suiv.

prête encore à recevoir le breuvage sacré, on trouve la coupe comme si elle témoignait de nos jours de l'antique usage de la libation chez nos pères de la Gaule [1].

Devant la tombe de saint Tromeur, au village de Sainte-Triphine, en Basse-Bretagne, une immense coupe de pierre se dresse aux pieds. A la tête, une pierre levée, portant le nom de l'homme, et les petits enfants, sur la fosse aujourd'hui vide, jettent, de leurs mains ignorantes, l'eau bénite dans la tombe, comme autrefois les vieux chefs.

Dans le roman de Rou on enterre les héros contre le mur des églises, sous l'égout des toits.

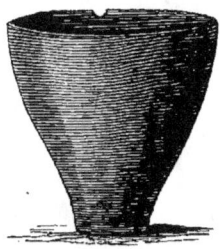

Fig. 47. Vase à boire en terre noire lisse, variété champenoise. — Provenance cimetière d'Auve, n° 22 du Catalogue.

Un sarkeu fit aparciller (Richard).
Lez la meisière del mustier (contre le mur de l'Église).
A metre apres sa mort son cors
Suz la gutiere de defors [2].

Nestorius, enfin, poursuivi, même après sa mort, par les chrétiens orthodoxes, ses ennemis, fut enfoui, dit une tradition conservée dans le peuple, en Orient, mais oubliée par les moines qui gardent aujourd'hui son tombeau, dans une caverne sombre, au fond de l'oasis de Coptos, en Égypte, afin « de ne pas recevoir l'eau du ciel après sa mort. »

---

1. Fouilles du cimetière du Grous de Bergeres, par M. Lebeuf.
2. *Le roman de Rou*, vers 5879 et suiv.
M. Viollet-Leduc, dans son *Dictionnaire raisonné de l'architecture française*, à l'article *Tombeau*, dit que, sous les premiers Carlovingiens, les personnages considérables tenaient à être ensevelis sous l'égout des toits des églises, chapelles ou oratoires. Cette coutume persista jusque vers le milieu du douzième siècle. (*Dictionnaire raisonné de l'architecture française*, t. IX, p. 23. Morel, Paris, MDCCCLXVIII.)

Dans cette sombre nuit de la Toussaint au pays breton, dans cette nuit

> Où comme du gravier roulé dans la tempête,

les âmes

> Sortent par millions et volent à leur fête[1],

rasant le sol pêle-mêle, hagards, s'asseyant partout où elles ont vécu, sur les bancs du foyer, sur les bancs de la table; se couchant près de vous, dans vos lits, sous vos draps, un grand festin se prépare au fond des chaumières du Léonais.

Car il n'en est pas un,

> Bûcheron dans les bois, ou pêcheur sur les côtes
> Qui chez lui, ce soir-là, n'attende bien des hôtes[2].

Sur la nappe de toile, aux franges élégantes, on étend le pain noir, les crêpes fraîches, le beurre doré, le lait blanc, le cidre vermeil.

Puis on se couche.

Alors s'approchent, frappant, à la porte entr'ouverte, trois coups de leur bâton noueux, les pauvres qui chantent :

« Bénédiction de Dieu dans la maison, à vous tous et à ceux que vous pleurez dans le ciel. »

Et le pain noir, les crêpes fraîches, le beurre doré sont mangés par les pauvres, et le lait blanc, le cidre vermeil sont bus par les déshérités en souvenir de ceux qui vécurent jadis.

En s'en allant ils laissent dans les coupes un peu de ce qu'ils ont pris.

> N'égouttez pas le verre où vos lèvres ont bu [3].

D'autres leur succèdent et agissent de même sorte.

Et le lendemain, près du clocher de pierre, derrière les grands buis qui entourent le champ du repos, la mère vient répandre pour les siens une libation de lait, quand elle est riche [4], une libation d'eau, si la fortune ne lui a pas souri dans le voyage de la vie.

1. *Les Bretons*, poëme, par A. Brizeux. — *La Nuit des morts*, chant XVIIIe. Paris, Masgana, 1846. P. 259.
2. *Idem*. P. 258.
3. *Idem*. P. 261.
4. La libation de lait est formellement indiquée par M. de la Villemarqué dans l'argument du chant de la *Fête des morts*.
Barzas Beiz, chants populaires de la Bretagne, par Th. Hersart de la Villemarqué. Paris, Franck, 1846. P. 449.

Les cruches sont renversées sur la terre, les bassins sont retournés contre le mur, et dans l'église on chante le chant de l'âme, qui, semblable à l'alouette, semblable à la colombe bleue, monte, monte vers le ciel, regardant de loin la terre, petite comme une taupinée, et s'envole dans le jardin du Paradis pour se mêler à des concerts tels qu'elle n'en entendit jamais ici-bas [1].

L'extrême Gaule a toujours gardé comme un reflet ineffaçable de l'Orient.

Il est des choses que rien ne détruit et nous ne devons pas nous étonner, nous qui déterrons des vases à libations, presque égyptiens, dans les tombes (*fig.* 31), de trouver ces vivantes coutumes au fond des montagnes noires et sur les sommets d'Arrez, telles qu'elles étaient jadis au Penjab et dans les pays de Kaboul et de Peschawer.

Ne rions pas de ces usages, étudions-les bien, au contraire, et que ceux qui savent voir, comprennent.

1. *Kimiad, Ann Ene.* — *Le départ de l'âme*, p. 440. — La persistance dans l'idée du Jardin, l'antique Jardin d'Avalon des Gaulois, est très-remarquable dans ce chant.
Voir, pour tous les usages que nous indiquons ici : E. Souvestre, *les Derniers Bretons*, t. I, p. 11 ; — Briseux, *les Bretons*, poëme. P. 261 ; — De la Villemarqué, *Barsas Breis*. P. 449; — Pitre Chevalier, *Bretagne ancienne*. P. 253.

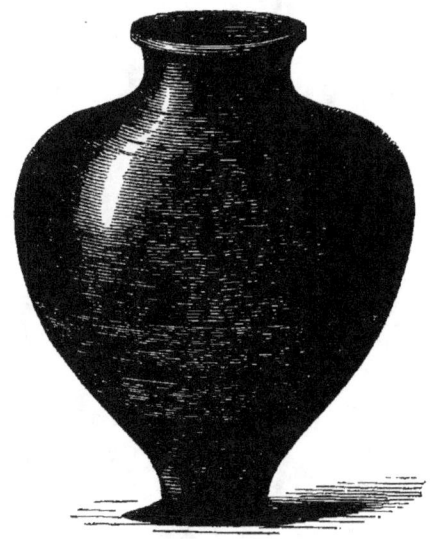

Fig. 45. Vase à conserver des liquides en terre noire très-fine, orné de raies transversales. Hauteur, 19 centimètres, largeur, 6 centimètres. — Provenance cimetière de Billy-Montigny, n° 55 du Catalogue.

II

LA COUPE DE L'IMMORTALITÉ

§ I. Sommaire : – La Coupe symbole de génération de renaissance et d'immortalité. — La Coupe femelle lotus des Egyptiens. — Le sacrifice du Sôma et la Coupe des sept prêtres, chez les Aryas. — Le sacrifice du Haoma et la Coupe du Zend Avesta, en Perse. — La Coupe femelle, symbole du mariage et de la génération en Gaule. — La Coupe des tombeaux. — Le Gui potable et la Coupe de Taliésin. — La Coupe chez les patriarches, chez les Assyriens. — La Coupe d'Ambroisie chez les Grecs. — Le Calice du chrétien.

Si l'aspect de la mort, du cadavre immobile, du corps inerte, des yeux éteints, de la bouche muette, fit naître dans le cœur des anciens hommes le besoin de la croyance à l'immortalité, combien la vue de la vie, de la naissance, de la génération dut-elle confirmer, rafermir cette foi vigoureuse dans une prolongation d'existence au delà de la séparation du tombeau.

Dans ces fils robustes, dont le regard imitait à s'y méprendre le regard du père, dont la voix avait les mêmes sons, dont la démarche, l'allure, le geste étaient semblables, la mère sentit vibrer quelque chose de celui qu'elle ne voyait plus. Le mort revivait dans sa postérité.

Le beau lotus, qu'elle avait si souvent contemplé dans sa fraîcheur printanière, avait de même perdu peu à peu ses fleurs si suaves; sa tige s'était flétrie, la froidure était venue le glacer aussi lui; mais à l'époque du renouveau, à la même place, s'étaient montrées de nouvelles fleurs plus riantes, plus splendides et plus fraîches.

La bienfaisante nature Isis, la féconde, le divin soleil Phré, qui parcourt, pénètre et comprend toutes choses, avait réchauffé la plante et la plante était revenue au monde.

La mère remercia le soleil et lui offrit, non sans un ressouvenir de ceux qu'elle avait perdus, le calice du beau lotus. Plus tard, quand elle en eut imité la forme, ce fut *la Coupe* de renaissance et d'immortalité qu'elle prit de sa main reconnaissante et qu'elle leva vers le ciel, inaugurant de la sorte le premier, le plus grand, le plus pur des sacrifices.

Toutes les religions antiques, gardant pieusement ce souvenir de la famille primitive, ont fait de la Coupe le symbole de la renaissance, de la génération, de l'immortalité.

Pour les Égyptiens, *la Coupe* ou le Lotus, qui en est le prototype [1], est essentiellement femelle. C'est elle que féconde Ammon Mendez « *cause première de la nature.* » C'est elle que portent comme un sceptre les grandes déesses. Neith, « *venue d'elle-même ;* » Sati, « *dame du ciel ;* » Athor, « *l'occulte, l'ignorée, l'inconnue ;* » Bouto, « *la nuit primordiale ;* »

---

1. Il nous semble inutile de nous étendre davantage sur la signification du lotus dans les religions orientales. On ferait des volumes avec les légendes indiennes, chinoises et japonaises, où figure la divine fleur depuis celle du Vichnou, mollement étendu sur la peau du serpent Ananta, caressé par Laksmi, voguant sur la mer d'azur en contemplant Brahma sorti d'un lotus épanoui, dont il est lui-même la racine, jusqu'à celle du roi Brahmânandita de Vaïçali, de la fille aux pieds de biche, et des mille guerriers immortels qui reconnaissent leur mère à la rosée de lait qu'elle répand sur eux de ses deux seins pressés par ses mains divines.

A Ninive, il apparait triomphant sur les briques des temples et dans les mains des grands prêtres. — Les bas-reliefs de Thèbes en sont couverts.

Et maintenant encore il est vénéré par les riverains des grands lacs du pays de Cachemire.

Le retrouver dans les pays de Gaule tout aussi sacré qu'en Orient, est chose plus curieuse ; qu'on nous permette donc un rapprochement qui confirme, d'une manière complète, la thèse que nous cherchons à soutenir.

« Vers le douzième siècle vivaient, à Blaensawdde (dans le comté de Caermarthen) une pauvre veuve et son fils, dont les seules ressources consistaient en un modeste troupeau ; tous les matins le jeune homme conduisait ses moutons le long du lac de Van Vach (près des montagnes noires); mais un jour, à son grand étonnement, il vit *assise sur la surface de l'eau* une adorable créature qui peignait sa chevelure, en se servant du lac comme miroir. — Tout d'un coup elle aperçut le jeune Gallois, les yeux fixés sur elle et lui présentant sa provision de pain et de fromage. Elle glissa jusqu'à lui, mais refusa l'offre qu'il faisait si galamment, et comme il essayait de la toucher, elle disparut au sein des eaux, après avoir prononcé ces paroles : « Pour celui qui mange du pain cuit au four, il est difficile de nous saisir. »

Le berger s'en retourna chez lui désespéré, mais le lendemain, en se promenant sur le bord du lac, il vit une *substance pareille à du pain* flotter sur l'eau ; il attira à lui ce pain d'un nouveau genre, et remarqua qu'il était doré, comme s'il était fait avec *la farine jaune qui saupoudre l'intérieur des nénufars*. Il le goûta et le trouva délicieux ; mais ce fut en vain qu'il attendit, pendant de longues heures ; celle que son cœur appelait n'arriva pas.

Enfin, la fée paraît plus belle que jamais, consent à devenir sa femme, fait sortir du fond de l'eau son douaire, sept vaches et trois taureaux, et lui dit : « Je serai

Isis enfin et toutes ces sublimes figures, variantes d'un même type : la mère divine. C'est elle, c'est lui, qu'on offre au soleil, « *qui pénètre tout.* » Au Dieu Nil, « *qui féconde tout ;* à Mnévis ; enfin le Taureau noir, « *qui naturam inseminare dicatur* [1].

La femme n'est-elle pas, en effet, la plus délicieuse des coupes que l'homme, modeleur habile, peut parvenir facilement à façonner à sa guise ; grande, immense, magnifique, par le sentiment, l'intelligence et le cœur, s'il ne répand pour elle que le baume sacré de l'amour, d'autant plus mauvaise, infâme et funeste, qu'elle aurait pu être bonne, digne et bienfaisante, s'il lui verse le poison de la tromperie, du mensonge et du déshonneur ?

Dans l'Inde, ce pays où la femme allait cueillir sur la colline, où elle croissait à la lueur de la lune, la plante sainte du *Sôma*, liqueur d'immortalité que l'on servait dans le bois femelle qu'avait fécondé le bois mâle (*pramanta*); dans l'Inde védique, la Coupe est encore le symbole de la renaissance.

Au moment du sacrifice de l'aurore, sur les hauts lieux, dès que disparaissait l'étoile marquée par le prêtre au milieu de l'enceinte sacrée jonchée d'herbes fraîches (Kuça), le *Hotri* (sacrificateur produisait, au moyen de l'*Arani*, le feu sacré *Agni*, symbole du soleil et de la génération [2].

Alors sept prêtres, guidés par le *Nestri*, marchaient vers la droite et répandaient le divin *Sôma* qui remplissait *leurs coupes*. « Le *Sôma*,

votre fidèle épouse ; mais, si jamais vous me *frappez trois fois*, je vous laisserai pour toujours. »

Ils vécurent sept ans ensemble, et la fée eut trois fils qui se rendirent célèbres comme *médecins*. Mais, un jour qu'il priait sa femme de lui amener son cheval et que la fée tardait, il la toucha de son gant en lui disant : « Allez, allez. » Elle s'enfuit pour toujours.

Un jour pourtant elle vint trouver son fils Rhyvallon et lui dit que sa mission sur la terre devait être de soulager *les maux de l'humanité.* Elle lui remit un petit sac contenant des ordonnances médicales.

« En vous y conformant, dit-elle, toi et tes frères et tes descendants, vous serez des médecins illustres. »

(*Voyage dans le pays de Galles*, Alfred Erny. — *Tour du Monde*, 1867, premier semestre, p. 272).

Est-elle assez indienne cette légende naïve avec son pain de Nelumbium, et cette femme qu'on frappe trois fois. « Ne frappez pas la femme, eût-elle fait cent fautes, pas même avec une fleur, » dit le Code de Manou, et cette initiation des fils élevés à la science par leur mère.

Niez donc après cela la parenté des Aryas et des Celtes.

1. Porphyre, — cité par Champollion dans son *Panthéon égyptien*.
2. Voir sur la production de ce feu obtenu par le frottement de deux morceaux

qui, bu par les hommes, les excite, les remplit de joie, d'ardeur, de courage, exalte leurs forces et leur donne l'immortalité. »

Indra, le brillant soleil aux cheveux jaunes, chassait devant lui l'armée des *Maruts*, traînés par des antilopes, nuages légers chargés de vapeurs humides, et la lumière envahissait le monde [1].

Le chœur chantait la renaissance de la nature. « Reçois notre hommage, radieux et brillant soleil; prends plaisir à nos chants, aime notre prière comme l'époux amoureux aime son épouse. Être sans commencement, sans milieu, sans fin, toi qui échauffes par ta chaleur cet univers, qui remplis toute l'étendue du ciel et de la terre, qui touches à toutes les régions, *raconte-moi donc qui tu es*. Sois-moi propice, louange à toi. *Je désire te connaître, essence primitive, car je ne puis saisir la marche de son action* [2].

En Perse, au-dessous des grands arbres qui environnaient le temple d'Orsmud, se rassemblaient les convives du banquet mystique, le *Mobed* (prêtre) jetait sur le feu des parfums, broyait les sept petites branches d'*Omone* dans *la coupe*, puis l'on buvait en chantant le *Haoma* blanc, qui croît dans la source de l'eau ardouizour [3].

« Haoma, de couleur d'or, qui *fait concevoir*, qui donne la prudence, l'énergie, la victoire, la beauté, la santé, le bien-être, la croissance ;

Haoma, source de vie, *qui rend les femmes stériles, mère de beaux enfants* et *d'une postérité pure ;* Haoma qui éloigne la mort, car il est dit de lui : « *celui qui boira du suc de cet arbre ne mourra pas* [4]. »

---

de bois manœuvrés avec une lanière de cuir, la description du sacrifice hindou dans l'*Essai sur la Véda*, d'Émile Burnouf.

Essai sur la Véda, par Émile Burnouf, Desobry, Tandou et Cie, 1863, Paris, p. 302, et Michelet, *Bible de l'humanité*, p. 30 et suiv.

1. « Vous m'avez prouvé d'une façon qui a fait taire mes objections, que la vie de notre planète a sa source dans le soleil, que toute force est une transformation du soleil, que la plante qui alimente nos foyers est du soleil emmagasiné, que la locomotive marche par l'effet du soleil qui dort dans les couches souterraines du charbon de terre ; — que le cheval tire sa force des végétaux produits par le soleil, que le reste du travail sur notre planète se réduit à l'élévation de l'eau, qui est directement l'œuvre du soleil.

« Avant que la religion arrivât à placer Dieu dans l'absolu *un seul culte fut raisonnable et scientifique*, celui du soleil. »

Revue des Deux-Mondes, t. XLVII, p. 766, 15 octobre 1863.

Lettre de M. Renan à M. Berthelot.

2. *Essai sur la Véda*, par Émile Burnouf, p. 308.

3. Sur l'analogie des rites du gui et du haoma.

Voir le chapitre si intéressant de M. Jean Reynaud dans l'*Esprit de la Gaule*.

L'*Esprit de la Gaule*, Furne et Jouvet, Paris, 1866, p. 226.

4. Le souvenir de cet arbre de vie s'est conservé très-longtemps en Orient; les

Mais de tous les peuples primitifs, les Gaulois seuls conservèrent pour ainsi dire dans leur pureté native, les traditions de la Coupe, les traditions de la liqueur divine, du *boire* de l'immortalité. Ils firent d'elle tout d'abord le symbole du mariage. Lorsque les chefs, parés de leurs saies brillantes, ornés de leurs bracelets, de leurs colliers d'or, ayant au flanc le large poignard, au côté droit la grande épée, les cheveux noués sur la tête, étaient assis autour de la table paternelle, devisant de leurs exploits avec cette ostentation proverbiale à notre race, racontant leurs prouesses et semblant appuyer à qui mieux mieux leurs prétentions à l'amour de la

---

RR. PP. Cahier et Martin le retrouvent gardé par des lions et des guépards dans les magnifiques tapisseries de leurs *Mélanges archéologiques*. Nous ne devons pas nous étonner de le rencontrer dans nombre de nos médailles gauloises (médailles des environs de Paris, au nom de Rovcca, derrière un cheval. — Médailles de l'Aquitaine. — Derrière le loup blésois, médailles de Contoutos, chef des Santons.) L'*Art gaulois*, d'après les médailles de M. Eugène Hucher, p. 31 et 36, planche 50 et 20. — *Numismatique des chefs gaulois*, de M. de Saulcy, p. 14. — Tasgetio, médaille d'Amboise, etc., etc.

Ce ne sont pas les symboles orientaux qui manquent sur les monuments laissés par nos pères.

Les *grues*, ces oiseaux de la transmigration et des voyages, ces signes du second Hermès. Toth du Panthéon égyptien, qui a tant de rapport avec notre divinité gauloise, les grues couvrent les boucliers de l'arc d'Orange, les médailles des Bituriges, de Gabales et du pays d'Amiens, p. 77, *Art gaulois*, d'Hucher, *loc. cit.*, 87 et 68.

On les voit enfin sur l'autel du Taureau de Paris, *Tarvos trigaranus* (musée de Cluny, salle des Thermes, nos 1, 2, 3, 4 du Catalogue).

Et ce même *Taureau*, plus caractéristique que les taureaux assyriens de Korsabad, que les taureaux nourris à Hermantis, en l'honneur d'Ammon, le générateur par excellence, ne l'avons-nous pas dans le bas-relief de Saint-Marcel (musée de Cluny, *Idem*).

Et les *oiseaux incitateurs* qui volent au-dessus des coursiers dans les bas-reliefs de la collection du duc de Luynes (*Mag. pitt.*, p. 16, t. XXXIII, 1865), qui se reposent sur les flancs du bélier Ammon Rah., Esprit des quatre éléments (*Panthéon égyptien*, de Champollion, p. 5), ou qui voltigent en figure d'urœus ailé au-dessus du sphinx du dieu Phré (*Idem*, p. 66). Est-ce que M. de Barthélemy ne les a pas signalés (*Revue archéologique*, p. 155, février 1867) sur une brique estampée du midi de la France et sur une quantité de médailles de la collection de M. de Saulcy. — Médailles des Carnutes, des Leukes, des Arvernes, des Bellovaques, des Bituriges, des Meldes, du Belgium et des Parises.

Ils se trouvent encore sur des pièces antérieures à César.

Statère d'or pâle, de style aquitain. Collection Hucher.

Statère de bas electrum, provenant de l'extrême Armorique. (*Art gaulois*, de M. Hucher, p. 39.)

Tout est oriental en Gaule, depuis le cheval de mer, l'*hippocampe*, armes parlantes des tribus *d'ar mor* (la mer), conservé comme type de cette partie de la Gaule jusque dans les ballades des Bardes. — « Tiens, bon cheval de mer, aussi blanc que la neige brillante, frappe à la tête, frappe fort, frappe. » Prédiction de Gwenc'hlan. — (Barzas, Breis), depuis l'*hippocampe* jusqu'au sanglier de Nîmes (namazat), jus-

belle par la gloire acquise à leur nom respecté, la jeune fille, revêtue de la tunique blanche, entrait. Elle cherchait du regard celui pour lequel avait parlé son cœur, s'approchait doucement et lui tendait le breuvage d'amour.

Il l'approchait de ses lèvres, le père l'appelait son gendre. Les époux étaient unis pour toujours [1].

A la mort, on déposait près du cadavre ce vase sacré dans lequel il avait bu la liqueur de vie, dans lequel il devait boire, au milieu de ses transmigrations à travers les mondes, la liqueur d'immortalité. Pieux usage que paraissent n'avoir pas oublié les paysans du Morvan, de la Bresse et de l'Aveyron [2].

qu'au loup de Blois (Ar Bleis, le loup), jusqu'à la branche d'aune des Arvernes (Ar Vern, l'aune).

Mais nos noms eux-mêmes, nos noms n'ont-ils pas la tournure que se plaisaient à donner aux leurs les peuples primitifs. Chez les Hébreux.

Abraham s'appelait le père de la multitude. (*Genèse*, chap. XVII, v. 5.)

Isaac avait nom Sourire. (*Id.*, XXI, v. 35.)

Benoni était le fils de la douleur (*Id.*, XXXI, v. 18), et Benjamin le fils de la droite. Moïse signifiait tiré des eaux. (*Exode*, chap. II, v. 2). Jacob, supplanteur. (*Genèse*, XXV, v. 25), et Israël fort contre Dieu. (XXXII, v. 28.)

Dans l'Inde moderne, Safchekin khan veut dire qui rompt les bataillons; Saeb koran, le prince fortuné; Timour Lenk, Timour le boiteux; Bayesid, le foudre; et Alemguir, le conquérant du monde.

En Basse-Bretagne, Ker-vas-doue veut dire la ville du bâton de Dieu; Kerveatou, la ville du vivant à toujours; Lanmeur, le grand pays; Rumengol, la pierre rouge de la lumière; Rochglas, la roche verte; Coetmen, le bois de la pierre; et Coetmenech, le bois de la montagne.

C'est-à-dire que si nous n'avions pas oublié toutes les traditions de nos pères, nous pourrions dire à tous ceux qui se font gloire de leur noblesse et de leurs titres à l'heure qu'il est: Rendez-nous nos blasons, il n'y a de nobles en France que les *surnommés* les bourgeois, auxquels le peuple donna un *cognomen* qui se transmettait. Il n'y a de nobles en France que les Le Brun, les Le Gris, les Le Roux, les Le Noir, les Le Blanc, etc. Vous, vous n'êtes que des usurpateurs, et la Réforme de 1671 aurait dû vous interloquer et vous débouter à juste titre.

Ah! que de choses, les rapprochements, si l'on voulait bien s'en donner la peine, feraient découvrir dans l'histoire de nos aïeux!

1. *Histoire de la fondation de Massalie*, Amédée Thierry. *Histoire des Gaulois*, t. I, p. 136; *Histoire de Camma*, t. I, p. 412; *Histoire de Zenothemis et de Cydimachée*, t. I, p. 523; *Id. Histoire de France*, d'Henri Martin, t. I, p. II.

Le mariage en Grèce se faisait aussi par la coupe.

« Tel un homme riche saisit *la coupe* où pétille la rosée de la vigne; il la porte à ses lèvres, puis la donne au jeune homme qui bientôt sera son gendre, pour qu'il l'emporte dans sa maison. Cette coupe est toute d'or, le plus précieux des trésors, l'ornement des festins. C'est le présent d'honneur qui consacre l'alliance, et les amis conviés à la fête envient le bonheur de ce tendre hyménée. » (Pindare, VIIe olympique.)

2. Nous avons vu plus haut cet usage de la coupe placée dans les tombes, con-

Enfin, dans les sacrifices religieux au milieu de l'enceinte du Cromlech, nous voyons aussi bien que dans l'Inde brahmanique, aussi bien que dans la Perse du Zend-Avesta, figurer le vase saint aux mains des initiés des grades les plus élevés.

Taliesin, le type du sage, qui savait tout, même l'explication des rameaux sur la table des sentences, Taliesin, qui avait été marqué par Math la nature, marqué par Guyon le voyant, marqué par le feu, marqué par le sage des sages, Taliesin qui avait traversé toutes les épreuves, qui avait été serpent tacheté sur la montagne, vipère dans le lac, étoile chez les chefs supérieurs, dispensateur des gouttes de

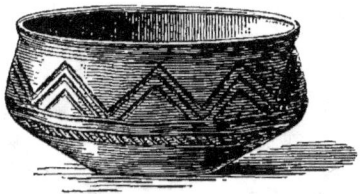

Fig. 49. Coupe assez fruste, de forme orientale. Ornements en creux très-accentués, terre noirâtre, façonnée à la main. Hauteur, 6 centimètres, largeur, 10 centimètres. — Provenance Bavay, n° 12 du Catalogue.

l'effusion du Gui, fut enfin revêtu des habits du sacerdoce et *tint la Coupe* [1].

Sans doute dans ces banquets sacrés, cités par Pline, banquets semblables à ceux du temple d'Orsmud et des collines de l'Himalaya, « Epula rite ordinata, » où l'on buvait le Gui comme là-bas on buvait le Sôma et l'Haoma « eo poto », dit encore Pline, boire, qui produisait *la fécondité, guérissait tout*, « omnia sanans » et servait d'antidote aux poisons les plus violents, « contra omnia venena remedio esse », *sauvait même de la mort* et procurait aux hommes *la joie éternelle* [2], comment les druides n'auraient-ils pas conservé pures les formes de

staté en Champagne dans un cimetière antérieur à la conquête romaine. M. l'abbé Cochet le cite comme permanent en France, dans le Morvan actuel. (*Archéologie céramique et sépulcrale*. Paris, Deroche, 1860, p.16.)

Et le musée de Saint-Germain-en-Laye possède plusieurs coupes, de forme complètement orientale et de fabrication moderne, trouvées dans le cimetière de Peyre, au fond de l'Aveyron.

1. Sur l'écriture végétale des druides, et sur les différentes transformations de Taliesin, voir l'*Esprit de la Gaule*, de Jean Reynaud, p. 233 et suiv.; et la note de M. Henri Martin, dans son *Histoire de France*, t. I, p. 77, sur la coupe que tient le même barde.

2. Jean Reynaud, l'*Esprit de la Gaule* : Le Gui et le Haoma, p. 231.

leurs vases sacrés (*fig.* 49, 50 et suiv.), eux qui gardaient si fidèlement la tradition de la famille première.

Ne pas trouver en Gaule le lotus égyptien, fleur de l'Inde dans toute

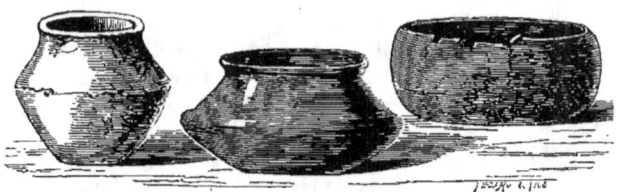

Fig. 50. Coupes et vases à boire, façonnés à la main, de terre noirâtre. Hauteur, 4 et 5 centimètres, largeur, 6 et 7 centimètres. — Provenance mer de Flines, nos 13, 14 et 15 du Catalogue.

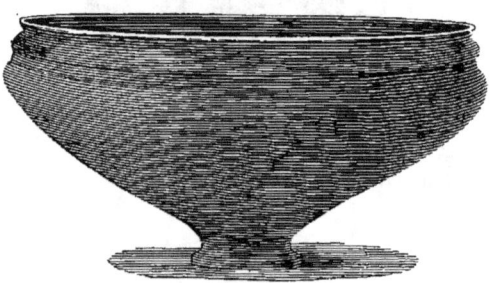

Fig. 51. Coupe de forme orientale, terre brune. — Provenance cimetières de la Marne, n° 59 du Catalogue.

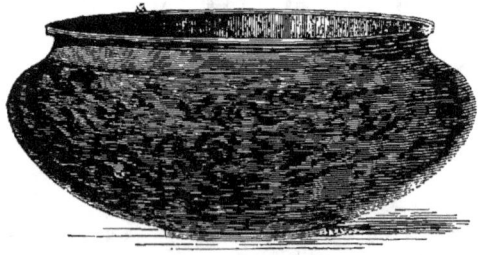

Fig. 52. Coupe de forme complétement orientale, traces d'essai de peintures, terre jaunâtre, nuancée de rouge. — Hauteur, 8 centimètres, largeur, 15 centimètres. — N° 179 du Catalogue.

sa naïveté première (*fig.* 51, 52 et suiv.), nous eût au contraire étonné. Ils étaient si près de la nature et si loin de toute intervention purement sacerdotale, dans la plus mauvaise acception du mot, qu'on ne doit pas être surpris d'une telle fidélité.

Qu'avaient-ils comme livre ? La nature et rien que la nature, la plus belle bibliothèque qui soit au monde. Ailleurs, l'intérêt pervertit peu à peu les coutumes. L'ignorance aidant, on oublia le sens pour s'attacher au mot. Je crois que l'absence de l'écriture, en forçant l'imagination au travail, dut en Gaule être une des causes les plus puissantes de la sublimité continue des doctrines druidiques.

Coupe divine, humble vase si respecté, on ne peut ouvrir une chronique des vieux âges sans la trouver partout. Aux mains de Mel-

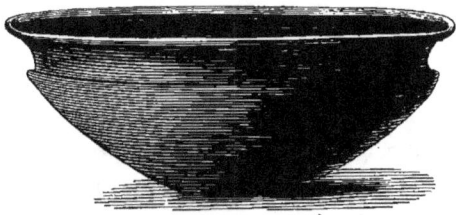

Fig. 53. Coupe de terre grisâtre. — Provenance cimetières de la Marne, n° 61 du Catalogue.

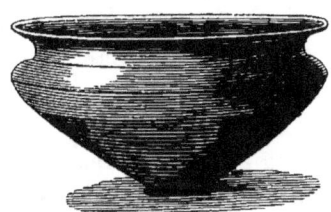

Fig. 54. Coupe de terre grise et noire. — Provenance Cologne, n° 60 du Catalogue.

chisedec, dans celles des prêtres, à la tiare d'or, à la barbe tressée, de Ninive, dans celles des initiés d'Isis, à la procession de l'âne d'or d'Apulée[1], dans celles plus éthérées des Dieux grecs eux-mêmes, qui s'abreuvent du nectar et de l'ambroisie que leur verse la jeune Hébé ou le beau Ganymède. Il n'est pas jusqu'aux catholiques qui n'en aient conservé le souvenir dans leur sacrement par excellence, qui donne la force et le secours (*da robur fer auxilium*), « et quelque puissance que les mages et les druides aient attribué à leur coupe, dit M. Jean Reynaud, ils ne sont jamais entrés, par ce rite, dans un surnaturel plus profond que les chrétiens, par leur calice[2]. »

---

1. *Idem gerebat aureum vasculum in modum papillæ rotundatum.* L'Âne d'or, l. XI, p. 329, t. II.
2. *Esprit de la Gaule*, p. 229.

§ 11. Sommaire : — La Coupe au moyen âge. — Les chevaliers de la Coupe. — Peredur de Cornouaille. — Peronik de Bretagne. — Parceval des Minnesingers. — Perceval le Gallois. — La Coupe des Akalis au Penjab. — La Coupe à l'Orient.

Le moyen âge, cette nuit épaisse, formée de deux obscurités réunies Rome et la gothique Germanie, chercha à détruire le symbole de la coupe. N'y pouvant réussir, il le transforma, comme il avait fait de la plupart des croyances celtiques; comme il avait fait des fontaines, du culte des arbres, du respect des pierres levées, de l'amour des cercles bénis, de la dévotion des hauts lieux.

Le Bassin de l'immortalité devint pour lui le Graal.

Mais, sous la couche épaisse étendue sur ce Graal, un œil exercé reconnaît facilement la coupe antique. En grattant un peu du bout de l'ongle, on la retrouve pure encore, malgré son nouveau travestissement.

La quête du Graal est la grande préoccupation des chevaliers errants; les plus illustres se glorifient de porter le nom de chevaliers de la coupe.

Ils s'appellent *Peredur* en Cornouaille insulaire, *Peronik* en Cornouaille de France; *Perceval* le Gallois dans le roman de Chrestien de Troyes; *Parceval*, père de Lohengrin, dans le minnesinger Wolfran d'Eschenbach [1].

Peredur du pays de Galles, après d'incroyables prouesses, dans la vallée ronde, sur le mont des douleurs, dans le palais du roi des tortures, à la cour de la dame des exploits, Peredur, après avoir eu pour compagnon et frère d'armes, Etlim, rouge épée, *comte d'Orient;* après avoir combattu des guerriers noirs portés par les squelettes de chevaux, fait rencontre d'une fille aux cheveux noirs bouclés, montée sur une mule fauve, dont le *visage* et les *mains* sont *plus noirs que le feu*, qui lui donne un talisman, avec lequel il bat l'Avank (crocodile) de la

---

1. Le radical *Per* qui se retrouve dans les différents noms de ces chevaliers, veut dire en langue celtique : bassin, coupe.

caverne et qui lui jette en réponse à une promesse d'amour infini ce dernier cri de rendez-vous : « *Quand tu voudras me retrouver, cherche-moi du côté de l'Inde !* »

Peredur poursuit sa course à travers le monde, tuant des géants, pourfendant des dragons, massacrant des sorcières, heurtant de sa lance le seuil de tous les châteaux, délivrant des princesses, dont il refuse la main, « n'étant pas venu là pour se marier, » traversant des déserts, chassant des cerfs qui portent au front des cornes aiguës comme des poignards, recevant l'hospitalité dans des moulins, comblant de richesses les meunières auxquelles il envoie : coupe d'or, corne de dragon, cruche merveilleuse pleine de vin fin, régnant avec des impératrices, détruisant des armées entières, et cherchant partout, sans en trouver, des nouvelles de la *fille noire*.

Enfin le fils d'Evroch du Nord arrive près d'une vallée, où habite un cavalier, vêtu d'*habits de prêtre*. Ce cavalier l'arrête dans sa course, le bénit et le retient une nuit, un jour, un autre jour et une autre nuit et lui indique le chemin du *Château des merveilles* bâti *au milieu d'un lac*. C'est là qu'il devient possesseur de la *coupe* et de la *lance* et atteint de la sorte *le faîte de la renommée humaine*.[1]

Dans le conte armoricain Peronik qui est un idiot[2], c'est-à-dire « qui a les pieds dans ce monde-ci et les yeux dans l'autre, » prend en croupe, sur son poulain noir, une dame vêtue de satin noir, « dont la figure est *jaune* comme celle d'une *mauresque* » et qui s'appelle la Peste.

Dans ce même conte, c'est la dame jaune, qui tue le géant, et les portes d'argent du souterrain s'ouvrent devant *la fleur qui rit* que tient à la main l'innocent.

La lance de diamant tue tout ce qu'elle touche, et le bassin *rend la vie aux morts* dès qu'on l'approche de leurs lèvres. A la fin du récit, Peronik épouse la fille de l'empereur des *Sarrasins* et donne à tous ses fils des royaumes *en Orient*[3].

Dans le poëme de Wolfram, le Graal *gardé dans un temple* splendide

---

1. *Les Romans de la Table ronde*, par M. Hersart de la Villemarqué. Paris, Didier, 1860, p. 140 et suiv.
2. Les idiots en Bretagne sont l'objet d'une espèce de culte. Ils vivent entourés de la vénération du peuple. Tout le monde connaît l'histoire de Salaun, le fou du bois, et la légende du lis, qui sortit de sa bouche après sa mort et motiva la construction de la magnifique église qui porte encore son nom : Fol goat.
3. *Le Foyer breton*, par Émile Souvestre, édition Lévy, 1858, t. II, p. 137 et suiv.

a pour serviteurs des *prêtres armés*. De lui s'exhale *la vertu* qui donne *la gloire éternelle*. Il se couvre par instants de caractères de feu, *visibles pour ceux-là seuls qui méritent de les lire*. Parceval « qui a deviné Dieu, au spectacle de la nature, » Parceval, *le voyant*, le fils d'Herzeloïde, l'époux de Conduiramur, bat le païen Feirefiz dans un combat où *les âmes* se mettent de la partie, délivre Aufortas en lui arrachant du cœur la lance enchantée, conquiert le Graal, « *source immortelle de salut*, » et parvient enfin « *au royal sacerdoce de la coupe* » [1].

Dans le roman français, le bassin est devenu le paropside dans lequel le Seigneur fait la cène avec ses disciples. *Catino ille vel paropside in quo Dominus cœnavit cum discipulis suis*. La lance qui pleure est celle avec laquelle Longus perça le sein du Christ, mais tous les deux conservent des propriétés parfaitement *orientales*.

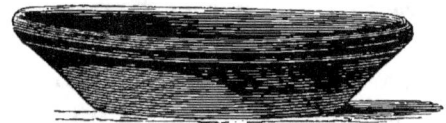

Fig. 55. Coupe plate, de terre noirâtre. — Provenance Vaudericourt (Marne), n° 62 du Catalogue.

La coupe de Parceval donne *la sagesse*, découvre la science de l'avenir, les *mystères du monde*, le *trésor entier* des *connaissances humaines*.

Elle *guérit les blessures mortelles* et rend muets ceux qui sont initiés à ses mystères. Taliesin dans son chant bardique, dit de même après les cérémonies de son initiation : « J'ai perdu la parole, » et Peredur, après avoir déclaré son amour à la belle *au teint brun*, Angarad à la main d'or, lui promet de ne parler à âme chrétienne avant qu'elle n'arrive à l'aimer par-dessus tous les hommes. A la cour d'Arthur et de Guennivar, on l'appelle le jeune muet. On sait que le secret était le fond de toutes les religions primitives.

La sainteté du Graal est un *mystère qui ne peut être expliqué en langue humaine* sans que les quatre éléments soient bouleversés, le ciel fondu, l'air obscurci, la terre ébranlée, l'eau noircie, car il est *la vie de la vie*. Parceval le Gallois ayant conquis le Graal, grâce aux indications *d'un prêtre*, devient roi, puis il abdique, se *fait prêtre* à son tour, et emporte le Graal dans son ermitage.

---

1. *Les Chevaliers poëtes*, de M. Octave d'Assailly. Paris, Didier, 1862, p. 192 et suiv.

Le jour où il meurt, le Graal disparaît.

> Ce jour que Dieu l'âme emporta
> Fut au ciel remis sans doutance
> Et le saint Graal et la lance [1].

Dans la religion des sikhes, religion formée d'anciennes traditions indiennes, également hostile au brahmanisme et au mahométisme, au milieu du Penjab, la Peutapotamide de Victor Jacquemont, le dernier degré d'initiation des *Akalis* dont le nom veut dire *immortels*, se fait par la *lance* et la *coupe*, dans un temple doré, le *Palais des merveilles*, bâti au centre d'un lac nommé Amritzar, *bassin de l'immortalité*.

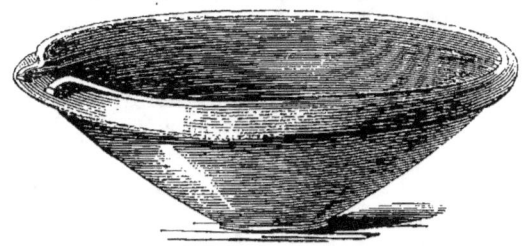

Fig. 56. Coupe à libation, terre blanche mate. Hauteur, 6 centimètres, largeur, 20 centimètres. Provenance Clermont-Ferrand, n° 204 du Catalogue.

L'initié qui a laissé croître ses cheveux, comme un Celte coiffé d'un turban bleu, revêtu d'une tunique de même couleur [2], armé d'un sabre, le bouclier rejeté sur l'épaule comme un chevalier, s'avance conduit par des *prêtres guerriers*.

On lui présente arc, flèche et *lance* et son conducteur lui dit « Le Gourou est ton maître et tu es son disciple. » Ensuite on remplit une coupe d'eau, on y met du sucre et, remuant la boisson avec un poignard, l'officiant récite cinq versets du code sacré, dont voici le premier [3].

« J'ai bien voyagé, j'ai vu bien des dévots, des soghis, des cotis, hommes saints livrés aux austérités, hommes ravis en *contemplation de*

---

1. *Les Romans de la Table ronde*, de M. Hersart de la Villemarqué, p. 140 et suiv.
2. Le bleu était la couleur des bardes. On ceignait d'une écharpe bleue le vainqueur du prix de l'inspiration.
Henri Martin, *Histoire de France*, t. I, p. 62.
3. *Magasin pittoresque*, t. IV, 1836, p. 389.

la divinité par leurs pratiques et leurs pieuses coutumes, chaque contrée, je *l'ai traversée*, mais je n'ai vu nulle part *la vérité* divine. »

Entre chaque verset on répète la formule : « Succès au Gourou, victoire au Gourou, » et l'initiateur s'écrie : « Cette boisson est le nectar, c'est l'*eau de la vie*, bois-la . »

Le disciple vide la coupe et se laisse asperger par la boisson préparée de la même manière.

Lance, coupe, temple d'or, bassin d'immortalité, prêtres guerriers et voyageurs, eau divine, vie de la vie, tout n'est-il pas semblable dans ces traditions?

Que dire devant une telle analogie? Que nous sommes encore plus orientaux qu'on ne le pense ; que chez nous la religion de la *nature et de la vérité* est restée permanente au-dessous de tout ce qui est venu s'implanter sur elle, et que bien des initiés modernes, au lieu d'aller chercher pour patron Salomon le Biblique, et pour temple celui de Jérusalem, pourraient se réclamer des Celtes, leurs vrais aïeux.

Eux aussi, ne sont-ils pas les *Enfants de la coupe*?

III

LE GRAND ŒUF SACRÉ

§ I. Sommaire : — L'Œuf du scarabée égyptien.— L'Œuf dans le mahabarata et dans les peintures indiennes. — L'Œuf sortant de la bouche de Cneph Ptha *stabilitor*. — L'Œuf chez les Phéniciens. — Explication de l'Œuf *anguinum* de Pline. — L'Œuf des Grecs. — L'Œuf des Japonais. — La légende de Hu Gardan et de la belle Creiz Viou (milieu de l'œuf). — Les Œufs de Pâques en Perse.— Les Œufs de Pâques en France.

L'œuf semble partager, avec la coupe dans les religions orientales et par conséquent dans la religion gauloise, le privilége de symboliser la renaissance et la génération. C'est ce qui explique, sans doute, comment, chez ces races diverses, les potiers tinrent à s'inspirer, pour la forme de leurs vases de cet œuf que des traditions saintes rendaient presque sacré. (*Fig.* 57, 58 *et suiv.*)

Dans la contemplation de la plante, l'homme avait trouvé jusque-là toutes les formes de ses symboles, l'expression première de son art; mais une chose dans la seule nature végétale restait pour lui comme insaisissable : le *pollen* emporté dans l'air par le souffle léger du vent, disséminé dans la nature par des milliers d'insectes, qui, voltigeant au-dessus des fleurs, le répandaient partout; le *pollen* impalpable et fécond, ne se laissait pas prendre, saisir et toucher par sa main. Au-dessous de ces plantes, de ces fleurs, de ces feuilles, sur la terre elle-même, sur le limon desséché du Nil, ses regards tombèrent sur une petite bestiole qu'il avait vue voler aussi dans les airs, prendre le suc des plantes; qu'il avait rencontrée comme l'abeille ou le papillon, toute couverte de ce *pollen* errant de tige en tige, humant la semence et la transportant çà et là.

L'Égyptien, qui devait mettre aux mains de ces dieux le fouet aux trois anières, destiné à diriger, à exciter cette semence idéale à laquelle,

84 POTERIE GAULOISE.

dans ses mythes sacrés, il mêla, par l'imagination, la semence humaine elle-même, l'Égyptien vit cette bête former, de ses deux pattes de devant, une façon d'œuf tout garni de fange ; il la vit transporter sur l'arène, cet œuf, objet de tous ses soins, l'enterrer dans le sable et mourir auprès. Puis, quand le soleil revint pour féconder la terre de cet

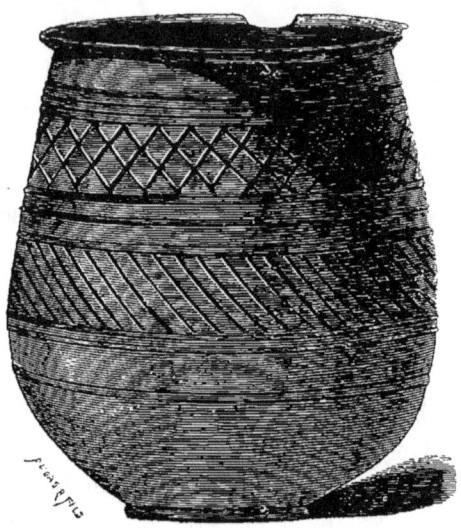

Fig. 57. Vase de terre noirâtre, orné de deux zones de raies, l'une croisée, l'autre simplemen oblique, profond relief. Hauteur, 19 centimètres, largeur, 14 centimètres. — Provenance Bavay, n° 27 du Catalogue.

œuf où s'était opérée la transformation de la larve, sortit un bel insecte aux ailes transparentes, qui étendit, sur les bords du fleuve sacré, sa parure étincelante et s'envola tôt après dans les nuages.

Il fit du scarabée l'image de la création.

On sait le rôle qu'il joue dans la mythologie des Pharaons.— Le scarabée rayonne sur les frontons des temples, et partage, avec le vautour de Neith, autre symbole de la génération[1] et le disque ailé flanqué

---

[1]. Le vautour, dans la croyance des Égyptiens, ne comptait aucun mâle de son espèce. — Pour devenir fécond, il s'exposait, selon Horapollon, à l'action du vent du nord; du vent du midi ou de l'est, selon Ælien; sa gestation durait cent vingt jours. — Il nourrissait ses petits cent vingt autres jours, et se préparait à une nouvelle gestation pendant cent vingt jours encore. Les cinq jours *épagomènes*, il les employait à l'acte de son exposition au vent.

Il était donc le signe de la production annuelle.

d'urœus l'honneur de décorer les frises des pylones de Karnac et de Thèbes[1].

Il est la poitrine d'Ammon; il pare la gorge sereine d'Athor, la nourrice des êtres; il vole sur le sein de Tiphé, la déesse du ciel; il est la tête de Thré, créateur du monde, et dirige la barque de Tho, dont le nom est Univers[2].

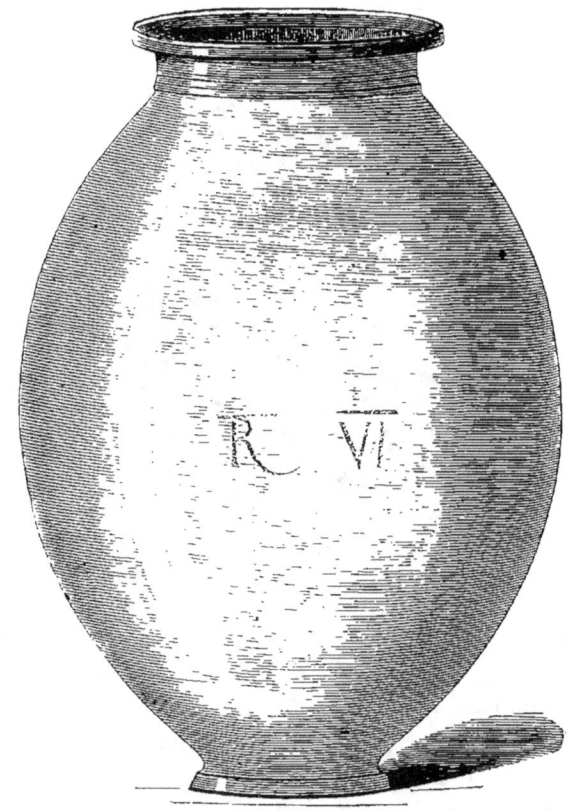

Fig. 58. Grand vase de terre blanche, l'R et le chiffre VI ont été gravés postérieurement. Hauteur 29 centimètres, largeur, 11 centimètres. — Provenance Clermont-Ferrand, n° 106 du Catalogue.

1. Le plafond de la porte triomphale du sud, à Karnac, est orné de dix-huit vautours.
Quant aux disques ailés et aux scarabées, ils sont innombrables dans les monuments qui nous restent.
2. Voir la figure panthée d'Ammon. *Panthéon égyptien* de Champollion, p. 12.
Tiphé. — Uranie, déesse du ciel, *Idem*, p. 56.
Thré ou Thoré. — Une des émanations de Ptha.— *Idem*, p. 28.
Tho. — Créateur et directeur. — *Idem*, p. 29.

Toutes les religions primitives ont, à l'aurore de leur mythologie, un œuf.

Le Mahabarata dit : « Au commencement, dans ce monde inférieur, privé de lumière, enveloppé de tous côtés de ténèbres, était un *grand œuf*, germe impérissable des créatures..., *signe* grand et divin dans lequel sont, dit-on, la vérité, la lumière. Brahma, l'*essence éternelle*, admirable, incompréhensible, répandue partout également : *cause invisible*, ayant en elle-même ce qui est et ce qui n'est pas.[1] »

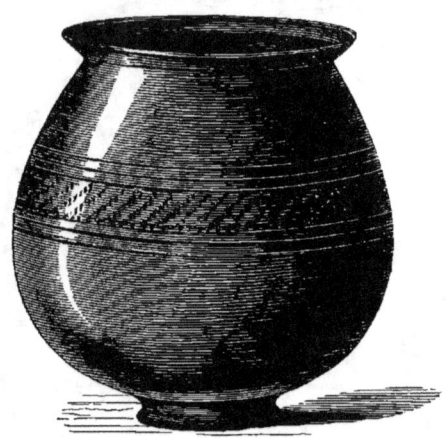

Fig. 59. Vase de terre noire polie, orné de mouchetures régulières à l'ébauchoir. Hauteur, 15 centimètres, largeur de l'orifice, 10 centimètres. — N° 28 du Catalogue.

Les peintures indiennes devaient représenter Brahma, à tête de soleil, les bras levés au ciel, au-dessus d'*un œuf* entouré par *un serpent*, fécondant Maia, la douce femelle à l'œil calme[2].

Chez eux, de la bouche du dieu créateur sortaient trois rayons[3] qui produisaient, au-dessus d'*un œuf* entr'ouvert, où figurait encore *un serpent*, le bien, le mal et les deux premiers êtres de la création terrestre[4].

---

1. *Le Mahabarata*, par Ph.-Ed. Foucaut. Paris, Benjamin Duprat, 1862, p. 7. Onze épisodes tirés de ce poëme épique. — Traduits pour la première fois du sanscrit en français.
2. *Inde*, par Xavier Raymond, planche 2. Paris, Didot, MDCCCXLV.
3. Parmi les coutumes bardiques encore existantes, ces trois rayons, placés absolument de la même façon que les trois rayons de Brahma, figurent comme signe au-dessous de l'œil dont nous avons parlé plus haut.
Voir le *Voyage au pays de Galles. Loc. cit.*
4. *Inde*, par Xavier Raymond, planche 3, *idem*.

LE GRAND ŒUF SACRÉ. 87

L'Égyptien fit sortir de la bouche de Cneph une des formes d'Ammon-Ra, le dieu par excellence, *un œuf* « qui contenait la matière dont devait se composer le monde visible et l'organisateur, l'*ouvrier* de cette

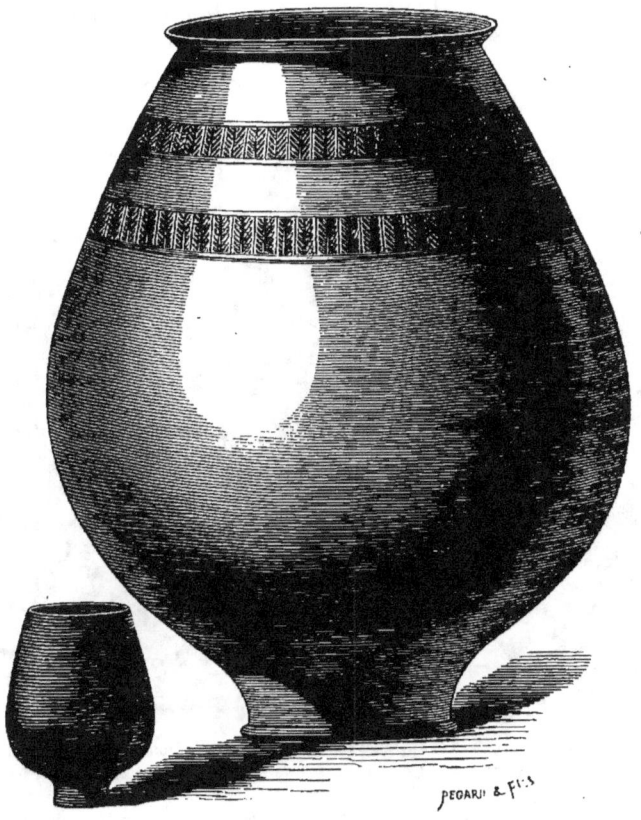

Fig. 60. Grand vase de terre grise mate, ornement en feuilles de fougère, dans les deux zones creux peu accentués. Hauteur, 27 centimètres, largeur, 14 centimètres. — Provenance Bavay, n° 33 du Catalogue.
Petit vase de terre rouge foncé, mat fruste. Hauteur, 11 centimètres, largeur, 8 centimètres. Provenance Cologne, n° 83 du Catalogue.

matière, Ptha, l'esprit *créateur actif*, l'intelligence coordinatrice, qui, dès l'origine des choses, entre en action pour accomplir l'univers en toute vérité et avec un art suprême[1]. »

[1]. Les Grecs ont fait de Ptha, Hephaistos, Vulcain. Cette imitation décolorée, comme l'appelle si bien Champollion (p. 125, *Lettres d'Égypte et de Nubie*), ouvrier de même, mais ouvrier méprisé par des dieux aristocrates qui le chassent du ciel à

88   POTERIE GAULOISE.

Ils représentaient Cneph, le père de Ptha, dans leurs bas-reliefs mystiques, sous la forme d'un *serpent*, comme dans l'Inde[1].

Et alors ils l'appelaient, esprit πνευμα, souffle qui anime le monde.

Les Phéniciens, de même, adoraient l'être suprême sous cette étrange figure du *serpent* et symbolisaient sa création, son œuvre par un œuf sacré, germe premier de la nature entière[2].

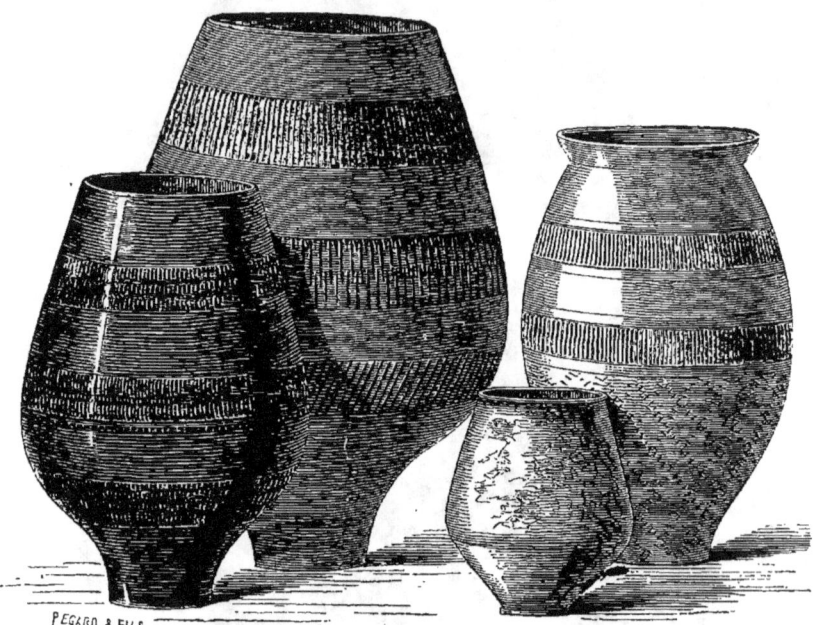

Fig. 61. Vases en terre noire lustrée, à reflet métallique, ornés de zones mouchetées à l'ébauchoir. Hauteur, 21 centimètres, largeur, 11 centimètres. Hauteur, 16 centimètres, largeur, 9 centimètres. — Provenance Cologne, n°s 34 et 35 du Catalogue.

Vase en terre rouge carminé, orné de deux zones mouchetées à l'ébauchoir. Hauteur, 18 centimètres, largeur, 11 centimètres. — Provenance Bavay, n° 32 du Catalogue.

Petit vase fruste, sablé. Hauteur, 11 centimètres, largeur, 8 centimètres. — Provenance Cologne, n° 36 du Catalogue.

coups de pied ; triste époux trompé de Vénus, à peine bon pour fabriquer les foudres menaçantes, mais inutiles du grand Jupiter.

Voir pour l'interprétation réelle du Ptha égyptien le *Panthéon* de Champollion, p. 25. Ptha tenant en main l'instrument appelé Nilomètre, surmonté du sceptre à tête de koukoupha. Ptha Stabilitor debout sous un naos orné d'uræus.

1. *Panthéon* de Champollion. Nef noub, noum, cneph, chnouphis agathodæmon.— p. 8, qui signifie *flare, afflare, penetrant*.

2. *Origine de tous les cultes*, par C.-T. Dupuis. Paris, Décembre-Alonnier, 1869, p. 307.

La *Religion des Gaulois*, par dom Martin. Paris, Saugrain, t. II, p. 108.

Mag. pitt., t. I, 1833, p. 75.

LE GRAND ŒUF SACRÉ. 89

N'y aurait-il pas, dans cette fable de l'œuf *anguinum*, que nous rapporte Pline[1], un ressouvenir de cet œuf de Cneph? Nous serions très-porté à le croire. C'est, comme le fait si bien remarquer le savant bénédictin que nous citions tout à l'heure : « La doctrine des druides roulait à peu près sur celle des Phéniciens et des Égyptiens, » et comme « ils ne s'expliquaient jamais que par énigmes, » il y a tout lieu de soupçonner que le naturaliste latin « n'a pu rapporter que les dehors, dont les philosophes enveloppaient, pour les yeux profanes, les *mystères sacrés de l'œuf du serpent.* »

Tout nous confirme dans cette opinion ; tout, jusqu'à l'étymologie du dieu gaulois, le grand, le seul qu'ils admirent à l'origine : *Esus* ou *Hésus*, qui ne signifie ni terrible, ni sacrificateur, mais bien πνευμα, esprit, *spiritus*[2], souffle, et partant, tout aussi bien que Brahma et Cneph. — *Essence de la génération*[3].

---

1. Voici en quoi consistait la superstition de l'œuf rapportée par Pline. Cet œuf qui donnait gain de cause dans tous les procès qui faisait avoir un libre accès auprès des rois (on voit que nous sommes en pleine décadence celtique) ; cet œuf que portaient dans leur sein les chevaliers romains du Dauphiné (Claude, pour cette raison, en fit même mourir un), était le produit d'une quantité énorme de serpents réunis, entortillés ensemble, au moment des chaleurs de l'été. Lorsqu'il s'élevait en l'air soutenu par les sifflements des serpents, il fallait le recevoir dans un linge blanc sans qu'il touchât la terre, prendre un cheval et s'enfuir aussitôt pour échapper aux serpents furieux, dont on n'était enfin délivré qu'après avoir passé une rivière. On faisait l'essai de l'œuf en le jetant dans l'eau où il fallait qu'il surnageât avec le cercle d'or dont on avait soin de l'entourer.

Dom Martin, la *Religion des Gaulois*, tirée des plus pures sources de l'antiquité, t. I, p. 204.

2. Il est une île à l'extrémité de la terre, au delà du Pen-ar-Bed, qu'on appelait *Enez Heussa*, qu'on nomme actuellement île d'Ouessant, dont le nom dérive de *Heuss*, de *Ouez*, qui veut dire souffle, — île sous le vent, île qui reçoit en plein le vent. Cette île est pleine de monuments celtiques.

Il est une ville au sommet des montagnes d'Arrez, ville jadis fameuse, siége de la domination romaine qui succéda à l'antique domination des chefs gaulois, qui se nomme Keraez, Carhaix, Aez, vent, souffle, ville qui reçoit le vent, et certes, aussi bien que l'île dont nous parlons, elle mérite ce nom.

Le radical *Aez, Hez, Heuz, Ouez* avec l'aspiration en breton armoricain, veut donc dire souffle, vent. Quant à la terminaison *us* elle est ordinaire dans les adjectifs qualificatifs. *Poan*, peine, douleur ; *Poanius*, pénible, douloureux ; *Poaz*, cuit ; *Poazus*, cuisant ; *Nerz*, force, vigueur ; *Nerzus*, vigoureux, robuste ; *Aezen* ou *Esen*, zéphyr, exhalaison ; *Aezenus* ou *Ezenus*, qui produit le vent, qui exhale le zéphyr.

D'où *Esus* ou *Hesus*, soufflant. — πνευμα, *spiritus*.

3. Un simple rapprochement dont nous laissons aux savants l'explication complète. Dans la vallée de l'Ohio, parmi les monuments décrits dans le savant ouvrage de M. Squier :

(*Anciens monuments, of The Mississipi valley. Smithsonian, institution. — City of*

Les Grecs, ces fantaisistes, qui humanisèrent tellement leurs dieux, qu'ils arrivèrent à en faire les plus aimables des scélérats, dénaturèrent les traditions d'Orphée sur l'œuf, et ne gardèrent des données de cet initié d'Égypte, que l'œuf du cygne de Léda, que Castor et Pollux, qu'Hélène et Clytemnestre [1].

Les Japonais croient encore au taureau qui brise l'œuf du monde, et ouvre, comme dit Volney, l'âge de la création et l'équinoxe du printemps [2].

Nous, en Gaule, nous avons la légende cosmogonique de Hu-Gardan. En voici les principaux traits : « Koridwen, la nature engendre la belle Creiz Viou, *le milieu de l'œuf*, le germe, le principe de vie et le hideux Avank-Du, le crocodile noir, le dévorant, le principe de mort. Le Typhon celtique, en se jetant dans le lac des Grandes-Eaux, fait déborder le lac et la terre est submergée. Un seul couple humain échappe à l'aide d'une barque Hu-Gardan ; Hu le Fort, mari de Koridwen, prend ses deux bœufs et les attelle à la *coque* du monstre. Ils tirent si puissamment qu'ils arrachent le monstre du fond du lac. Ils meurent tous les deux dans l'effort; mais le lac rentre dans son lit et la terre est délivrée des eaux [3]. »

Ceci est déjà un mythe de seconde main, mais dans ces bœufs, dans cette coque, dans ce germe du *milieu de l'œuf*, il est facile de retrouver et le bœuf japonais et les bœufs de l'Égypte.

Creiz Viou n'est qu'une émanation de Koridwen comme Ptha n'est qu'une émanation d'Ammon.

Les Gaulois, qui avaient tant de respect pour la femme, devaient,

---

Washington, June, 1847), il s'en trouve un qu'il appelle *The serpent* (Adams County Ohio), où sur le sommet d'une colline au-dessus d'un ruisseau, *small run*, serpente un talus de terre élevé, figurant parfaitement l'animal qui nous occupe; l'extrémité du reptile, à l'endroit qui doit être la tête, se bifurque et embrasse, comme le ferait la bouche même de Cneph, un monticule de terre en forme d'œuf.

On sait que les monuments dont nous parlons sont remplis de haches de silex, de colliers de bronze, de poteries semblables à nos poteries gauloises.

1. Plutarque commentant le système d'Orphée ajoute, « que le théologie des anciens rapportait à cet œuf la priorité du temps et le germe de toutes les créatures. »

Page 108, dom Martin, *loc. cit.*

2. *Les Ruines*. Paris, Décembre-Alonnier, 1868, p. 150.

3. Henri Martin, *Histoire de France*, t. 1, p. 481.

Barzas Breis, *Chants populaires de la Bretagne*, par Th. Hersart de la Villemarqué, *Chant des Séries*, p. 4. Chante-moi la série du nombre deux jusqu'à ce que je l'apprenne aujourd'hui.

Deux bœufs attelés à *une coque*, ils tirent, ils vont expirer; voyez la merveille.

par goût, en faire le principe de la création. Ils ne pouvaient avoir qu'un Ptha femelle, qu'une coordinatrice et non un créateur mâle. Ils inventèrent Creiz Viou, et de plus, lui donnèrent la beauté.

Mais si nous voulons constater le respect de la tradition de l'œuf comme symbole de renaissance et de génération. Il est inutile de nous égarer dans les recherches et les comparaisons des mythologies anciennes. Il suffit de jeter un regard autour de nous, de signaler un usage tout moderne, et qui marque suffisamment la parenté qui n'a cessé d'exister entre nous et les Orientaux de tous les âges.

« En Perse, dit Chardin, la fête du nouvel an, la seule fête civile que les Persans connaissent est célébrée avec beaucoup de pompe. Djeladdin, instituteur d'un calendrier qu'on dit préférable au calendrier grégorien, a fixé la fête du renouvellement de l'année solaire au soir de l'équinoxe du printemps. On annonce la fête au peuple par des décharges d'artillerie... Puis chacun échange des présents, et dès la veille, on s'entr'envoie des *œufs* peints et dorés. Il y a de ces œufs qui coûtent jusqu'à trois ducats d'or la pièce.

« Le roi en donne de cette espèce quelque cinq cents dans son sérail, et on les présente dans de riches bassins aux principales dames. L'œuf est couvert d'or avec quatre petites figures ou miniatures très-finement faites aux côtés. On dit que, de tout temps, les Persans se sont donné des *œufs* comme cela au *nouvel an*, parce que l'*œuf marque le commencement des choses.*»

On sait que l'année en Gaule commençait autrefois à Pâques. — Au printemps, lorsque les premiers bourgeons s'épanouissaient sur les branches nues des arbres desséchés par l'hiver, lorsque l'herbe verdissait aux champs, que le blé germait dans le sillon, on proclamait l'an neuf, en s'écriant : « Voilà que la terre se réveille, le blé germe, *enghin an eit*[1]. Renaissance ! Renouveau ! Résurrection ! » et l'on s'envoyait des œufs peints, des présents et des souhaits de bonheur, — *les œufs de Pâques!*

Ténacité sublime du plus grand des peuples ! Vraiment je t'admire : les conquérants viennent, t'imposent leurs lois, ils croient te soumettre et tu te tais, ils changent tes noms, tes fêtes, tes mois, tes jours, tu ne dis mot. Renversés et remplacés par d'autres, ceux-ci prétendent t'absorber à leur tour, ils enlèvent à tes grandes réunions jusqu'à leur sens caché, jusqu'à leur signification symbolique, — tu laisses faire !

---

1. Au Gui l'an neuf, voir la traduction qu'en donne M. de la Villemarqué, *enghin an eit*, le germe, voir Henri Martin, *Hist. de France*, tr I, p. 72.

Puis, tout à coup, on reconnaît que tu n'as rien oublié, que tu sais, que tu te souviens, que tu vis quand même.

Par le souffle du divin Hesus, peuple grand, race de la pensée, je t'aime. Ah! certes, qui pourra se vanter de te tuer toi? Gaulois tu étais, et passent toutes les tyrannies de la terre, toutes les invasions de la force brutale : Gaulois tu resteras! — Gaulois tu seras toujours!

IV

LA PERSONNALITÉ GAULOISE

PREMIÈRE ÉPOQUE

§ I SOMMAIRE : — Transplantation de l'arbre de vie (Haoma) en Gaule.—Premiers caractères de la personnalité gauloise, de l'art national dans les poteries. — Ce que c'était que la barbarie gauloise. — Un clan gaulois. — Éducation libre de l'enfant. — Constitution de la famille. — Rôle de la femme. — Le Fuseau et la Lance. — Religion. — Contemplation sublime de la nature. — Irruption de la civilisation romaine. — César.

Comme les Indiens des prairies traversent les déserts du nouveau monde, en emportant avec eux les ossements de leurs pères, les premiers Celtes quittèrent les plateaux de l'Asie, avec les traditions de la famille primitive, et les conservèrent religieusement au milieu du long voyage que la brutalité des aînés les forcèrent à entreprendre.

Un savant, amant de la nature, transporta, dit-on, de régions lointaines, un petit arbuste qu'il abreuva, dans la pénible traversée, de l'onde rare que l'on mesurait à l'équipage en détresse. De retour dans sa patrie, il planta l'arbuste, et l'arbuste devint un grand arbre.

De même, le Druide, quand il parvint aux extrémités de la terre, enracina dans le sol, le grand Haôma de la Perse, sa première patrie, et *l'arbre de vie* abrita dans la suite ses petits enfants sous l'ombre bienfaisante de ses rameaux bénis.

Les Juifs portaient dans leurs tentes, à travers les sables de l'Arabie, la loi que Dieu leur avait donnée matériellement, par les mains de Moïse. Le Celte, dans sa noble intelligence, conserva plus précieusement le code de ses ancêtres : l'âme humaine n'est-elle pas le plus sûr des tabernacles?

Sur l'Haôma d'Asie vint se greffer par la suite une branche plus vivace; sur ce tronc noueux et rude s'épanouirent de nouveaux feuillages. Entées sur les traditions orientales, les légendes celtiques prirent

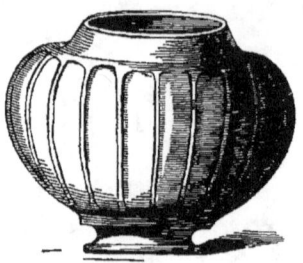

Fig. 62. Vase de terre blanche façonné à la main. Hauteur, 9 centimètres; largeur, 6 centimètres. — Provenance Mayence, n° 40 du Catalogue, ornements en relief.

naissance, et formèrent ce que nous appelons la PERSONNALITÉ GAULOISE[1].

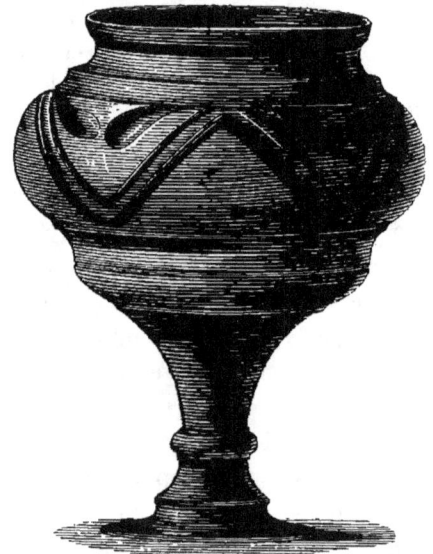

Fig. 63. Vase à boire (Hanap). La terre grisâtre, avec ornementation en zigzag, flanquée de feuillages en creux. Variété champenoise. Hauteur, 20 centimètres; largeur, 10 centimètres. — Provenance cimetières de la Marne, n° 57 du Catalogue.

1. « Chants populaires, arche d'alliance entre les temps anciens et les nouveaux, c'est en vous qu'une nation dépose les trophées de ses héros, l'espoir de ses pensées et la fleur de ses sentiments; arche sainte, nul coup ne te frappe, ne te brise. O chanson populaire, tu es la garde du temple des souvenirs nationaux; tu as les ailes et la voix d'un archange, souvent aussi tu en as les armes. La flamme dévore les œuvres du pinceau, les brigands pillent les trésors; la chanson échappe et survit. Elle court parmi les hommes..... » — Mickievicz.

Comme les hommes, les nations, je ne parle ici que des races de l'intelligence et non pas des races de la force, les nations ont un caractère, une originalité qui leur est propre, qui les distingue, qui les marque.

Les races de la force, elles, n'en ont aucun; aussi les voit-on dispa-

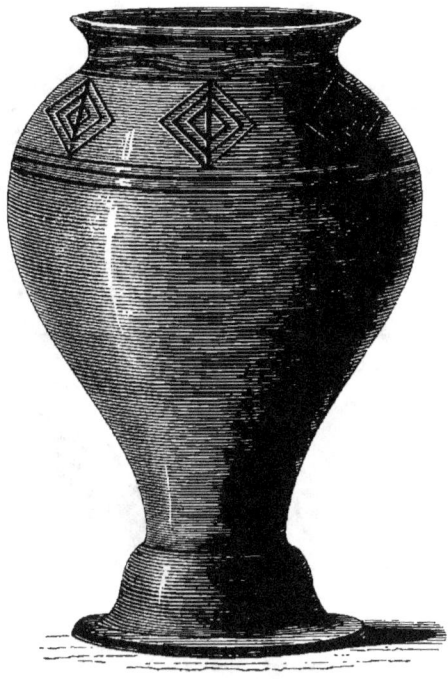

Fig. 64. Vase à boire (Hanap) de terre brune, orné de raies transversales et d'ornements en losange, tracés en creux à l'ébauchoir. Variété champenoise. Hauteur, 23 centimètres; largeur, 10 centimètres. — Provenance cimetières de la Marne, n° 58 du Catalogue.

raître du monde, sans laisser aucune trace, après avoir joué ce que les historiens, flatteurs des rois et de leur séquelle, habitués à narrer les conquêtes et les tueries d'hommes, appellent un grand rôle. Qui pourrait trouver aujourd'hui des Macédoniens en Macédoine? et pourtant leur chef, Alexandre dit le Grand, les conduisit jadis jusqu'aux rivages de l'Inde. Qui désignerait aujourd'hui dans Rome un vrai Romain? et pourtant César et ses augustes successeurs inondèrent jadis le monde, des cohortes impies, des enfants de la louve.

Ce qui frappe par l'épée périra de même.

Ce qui s'impose par l'esprit reste éternel.

Je n'ai pas à démontrer ici l'influence qu'eut dans le monde le caractère particulier de la Gaule, qui peut se résumer en trois grands principes : — immense liberté, — perfectibilité indéfinie, — universel amour de l'humanité. — Je dois donc me contenter de distinguer dans l'humble branche de l'art qui nous occupe spécialement les tendances très-accentuées des modestes façonneurs d'argile, et en faire naître les quelques conséquences qui en découlent immédiatement.

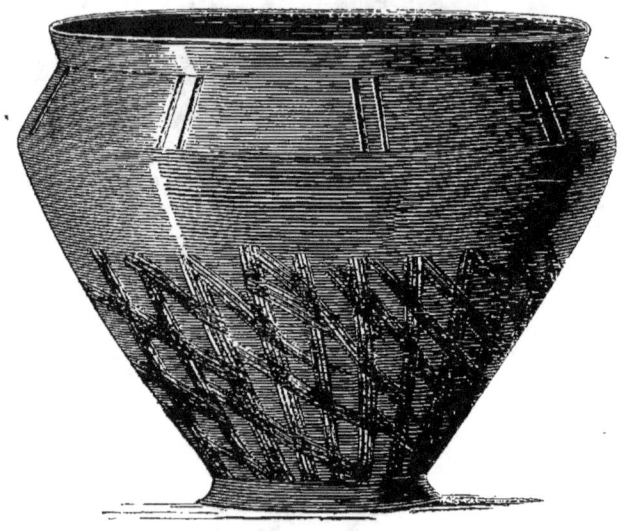

Fig. 65. Vase de terre brune, avec ornements en creux, chargés d'une coloration rouge vif très-apparente. Coups d'ébauchoir en losange sur la partie inférieure. Variété champenoise. Hauteur, 18 centimètres; largeur, 22 centimètres. — Provenance cimetières de la Marne, n° 30 du Catalogue. (Vase du repas funèbre.)

Sur le sommet des monts, non loin de ces cercles de pierre, dont le pâtre encore aujourd'hui ne s'approche qu'en tremblant, tant est grande la vénération qu'inspirèrent jadis ceux qui tracèrent ces enceintes sacrées, les Druides, traînant silencieusement leurs longues robes blanches, se livraient, selon l'expression d'Ammien Marcellin[1], à la seule étude des choses abstraites et profondes. Autour d'eux, une troupe de jeunes gens, scrutant la nature, s'efforçaient d'en découvrir

---

1. « Les Bardes, dit Ammien Marcellin, chantaient sur la lyre les grandes actions des hommes héroïques; les evhages, scrutant la nature, s'efforçaient d'en découvrir les enchaînements et les sublimités; et au milieu, les Druides, les plus élevés par l'esprit, comme l'a déclaré l'autorité de Pythagore, se vouaient à l'étude des choses abstraites et profondes. » — 124, *Esprit de la Gaule*, de Jean Reynaud.

les enchaînements et la sublimité, écoutaient pieusement la parole du maître. Dans une profonde vallée, venait-il à s'établir un chef de

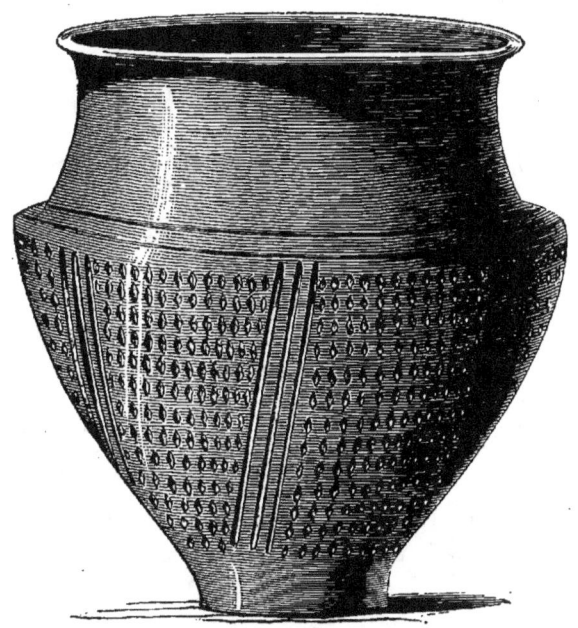

Fig. 66. Vase de terre noirâtre, avec ornementation en relief très-accentuée, mouchetures à l'ébauchoir, régulières. Variété champenoise. Hauteur, 22 centimètres ; largeur, 19 centimètres. — Provenance cimetières de la Marne, n° 29 du Catalogue. (Vase du repas funèbre.)

famille avec sa parenté cherchant pour ses troupeaux l'herbe épaisse, pour les siens, le champ fertile et cultivé, il allait consulter sur les

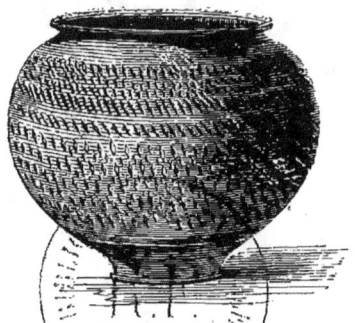

Fig. 67. Vase en terre rougeâtre, pointillé en creux. Hauteur, 6 centimètres ; largeur, 6 centimètres. — Provenance Cologne, n° 150 du Catalogue.

hauts lieux le grand Druide, et si l'argile retenait dans le col étroit du vallon l'eau fécondante, celui-ci donnait son libre cours à l'eau; si le soleil, au contraire, desséchait le flanc de la colline, en prenant non loin de sa source le ruisseau dont il connaissait les méandres, il le

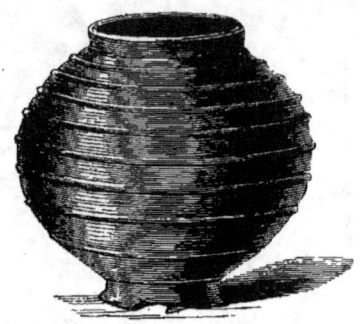

Fig. 68. Vase en terre noire, avec raies horizontales fortement accentuées. Hauteur, 10 centimètres; largeur, 7. — Provenance? n° 77 du Catalogue.

conduisait au-dessus [du vallon[1], et les troupeaux paissaient l'herbe fraîche, et le chef de famille voyait prospérer sa maison.

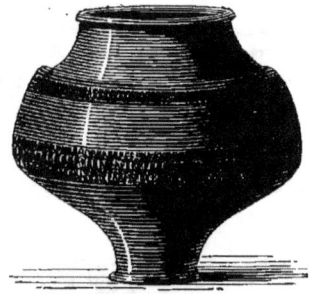

Fig. 69. Vase de terre grisâtre, orné de zones à l'ébauchoir, caractéristique. — Provenance Gand, n° 99 du Catalogue.

Alors, non loin des cabanes du clan, celui qui avait fidèlement gardé dans la mémoire la vraie tradition de l'art de terre, l'amour de la fleur, modèle unique du vase, refit d'abord pour la famille les formes consacrées par le rite sacré de ses aïeux; puis, peu à peu, voyant s'épanouir

---

1. S. p. 18, le ternaire relatif à Saint-Hervé.

LA PERSONNALITÉ GAULOISE.   99

dans la verdure des prairies des fleurs nouvelles, voyant au fond des grands bois l'églantier parsemer le feuillage de ses corolles élégantes,

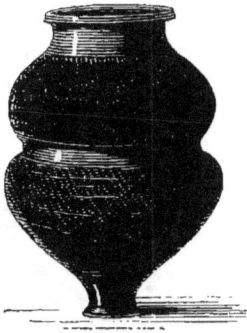

Fig. 70. Vase de terre noire mat, caractéristique. Hauteur, 11 centimètres; largeur, 5 centimètres — Provenance Cologne, n° 219 du Catalogue.

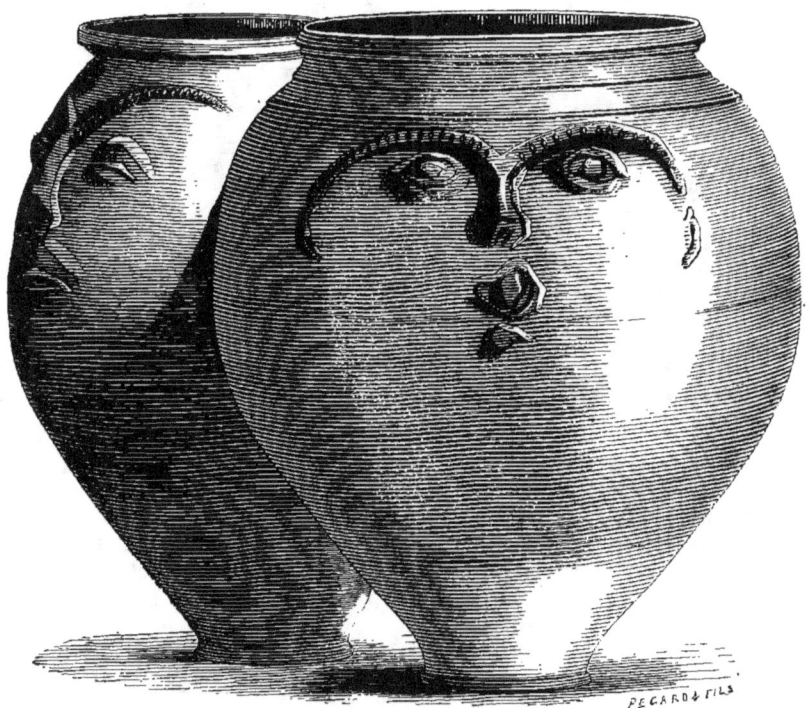

Fig. 71. Vases en terre grisâtre, ornés d'une figure grossière en relief, appliquée en barbotine façonnée à l'ébauchoir. Hauteurs, 24 et 25 centimètres; largeurs, 16 et 18. — Provenance Cologne et Mayence, n°s 50 et 51 du Catalogue.

apercevant au milieu des rochers gris les fougères aux dessins réguliers, et sur les eaux des fleuves les longues plantes aux formes aiguës et grêles, il chercha à imiter dans ses traits naïfs et le fer de lance du liseron (*fig.* 73), et la symétrie de la fougère (*fig.* 60), et la grâce de la rose, et la variété des primevères. Plus tard, lorsque la vigne eut cou-

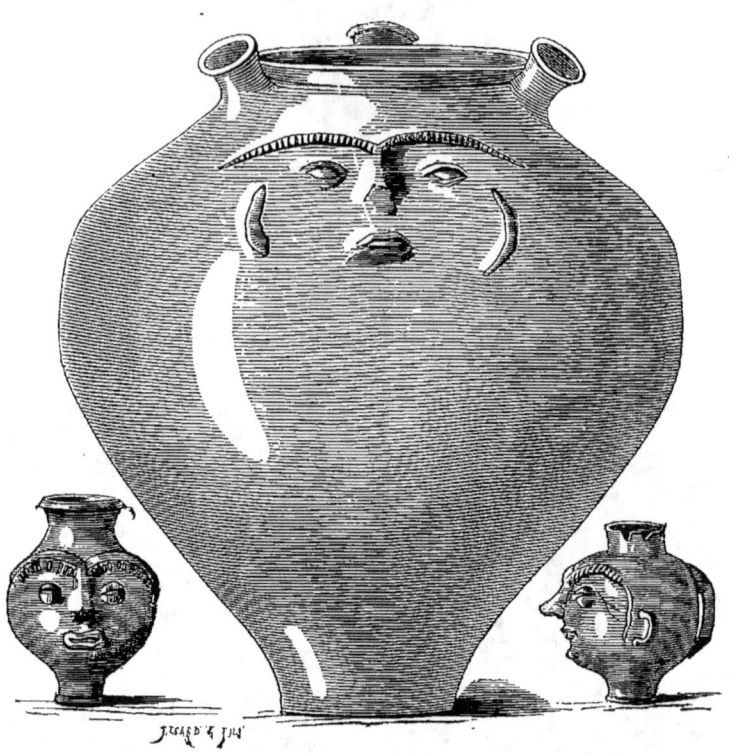

Fig. 72. Grand vase de terre jaune, orné de trois goulots et d'une tête en relief, plus fine que celles de la figure précédente. Hauteur, 27 centimètres; largeur, 11 centimètres. — Provenance Mayence.

Petits vases à boire en terre rouge, d'une ornementation analogue. Hauteurs, 7 et 8 centimètres; largeurs, 5 et 3. — Provenance Mayence, n°s 52 et 82 du Catalogue.

vert ses coteaux de ses grappes bienfaisantes, elle devint le principal motif de toutes les ornementations des vases de ses festins joyeux.

Mais toujours dans toutes ses conceptions, le potier gaulois, dédaigneux des procédés faciles, même lorsqu'il garde les profils traditionnels de sa race, même lorsqu'il cherche à figurer les visages étranges [1] qui décorent quelques-uns de ses vases (*fig.* 70 et 72), ne s'astreignit jamais au moulage banal que devaient plus tard chercher à lui imposer les imitateurs serviles de la trop puissante Italie.

Ce qui caractérise l'art de terre en Gaule, c'est l'absence du poncif.

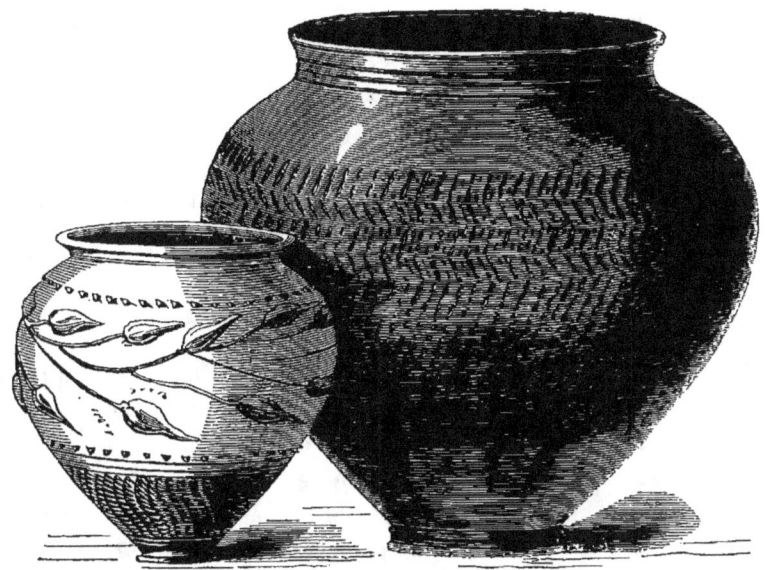

Fig. 73. Vase de terre noire, orné de mouchetures régulières en creux, à l'ébauchoir. Hauteur, 25 centimètres; largeur, 15 centimètres. — Provenance Cologne.
Vase de terre rouge clair lisse, guirlande et pointillé en barbotine, même teinte que le fond. Sa base, travaillée à l'ébauchoir. Hauteur, 12 centimètres; largeur, 9 centimètres. — Provenance ?
Nos 25 et 89 du Catalogue.

Le Japonais qui refait vingt fois un dessin bleu sur ce bel émail blanc qui fit tant rêver le grand Bernard [2], le Japonais ne suit pas un

---

1. Ces vases à figures étaient déjà connus à Rome, du temps de Martial, comme particuliers à ceux que les Romains appelaient des Bataves. — C'était la poterie hollandaise du temps.
    Sum figuli lusus rufi persona Batavi :
    Quæ tu derides, hæc timet, ora, puer.
                                                    Martial, l. xiv, 162.

2. La grande préoccupation de Palissy était la recherche de *l'émail blanc*, « parce que j'avais ouï dire que le blanc était le fondement de tous les autres émaux. » (*De l'Art de terre*, dialogue entre Théorique et Practique).— P. 312, *Œuvres complètes de Bernard de Palissy*; Paris, Dubochet, 1844.

Philibert Delorme, dans son grand volume de l'architecture (*Architecture de Philibert Delorme*, conseiller et aumônier ordinaire du roy, et abbé de Saint-Serge-les-

trait posé d'avance : il laisse courir librement son pinceau. Moins habile, mais tout aussi artiste, le fabricant de ces grossières faïences qui brillent encore aujourd'hui dans les dressoirs de chêne de nos fermes enfumées, trace de même sans esquisse pointillée, ces coqs à la queue jaune, au ventre bleu, à la crête étincelante, qui, debout sur une rustique barrière, regardent passer dans le ciel des corbeaux noirs s'enfuyant à tire-d'aile.

La tradition des vieux ouvriers s'est conservée dans ces villages qui, presque tous, portent des noms significatifs [1], et si l'on veut se faire une idée parfaite du mode de fabrication, de la nature du travail, de la façon de vivre des potiers gaulois anciens, il suffit de visiter encore de nos jours quelques-uns de ces villages.

On y manie l'ébauchoir et la glaise comme aux vieux temps, et la même fantaisie règne chez les descendants comme autrefois chez les ancêtres.

Où trouverez-vous, en effet, plus de variété, plus d'originalité que dans les différents spécimens qui nous restent de ces siècles passés ?

Et certes, ils l'avaient bien, la fantaisie de l'ébauchoir et du pinceau, ceux qui tournaient ces zones irrégulières, qui enroulaient ces guirlandes légères, qui trouvaient ces formes si variées et si neuves (*fig.* 63, 64, 69, 70), pleines d'une élégance qui prouve assez aux yeux les moins clairvoyants un état de civilisation en dehors de tout conteste.

La Gaule, dit M. Jean Reynaud, « recherchait la forme avec *un goût spécial*. Elle sentait la plastique avec une vivacité dont témoigne la pro-

---

Angers, 1648), cherche de même l'*émail blanc*. — Jean Cousin, d'après les conseils de Philibert, fait, de son côté, des essais merveilleux de cet émail blanc dans ses fameuses *grisailles d'Anet*.

Tout nous porte à croire que ces grands artistes avaient eu entre les mains des produits chinois ou persans, et qu'ils rêvaient la porcelaine.

Les études sur « le polissement vitrificatif qui procède des corps mêmes de l'argile, » dans le chapitre des Terres d'argile de Bernard, en sont la preuve.— P. 300, *loc. cit.*

1. Il y a en France quantité de villages qui se nomment *la Poterie*. La plupart sont encore occupés par des façonneurs d'argile, et dans quelques-uns même, on fabrique maintenant des vases semblables à ceux que nous trouvons dans les tombes de Cologne et de Champagne. A Vannes, nous avons rencontré, sur la place du marché, des poteries exposées, avec ornements en barbotine, analogues à celles dont nous parlons dans la seconde partie de cet ouvrage. Et quand nous avons interrogé les vendeurs sur l'usage auquel étaient affectés ces vases, on nous a répondu naïvement : « Ce sont des vases à conserver. » — Aussi nous sommes-nous hâté de prendre cette dénomination pour l'appliquer à ceux qui faisaient l'objet de notre étude.

fusion des ornements qu'elle a déposés sur tous les objets usuels et dans un mode qui n'appartient qu'à elle. *Son style décoratif*, produit naïf de son génie, *ne ressemble à aucun autre*. Il porte en lui-même un principe [1]. »

Si donc la fantaisie dans l'art prouve chez les Japonais dont nous parlions tout à l'heure, chez les faïenciers de Nevers, de Rouen, de Strasbourg ou de Rennes, si dédaignés jadis, si recherchés de nos jours où de grands artistes se sont occupés de collectionner et de mettre en lumière leurs admirables compositions [2], si cette fantaisie prouve une civilisation supérieure, pourquoi ne serait-elle pas l'indice d'un

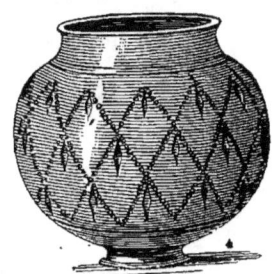

Fig. 74. Vase en terre blanche mate. Ornements enlevés en creux à l'ébauchoir. Provenance Cologne, n° 151 du Catalogue.

même degré de perfection relative aux époques cachées de notre histoire ?

Qu'était-elle en effet, la famille gauloise, avant la brutale invasion de César ?

Pendant que les Druides, « ces maîtres vénérables, à travers les magnifiques jardins que donnent à l'homme, à si peu de frais, les vieux chênes, promenaient sur les gazons diaprés les flots paisibles de leurs tuniques blanches [3] ; »

Le Pâtre, les cheveux au vent, le corps enveloppé de son *lenn* [4], chantait aux roches brumeuses d'occident les *sones* des pays du soleil en conduisant ses grands troupeaux de bœufs, de chevaux agiles ou de moutons à laine noire.

1. *L'Esprit de la Gaule*, p. 127, par Jean Reynaud ; Paris, Furne-Jouvet, 1866.
2. Collection du sculpteur Levéel, au Musée de Cluny.
3. *L'Esprit de la Gaule*, de M. Jean Reynaud, p. 121.
4. Le manteau appelé *Lenn* est le manteau de nos bergers. Henri Martin, *Histoire de France*, t. 1, p. 33.

Le laboureur, auquel Elldud[1] avait enseigné la manière de tracer le sillon dans la terre dure, couvrait de ses moissons dorées les vastes campagnes. Et sur le bord des ruisseaux, près de la fontaine sacrée, dans la vallée silencieuse et calme, que protégeaient les grands arbres des coteaux et que terminaient, à l'horizon, les frais paysages des grèves

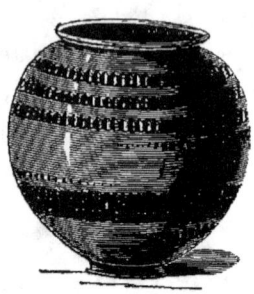

Fig. 75. Vase en terre noire mate ; entaillé de zones régulières à la roulette. Hauteur 9, 1. 6. Provenance Cologne, n° 152 du Catalogue.

dentelées de rochers rouges, ou les perspectives lointaines des prés verts, la fileuse, cette ancêtre des fées bienfaisantes des *mairæ* couronnées de leur opulente chevelure, emmaillottait, selon la belle expression

---

[1]. « Elldud, le chevalier (saint homme de Côr Dewdws), qui améliora la manière de cultiver la terre, enseigna aux Kimris une meilleure méthode que celle qui était connue auparavant, et leur montra l'art de labourer qui règne maintenant. Le troisième bienfaiteur, avec Hugadarn et Coll-Frewi. Voir la note sur Hugadarn.

Esprit de la Gaule, de M. Jean Reynaud, p. 281.

Elldud veut simplement dire comme *Altudd*, étranger. Voir Jean Reynaud, page 288.

El ou *All*, autre. *Dictionnaire de Legonidec*. Tud. Peuple. Ce qui ferait supposer que la charrue fut importée en Gaule. Voir sur « les instruments classés sous le nom de haches de pierre, et de haches de bronze », qui ne seraient que de simples charrues, la *Revue archéologique*, p. 264, octobre 1868, et sur les charrues araires des lutteurs de l'esprit dans la Transcaucasie. Le voyage de M. Vereschaguine. *Tour du monde*, 1869 ; premier semestre, p. 330.

Un type complet de charrue celtique se trouve tracé sous le grand dolmen de Locmariaquer. Car les Gaulois enterraient déjà *sub ascia* à cette époque, et malgré toutes les haches que rêvent les savants en *us*, l'*ascia* n'est que la houe ou la charrue, signe des travaux que le mort avait à faire, dans ses autres transmigrations, dans les domaines souterrains d'*Osiris*, comme disaient les Égyptiens.

Voir Dom Martin, La *Religion des Gaulois*, t. II, p. 243.

Voir les *Merveilles de la peinture*, de M. Louis Viardot. Première série, p. 7. Paris, Hachette, 1868.

Voir Ernest Feydeau. *Histoire des usages funèbres*, t. I, p. 214.

du barde, les enfants de cinq ans, c'est-à-dire enseignait la jeunesse et préparait aux âges futurs des fils dignes de leurs aïeux.

Plus haut, à la pierre même du clan, dans le *Castellic*, les guerriers, que décrit avec amour le transfuge de Mantoue[1], « couverts d'or, ornés de saies rayées à bandes brillantes, enlaçaient à leur cou blanc comme le lait, des colliers ciselés, brandissaient dans leurs mains vigoureuses, les javelots des alpes, et, protégés par leurs grands boucliers, » s'exerçaient au maniement des armes et se tenaient prêts à défendre au besoin les leurs contre les envahissements d'un voisin trop fier de sa force. Ils protégeaient le plat pays, où se disséminaient çà et là, séparées les unes des autres par de grands espaces de terrains cultivés, les huttes des laboureurs.

Plus haut encore, l'homme blanc, le *belek*, qui avait calculé à la hauteur des astres, à la longueur des nuits, d'après la route régulière de la Lune et du Soleil, l'époque de l'ensemencement des terres, de la coupe des blés mûrs, faisait jaillir le feu sur la montagne et prévenait tous ceux qu'il avait reçu mission de diriger, de mettre faucille au poignet, au mois de *Gourelin*, et main à la semence au mois de la *blanche paille;* de ce qu'amène la pluie du mois *sans souffle* ou la sécheresse du temps qui le devance [2].

Puis, le *belek*, à son tour, recevait du grand *méné* du cercle des hauts lieux, par des signes convenus, les ordres du chef des chefs, *Tudtad*, du père de la multitude [3].

---

1.   Aurea cæsaries ollis, atque aurea vestis;
        Virgatis lucent sagulis; tum lactea colla
        Auro innectuntur : duo quisque alpina coruscant
        Gæsa manu, scutis protecti corpora longis.

Énéide, liv. VIII, v. 659 et suiv. Description du bouclier d'Énée et de l'attaque des Gaulois à la roche tarpéienne.

2.   Au mois de juillet,
             La faucille au poignet.

Juillet se nomme *Gourelin* en Vannes, ou *Mezevennik; Gorfennan* en Galles, *Gouéré* ou *Gouhéré* en Tréguier.

             Pluie d'avril
             Remplit grange et fenil.

Avril se nomme mis *Eb Reol* ou *Ebrel*.
Et septembre, mis *Guen-Golo*.

             Mars sec et beau
             Remplit caves et tonneaux.

                          Proverbes agricoles.

3. Lorsque l'on étudie, sans parti pris scientifique et avec les seules indications et éclaircissements des traditions locales et des paysans qui vous accompagnent, les

Magnifique application, comme on voit, du principe républicain dans toute sa sublimité primitive. En haut l'intelligence délibérant dans de véritables assemblées de «*représentants du peuple* [1] » et faisant exécuter ses lois par les chefs armés des clans, protégeant par eux les libres agriculteurs [2], et puisant dans les familles de tous, leur renouvellement successif.

« Le principe républicain, dit toujours M. Jean Reynaud, était si
« profondément implanté dans le génie de la Gaule que celui de la
« royauté ne put en triompher..... La monarchie ne fut jamais une
« institution véritablement nationale : le droit de l'épée avait été l'ori-
« gine de cette monarchie; donc, il lui demeura toujours impossible de
« représenter la liberté, comme il eût été nécessaire chez une race
« qui compte l'amour de la liberté entre les caractères essentiels de sa
« nature........» Aussi cette institution *germanique* fut-elle balayée radicalement comme l'avait été jadis la domination de Rome. Aussi vîmes-nous, après des siècles, le peuple revendiquer ses droits et proclamer, « au lieu du culte de l'archaïsme, celui de la perfectibilité; au lieu de

monuments dits celtiques, on voit, au-dessous de la fantasmagorie des archéologues, une explication toute simple et toute naturelle.

Allez n'importe où, en Bretagne, regardez et écoutez.

A *Ploneour trez*, à *Goulven*, dans le pays de *Guisseny* et de *Kerlouan*, par exemple, le paysan appellera *Hinkineret* les dolmens qui bordent les grèves (Hinkin, pointe de fer qui s'adapte au fuseau. Legonidec), et vous racontera les belles légendes des fées pour qui ces tombeaux furent construits. Puis il vous montrera çà et là les pierres des clans ou les clochers, qui les remplacèrent. Un peu plus haut le *creach' Goesnou*, la montagne des Blancs, où sont les pierres des trois recteurs. *Min an tri person*, triple dolmen, d'où vous apercevez au loin le grand menhir de *Kerveatou*, la pierre du vivant a toujours, qui domine tout le pays, et d'où l'on voit le *Méné Hom*, *mene Haome* ou *Homa*, la grande montagne de lumière.

Il en est de même à l'*Ile Grande*, à *Tregastel* et dans le *Trecorois*; de même au *Konguel* de *Quiberon*, à *Karnac*, à *Lochoal Mendon* et dans la presqu'île de Rhuys.

Au *Peuliou*, dans la Cornouaille, sanctuaire où la féodalité avait conservé les usages anciens, le don de la coupe à la fontaine, si vous gravissez l'endroit où fut l'enceinte, vous aurez tout autour un grand bassin que dominent *Garrek an tan*, montagne du feu, *Méné Mikel*, autre place à feu, comme tous les Saint-Michel de France ou d'Angleterre; *Méné Hom* enfin qui se relie au *Méné Bré* et à tout le pays de Guingamp, par l'enceinte de *Toul ar lœron* et le grand *Cromlech* des environs de *Mur*. (Notre-Dame de Lorette), appellation toute moderne.)

Notez simplement les places des feux de la Saint-Jean, et tout le passé se dévoilera clair et limpide à vos yeux.

Qui donc récoltera ces légendes et nous donnera la vraie carte gauloise de la France?

1. p. 148, *l'Esprit de la Gaule*. De la société gauloise et druidique.
2. La main qui gouverne la charrue est toujours libre. *Idem*, p. 136.

« l'antique fédéralisme, l'indivisibilité du territoire ; au lieu de l'héré-
« dité, l'unité ; au lieu de l'égoïsme et de la discorde, la fraternité.

« Après la Gaule de l'enfance, après la Gaule des Romains, après
« celle des Germains, apparut enfin, sous le nom de République fran-
« çaise, la Gaule adulte [1]. »

Espérons qu'en possession, maintenant enfin, de cette forme traditionnelle de gouvernement, nous aurons la sagesse de comprendre qu'il est le seul qui convienne à la race de la pensée, et que nous saurons le préserver des aventures et des aventuriers, et le maintenir, malgré les ambitions surannées des hobereaux, dans toute son idéale pureté.

Il y a dans la mystérieuse Afrique une race qui, comme celle de la Gaule, mais d'une manière plus permanente peut-être, a gardé, au milieu d'une aristocratie bien plus énervante, l'Aristocratie arabe, les traditions de ses pères, frères des nôtres : ce sont les Kabyles.

« Foncièrement républicains, fanatiques de leur indépendance religieuse et politique, » (le commandant Duhousset prétend que leur soumission de 1857 n'est due qu'à la promesse formelle de respecter leurs coutumes et leurs élections communales [2],) les Kabyles, isolés dans les *Douars* arabes, gouvernés aristocratiquement par des *chefs héréditaires*, ont maintenu depuis des siècles « leurs institutions démocratiques, appuyées sur l'élection et le suffrage universel [3].

Chez eux la justice est rendue par *la Djema*, conseil des tribus, formé par la réunion des *Amines*, chefs élus de chaque village, présidé par *l'amin el oumena* ou *amine des amines*, nommé par l'élection et qui devient le chef de toutes les tribus [4].

C'est le clan celtique, dit encore M. Duhousset [5], dans sa forme la plus ancienne.

Chez eux, chose incroyable au milieu d'une société soumise aux lois du Koran, la femme jouit de la liberté la plus étendue, « elle marche

---

1. *Esprit de la Gaule*, par M. Jean Reynaud, p. 147 ; — de l'*Ordre social*, p. 172 et suiv. ; de la *Décadence du druidisme*.
2. *Excursion dans la grande Kabylie* (notes et croquis recueillis entre la Méditerranée et le Djurjura), par le commandant Duhousset, p. 276. *Tour du monde*, 1867, deuxième semestre. Paris, Hachette 1867.
3. Les *Kabyles*, leur race, leurs mœurs, leurs industries, organisation politique, religion, etc., p. 273. *Magasin pittoresque*, Année 1863, XXXI vol.
4. Id. *Loc. cit.*, p. 274.
5. *Excursion dans la grande Kabylie*, p. 274.

toujours à visage découvert, se mêle aux hommes, se charge des rapports de la maison avec le dehors, et reste entourée quand même de la plus grande considération. Elle peut aspirer aux honneurs et aux pouvoirs dévolus à la sainteté..... chez les Kabyles seuls. On voit des *Koubbas* (dômes qui couvrent les tombeaux vénérés) dédiés à des *femmes maraboutes*.

Le plus souvent, elles suivent les hommes à la guerre et les excitent à la bravoure [1].

Nous avons eu chez nous les *Aliorumnes* [2] (prophétesses) Jetha, Velléda, la Spakona Thordise. A notre avant-dernière expédition de Kabylie, ces glorieux Berbères eurent, eux aussi, leur grande druidesse, *Lalla Fathma*, qui releva le courage de ses compatriotes, leur communiqua son enthousiasme, ramena les faibles au combat; et, après la défaite sous les yeux étonnés du vainqueur, soutint les découragés et consola les vaincus [3].

On peut juger du degré de civilisation d'une race par le respect dont est entouré chez elle l'être faible et beau que l'on nomme la femme.

En Gaule « climat retenu » où « le règne de la chasteté protége davantage les femmes contre les passions,..... le type féminin semble appelé à revêtir toute la grandeur dont il est susceptible [4]. »

Aussi, pour revenir aux siècles qui nous préoccupent, pendant que les Romaines, sur leurs gorges nues, suspendaient des colliers qui feraient rougir un roué de la régence, un mignon d'Henri III; pendant qu'elles enlaçaient à leurs bras, lascivement parfumés, des anneaux d'or ornés de pierres gravées, que collectionnent en secret certains vieux amateurs spécialistes [5], les épouses de Gaule apprenaient les trois pudeurs qui font donner : l'*amobyr*, le *cowyll*, et l'*agweddi :* la pudeur

---

1. *Mag. pit.*, p. 275. Ce sont elles qui fabriquent, comme chez les sauvages, des poteries excessivement curieuses et fort élégantes, presque analogues aux poteries égyptiennes des âges primitifs et par conséquent aux poteries gauloises que nous étudions.

2. *Alruner* ou *Aliorumnes*, prophétesse magicienne, vient de *Hali*, saint, ou *Al*, tout, et *Runa*, mystère.
Les latins en firent *Aurenia*.
Voir les *Fées du moyen-âge*. Recherches sur leur origine, leur histoire et leurs attributs pour servir à la connaissance de la mythologie gauloise, par L. B. Alfred Maury. Paris, librairie philosophique de Ladrange, 1843, p. 21 et suiv.

3. *Mag. pitt., loc. cit.*, p. 275.

4. *Esprit de la Gaule*, par M. Jean Reynaud, p. 137.

5. *Denkmaeler von Castra vetera and colonia. Traiana*, etc. *Von Philipp. Houben. Von Dr. Franz Fiedler*, Xanten, 1839.

de l'accordée, la pudeur de la première nuit et la pudeur du premier lever[1].

Oui, belles éducatrices, vous étiez réellement les fées bienfaisantes qui présidèrent à la naissance de notre belle France. Vous l'avez bercée aux doux sons de vos chants harmonieux, vous l'aviez chargée de tous vos souhaits heureux, et sans doute elle eût accompli, il y a bien longtemps, vos désirs, si de la caverne romaine n'était sortie la louve qui détruisit vos enchantements, et livra votre fille, pour de longs jours, hélas! aux géants du nord qui la profanèrent et la tinrent si longtemps captive dans leurs donjons funestes!

On peut dire chez nous que les femmes formèrent le caractère de la NATION, et lui imprimèrent ce cachet de galanterie qui la distingue au milieu de tous les autres peuples.

Elle a traversé, depuis, bien des barbaries, mais ainsi que l'enfant devenu homme se ressouvient toujours de celle qui le nourrit de son lait (comment oublier les lèvres qui vous initièrent aux douceurs des premiers baisers?), la nation, devenue virile, n'a pu de même, malgré toutes les phases par lesquelles elle a dû passer, oublier celles qui lui donnèrent, au milieu de « la féroce impudicité » des païens, de la brutalité salique des Francs, les premières leçons d'amour, de courage et de dévouement.

Quelle influence inouïe les femmes eurent dans les usages, dans les mœurs, dans les constitutions de nos ancêtres!

Au conseil armé, *Gorsed*[2], elles s'avançaient au milieu des guerriers, venant mêler aux lances terribles leurs tranquilles fuseaux. Plutarque ne tarit pas sur le compte de ces illustres Gauloises[3]. C'est lui qui raconte l'assemblée des femmes réconciliant deux tribus celtiques. Comme aussi celle qui ouvrit une route libre au Carthaginois Annibal, allant vers la Rome des consuls, et prépara les sanglantes victoires du Tésin, de Trasimène et de la Trébie.

Mais le grand rôle que joua surtout la femme en Gaule, fut celui de l'éducation de l'enfant.

---

1. Il y a trois pudeurs, dit le code de Galles, chez la femme : la première, quand son père, en sa présence, dit qu'il l'a accordée au mari; la seconde, quand elle entre pour la première fois dans le lit du mari; la troisième, quand, au lever, elle paraît, pour la première fois, devant les hommes. Pour la première, elle reçoit le don de l'amobyr ; pour la seconde, le cowyll ; pour la troisième, l'agweddi.
Lois de Galles citées par M. Jean Reynaud, *Esprit de la Gaule*, p. 139.
2. Henri Martin, *Histoire de France*, t. 1, p. 39 et 41.
3. Plutarch. *De Virtutibus mulierum.*

Non loin du clan, dans un lieu choisi près de ces fontaines, où l'imagination populaire voit encore aux heures incertaines de la nuit apparaître, au milieu des brouillards, les plis blancs de la robe des fées qui viennent peigner au clair de lune les tresses dorées de leurs chevelures aériennes, la femme amenait son petit troupeau d'enfants, et leur apprenait à chanter, sur un ton monotone, « la vertu des six plantes mêlées par le nain dans le petit chaudron, son doigt dans la bouche... »

« Les trois royaumes de Merzin, fruits d'or, fleurs brillantes, petits enfants qui rient[1]. »

Ou mieux, les trois choses qui étaient au commencement contemporaines :

L'homme, — la liberté, — la lumière.

Les trois choses par lesquelles l'homme monte et montera toujours :

La science, — l'amour, — et la force morale.

Les trois choses par lesquelles il descend :

L'absence d'effort vers la connaissance,

Le non attachement au bien,

L'attachement au mal[2].

Doctrine sublime qui s'élève aussi haut que l'homme peut atteindre par ses forces mêmes, qui a pour but de poursuivre « l'*amour*, la *science* et la *justice;* pour obstacle à vaincre « la *haine*, l'*injustice* et l'*ignorance*[3]. » Ce qui nous arrêta jadis, on peut dire ce qui nous arrête encore maintenant[4].

---

1. *Chant des séries, Barzas Breiz*, par M. Th. Hersart de la Villemarqué. Paris, Franck, 1846, p. 7 et 5.

2. *Le Mystère des Bardes de l'île de Bretagne. Cyfrinach, Beirdd ynys Prydain*, par Adolphe Pictet. Genève, Joël Cherbuliez, 1856. Triades, XXII, XXVII et XXV.

3. *Id.*, *loc. cit.*, Triade, XLIII et XLIV.

4. Un jour que nous nous étions laissé conduire à l'un des Hinkineret de Goulven, dans le pays de Léon, en arrivant au bout du sentier, sur le haut du fossé de genêts verts, nous aperçûmes les grandes pierres se détachant sur le lointain bleu de la mer, et près d'elles, à l'ombre, trois femmes qui filaient leurs quenouilles et gardaient une douzaine de petits enfants qui traçaient, avec les cailloux roulés par les vages et les blancs coquillages, des cercles réguliers sur le sable. Ce fut cette vue qui nous révéla pour ainsi dire la tradition de ces choses que nous expliquèrent ensuite ceux qui avaient bien voulu nous servir de guides.

A propos de ces chants que nous mettons dans la bouche des *aliorumnes* gauloises, il nous vient un rapprochement. Une femme, lady Charlotte Guest, avec ce flair que possèdent seules ces charmantes savantes, a appelé *Mabinogion*, les récits légendaires de Galles, que nos pédants classent sous le nom de *Cycle arthurien*. *Mabinogion* vient du radical *Mabik*, diminutif de *Mab*, petit enfant. Récits et chants pour les petits enfants. Ces messieurs trouvent nécessairement cela « inexact et arbitraire. » C'est leur droit, le nôtre est de remercier Lady Charlotte Guest.

L'enfant avait grandi. La mère le présentait à l'époux. Il était digne de lui. Alors, plaçant sur son épaule sa main ferme, il l'appelait son fils et l'amenait au clan.

Ce n'étaient plus les chants mystiques que devaient murmurer dès lors ses jeunes lèvres.

Aux *séries* succédait le Bardit de guerre :
Deomp, Deomp, Deomp d'ar gad.
Allons, allons, allons au combat[1].

Pour danse, il n'avait plus que celle du glaive bleu, roi de la bataille :
Tan, tan, dir, oh dir, tan, tan, dir ah tan.
O feu, ô feu, ô acier, ô feu, ô feu, ô acier et feu[2].

Il montait sur les « coursiers gris qui reniflent de froid, » courait au travers des bois après l'élan rapide, après le castor ou l'urus, après le sanglier au poil rude, et lorsqu'il rentrait à « la maison forte du père, précédé de ses grands chiens folâtres, tenant en main son arc, et la dépouille du sanglier, du chevreuil ou de l'élan sur l'épaule, » le père « essuyait le sang frais qui coulait de la gueule de l'animal sur sa main blanche, » et lui disait : — C'est bien fait, mon fils[3].

Alors, il se choisissait un chef, se laissait couper une mèche de cheveux sur le front[4] et devenait *Breur* du Front de fer ou de la Tête de cheval, d'un *Tal-Houarn* ou d'un *Pen-March;* recevait son bracelet et sa bague de bronze, peignait sur son bouclier son emblème ; et, la chevelure vierge au vent, grimpait à cru sur sa monture, balançant ses deux *gais* ou le grand glaive qui pendait à sa cuisse droite, et poussait le cri de guerre de sa nouvelle famille.

Le jour où l'on tenait le conseil armé, près des huttes rondes, dans les grands bois, il prenait place derrière les colliers d'or.

Le jour où, sous la lance, à la pierre levée, on rendait les jugements, il était là.

Et le jour où, derrière la montagne, on entendait le cri des ennemis, il devait se trouver le premier à son rang, car il était appelé dès lors à l'honneur de défendre sa patrie.

Si le calme de son esprit le poussait au contraire vers l'étude des

---

1. Bale Arzur, la *Marche d'Arthur*, *Chants populaires de la Bretagne*, p. 87, t. I.
2. Korol ar C'hleze, la *Danse de l'épée*, p. 77. Id., t. 1.
3. Le tribut de Noménoü, 189. Id., t. I.
4. Voir le roman celtique de Kilwkh et Olwen, *Revue britannique.* Juillet 1843, et Henri Martin, *Histoire de France*, t. I, p. 38.

causes et la recherche des pourquoi, on le dirigeait vers les hauts lieux, et, peu à peu, il pénétrait dans les mystères des cercles de pierre. Revêtu de la robe blanche, il apprenait les propriétés des sept plantes qu'il avait chantées tout enfant, du sélage, de la jusquiame, du samolus, de la verveine, de la primevère, du trèfle et du gui de chêne qui donne l'immortalité[1].

Puis, quand il était parvenu à connaître « la signification des plantes dans l'inscription des choses convenues, » quand il avait marqué les rameaux sur la table des sentences, » qu'il avait étudié « les pointes des arbres imitateurs, » celle du bouleau qui dit génération, celle du chêne vert qui dit jeunesse de fille, celle de la bruyère qui dit rêve brisé[2], qu'il avait expliqué les triades que lui apprenait autrefois sa mère, il devenait *Eubage*, apprenait à calculer la hauteur du soleil au-dessus de l'horizon, la grandeur des lunes, et l'époque du retour des grands flots.

Si le souffle de la poésie avait touché son front, il ceignait l'écharpe bleue[3], et s'en allait concourir aux grandes assemblées de la *Telyn*[4].

Si la science pure était son fait, il restait avec les anciens, et quand arrivait la fête des rameaux du *Guy*, qui précédait celle de la renaissance de l'année, il recevait dans une nappe blanche la plante sacrée, qu'avec une faucille d'or coupait le grand Druide aux endroits les plus cachés de la forêt sombre.

C'était lui qui faisait au mois de mai le feu nouveau sur la montagne. C'était lui qui allumait au solstice la flamme sainte qui marquait le temps aux laboureurs. C'était lui qui indiquait le sixième jour de la dernière lune d'hiver et la grande nuit du mois *très-noir*[5].

Puis, après vingt ans de labeur, il recevait la coupe et, *Front rayonnant*, à son tour découvrait aux nouveaux adeptes les enseignements et les sublimités des mystères de la nature.

Et qu'on ne vienne pas nous dire que tout ceci n'est qu'imagination

---

1. *Barzas Breis*, t. I, p. 19. Henri Martin, *Histoire de France*, t. I, p. 55.
2. Voir sur l'écriture végétale des Druides, les commentaires de M. Jean Reynaud sur le *Câd goddeu*, de Taliesin. *Esprit de la Gaule*, p. 234, et Henri Martin, *Histoire de France*, t. 1, p. 66.
3. *Histoire de France*, Henri Martin, t. I, p. 62.
4. Voir l'Eistedfod de Carnarvon, *Voyage dans le pays de Galles*, par M. Alfred Erny. *Tour du monde*, les *Joueurs de Telyn*, p. 264 et 280. Année 1867; premier semestre. Paris, Hachette, 1867.
5. Le dimanche de Pâques et la nuit de Noël.

pure et nous ramener aux sacrifices humains, aux *dolmens* couverts de sang, aux boucheries de prisonniers et d'esclaves. Qui donc oserait se lever pour accuser nos pères? Ceux qui se disent « peuple de Dieu » et comptent parmi les exemples à donner aux générations futures, Abraham qui lève le couteau sur la tête de son fils, et Jephté qui massacre froidement sa fille, ceux dont l'histoire est pleine de villes incendiées, de têtes coupées, de femmes dévorées par des chiens, d'exterminations de tribus, de massacres d'enfants nouveau-nés, de prisonniers épargnés par des rois et tués par des prophètes.

Qu'ils regardent la poutre qu'ils ont dans l'œil avant de chercher la paille qui est dans celui de leur voisin, et s'ils se sentent complétement innocents, qu'ils nous jettent la première pierre.

Le Romain peut-être, qui enterrait vivants ses prisonniers, tuait ici toute une assemblée de vieillards chez les Vénètes, là tout un camp de femmes chez les Cimbres; le Romain qui laissait pourrir sept ans d'illustres vaincus dans des cloaques pour les montrer à la populace au jour du triomphe; le Romain qui jetait des esclaves à ses poissons; qui éclairait ses jardins avec des torches vivantes et brûlait des villes pour jouir du spectacle d'un incendie. Il a trouvé fort étrange chez des races qui avaient, enracinée dans le cœur, la croyance de l'immortalité, que des amis et des femmes se fissent tuer pour « continuer à vivre ensemble [1]. » Mais il a considéré comme très-naturel qu'on lui dressât des théâtres commodes, où, tranquillement assis, il pouvait repaître ses yeux blasés des spectacles de milliers d'hommes s'égorgeant entre eux pour son plaisir.

Pouvait-il se douter qu'ici la mort était « comme un fossé » [2] qui sépare une terre bienfaisante d'une autre terre moins féconde et plus triste, et qu'on « s'élançait en souriant de l'autre côté de ce fossé » pour continuer sa route sur l'autre bord, aussi facilement que l'on franchit un ruisseau pour aller serrer la main d'un ami et marcher de concert avec lui sur un chemin plus agréable.

Pour eux nous étions des BARBARES!

Et s'ils n'avaient pas mis en oubli à cause de leur esprit militaire, les traditions de ceux dont ils se prétendaient issus, ils auraient compris nos sacrifices que poétisèrent les Grecs, et placé nos femmes dévouées au rang des Iphigénie et des Polyxène qui descendaient en reines parmi les

---

1. De la mort, *Esprit de la Gaule*, de Jean Reynaud, p. 65.
2. Id., p. 67.

morts « déchirant leurs voiles et découvrant leurs seins, beaux comme ceux d'une statue, disant aux héros qui les immolaient, en posant à terre leur genou blanc et regardant sans peur le couteau doré sorti de sa gaine : « Voici ma poitrine, jeune guerrier, si c'est là ce que tu veux « frapper; si c'est à la gorge, la voici prête et tournée comme il faut [1]. »

Des Barbares ! mais nous n'avons jamais eu pour Dieux ni des Saturne, ni des Moloch, ces dévorants qui ont vu périr pour eux plus d'enfants qu'il n'en faudrait pour peupler des régions entières. Et notre sublime Hésus n'était pas un infernal vampire, mais un générateur bienfaisant [2].

Ah ! quand donc arriverons-nous à comprendre les mystères transformés par des conquérants en sauvageries sanguinaires?

Des barbares !

Mais, lorsque retentit du sommet des Alpes à la mer Océane le cri des guetteurs gaulois; lorsque l'on vit dans la nuit sombre flamber au pied du *menhir*, le signal d'alarme et que les hurleurs des Houppes de Champagne et des promontoires bretons le redirent aux échos paisibles de ces contrées diverses [3] : ce ne fut pas au milieu d'un charnier de

---

1. Voir la tragédie d'*Hécube* d'Euripide et le sacrifice de Polyxène, par le fils d'Achille Néoptolème.
2. Voir pour l'étymologie d'Hésus, p. 89, la note 2.
3. La correspondance de certains menhirs entre eux pour peu que l'on étudie les plans du cadastre, est flagrante. Bien des monuments de ce genre ont été détruits depuis des siècles, mais les noms sont restés. On retrouve, quand les pierres manquent, le *Parc ar menhir*, en Bretagne; la rue *Pierre-Levée*, à Paris, des *Pierrefitte*, un peu partout, et des *Chemins de la Haute borne* aux *Houppes* de Champagne. (Vertus.)

Allumez un feu la nuit au pied du Peulvan de Konguel (la pointe de la Vigie). A Quiberon, il s'éclairera tout entier et se détachera en lumière vive sur l'horizon sombre de la mer; du monticule du Beker nos (le Hurleur de la nuit), vous le verrez très-distinctement, comme aussi de Saint-Michel de Karnac, comme aussi de Locmariaquer, et même du menhir de Sucinio en Saint-Gildas. Placez des crieurs au pied de ces *menhirs*, et vous aurez aussitôt l'explication du texte de César sur la transmission rapide des nouvelles en Gaule.

Le Romain, qui prenait aux vaincus tout ce dont il connaissait l'incontestable utilité, copia les Gaulois dans leur pays même et construisit des tours à feux où se trouvaient jadis des pierres levées. « Une ligne non interrompue de ces tours, dit M. Bulliot, part de Beuvray et se dirige par la vieille montagne, vers le cours de l'Azon, jusqu'à Decize, par Cercy-la-Tour... La plaine d'Autun en offre une autre semblable qui longe la chaîne des montagnes au nord-ouest, entre les camps de la vallée d'Arroux, au-dessus et au-dessous de la ville. Elle commence au coude d'Arroux sur la rive droite, entre le Mont-Dru et la Percière, et, franchissant le bassin d'Autun, sur les points culminants de la plaine, va aboutir à la vallée de Barnay, en face du camp de la montagne de Bar, *sans qu'aucune des tours qui composent cette ligne se perde jamais de vue l'une l'autre*. Le souvenir de leurs fanaux

cadavres palpitants que vinrent s'abattre les aigles romaines, mais dans une terre silencieuse et chez un peuple livré aux calmes recherches des contemplateurs de la seule nature.

A la civilisation de l'esprit succéda la civilisation de la catapulte et du glaive.

Le dur talon du conquérant s'appuya sur le sol béni de la patrie.

La force prima le droit, la brute envahit la terre.

La Gaule, saint refuge des penseurs, fut violée par l'INFAME ; il assouvit sur elle ses appétits féroces.

Les vertus s'enfuirent ; le vice triompha.

Et le monde se courba pour des siècles, sous l'impérial et maudit effort du fils de l'impudique Vénus, de CÉSAR LE ROMAIN.

s'est conservé presque partout, soit dans leur nom, soit dans la tradition populaire. Le nom de Montigny, *Mons ignitis*, *Mons ignius*, est resté à plusieurs de ces localités. »

Essai sur le système défensif des Romains dans le pays Eduen, par M. Bulliot, page 26.

Viollet-Leduc. *Dictionnaire raisonné de l'architecture française*, article *Tour*, tome IX, p. 69. Paris, Morel. Les Houppes de Champagne, Houppes crier. Hop, Hopa, crier pour appeler, Dict. de Legonidec, se correspondent de la même façon.

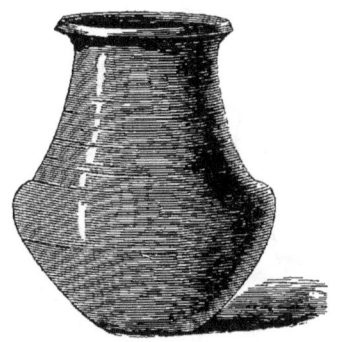

Fig. 76

V

LA SOURCE DE L'ART GAULOIS

Sommaire : Conclusion de la première partie. — Prétention fausse de Rome au point de vue de l'art. — Personnalité artistique de la Gaule, avant l'arrivée des Romains. — De l'art gaulois, ne s'inspirant ni de l'Étrurie, ni de la Grèce, ni de l'Égypte; mais se rattachant comme eux à l'Orient primitif, par les Ombriens, les Pélasges et les premières dynasties des bords du Nil. — Point de contact de l'art gaulois avec l'Orient. — Ame commune. — Idée d'immortalité. — Culte des morts, origine des religions. — Vases semblables, donc usages communs. — Le repas funèbre, les libations, la coupe, l'œuf de la résurrection. — Explication du titre de cette première partie : *l'Orient en Gaule.*

A force de voler des chefs-d'œuvre, à force de les faire promener triomphalement sur les épaules de ses légionnaires couronnés de lauriers, Rome en était arrivée à se persuader que ces chefs-d'œuvre conquis par le glaive, étaient siens, étaient sortis de ses mains.

Scipion avait rassasié ses yeux des marchandises de tout pays, accumulées dans Carthage la riche.

Paul Émile l'habitua aux suavités incomparables de la Grèce.

Marius lui fit voir les richesses inconnues des Numides.

Pompée enfin, revêtu de la robe d'Alexandre, l'initia aux splendeurs, aux trônes d'or, aux riches tapis, aux meubles sculptés de la Perse et de l'Asie.

Puisqu'elle possédait tout, Rome avait tout créé : ses historiens le redirent au monde et le monde les crut.

Nous, élevés pour des raisons qu'il serait trop long de développer ici, dans le culte exclusif de cette Rome, apprenant malgré nous sa langue, étudiant de force ses coutumes et ses lois, nous nous sommes habitués à croire ses historiens et ses conteurs, et à prendre comme vérité absolue, les récits fantastiquement exagérés des journalistes de ce temps-là.

Rome a été pour nous l'idéal, *Roma locuta est*, comme on le dit plus tard, *causa finita est*. Rome seule était lumière, tout le reste ténèbres! Rome seule était esprit, tout le reste brutalité féroce! Rome seule était art, tout le reste barbarie!

Et pourtant, avant que *la calliga* du centurion ne vînt souiller le foyer de nos huttes tranquilles, ou la place libre de nos clans, il y avait un art, un esprit, une lumière en Gaule.

Et pourtant, sans parler de ces beaux émaux cloisonnés, dont on vient de retrouver dernièrement jusqu'au mode de fabrication, sans parler de ces médailles, si curieuses d'ornement, de légendes et de symboles parlants, sans parler de ces poignards aux manches incrustés, de ces longues épées aux fourreaux ornés de découpures, sans parler de ces colliers d'or tordu, de ces bracelets, de ces amulettes gravées; et pour nous en tenir à la seule poterie, que de charmants objets décoraient déjà, lorsque César surprit la Gaule, les tables basses, les meubles simples des nobles défenseurs de notre indépendance.

L'art de terre atteignit bien vite en Gaule, « cette recherche de la forme, ce goût spécial. » — Ce style décoratif dont nous parlions tout à l'heure. Ce *caractère* enfin qu'a si bien deviné Jean Reynaud dans son magnifique ouvrage du génie de la Gaule.

La cervoise pétillait dans de grands vases, où le Batave au rire bruyant, avait appliqué des visages grotesques, et quand il versait à son hôte la liqueur dorée, au milieu du festin, sur les petites tasses, brillaient déjà les rutilantes trognes des joyeux ivrognes de Frans Hals, de Teniers et de Van Ostade. Lorsque, dans les douces vallées de la Champagne où passait le vin crayeux qui moussait dans les hanaps; et que, de main en main, des « buveurs plus illustres et plus précieux » se riaient entre eux avec cette gaieté qui semble restée leur patrimoine; c'était dans des vases de forme gracieuse, excessivement personnelle, on pourrait le dire, que circulait le jus divin de la vigne.

Lorsque, pour fêter un voyageur, on entamait la réserve d'hiver, les femmes remontaient des celliers, de pittoresques urnes, rayées comme les grandes saies des guerriers, décorées de fougères, de cercles, de triangles; et quand rentraient à l'étable les troupeaux errants, les servantes allaient traire les mamelles gonflées des belles génisses, dans des jattes arrondies au délicat profil, et le lait blanc, parfumé des senteurs de la prairie, écumait dans le vase noir.

A quoi rattacher cet art personnel, à l'Étrurie, à la Grèce, à l'Égypte? — Non. — Même dans ses développements postérieurs, nous espérons le démontrer amplement par la suite, il est autre, il est *lui*. Déjà maintenant il diffère essentiellement de l'art égyptien, comme du grec et de l'étrusque.

Sur le Nil, le potier des grands bas-reliefs de Thèbes émaillait d'un vert pâle ses gourdes, ses amphores, ses coupes et ses vases à libation, il les décorait de petits dessins noirs imitant, presque toujours, le divin lotus, qui sert de base à toute son ornementation. Parfois il peignait sur le flanc de ses vases, des fleurs bleuâtres, blanches ou brunes, cerclées d'un dessin plus sombre ; parfois il ajoutait les teintes rouges de sa palette variée ; parfois même, lorsqu'il représentait des vignes, il les laissait pendre en longues bandes, comme il les apercevait dans la nature, sur les treilles de ses jardins.

Le Grec remplissait d'huile, produit des oliviers sacrés de Minerve, ses grandes amphores Panathénaïques, invoquait Bacchus, en levant vers le Dieu, les *Cilix* peints par Amasis, par Lasimos, ou par Polygnote, et buvait le *Rython*, le bras haut, en chantant Évohé.

L'Étrusque mêlait le vin dans les *cratères* et ses convives le demandaient aux *œnochoés* des esclaves, qui le servaient dans le *scaphum* en façon de barque dans le *Calathus* en forme de fleur, à peine ouverte. Et tous deux parsemaient tous ces vases, de figures héroïques, teintaient de blanc le visage et les nus des femmes et des cavaliers, égayaient les tuniques de tons violacés et détachaient leurs scènes de combats et de sacrifices, tantôt en rouge sur le fond noir, tantôt en noir, sur la terre même. Leurs ornements sont, ou des yeux qui rappellent l'œil égyptien d'Osiris, ou des poissons, ou des fleurs, ou des fruits, ou des méandres : parfois ils jettent aussi des vignes au milieu de leurs chariots et de leurs temples. Mais, comme chez les Égyptiens, ces vignes descendent le long des *Canthares* et rappellent la mode de la culture italique et les vers du poëte des Géorgiques.

Vitis ut arboribus decori est, ut vitibus uvæ.
La vigne embellit les arbres, et le raisin la vigne.

VIRGILE, *Bucoliques*. Églogue V, v. 32.

Ulmi adjungere vites.
Marier la vigne à l'ormeau.

Id., *Géorgiques*, liv. I, v. 2.

Il faut remonter aux vases noirs d'Albano, aux vieilles formes simples des premières vitrines du musée Charles X. Il faut remonter à l'urne funéraire de Cimon, donnée par M. Fauvel à la Bibliothèque nationale, aux poteries cypriotes qu'on ne collectionne pas assez, et surtout aux bas-reliefs du règne d'Aménophis et de la XVIII⁰ dynastie, pour retrouver l'analogie des formes primitives gauloises, et de leur ornementation végétale ou géométrique.

Plus nous nous rapprocherons des peintures de Berché et des Pyramides de la V⁰ dynastie, plus nous retrouverons en Grèce les inspirations purement pélasgiques. Plus nous reviendrons en Étrurie, aux souvenirs des Ombriens de la Gaule cisalpine, plus nous nous approcherons du point de suture de l'art gaulois et des arts purement orientaux, plus nous arriverons à l'identité complète de ces races dispersées.

Or, si l'Étrurie est fille de la Grèce, la Grèce elle-même est fille de l'Égypte, « ce grand collége où Platon et tant d'autres Grecs allèrent à l'école, » comme dit Champollion. (*Lettres de Nubie*, p. 37.) Mais l'Égypte, comme la Grèce, ayant des points de contact nombreux, l'une avec la Perse, l'autre avec l'Inde, nous voici parvenus à cette *âme commune*, dont parle Michelet dans sa Bible de l'humanité : « Au profond Orient, à la féconde et vénérable Asie. »

« Alignez sur une même étagère toutes les poteries modelées par les hommes, depuis le jour où la main a commencé à façonner l'argile ; et dans ces poteries, vous verrez les rameaux de la race humaine, leurs mariages, déplacements, fusions de branches, notés clairs par une forme, un profil, un procédé de fabrique, une couleur, un vernis. » (Lelewel., *Lettre à M. Benjamin Fillon*, p. III.)

L'arbre de la science, le rameau bienfaisant des arts, poussa vite en Égypte, le limon du Nil lui fut favorable ; mais comme toutes les végétations hâtives, il ne tarda pas à s'immobiliser dans le poncif, à s'arrêter subitement, taillé, coupé, rogné, par le hiératisme et l'esprit sacerdotal.

En Grèce, sa végétation fut encore plus splendide ; il parvint à des hauteurs inaccessibles, puis fut tranché net par le sabre des conquérants, et se desséchera jusque dans ses racines les plus profondes.

Son sort fut tout autre en Gaule : il mit plus de temps à croître, resta modeste longtemps, le Druide s'occupait plus des cœurs que des yeux ; il avait je ne sais quelle taciturnité sublime qui l'empêcha de descendre à l'étude des formes extérieures ; sa sauvagerie naturelle, dont il reste beaucoup dans notre caractère national, qui nous éloigne et nous pousse même à la haine de tout ce qui est étranger, sa sauvagerie l'isolait. Il se contenta pendant des siècles de ce qu'il avait apporté de l'Asie ; et lorsque les propylées détachaient déjà leurs colonnes sur le ciel bleu d'Athènes, lorsque les profils des pyramides, des grands sphinx et des pylônes, ornés d'hiéroglyphes, se découpaient sur les horizons blancs de l'Égypte, il en était encore, lui, à aligner ses pierres brutes sur la lande, au bord de la mer, à graver les signes des marées et les pointes symboliques des arbres sur le granit de ses cavernes.

Mais plus simples étaient son architecture et ses arts plastiques, plus pures étaient ses traditions et sa philosophie.

Le Celte ne commença que très-tard sa course dans le domaine de l'art ; il devait la continuer de longs jours, cette course, et réchauffer seul dans son sein la flamme sacrée, pendant la nuit obscure que l'invasion des Barbares fit si longue et si triste, à l'époque du Bas-Empire et dans tout le moyen âge.

Ce fut par la poterie qu'il débuta. Après avoir gardé longtemps les formes consacrées, il se ressouvint de la *Triade* qu'on lui apprenait enfant, et suivant les principes tracés par elle, « l'œil qui sait voir, le cœur qui sait comprendre, et la volonté qui ose suivre la nature. »

Il affirma tout à coup dans ce sens sa personnalité d'une façon très-caractéristique.

Il nous était donc nécessaire, avant d'analyser les développements de cette personnalité, à travers la confusion que provoquèrent les hauts faits des *empereurs* de l'insatiable Rome, d'étudier la persistance des idées, des formes, du goût oriental dans notre glorieuse patrie.

Elle avait un sentiment d'une élévation surhumaine, cette *âme commune*, dont nous parlions tout à l'heure.

Elle avait eu sa *révélation*, et cette révélation fut l'idée de l'IMMORTALITÉ. (Dumesnil, p. 4.)

De cette idée naquit le respect le plus profond pour la dépouille humaine, et ce respect se formula par un culte d'où sortirent toutes les religions. « Les religions, dit M. Feydeau, tirent de la mort leur seule raison d'être. » (*Usages funèbres*, p. 63.)

Le sensualisme payen de Rome avait fait de la mort *une fin*. Ceux qui dans leurs orgies, au milieu des mets et des coupes couronnées de fleurs, exposaient un squelette pour se souvenir de la brièveté de l'existence, et l'émailler de toutes les jouissances possibles ; ceux-là pouvaient se vanter d'avoir totalement perdu le sentiment de la prolongation indéfinie de la vie, de la transformation éternelle.

Nous n'avons pas été leur demander le mot de l'énigme, ils l'avaient oublié.

Mais passant au-dessus de cette matière et poursuivant l'idée, nous avons cueilli chez nous la fleur d'immortalité, puis nous sommes partis pour les régions lointaines; et là, nous avons rencontré cette même fleur : en rapprochant les corolles, nous les avons trouvées toutes deux de la même *espèce*, du même *genre* et de la même *famille*.

Les vases de nos sépulcres ressemblaient trop à ceux de là-bas, pour qu'il en fût autrement, pour qu'il n'y eût pas conformité de pensées, de croyances, comme il y avait identité de galbe et de tournure.

Comme tout ce qui est humain se rattache par des liens étroits, après avoir constaté ces formes semblables de la céramique, nous avons donc recherché les traditions, les coutumes, les idées religieuses qui pouvaient s'y rattacher.

Et grande a été notre joie, quand après avoir suivi dans les fermes du pays de Léon le cortége des pleureuses au manteau noir, et des hommes aux cheveux flottants, quand après avoir assisté au *service* où sont les trois *beleks* invités d'une manière honorable, avoir entendu les jeunes filles chanter comme le rossignol de nuit « le bonheur des compagnes qui meurent au printemps et qu'on recouvre de fleurs nouvelles »; nous avons retrouvé dans l'Égypte la procession des femmes, les cheveux teints de couleur d'azur, le repas des prêtres avant le départ de la *bari* sainte et le chant d'Amenemoph, « l'oblateur d'Ammon, mort en présentant la royale offrande à son seigneur. »

Grande a été notre joie, quand nous avons retrouvé dans le Rig-Veda la famille indienne couverte d'habits blancs, assise avec les brahmes dans les clairières silencieuses, accueillant le mendiant voyageur, invitant l'âme du mort à goûter au repas funèbre; quand nous avons vu les femmes se levant près du foyer et demandant « à la douce terre de couvrir l'exilé comme la mère couvre son enfant d'un pan de sa robe. »

Grande a été notre joie, quand après avoir rompu le pain et bu avec les prophètes « la coupe de la consolation », nous avons rapproché le chant de Jonathan de celui du grand fils d'Erbin, et le dévouement de la veuve gauloise du sacrifice de sa sœur, d'Hayderabad ou des Circars d'Orissa.

On avait rempli toutes les urnes déterrées en Gaule, d'une odieuse cendre romaine; nous les avons rendues à leur véritable destination, en les signalant comme le « don sépulcral » de la famille attentive, à celui qui partait pour continuer ses épreuves dans le cercle des voyages.

Les cérémonies funèbres de nos aïeux avaient été tellement défigurées par les historiens que, possesseur de documents authentiques dessinés d'après nature, nous avons cru nécessaire de leur rendre leur véritable aspect.

Si nous nous sommes laissé entraîner par la poésie, si nous avons cité quelques vers de leurs chants, si nous avons cherché à colorer notre récit, qu'on nous le pardonne. Comment ne pas être ému et comment ne pas céder à cette émotion, quand on parle de ces Gaulois du temps de la liberté? Le cœur frémit en pensant à ces héros, et nous n'avons pu résister au plaisir de semer aussi quelques fleurs nouvelles sur ces tombes vénérées.

L'inhumation, le repas, la séparation première, nous avaient fourni d'heureux rapprochements ; le souvenir du mort gardé saintement devait nous réserver de plus douces surprises.

Nous avions vu la femme à la coiffe jaune, dans les villages oubliés de la Cornouaille française, venir répandre le lait sur ses tombes, pour rassasier la soif de l'époux qu'elle espère retrouver un jour, et nous avons été rechercher dans le vieil Homère l'explication naïve de ce fait. Il nous a montré le vaillant Ulysse calmant aussi la soif de ses chers morts au pays des Cimmériens, et versant à la troupe serrée des mânes, d'après le conseil du héros Thirésias, la libation sainte. Et le Veda nous a raconté comment Baratha dans l'Inde, faisait cette même libation en plongeant ses deux mains dans la pure Carayou, le visage tourné vers la plage soumise à l'empire d'Yama, étanchant une autre soif aussi sainte, celle de son père « qui erre dans le monde où habitent les âmes. »

Comme l'ovaire à peine formé de la plante de Vichnou, d'Indra, de Patch ou d'Hator, la mère d'Horus, flotte dans le calice, veuf de sa parure, sur les lacs de Cachemir ou dans les étangs sacrés du Nil; celui des nénuphars blancs, se laissait voir dans la même coupe au milieu de nos grandes rivières.

Le potier gaulois se ressouvint, et le regard le plus distrait jeté sur nos vases, devait nous servir de guide certain dans cette exploration.

Les mystères de la grande Isis nous ont ensuite tenté quelque peu. Là, nous marchions presque dans l'inconnu, mais dès qu'il nous a été permis de rapprocher nos coupes des coupes égyptiennes, la lumière nous a été donnée par les voyants; et le symbole du « Taureau noir qui ensemence le monde » nous a facilement expliqué ceux des enceintes sacrées des prêtres qui versaient le *sôma* dans l'Inde védique, ceux des sources persanes et de l'*omone* des sept promeneurs du Zend-Avesta ; comme aussi ceux de l'initiation de Taliesin et des cercles des *Cromlechs;* comme aussi ceux de la signification des mariages par la coupe, « qui rendent les femmes stériles, mères de beaux enfants, d'une postérité pure », et que nous a conservé si précieusement la belle légende de la fondation de Mussulie.

Il nous était impossible de comprendre autrement la persistance de la coupe jetée dans les tombes par les paysans du Morvan et de l'Aveyron, de la coupe placée sur la poitrine des dormants de Champagne ; la persistance de la forme de ces coupes gauloises, si complétement semblables aux coupes égyptiennes, et la mémoire sainte du lotus, ce trait d'union de l'Égypte et de l'Inde, gardé jusque dans le pays de Galles, au fond de l'Angleterre.

Culte divin du *Per*, nous t'avons suivi à travers le moyen âge lui-même, et sous des transformations nouvelles ; quel n'a pas été notre bonheur de te retrouver dans la mémoire des conteurs du foyer, pur comme autrefois.

Il nous a suffi de gratter du bout de l'ongle la couche grossière dont on avait couvert ta forme élégante, pour te faire briller à nouveau du plus bel éclat, mis en pleine lumière par le beau soleil du Penjab et du lac des merveilles.

Une forme restait, moins végétale peut-être, quoiqu'elle se rapproche quelque peu du fruit, mais où l'identité paraissait encore d'une manière plus visible peut-être. C'est la forme ovoïde de tant de nos poteries.

Le grand scarabée de Thèbes est venu l'interpréter à son tour, puis « le créateur actif » *Ptha*, fils de *Cneph*, a confirmé l'interprétation du scarabée. « L'essence éternelle, la cause invisible » de *Brahma*, avaient leur signe ; *Creiz Viou*, fille de la nature, devait avoir le sien ; et « l'œuf de la résurrection », ce verbe d'espérance, conservé en Perse comme en France au renouvellement de l'année, est venu nous prouver que s les conquérants passent et troublent l'univers du nord au midi, du levant au couchant, il est des choses qui surnagent après les grandes perturbations, les immenses tueries d'hommes s'égorgeant pour l'ambition de quelques-uns ; et que parmi ces choses, celle qui reste surtout éternelle, c'est cette idée sublime et forte de la Gaule, notre mère, de la Perse et de l'Inde, ses sœurs : l'idée de l'IMMORTALITÉ.

C'était donc une saine hardiesse d'oser intituler la première partie de notre travail : l'ORIENT EN GAULE, et nous l'avons eue. Pour nous, de là, non d'ailleurs, sont venus directement les inspirations, les coutumes, les croyances, l'art enfin de la patrie. Heureux si nous sommes arrivé à le faire comprendre, à le persuader à nos lecteurs.

Une voix s'était élevée bien avant la nôtre, criant : « Voilà le chemin ! » Nous n'avons fait que répondre à cette voix, celle du Polonais Lelewel, faisant appel « aux ardents et aux jeunes ». Ne voulant pas rester assis sur le bord du chemin, et nous hasardant quand même dans les sentiers montrés par lui « aux hardis et aux lucides », nous avons osé, sans avoir certes « l'œil du clairvoyant » qu'il réclame, nous jeter à corps perdu dans cette voie. Amoureux de ces poteries grossières *du peuple*, qui, pour nous, sont l'expression même de la civilisation tout entière d'une race, nous avons cherché à constater, par les faibles moyens qui étaient à notre disposition, la parenté orientale qu'il indique ; semant quelques jalons sur la route qui mène de la Gaule au pays des Aryas, et cherchant à réaliser ce mot si juste de Briseux, « car les poëtes seuls, comme le dit si bien Feydeau, ont la vraie révélation du passé. »

> Ma race aux longs cheveux est fille de l'Asie,
> Et la lande a gardé la fleur de poésie.

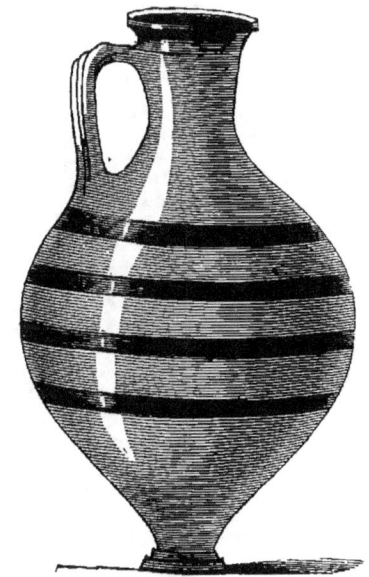

Fig. 77.

DEUXIÈME PARTIE

LE ROMAIN EN GAULE

I

LES INSTRUMENTS DE LA CIVILISATION (Le Soldat)

Sommaire : Invasion des Romains en Gaule. — César et ses soldats. — Massacre des Belges. — Massacre des Nerviens. — Sac de Namur. — Massacre des Vénètes. — Massacre des Ménapiens. — Incendies à Amiens, en Bretagne, sur le Rhin, chez les Éburons, chez les Bituriges. — Bouleversement de la Gaule. Victoire des Romains. — Nouveaux massacres à Gien, à Poitiers, au Puy d'Yssolu. — Les mains coupées. — Retour de César à Rome. — La Gaule ouverte à la civilisation.

Urbani, servate uxores ; mœchum calvum adducimus.

Citoyens, gardez bien vos épouses, nous vous amenons le chauve débauché, le mari de toutes les femmes, et la femme de tous les maris, celui de qui triompha Nicomède, celui que Bibulus et Curion nomment la reine de Bithynie, l'amant des Servilie, des Posthumie, des Lollie, des Mucie, des Tertulle.

Citoyens, gardez bien vos femmes, voici venir le féroce adultère [1].

---

[1]. Ne provincialibus quidem matrimoniis abstinuisse vel hoc disticho apparet, jactato æque *a militibus* per gallicum triumphum :

Urbani, servate uxores; mœchum calvum adducimus.
Aurum in Gallia effutuisti; hic sumpsisti mutuum.

(Suétone, *Divus Julius Cæsar*, LI.)

Et qui parle de la sorte, des ennemis sans doute, des esclaves envieux et maltraités, des bourgeois incendiés et ruinés ? Mais non. Les soldats eux-mêmes du général victorieux, les soldats de Rome et de César, la fameuse dixième légion, cette *vieille garde* flattée, choyée, caressée par *l'Imperator* lui-même.

Le torrent descendait des montagnes avec un bruit strident de fer, d'acier, d'airain mêlés, pour se précipiter sur la Gaule.

« Soldats ! le gouvernement vous doit beaucoup, mais ne peut rien pour vous. Votre patience, votre courage vous honorent ; mais ne vous

Gallico denique triumpho, *milites ejus* inter cætera carmina qualia cursum prosequentes jocularitur canunt, etiam vulgaritissimum illud pronuntiaverunt.

Gallias Cæsar subegit. Nicomedes Cæsarem.
Ecce Cæsar nunc triumphat qui subegit Gallias.
Nicomedes non triumphat, *qui subegit Cæsarem.*

(*Idem*, XLIX.)

Ac ne cui dubium omnino sit, et impudicitiæ eum, et adulteriorum flagrasse infamia, Curio pater, quadam cum oratione, *omnium mulierum virum, et omnium virorum mulierem appellat.*

(*Idem*, LII.)

Pudicitiæ ejus famam nihil quidem præter *Nicomedis contubernium* læsit, gravi tamen et perenni opprobrio, et ad omnium convitia exposito. Omitto Clavi Licinii notissimos versus :

Bithynia quidquid et pædicator Cæsaris
Unquam habuit.....

præterea actiones Dolabellæ et Curionis patris : in quibus cum Dolabella *pellicem reginæ, spondam interiorem regiæ lecticæ;* ac Curio *stabulum Nicomedis, et bithynicum fornicem* dicunt, etc.

(*Idem*, XLIX.

Pronum et sumptuosum in libidines fuisse constans opinio est plurimasque et illustres feminas corrupisse in quibus *Posthumiam* Servii Sulpicii, *Lolliam* Auli Gabinii, *Tertullam* Marci Crassi, etiam Cneii Pompeii *Muciam...* Sed ante alias dilexit Marci Bruti matrem *Serviliam.*

(*Idem*, L.)

Les témoignages de l'historien latin sont assez formels et assez motivés pour insister davantage sur le caractère vrai de ce César, qu'ont dû prendre pour patron tous les aventuriers heureux de l'histoire. Il est toujours bon de faire connaître cet homme. C'est pour cela que nous avons transcrit en ces notes l'opinion de Suétone. Parce que si nous reconnaissons les talents militaires de César « *la haine qu'il nous inspire*, comme le dit si bien Lepeletier de Saint-Fargeau, ne nous empêche pas d'admirer la seule qualité qu'il ait possédée à un degré aussi éminent que l'ambition et la fourberie. » (*César,* par Michel Lepeletier de Saint-Fargeau. Paris, Abessard, MDCCCLXV. Ouvrage posthume, édit. par M. Cheron de Villiers.) Voilà quel était l'homme « *suscité par la providence* pour marquer du sceau de son génie *une ère nouvelle*, accomplir en Gaule, en quelques années, le travail de plusieurs siècles, faire progresser l'humanité et hâter chez nous *le triomphe définitif du bien.* » — Jugement de Napoléon III. *Histoire de Jules César,* t. I. Préface, p. 6. Paris, Palais des Tuileries, 20 mars 1862. Paris, Henri Plon, MDCCCLXVI.

procurent *ni gloire ni avantages*. Je vais vous conduire dans les plus fertiles plaines du monde. Vous y trouverez de grandes villes, de riches provinces, vous y trouverez *honneur*, *gloire* et *richesses*. Soldats d'Italie, manqueriez-vous de courage [1]? »

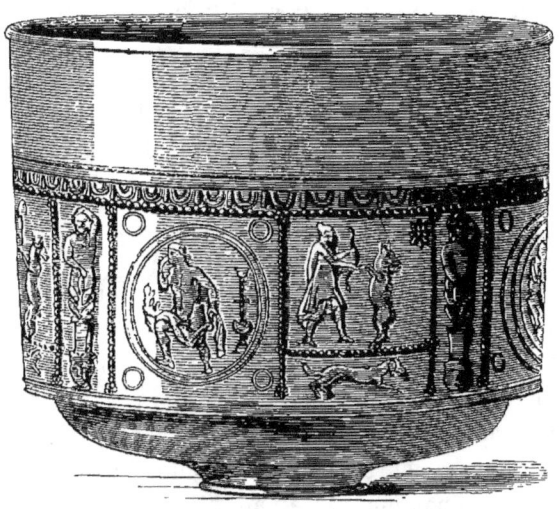

Fig. 78. Grand vase de terre rouge lustrée, avec ornementation moulée. (Poterie dite sigillée.) — Un homme appuyé sur le coude, dans un cercle; une bacchante faisant danser une chèvre; au-dessous un chien. Des cariatides séparent les sujets; sur la panse, ADVOCISI, nom du fabricant. Provenance, Moulins. Hauteur, 18 centimètres; largeur, 21 centimètres. N° 235 du Catalogue [2]

« On dit que vous n'obéirez point à mes ordres, que vous ne lèverez point vos enseignes. Ce sont des choses qui ne m'inquiètent nullement. Une armée ne refuse d'obéir que lorsque son général a été la cause de ses désastres, et la victoire des Helvètes témoigne de mon heureuse fortune. Si personne ne me suit, je partirai seul, avec la dixième légion, qui a toute ma confiance et qui sera ma cohorte prétorienne. J'étais résolu à retarder le départ de quelques jours, nous lèverons le camp à la quatrième veille [3]. »

1. *Discours du général Bonaparte à l'armée des Alpes. Campagne de* 1796, Thiers, *Histoire de la Révolution française*. Livre XXXIII, t. II, p. 366. Paris, Furne et Jouvet, MDCCCLXVI.
2. Voir la planche 68 de la collection de figurines en argile, œuvres premières de l'art gaulois, par Edmond Tudot. Paris, Rollin, MDCCCLX.
3. *Discours de César à l'armée romaine avant la campagne de* 696, *Guerre des Gaules. Commentaires*, XL. Charpentier, Paris, 1863. p. 47.

Et les buccins recourbés sonnèrent, à la quatrième veille, l'éclatante marche des légions.

Les aigles d'argent, les louves d'or, brillèrent dans la nuit sombre, portées par des hommes dont la tête orgueilleuse s'encadrait dans un mufle de bête fauve, et l'astre de Diane, au croissant recourbé, fit jaillir des étincelles d'une forêt de piques, de lances, de javelots, de falariques, qui tout à coup se mirent en mouvement.

On entendit un bruit formidable de boucliers remués, de glaives battant sur les écailles des cuirasses ou sur les lames serrées des corselets, et la terre trembla sous le pas cadencé des cohortes et des manipules.

L'armée s'était mise en marche.

Parfois, les liticines faisaient retentir les échos du son bruyant de leurs cornes de cuivre. La voix des centurions, lançant un commandement, dominait le tumulte. Les grandes trompettes droites, au large pavillon, traduisaient les ordres des chefs, les dos courbés des triaires se rangeaient sous le cep de vigne des officiers.

C'était l'invasion de la force brutale qui commençait comme l'avalanche grossie par sa course furibonde éclate, renverse, détruit tout ce qui l'arrête. Le soldat romain, traînant à sa remorque les nations vaincues par lui, arrivait pour brûler, ravager et soumettre les vallées tranquilles, les collines paisibles, les calmes plaines de la patrie.

Pauvre France!

Après les phalanges régulières, descendirent les alliés, la cavalerie numide, au petit manteau noir flottant, montée sur des chevaux tachetés comme des tigres et prompts comme des aigles. Les archers de Crète, au vêtement grec, l'arc en main, le carquois sur l'épaule, les frondeurs des Baléares, balançant une sacoche pleine de petites balles d'argile durcies au feu.

Après, les lourds chariots s'ébranlèrent, encombrés de béliers, d'onagres, de tours démontées, de mantelets, de scorpions, de balistes, de catapultes.

Puis vinrent les valets d'armes, aussi nombreux que les soldats, avec les tentes, les vivres et les bagages.

Puis la foule des marchands, qui calculaient déjà le gain féroce d'un butin sans exemple.

Puis les oiseaux de proie, qui ne quittent jamais les tueurs d'hommes.

Au-dessus de tout cela, flottait une vapeur épaisse à la saveur âcre, mélangée de l'odeur forte des sueurs et du fumier des bêtes de somme, et des senteurs concentrées du cuir échauffé, des vêtements militaires.

En tête, — le front nu, — la face blême, — à pied, — drapé dans son paludamentum de pourpre, — marchait, suivi du soldat qui portait son épée, le proconsul, défiant les orages du ciel et la colère des nations libres [1].

Bientôt les massacres commencèrent.

On avait déjà défait 69,000 hommes dans la guerre des Helvètes, réduit des deux tiers une population de trois cent mille hommes, et passé au fil de l'épée six mille prisonniers qui, après avoir rendu les armes, avaient cherché à se dérober par la fuite [2].

On avait tué quatre-vingt-sept mille hommes à la bataille de Nonnenbruch [3], dans la guerre contre Arioviste.

Chez les Belges, auprès de Laon, sur la rivière d'Aisne, après un vif combat, comme les Gaulois battaient en retraite en laissant derrière eux des traînards, César lança sa cavalerie et l'on tua sans danger, tant que dura le jour [4].

Sur la Sambre, chez les Nerviens, où cette race qui n'a pas la terreur de la mort montait sur des cadavres amoncelés pour jeter aux envahisseurs leurs propres javelots, encore tièdes du sang des blessures faites, on tua encore, on tua tant, que de soixante mille guerriers, il en échappa cinq cents, et que tous les chefs périrent si ce n'est trois [5]. A

1. *V. les Commentaires*, Suétone, Pline, Plutarque, Montfaucon, Anthony Rich, — Henri Martin, Michelet, Amédée Thierry, — etc., etc., etc.
2. Les tribus de Lucerne et de Berne (les Verbigènes) à la bataille du mont Beuvray (Bibracte). — V. *Histoire de Jules César*, t. II, p. 71 et 67. Paris, Henri Plon, et les *Commentaires*, liv. I, XXVIII et XXIX.
3. *Histoire de Jules César*, t. II, p. 93 et 94. Plutarque. *Vie de César*, XXI. V. l'*Atlas de l'Histoire de César*, planche 6.
4. Bataille de Berry-au-Bac, près la montagne du Vieux-Laon (Bibrax). *Histoire de Jules César*, t. II, p. 101.
Sine ullo periculo, tantam eorum multitudinem nostri interfecerunt quantum fuit diei spatium. — (Ainsi, sans courir aucun risque, les nôtres tuèrent autant d'ennemis que la durée du jour leur permit d'en tuer.) *Commentaires*. liv. II — XI.
5. Bataille de Hautmont, près Maubeuge. — Planche 10. *Atlas de la Vie de César*, t. II, p. 109 et suiv.
At hostes etiam in extrema spe salutis tantam virtutem præstiterunt, ut quum primi eorum cecidissent, proximi jacentibus insisterent atque ex eorum corporibus pugnarent; his dejectis et coacervatis cadaveribus, qui supercessent, ut ex tumulo, tela in nostros conjicerent et pila intercepta remitterent.
Quant aux ennemis, ils montrèrent un courage extraordinaire dans l'effort suprême qu'ils tentèrent pour s'échapper. Lorsqu'il tombait au premier rang quelques hommes, ceux qui se trouvaient à côté montaient sur eux et combattaient sur leurs

Namur, on vendit cinquante-trois mille têtes. Corps et biens, tout fut adjugé sous la lance. Namur avait résisté, et après avoir livré des monceaux d'armes, en avait fabriqué d'autres pour se battre de nouveau [1].

A Vannes, dans l'Armorique, on faucha des hommes pendant des heures entières, tout le temps que le flot met à remonter après qu'il a quitté le rivage. Là, comme on combattait sous les yeux de César, le soldat mit du cœur à la besogne [2]. Il était là, l'homme rouge, regardant du haut de la falaise ; depuis un an, il attendait, faisant des chaussées gigantesques, luttant contre la nature, l'Océan et la ténacité d'une race énergique. Il était là, en avant du camp, debout sur le dur rocher. Derrière lui, les primipilaires, les tribuns et les légats silencieux. Au-dessus de sa tête, flottaient au vent les flammes jaunes des cavaliers, les petites bannières des cohortes, les médaillons laurés des imperatores. Les trois rangs des soldats, le pilum droit en main, l'épée courte au flanc, le bouclier foudroyant au pied, se tenaient fixes, les aigrettes

corps. Du haut de ces monceaux de cadavres, ceux que la mort avait épargnés nous lançaient leurs traits et nous renvoyaient ceux qu'ils avaient reçus, comme s'ils avaient été placés sur une butte de terre. *Commentaires*, liv. II — XXVII.

... In commemoranda civitatis calamitate ex sexcentis ad tres senatores, ex hominum millibus sexaginta vix ad quingentos qui arma ferre possent, sese redactos esse dixerunt.

De leurs six cents sénateurs, disaient-ils, en rappelant le désastre de leur cité, il n'en restait que trois, et de soixante mille hommes en état de porter les armes, c'était à peine s'il en avait échappé cinq cents. *Commentaires*, liv. II — XXVIII.

1. *Histoire de César*, t. II, p. p. 116. Voir le plan de l'oppidum des Aduatuques. La citadelle de Namur. — *Atlas de l'Histoire de César*. Planche 11.

Postridie ejus diei, refractis portis *quum jam defenderet nemo*. Atque intromissis militibus nostris, sectionem ejus oppidi universam Cæsar vendidit. Ab his qui emerant, capitum numerus ad eum relatus est millium quinquaginta trium.

Le lendemain, on enfonça les portes qui n'étaient plus défendues par personne, et César, après avoir fait entrer ses troupes, fit vendre au profit du Trésor public tout ce qu'il trouva dans la ville. Les acheteurs lui dirent que le nombre des têtes était de cinquante-trois mille. *Commentaires*, liv. II, XXXIII. Traduction de Ch. Louandre, p. 101.

2. Reliquum erat certamen positum in virtute, qua nostri milites facile superabant, atque eo magis, *quod in conspectu Cæsaris* atque omnis exercitus res gerebatur, ut nullum paullo fortius factum latere posset ; omnes enim colles ac loca superiora, unde erat propinquus despectus in mare ab exercitu tenebantur.

Dès lors le succès ne dépendait plus que du courage, et celui de nos soldats triomphait aisément, d'autant plus qu'ils combattaient sous les yeux de César et de toute l'armée, et qu'il était impossible que les moindres traits de valeur ne fussent pas remarqués, attendu que l'armée occupait à peu de distance toutes les collines et tous les points élevés du haut desquels la vue pouvait s'étendre sur la mer. *Commentaires*, liv. III, XIV, p. 24.

des casques ondulaient sous la brise comme un champ de fleurs au souffle du printemps. Sur le talus, garni d'énormes palissades, grouillait la valetaille italique. On faucha tout le jour.

Puis, quand la vague eut emporté tous les débris, tous les cadavres, comme la ville se rendit, on massacra tous les vieillards [1], ce qu'il appelle dans son jargon latin : « les sénateurs des Vénètes, » ces blancs rêveurs de Karnac, d'Ardeven et de Locmaria. Le reste fut vendu et

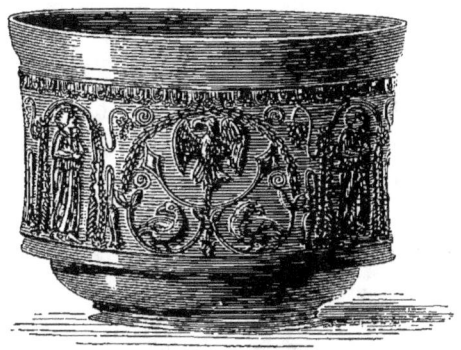

Fig. 79. Vase de terre rouge lustrée. (Poterie samienne sigillée.) Ornementation moulée, des aigles dans des guirlandes terminées par des fers de lance; sous une arcade, un personnage le menton appuyé sur la main. — Provenance Cologne. Hauteur, 11 centimètres ; largeur, 13 centimètres. — N° 236 du Catalogue.

marcha vers l'Italie sous la lanière des trafiquants de chair humaine.

A propos de ce fait, S. M. l'empereur Napoléon III dit « qu'il fallait bien apprendre aux Gaulois à respecter le droit des gens [2] ! ! »

---

1. Itaque *omni senatu necato* reliquos sub corona vendidit.
Il fit mettre à mort tout le sénat et vendit les autres à l'encan.

2. César voulant obliger les Gaulois *à respecter le droit des gens*, fit mettre à mort tout le sénat et vendre à l'encan le reste des habitants.
Ce châtiment cruel lui a été justement reproché. *Cependant ce grand homme donna si souvent des preuves de sa clémence envers les vaincus*, qu'il dut céder à des *raisons politiques bien puissantes* pour ordonner une exécution si contraire *à ses habitudes* et à son *caractère.* » Histoire de César, t. II, p. 129.

L'empereur Napoléon Ier est un peu moins féroce.

« L'on ne peut que détester la conduite que tint César contre le sénat de Vannes. Ces peuples ne s'étaient point révoltés; ils avaient fourni des otages, avaient promis de vivre tranquilles; mais ils étaient en possession de toute leur liberté et de tous leurs droits. Ils avaient donné lieu à César de leur faire la guerre sans doute, *mais non de violer le droit des gens à leur égard*, et d'abuser de la victoire d'une manière

L'été touchait à sa fin. César se contenta d'une petite expédition dans le Nord ; on brûla toute une contrée, puis il gagna la Cisalpine, où il prenait ses quartiers d'hiver, entouré d'une foule de courtisans qui, dans l'intervalle de ses campagnes, accouraient de Rome pour l'aduler à loisir et conspirer avec lui l'asservissement de sa patrie [1].

« Le plus sûr moyen de se pousser à la tyrannie, dit le bon Amyot dans sa glose de Plutarque, est d'avancer aux dignités *des garnements* pour exécuter tant plus aisément ses vengeances particulières. »

Après, la grande boucherie recommença.

Près de Clèves, toute une nation campait tranquille, quatre cent trente mille individus : les Usipètes et les Tenchtères. Ils demandaient à César une concession de terrains. On retint les ambassadeurs. On envahit le camp pendant la sieste du milieu du jour (*Dion Cassius*). Les femmes et les enfants se mirent à fuir vers le Rhin. La cavalerie romaine reçut l'ordre de les massacrer ; sans perdre un homme, ils frappèrent tant que leurs bras purent frapper et soutenir leurs sanglantes épées. Tout fut tué ; ceux qui s'échappèrent périrent dans les eaux du fleuve [2].

aussi atroce. Ces moyens ne remplissent jamais leur but ; ils exaspèrent et révoltent les nations. »
Observations de l'empereur Napoléon Ier sur le troisième livre des *Commentaires*, p. 138. Édition Charpentier, 1863.
L'auteur de la *Vie de César* n'est, du reste, pas heureux avec les Vénètes. Ses collaborateurs, si judicieux d'ordinaire, lui ont fait faire entièrement fausse route en cette circonstance. Il place le lieu de la bataille de la flotte romaine dans la baie de Saint-Gildus. Il suffit d'avoir la connaissance la plus superficielle du pays, de savoir l'emplacement vrai de Dariorigum (Locmariaquer), et celui du camp d'or Wastill, pour déterminer l'endroit du combat et le placer à l'entrée de la rivière d'Auray... Voir la brochure de M. Tranois, proviseur du Lycée de Saint-Brieuc, où la question est complètement élucidée dans ce sens.

1. *Histoire de Gaulois*, t. II, p. 158. Amédée Thierry.
2. Reliqua multitudo puerorum mulierumque, passim fugere cœpit : ad quos consectandos Cæsar equitatum misit... magno numero interjecto, reliqui se in flumen præcipitaverunt, atque ibi timore lassitudine vi fluminis oppressi perierunt. Nostri *ad unum omnes incolumes* per paucis vulneratis et tanti belli timore quum hostium numerus capitum CCCXXX millium fuisset, se in castra receperunt.
Le reste de cette foule, les enfants et les femmes commencèrent à fuir de tous côtés et César lança sa cavalerie à leur poursuite..... Un grand nombre avaient été tués ; ceux qui restaient se précipitèrent dans le fleuve, et y périrent victimes de leur frayeur, de leur fatigue et de la violence du courant. Les nôtres ne perdirent pas un seul homme ; ils n'eurent que quelques blessés, et délivrés de la crainte qu'inspirait une guerre où le nombre des ennemis était de quatre cent trente mille, ils rentrèrent dans leur camp. *Commentaires*, liv. IV, XIV et XV, p. 155.
La bataille se livra dans les plaines de Goch. — V. l'*Histoire de César*, t. II, p. 144 et suiv. et l'Atlas, — à la planche 14.

Alors on écrivit à Rome, et le sénat enthousiasmé ordonna des prières et rendit grâces aux dieux.

Lorsque les prêtres eurent fini de brailler leurs *Te Deum*, Caton se leva, la honte lui montait au visage. « Des actions de grâces, s'écria-t-il, votez plutôt des expiations! suppliez Dieu de ne pas faire peser sur nos armes le crime d'un général coupable; livrez César : que l'étranger sache que Rome ne commande point le parjure et qu'elle en repousse le fruit avec horreur [1]. »

On laissa dire Caton. Il ne perdait pas son temps à la cour de Lucques et de Pise, le César, il y marchandait des consciences, il en achetait, comme il aurait marchandé, comme il aurait acheté des troupeaux.

A cette époque, les consciences étaient d'un prix plus élevé que de nos jours. La neutralité d'un consul lui coûta mille cinq cents talents (8,250,000 francs), et la connivence d'un tribun six cents grands sesterces (12,300,000 francs). Caton pouvait parler, le timbre de sa voix n'était pas assez métallique pour se faire entendre au milieu du forum italien [2].

César reprit sa course et continua ses divins brigandages.

On avait brûlé les forêts et les maisons chez les Belges, du côté de Breteuil et d'Amiens [3]. On brûla tout un pays au delà du Rhin, chez les Germains, le pays de Bonn [4].

On brûlait partout.

Dans l'île de Bretagne, une contrée entière fut incendiée, les rives de la Tamise [5]. Tous les villages, chez les Nerviens, disparurent, l'Artois tout entier [6]. Une multitude d'habitations, chez les Ménapes, eu-

---

1. Plutarque, XXII; *Histoire des Gaulois*, t. II, p. 165. Amédée Thierry.
2. *Histoire des Gaulois*, t. II, p. 237. Amédée Thierry.
3. Vastatis omnibus eorum agris, *vicis ædificiisque incensis*, Cæsar exercitus reduxit, etc.
Après avoir ravagé le pays et brûlé les bourgs et les habitations isolées. — *Commentaires*, liv. III, XXIX, p. 137. — Guerre des Belges, chez les Morins.
4. Cæsar, paucos dies in eorum finibus, moratus, omnibus *vicis ædificiisque incensis* frumentisque succisis, se in fines Ubiorum recepit.
César s'arrêta sur leur territoire pendant quelques jours, brûla leurs bourgs et leurs maisons, ravagea leurs récoltes et se rendit dans le pays des Ubiens. — *Commentaires*, liv. IV, XIX, p. 160. — Après le passage du Rhin.
5. Deinde omnibus *longe lateque ædificiis incensis* se in castra receperunt.
Après avoir brûlé sur une grande étendue toutes les habitations, ils revinrent au camp. — *Commentaires*, liv. IV, XXXV, p. 175. — Première guerre de Bretagne.
6. Il fit une irruption subite sur les terres nerviennes, brûla quelques villages, enleva plusieurs centaines d'hommes et beaucoup de bestiaux, distribua le tout entre

rent le même sort, dans la vallée de la Meuse[1]. Les moissons, les champs furent ravagés ; les enfants, les femmes elles-mêmes furent massacrés, chez les Éburons, au pays de Tongres[2]. Chez les Bituriges, dans le Berry, on aurait pu suivre l'armée aux traces lugubres des incendies. Là, comme on entrait dans les calendes de janvier, les Romains n'ayant que fort peu de vivres, César fit un grand acte de clémence ; les veuves, les enfants des hommes tués mouraient de faim, de lassitude et de froid, il leur permit de rentrer dans les ruines de leurs maisons dévastées[3].

La Gaule était décimée, mais n'était pas vaincue ; ce peuple est dur à l'invasion.

Les chefs des clans s'assemblèrent. César était allé de nouveau piaffer en Bretagne insulaire. Dans le fond des forêts, on apporta les sangliers de bronze qui servaient d'enseignes et de signes aux tribus, et sur les sangliers on unit les mains, dans un serment sacré, dont le mot d'ordre fut vengeance. Ambiorix était placé à la tête de la ligue.

---

ses soldats et revint à Saramobrive, après cette expédition moins digne du général d'un grand empire que *d'un chef de brigands et de sauvages*. *Histoire des Gaulois*, 220, t. II. Amédée Thierry.

Vastatisque agris, etc., — rursus in hiberna legiones reduxit.

Après avoir tout ravagé, etc., — il ramena les légions dans leurs quartiers d'hiver. *Commentaires*, liv. VI, III, p. 253.

1. Cæsar, celeriter, effectu pontibus, adit tripartito, *ædificia vicosque incendit* magno pecoris atque hominum numero potitur.

César établit des ponts à la hâte, envahit le pays sur trois points, brûle les maisons et les bourgs, et s'empare d'une grande quantité d'hommes et de bestiaux. (*Commentaires*, liv. VI, VI, p. 296. Guerre contre les Menapiens.)

2. Ayant appris que quelques centaines d'Eburons, sauvés par miracle de l'extermination de leur race, étaient revenus dans leur pays... il s'y porta aussitôt. (Il avait déjà anéanti une première fois cette race scélérate, — *stirpem hominum sceleratorum*), brûla les habitations, gâta les moissons, massacra les femmes et les enfants, et crut qu'il était de son honneur (*suæ dignitati esse ducebat*) de ne rien laisser debout sur cette terre vouée à la destruction. *Histoire des Gaulois*, t. II, p. 331. Amédée Thierry.

Quum in omnes partes finium Ambiorigis aut legiones aut auxilia dimisisset, atque omnia *cædibus, incendiis, rapinis* vastasset magno numero hominum interjecto aut capto Labienus cum duabus legionibus in Treveros mittit.

Après avoir lancé les légions ou les auxiliaires dans le pays d'Ambiorix, livré tout au massacre, à l'incendie, au pillage, tué et pris un grand nombre d'hommes, César envoya Labiénus avec deux légions dans la cité de Trévires. — *Commentaires*, liv. VIII, XXV. p. 434.

Si l'on voulait relever les massacres gratuits, toutes les dévastations, les pillages, les incendies de César, il faudrait transcrire toutes les pages des *Commentaires*.

3. *Histoire des Gaulois*, t. II, p. 323. Amédée Thierry.

On devait attendre le départ de César pour l'Italie. Les Carnutes devancèrent le jour fixé, tant était grande leur soif de liberté.

César, comme l'ouragan, fondit sur la Gaule; il avait pour lui la

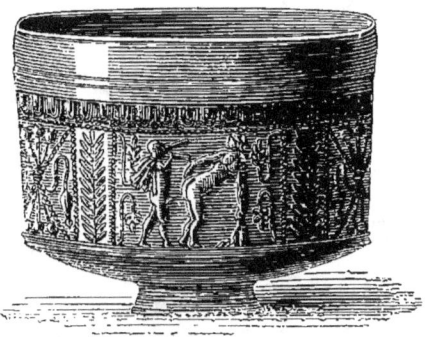

Fig. 80. Vase de terre rouge lustrée. (Poterie dite sigillée.) Ornementation moulée, une femme et un joueur de flûte (Tibicen), un sanglier passant, une figure de femme dans un carré. (Voir le développement de l'ornementation à la fig. 101).— Provenance Cologne. Hauteur, 10 centimètres; largeur, 14 centimètres. N° 236 du Catalogue.

discipline, il vainquit. Rassasiés de meurtre, les Romains étaient dégoûtés de tuer toujours impunément; d'ailleurs il était prudent de ré-

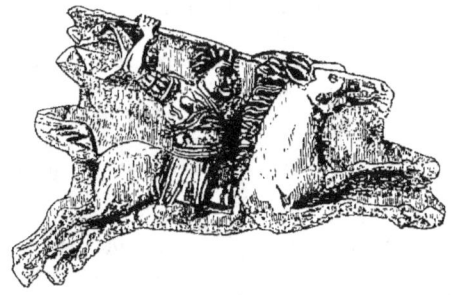

Fig. 81. Sceau ou poinçon en relief, surmoulage romain. Cavalier lançant un javelot. Grandeur d'exécution COCISI, de la fabrique de Cocisus.

server leurs forces pour des actes plus glorieux. Le général appela près de lui les malfaiteurs, les gens sans aveu de toutes les contrées voisines; il convoqua les cavaliers Sicambres, ces Allemands, et leur dit: Nous sommes las de tuer; allez, vous autres, pillez! tuez! volez! brûlez! A la curée, mes braves; nous allons juger des coups, nous vous regarderons faire. Et l'on commença le sac de tout un peuple. Pauvres Belges, paisibles laboureurs de Namur et de Tongres, le proconsul vous appelait race infâme, vous qui aviez osé les premiers revendiquer la liberté. Vous deviez disparaître de la surface du monde. Et il en fut ainsi [1].

[1]. Voici comment César raconte lui-même ce premier massacre des Eburons. — At in ejusmodi difficultatibus quantum diligentia provideri poterat, providebatur potius in nocendo aliquid prætermitteretur, et si omnium animi ad ulciscendum audebant, quam cum aliquo militum detrimento noceretur. Dimittit ad finitimas civitates, nuntios Cæsar omnes ad se evocat *spe prædæ* ad *diripiendos* Eburones, ut potius in silvis, Gallorum vita, quam legionarius miles perecliretur; simul ut, magna multitudine circumfusa, pro tali facinore *stips ac nomen civitatis tollatur* magnus, undique numerus celeriter convenit.

En présence de ces difficultés, César prenait toutes les précautions que pouvait inspirer la plus active prévoyance, car il valait mieux faire un peu moins de mal à l'ennemi, si grande que fut l'ardeur des soldats à se venger, que de lui faire beaucoup de mal en éprouvant des pertes. Il envoya donc des courriers aux cités voisines, et les appela toutes à lui, par l'espoir du butin, en leur promettant le pillage des Éburons, afin d'exposer dans les forêts la vie des Gaulois, plutôt que celle des légionnaires; il voulait aussi, en lançant des masses de tous côtés, faire disparaître en punition d'un si grand crime la population et le nom même de la cité. Une foule immense arriva bientôt de toutes parts. — *Commentaires*, liv. VI, XXXIV, p. 285.

« Mettre une nation hors la loi de l'humanité ». — « Assurer l'impunité d'assassins ». — « Moyen dont l'idée seule eût révolté le conquérant le plus sauvage ». — A. Thierry, p. 227.

Trans Rhenum ad Germanos, pervenit fama, diripi Eburones, atque ultro omnes ad prædum evocari. Cogunt equitum duo millia *Sigambri*... transeunt hi Rhenum navibus ratibusque.

... Primos Eburonum fines adeunt, multos ex fuga dispersos excipiunt, magno pecoris numero, cujus sunt cupidissimi barbari, potiuntur. Invitati præda, longius, procedunt; non hos palus, in *bello latrociniisque natos*, non silvæ morantur.....

Cæsar, rursus ad vexandos hostes profectus, magno coacto numero, et finitimis, civitatibus, *in omnes partes dimittit*. Omnes vici atque omni ædeficia quæ quisque conspexerat, incendebantur; præda ex omnibus locis agebantur; frumenta non solum, a tanta multitudine jumentorum, atque hominum, consumebantur, sed etiam anni tempore atque imbribus, procubuerant; ut si quietiam in præsentia se occultassent, tamen iis deducto exercitu, *rerum omnium inopia* pereundum videretur.

Tali modo *vastatis regionibus*, exercitum Cæsar duarium cohortium damno Durocortorum Remorum reducit.

Le bruit se répandit au delà du Rhin, chez les nations germaines, que le pays des Éburons était livré au pillage et que chacun était appelé à prendre part au butin. Aussitôt les Sicambres rassemblent deux mille cavaliers, ils passent le fleuve sur des navires et des radeaux... ils envahissent l'extrémité du pays des Éburons, s'emparent d'un grand nombre de fuyards et d'un grand nombre de bestiaux, butin dont les barbares sont très-avides. Attirés par le pillage, ils marchent en avant : ni les marais ni les bois n'arrêtent ces hommes, nés pour la guerre et le brigandage...

César s'étant mis en marche une seconde fois pour poursuivre l'ennemi, rassem-

Ambiorix, avec quatre cavaliers, ses dévoués, s'échappa seul à travers les forêts impénétrables.

Mais le cri d'indépendance avait trouvé de l'écho de *Guel* en *Guel*, de *Houppe* en *Houppe*, de *Montignis* en *Montignis;* il parvint bientôt jusqu'aux extrémités les plus reculées de la Gaule[1].

Ce que n'avait pu le nord, l'ouest et le centre le tentèrent : Chartres, Tours, Angers, Poitiers, Bourges, Melun, Lutèce; l'armée de la Seine, l'armée de la Loire, les contingents des Charentes et les volontaires de la petite république des Cités armoricaines, vinrent se ranger sous le signe de la noble Arvernie qui avait levé l'étendard de l'insurrection.

« Je ferai que la Gaule tout entière n'ait qu'une volonté, avait dit le fils de Celtil, l'immortel Vercingétorix, et quand elle sera d'accord, l'univers lui-même n'est pas en état de lui résister[2]. »

César perdit son calme olympien, selon la belle expression de M. Henri Martin[3]. Il jura de ne couper ni ses cheveux ni sa barbe avant d'avoir vengé la défaite d'un de ses lieutenants, Titurius. On lui répondit par un autre serment. Tous les colliers d'or promirent de ne

bla en grand nombre les troupes des cités voisines, et les envoya de tous côtés. Tous les bourgs et toutes les maisons que chacun rencontrait sur sa route, étaient brûlés ; tout était mis au pillage : non-seulement les grains furent consommés par une si grande quantité d'hommes et de chevaux, mais encore les récoltes furent versées, par les mauvais temps et les pluies ; de sorte que ceux qui s'étaient cachés pendant l'occupation du pays, paraissaient devoir périr, après la retraite de nos troupes, par le manque absolu de toute espèce de denrées. Après avoir ainsi ravagé le pays, César ramena l'armée qui avait perdu deux cohortes à Durocortarum des Remois. — *Commentaires,* liv. VI. XXXV. XLIII. P. 286-294.

(1) Celeriter ad omnes Galliæ civitates fama perfertur : nam ubi major atque illustrior incidit res, clamore per agros regionesque significant ; hanc alii deinceps excipiunt et proximis tradunt ; ut tam accidit : nam quæ Genabi oriente sole gesta essent, ante primam confectam vigiliam, in finibus Arvernorum audita sunt, quod spatium est, millium circiter CLX.

Le bruit se répandit dans toutes les cités de la Gaule ; car du moment où il se passe un fait important et digne d'être signalé, les Gaulois l'annoncent par leurs cris dans les campagnes et le long des routes ; ceux qui reçoivent les nouvelles, les transmettent à leur tour à leurs voisins, comme il advint dans cette circonstance, car ce qui était arrivé au lever du soleil à Genabum était connu avant la fin de la première veille sur les frontières des Arvernes qui sont éloignées d'environ cent soixante mille pas. — *Commentaires,* liv. VII, III, p. 308.

C'est la Huchée dont nous avons parlé plus haut.

2. Atque unum consilium totum Galliæ effecturum, cujus consensu ne orbis quidem terrarum, possit obsidere.

Quand la Gaule sera d'accord, le monde entier ne pourra lui résister. — *Discours de Vercingétorix.* — *Commentaires,* liv. VII, XXIX, p. 336.

3. *Histoire de France,* t. I, p. 162; Suétone, J. Cæsar, n° 67.

coucher sous leurs toits, de ne revoir leurs enfants et leurs femmes qu'après avoir chevauché deux fois à travers les bataillons romains[1].

Gien avait donné le signal[2], en se débarrassant de tout ce qui avait d'Italien dans ses murs. Gien fut investi. Les légionnaires se refirent la main en tuant dans les rues étroites une énorme quantité de femmes, d'enfants, de vieillards, en brûlant les maisons, en pillant tout, en

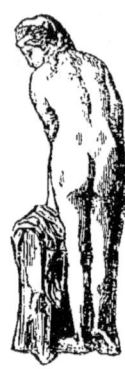

Fig. 82. Sceau ou poinçon en relief, pour la fabrication des moules analogues à celui de la fig. 96. Femme vue de dos, surmoulage de style romain (Vénus). OF LIBERTI officina Liberti. Grandeur d'exécution (3).

répandant à nouveau des flots de sang. Puis, quand les bras leur tombèrent, on garrotta ce qui restait pour la vente.

1. *Histoire de France*, p. 178. — *Commentaires*, liv. VII, 66.
2. Genabum, Gien, et non Orléans.—V. la note du t. II, p. 247. *Histoire de J. César*, Paris, Henri Plon, et l'Atlas, à la planche 2 et à la planche 19.
Genabenses, paullo ante mediam noctem silentio ex oppido egressi flumen transire cæperunt. Quâ re per exploratores nuntiata, Cæsar legiones quas expeditas esse jusserat, portis incensis, intromittit atque oppido potitur, *per paucis ex hostium numero desideratis, quin cuncti caperentur*, quod pontis atque itinerum angustiæ multitudini fugam intercluserant. Oppidum diripit atque incendit prædam militibus donat, exercitum Ligerium traducit atque in Biturigum fines pervenit.
Les habitants de Gien, un peu avant minuit, sortirent en silence et commencèrent à traverser le fleuve. César, prévenu par les éclaireurs, fit entrer dans la place, après avoir brûlé les portes, les légions auxquelles il avait donné l'ordre de se tenir prêtes; il s'empara de la ville, et peu s'en fallut que les ennemis ne fussent pris jusqu'au dernier, parce que le peu de largeur du pont et des routes avait empêché la multitude de fuir. Genabum fut pillé et brûlé : César abandonna le butin aux soldats, fit passer la Loire à son armée et arriva sur les frontières des Bituriges. — *Commentaires*, liv. VII, XI, p. 317.
3. Voir la planche 68 des figurines gauloises d'Edmond Tudot.

Les confédérés avaient fait autour de César un désert immense, se résignant à brûler eux-mêmes leurs villes pour affamer le vainqueur. Bourges seule, l'ornement, la gloire du pays, la plus belle ville de Gaule, avait été, malgré le conseil de Vercingétorix, épargnée, grâce aux larmes, grâce encore aux promesses de ses vaillants défenseurs. César fit le siége de Bourges [1].

La garnison résista de longs jours; il fallut construire des tours, remuer la terre, creuser des tranchées. Un moment, César, fatigué, proposa de lever le siége; ses soldats refusèrent. A mesure qu'on tuait des Gaulois, il s'en présentait d'autres, et les flèches des machines romaines trouvaient incessamment sur la brèche d'indomptables poitrines à rompre, à percer, à pourfendre. Bourges capitula.

Tant qu'âme vivante resta debout dans la cité, les Romains tuèrent, et ces avides ne songèrent au pillage que lorsque tout fut égorgé. Quarante mille individus nagèrent dans le sang. Vercingétorix s'était

---

[1]. Avaricum, Bourges. — V. *Histoire de Jules César.* — Paris, Henri Plon, t. II, p. 255, et planches 19 et 20 de l'Atlas.

Illi subito ex omnibus partibus evolaverunt murumque celeriter compleverunt. Hostes re nova perterriti, muro turribusque dejecti in foro ac locis patentioribus cuneatum constituerunt, hoc animo ut si qua ex parte obviam contra venirentur, acie instructa depugnarent. Ubi neminem in æquum locum sese demittere sed toto undique muro circumfundi viderunt, veriti ne omnino spes fugæ tolleretur, abjectis armis, ultimus oppidi partes continenti impetu petiverunt,; parsque ibi quum angusto exitu portarum se ipsi premerent a militibus; pars jam egressa portis ab equitibus, est interfecta; *nec fuit quisquam qui prædæ studeret* sic et Genabensi cæde et labore operis incitati *non ætate confectis, non mulieribus non infantibus peperceunt.* Denique ex omni numero qui fuit circiter millium XL vix DCCC qui primo clamore audito se ex oppido ejecerant, incolumes ad Vercingetorigem, pervenerunt.

Les soldats s'élancent rapidement de tous côtés et envahissent le rempart. Effrayés de cette nouvelle attaque, culbutés du rempart et des tours, les ennemis se formèrent en coin sur la place publique et dans les quartiers les plus larges, afin de combattre en bon ordre de quelque côté qu'on se portât contre eux. Lorsqu'ils virent que personne ne descendait sur leur terrain, et que les nôtres les entouraient de tous côtés en occupant dans toute son étendue le terre-plein des remparts, ils jetèrent leurs armes, dans la crainte que tout espoir de fuir ne leur fût enlevé, et ils coururent, sans s'arrêter, jusqu'aux extrémités de la ville. Les uns furent tués par nos soldats au moment où ils s'écrasaient eux-mêmes dans l'étroit passage des portes; les autres qui étaient déjà sortis furent massacrés par nos cavaliers, et personne ne s'occupa de faire du butin. Animés par le carnage de Genabum et par les fatigues du siége, les Romains n'épargnèrent ni les vieillards, ni les femmes, ni les enfants. De toute cette population qui se composait d'environ quarante mille individus, il y en eut à peine huit cents qui, s'étant précipités au premier cri hors de la ville, arrivèrent sains et saufs auprès de Vercingétorix. — *Commentaires,* livre VII, XXVIII, p. 334.

réfugié sur le plateau de Gergovie ; César vint l'y poursuivre. La fortune, à Gergovie, faillit abandonner un jour son insatiable favori.

Dans un combat qui fut une défaite, la rude main d'un Arverne s'appuya sur la gorge délicate du fils des dieux, de la noble progéniture d'Ancus Martius. Couché sur le devant de la selle, le Gaulois ramenait au camp César prisonnier. Hélas ! un compagnon l'interpella, lui nommant sa victime. — On ne prend pas le roi aux échecs. — Il lâcha

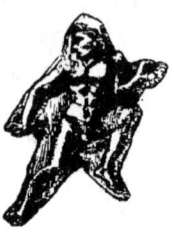

Fig. 83. Poinçon en relief sans nom de fabricant (surmoulage romain), pour la fabrication des vases dits sigillés. Grandeur d'exécution.

le général, qui jura de se venger d'avoir, dans sa vie, tremblé pendant une heure [1].

César, vaincu, quitta l'Auvergne plein d'une haine sourde, d'une haine impériale pour le *barbare !* qui avait prouvé au monde que le céleste personnage n'était pas toujours invulnérable.

---

1. V. pour le siége de Gergovie les planches 21 et 22 de l'*Atlas de l'histoire de César*.
C'est Servius Maurus Honoratus, grammairien du ve siècle, qui rapporte cette histoire dans son *Commentaire de l'Énéide*, liv. XI, vers 743.
Toutes les versions du manuscrit portent Cecos, Cæsar, Cæcos, ac Cæsar. Le C étant le K des langues celtiques, ce mot ne peut se décomposer qu'ainsi : Ké ou Kê et Cos. Or, Ké est l'impératif du verbe *Mont* Aller, et ne peut signifier que *Va*, et Cos veut dire *vieux*; il se trouve dans la composition d'un grand nombre de noms propres : Kergos, Cos den mad. — Grand nombre de familles portent encore le nom de Le Cos ; il était d'usage en Gaule au temps de César, comme l'indiquent les *Poteries des Cocisi* que nous donnons plus loin. Cozic, qui est le radical de Cocisi, est un diminutif de Cos. — Cecos Cæsar veut donc dire *va Cos* ou *va vieux*. C'est César que tu enlèves. — Quant au sentiment, qui porta le Gaulois à lâcher César, M. Henri Martin l'appelle « une bravade de folle magnanimité », et nous sommes complètement de son avis.
Le cavalier était-il un vieillard ou portait-il le surnom de Cos ? C'est une question qui regarde la finesse d'interprétation des archéologues.

Il eut recours aux ressources de la tactique militaire, rejoignit Labienus, qui venait de vaincre Camulogène à Lutèce, dans les plaines qui furent plus tard le Pré-aux-Clercs, battit la ligue des peuplades soulevées à la Vingeanne [1], et rejeta le chef des chefs dans Alise-Sainte-Reine [2].

On connaît le dénoûment de ce drame terrible d'Alise.

Un jour, sur son cheval fauve, orné comme pour la bataille, on vit apparaître au camp des Romains le jeune chef, le promoteur de la grande ligue de la liberté.

La veille, les femmes qui, du haut du rempart, écoutaient et regar-

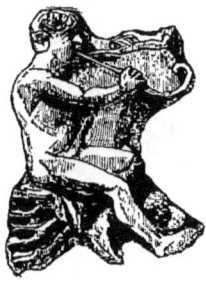

Fig. 84. Tibicen. Poinçon de la fabrique de Libertus, en relief. OFFI LIBERT. Grandeur d'exécution.

daient, attendant l'armée de secours et soutenant le courage des guerriers, avaient vu dans les tranchées passer sur les épaules des soldats des casques éclatants, des saies brodées, des boucliers peints, des glaives ébréchés, des poignards nus. Mais les lames de ces poignards, les débris de ces glaives, les peintures de ces boucliers, les sayons blancs, les casques brillants, étaient rouges de sang. L'armée de secours n'existait plus : il fallait se rendre.

Vercingétorix se leva et dit: « J'irai, moi, et le vainqueur prendra ma vie, mais épargnera les miens. » Et il arrivait traversant les circonvallations où se pressaient les vélites réguliers, à la coiffure de cuir. Il

---

1. V. sur les champs de bataille de Lutèce et de la Vingeanne, les planches 23 et 24 de l'*Atlas de la vie de César.* — *Histoire de Jules César*, Paris, Henri Plon, t. II, p. 289-296.

2. V. sur Alise-Sainte-Reine et le mont Auxois, les planches 25, 26, 27, 28 de l'*Album de la vie de César.* — *Histoire de Jules César*, Paris, Henri Plon, p. 300 et suiv.

arrivait, passant au galop la porte Décumane, droit à l'estrade sur laquelle était assis l'Italien chauve. La troupe bigarrée des auxiliaires sortit des tentes, montrant des visages étonnés.

Il parvint au petit forum au fond duquel se dressait la tente ornée d'étoffes brillantes du futur triomphateur.

Les louves, les aigles les mains ouvertes, les victoires aptères, brillaient au soleil dans les bras des vexillaires. Les officiers, les poitrines fastueusement ornées de leurs phalères à tête de lion, se serraient autour de la chaise ornée du proconsul.

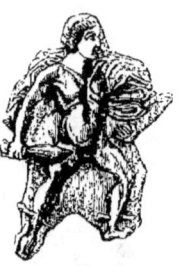

Fig. 83. Sceau ou poinçon en relief, surmoulage romain de la fabrique de Libertus. OFFI LIBER. Grandeur d'exécution.

Le Gaulois, serré dans sa cuirasse aux ornements repoussés, la tête couverte d'un casque orné des ailes voyantes de l'oiseau des grands bois, cimier glorieux qu'on avait toujours rencontré sur le chemin de l'honneur, rejetant négligemment au souffle du vent son court mantel aux plis flottants, retenu par deux épinglettes de bronze, le cou blanc orné de son grand collier d'or; le Gaulois arriva resplendissant de calme, vaincu, mais le front haut, fier, l'œil au-dessus de l'horizon. Sur son dos, se balançait un bouclier rond, chargé de la branche d'aune, signe distinctif de son clan [1]. Un poignard à manche blanc, large, aigu, tranchant, pendait à sa ceinture dans sa gaîne de métal ; au flanc droit, il avait sa grande épée, dont le baudrier, chargé de pendeloques d'ambre, traversait son armure.

Il fit à cheval le tour de l'estrade, d'un mouvement élégant et gracieux, sauta lestement à terre, puis dénouant son casque, à terre il le jeta bruyamment; déliant son bouclier, à terre il le jeta de même. Il dégrafa son manteau, son baudrier, sa ceinture, et sur le casque et le

---

1. Ar. Vern. Le vergne, l'aune. Les Gaulois portaient tous des armes parlantes.

bouclier, tombèrent le poignard et l'épée grande ; il quitta son collier d'or et ne garda que le bracelet rivé au bras que lui avaient jadis accroché ses soldures, et qui devait accompagner son cadavre au delà même du tombeau.

Puis il vint au pied du trône, s'assit, et laissant tomber sur sa main fine sa belle tête aux grands cheveux, il se tut.

César eut le triste courage de l'insulter et de lui reprocher « l'odieux de sa conduite ».

Lui rêva sans mot dire et murmura tout bas, la grande triade de

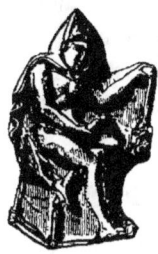

Fig. 86. Poinçon en relief, surmoulage romain, de la même fabrique IBERTI (1).

l'espérance. « Trois choses s'accroissent continuellement : la lumière, la vertu, l'intelligence. Ces choses finiront par prédominer sur toutes les autres, et alors ceux-ci seront détruits [2]. »

Les licteurs le chargèrent de chaînes, il ne devait mourir que six ans après. La pompe du triomphe le réclamait vivant. Sa Majesté l'empereur Napoléon III qui ne comprend [3] pas la grandeur de ce silence, met, d'après Florus, dans la bouche de Vercingétorix cette phrase banale et vide : « Tu as vaincu un brave, toi le plus brave de tous. » Puis elle prend texte de ce fait pour parler de *la clémence* de César et de la *grande raison d'État* à laquelle il fut forcé d'obéir [4] !

Tout était fini.

---

1. Voir la planche 69 des figurines gauloises d'Edmond Tudot.
2. Triade, XLI. Abred est le monde de la force brutale. — *Le mystère des Bardes de l'île de Bretagne*, Adolphe Pictet, n° 76.
3. Henri Martin, *Histoire de France*, t. I, p. 187.
Amédée Thierry, *Histoire des Gaulois*, t. II, p. 318.
Commentaires, liv. VII, p. 399.
Plutarque, p. 721 ; Dion Cassius. p. 140.
4. *Histoire de Jules César*, Paris, Henri Plon, t. II, p. 314.

Chaque soldat romain eut un captif pour part de prise. César était généreux avec les militaires, dans la guerre contre les Bituriges, il donna deux cents sesterces à chaque homme et deux mille écus à chaque centurion [1]. Le pillage se faisait régulièrement : les nations de proie savent, en général, s'organiser très-complétement pour ce genre de travail.

Restaient quelques chefs, on leur courut sus comme après des bêtes fauves.

Corrée du Beauvaisis força les ennemis à l'accabler sur le champ de bataille, il tuait tout ce qui l'approchait sans rien répondre, on amena des archers qui le couvrirent de flèches [2].

Com, du pays d'Arras, se rendit à la condition que jamais ses yeux ne seraient souillés par la vue d'un Romain [3].

Gutruat, du pays Chartrain, fut battu de verges jusqu'à ce que mort s'ensuivit [4].

Les Poitevins n'avaient pas déposé les armes, César envoya du renfort à ses lieutenants. Ils battirent les Poitevins et, après la victoire, on poussa les chevaux, tant que les chevaux purent aller, on frappa tant que les bras purent frapper et on massacra douze mille Gaulois, soit de ceux qui avaient les armes à la main, soit de ceux qui les avaient jetées bas [5].

Restait une montagne inaccessible, le Puy-d'Issolu. César en fit l'assaut. Les légions montèrent au pas de charge par tous les côtés de la montagne et prirent la ville.

Les marchés d'Italie regorgeaient d'esclaves, il y avait baisse sur la

---

1. Deux cents sesterces font 40 francs; deux mille écus romains font 1,960 francs. V. Amédée Thierry, *Histoire des Gaulois*, t. II, p. 324, 319, 237.
2. Henri Martin, *Histoire de France*, t. I, p. 188.
3. Amédée Thierry, *Histoire des Gaulois*, t. II, p. 330.
4. *Idem*, p. 337.
5. At nostri equites, qui paullo ante cum resistentibus fortissime conflixerant, lætitia victoriæ elati, magno undique clamore sublato, cedentibus circumfusi, *quantum equorum vires ad persequendum dextræque ad cædendum valent tantum eo prælio interficiunt. Itaque amplius millibus XII aut armatorum, aut eorum qui eo timore arma projecerant, interfectis, omnis multitudo capitur impedimentorum.* Notre cavalerie qui, peu d'instants auparavant, les avait vaillamment attaqués, malgré leur résistance, entraînée par la joie du triomphe, poussa sur toute la ligne une bruyante acclamation; et se répandant autour des fuyards, elle en tue autant que la vigueur des chevaux permet d'en atteindre dans la poursuite et que les bras peuvent en frapper. Plus de douze mille hommes furent tués ainsi, les uns tenant encore leurs armes, les autres les ayant jetées par frayeur. Tout ce qu'ils avaient de bagages fut pris. — *Commentaires*, Hirtius, liv. VIII, XXIX, p. 438.

marchandise du pays. Ne sachant que faire de ce qui lui restait de prisonniers, le doux César fit couper les mains à tous ceux qui avaient porté les armes, et les lâcha à travers les champs dévastés de la patrie pour servir d'exemple à ceux qui oseraient penser désormais à une revendication [1].

Caius Julius Cæsar avait terminé son œuvre !

Les cités gauloises étaient vides, l'herbe croissait sur les remparts détruits, les campagnes roussies par les flammes, s'étendaient au loin désertes, lugubres, funestes, parsemées de tombelles où la terre fraîchement remuée, couvrait des monceaux de cadavres ; partout, ce n'étaient que maisons éventrées, murailles noircies, routes creusées par les chariots, arbres coupés, forêts brûlées, cendres, ruines, effondrements et destructions. Au milieu de ces désastres erraient des malheureux plus semblables à des ombres qu'à des créatures vivantes qui fuyaient vers la montagne à la seule vue d'une cuirasse romaine.

César fit approcher sa litière, s'étendit mollement sur des coussins de pourpre et demanda le dernier rouleau que lui avait fait tenir son ami Cicéron. Il corrigea, en souriant, quelques-uns des mauvais vers de l'illustre orateur, puis, parcourant des yeux les plans de la grande villa publique, Forum entouré de portiques de marbre, dont l'emplacement lui avait coûté vingt millions et plus, et qu'il destinait aux plaisirs du peuple [2], il donna l'ordre à ses porteurs de prendre le chemin de l'Italie.

---

1. Cæsar, quum suam *lenitatem* cognitam omnibus sciret, neque vereretur ne quid crudelitate naturæ videretur asperius fecisse, neque exitum consiliorum suorum animadverteret, si tali ratione diversis in locis plures rebellare consilia inissent; exemplo supplicii deterrendos reliquos existimavit. Itaque omnibus, qui arma tulerant, manus præcidit, vitamque concessit, quo testatior esset pœna improborum.

César, sachant que sa clémence était connue de tous, ne craignait pas qu'on attribuât à la cruauté de son caractère une mesure rigoureuse ; et comme il voyait qu'il ne pourrait mener ses projets à bonne fin si les Gaulois venaient à se révolter ainsi de différents côtés, il résolut d'effrayer les autres peuples par l'exemple d'un grand châtiment. Il fit donc couper les mains à tous ceux qui avaient pris les armes, mais il leur laissa la vie afin de témoigner d'une manière éclatante du châtiment dont il avait frappé les coupables. — *Commentaires*, Hirtius, liv. VIII, XLIV, p. 450.

V. pour la position d'Uxellodunum, le Puy-d'Issolu, les planches 31 et 32 de l'Album de la *Vie de César* ; *Histoire de Jules César*, t. II, p. 343. S. M. Napoléon III parle ici *de la douceur bien connue du caractère de César*, et considère cet acte barbare, odieux, incompréhensible, comme un exemple sévère, mais *indispensable*.

2. *Histoire des Gaulois*, t. II. Amédée Thierry, p. 237.

Rem gloriosissimam. — *Cic. ad Att.*, — epist. 15.

Suétone. — *C. J. Cæsar*, n° 26.

Désormais il avait résolu, dans sa pensée, de se consacrer au bonheur des Romains !

En dix ans, il venait de prendre huit cents villes, de soumettre trois cents nations, de combattre trois millions d'hommes, d'en massacrer un million et d'en vendre à peu près autant[1].

LA GAULE ÉTAIT OUVERTE... A LA CIVILISATION !

---

[1]. Plutarque de Chéronée, — *Julius Cæsar*, p. 484. Jacques Amyot, — Genève, MDCXXXV.

II

LES INSTRUMENTS DE LA CIVILISATION (LA COLONIE. — LES EMPEREURS).

Sommaire : La Colonie impériale napoléonienne. — La Colonie impériale césarienne. — Centralisation. — Rome, ventre de l'univers. — Le Peuple. *Panem et Circenses*. — Les grands. Luxe et gourmandise. — Les empereurs. Parricides, assassinats et autres joyeusetés. — On les tue, puis on leur élève des temples. — Les prêtres. — Les Dames romaines. — Grandeur admirable de la civilisation latine.

Un écrivain moderne, observateur profond s'il en fut, Honoré de Balzac appelle colonie cette bande d'administrateurs que le pouvoir central dépêche dans nos provinces, préfets, procureurs, receveurs, percepteurs, contrôleurs, etc., etc. Honorable compagnie qui quelquefois renverse les gouvernements, mais n'est jamais renversée par eux, et que vous retrouvez invariablement sur ses pieds, après chaque révolution, assez semblable au cube de géomètre qui, de quelque côté qu'on le jette, ne retombe jamais que sur sa base.

Balzac s'étend assez longuement sur l'état de suspicion dans lequel les habitants des petites villes tiennent d'ordinaire ces représentants de l'autorité et décrit avec la verve satirique qu'on lui connaît, l'isolement peu sympathique dont on les entoure.

C'est au premier empire que nous sommes redevables de cette colonie et de son esprit.

Tout alors se faisait à la Romaine.

On avait en haut l'*imperator* couronné de lauriers, revêtu de la *toga palmata* et du manteau de pourpre, armé du glaive et chaussé du cothurne [1]. On eut en bas des préfets, des questeurs, des édiles et un sénat à l'instar de Rome.

---

1. V. *Histoire de Napoléon Ier*, par P. Lanfrey. Paris, Charpentier, 1868, t. III, p. 239. L'*Histoire des Poupées de bois d'Isabey. — Des Personnages « embarrassés de leurs travestissements,* » *et de l'immense accès d'hilarité de l'archevêque de Malines.*

Peut-être dans la haine qui entoura la nouvelle colonie, retrouverait-on comme un ressouvenir de celle qui dut accueillir la première. Ceux qui avaient provoqué l'affranchissement des communes, et l'élection libre des municipalités ; ceux qui avaient résisté aux empiétements de tous les Louis de France, depuis Clovis jusqu'à Louis XIV ; ceux qui avaient accueilli avec des huées et des pierres le gros duc de Chaulnes, le brillant duc d'Aiguillon et les autres, ne devaient raisonnablement pas faire un plus cordial accueil aux *empanachés* de 1810 qu'ils n'en avaient fait aux *ifs* de 1765 [1], qu'ils n'en firent jadis aux *togati* du premier siècle.

Quoi qu'il en soit, par celle-ci, nous pouvons juger *a fortiori* de celle-là.

Qu'était par rapport à nous, LA COLONIE au temps des empereurs ? Qu'était Rome ?

Une monstrueuse bête, assez semblable à ce vampire des contes fantastiques, qui s'abat sur les dormeurs et leur boit le sang jusqu'au bout, insecte gigantesque dont la tête microscopique se cache sous un ventre infecte, horrible, immense, et qui étend ses innombrables pattes armées de suçoirs partout où elles peuvent atteindre.

Rome absorbait la terre entière. Là où s'abattaient les aigles, le vide se faisait aussitôt. Elle aspirait tout et n'inspirait rien.

Malheur aux villes qui ne veulent être que des ventres. Comme a péri Rome, elles périront de pléthore et d'embonpoint.

La vie de l'humanité se compose surtout d'intelligence !

Certes, la chose importait peu aux potentats des sept collines.

Pour leurs jeux, leurs gladiateurs, leurs spectacles, leurs festins, leurs courtisanes, leurs affranchis, leurs parvenus, ils voulaient de l'or, on envoyait un gentilhomme ruiné dans la province, il refaisait sa fortune, et donnait de l'or à l'insatiable Rome, *il colonisait !* que fallait-il de plus ?

Le *légat* arrivait à Autun, à Trèves, à Cologne, à Lyon ou ailleurs. La ville avait un nom Auguste, nous l'avons dit plus haut, pris dans la famille des Césars ou des Jules [2].

Il assemblait au *Forum* tout le peuple des campagnes et tous les bourgeois de la cité, et lisait les décrets du sénat et de l'empereur.

---

1. Les Ifs (J.-F.). Voir les Pamphlets et les Caricatures, publiés par Pitre-Chevalier. *Bretagne moderne*. Paris, Didier, 1860, p. 97 et suiv.
2. V. à l'avant-propos, p. 15 et 16.

« Les calculs, dit Lactance [1], étaient menus, embrouillés, confus et d'une impénétrable obscurité. »

Les pauvres Gaulois, honnêtes et naïfs, étrangers aux supercheries et à la grandeur du droit romain, n'y comprenaient rien du tout.

On payait. *L'exacteur* demandait la quittance que le temps avait détruite ou que la confiance avait négligé de conserver. Si on la présentait, on payait pour qu'elle fût valable, si on ne pouvait l'exhiber complétement, on payait encore.

Les huissiers étaient là et les soldats derrière eux.

Puis les dénonciations allaient leur train, la torture, le fouet retentissaient de tous côtés, c'est Salvien qui l'affirme [2]. Le fils était appelé à déposer contre le père, les femmes contre leurs maris ; les esclaves, car c'est aux Romains que nous fûmes redevables de cette institution civilisatrice, les esclaves témoignaient contre leurs maîtres.

On ajoutait des années à l'âge des enfants, on en retranchait à celui des vieillards, on payait pour les morts.

Il y eut un certain Licinius qui inventa une année de quatorze mois, prétendant que Décembre, à cause de son nom, ne devait être que le dixième [3].

Puis quand on avait fait rafle de tout l'argent, après le *légat*, venait *le propréteur*, après, le *procurateur*, après, le *questeur*, après, le *censeur* qui tâchaient de trouver une nouvelle matière imposable. Les nouveaux employés ajoutaient toujours. On ne pouvait les avoir envoyés là pour ne rien faire.

Il n'y avait plus rien, on vendait les terres, et les grands devenaient esclaves à leur tour.

Les mendiants seuls étaient exempts de la taxe. Un digne fonctionnaire en eut un jour pitié, il les fit rassembler et entasser sur des navires, et les soldats les précipitèrent au fond de la mer.

Ame compatissante, il ne voulait pas qu'il y eût un seul misérable sous son loyal gouvernement [4].

Vespasien l'avait dit, l'administrateur devait être une éponge qui se remplissait d'or et qu'on pressait ensuite [5].

---

1. *Rome ancienne*, par C. A. Dauban. Paris, Tandon, 1865, p. 647.
2. Salvien, *De gubernatione Dei*, Id., p. 646.
3. Henri Martin, *Histoire de France*, t. I, p. 197, note 3.
4. Lactance, *De mortib. persecut.*, XXIII. — *Rome ancienne*, par Dauban, p. 647.
5. Quibus quidem vulgo pro spongiis dicebatur uti, quod quasi et siccos made-

César avait vaincu le corps en Gaule. Ces rapaces s'attaquèrent à l'âme de la nation et substituèrent, comme le dit M. Henri Martin, le *mécanisme* à la vie d'un peuple [1].

Ils défigurèrent en CITOYENS ROMAINS les Gaulois.

Quelques-uns de ceux-ci firent le voyage de la ville éternelle, pour s'initier par eux-mêmes aux bienfaits de la civilisation.

Dans les temps malheureux, lorsque le bouleversement des choses fait remonter pour quelque temps l'écume à la surface, ces gens, traîtres à leur pays, espèrent dominer par leur avilissement, *meliora, pessima;* ne se rencontra-t-il pas un Judas dans le sacré collége des apôtres?

Certes, ils durent apprendre de bien belles choses, à Rome la Grande!

Le peuple y jouait aux dés dans les carrefours, pariait pour les cochers verts ou pour les cochers bleus [2], discutait sur les mérites d'un *Rétiaire*, d'un *Thrace*, d'un *Sarmate* ou d'un *Mirmillon*, allait aux Thermes, se faire frotter d'huile, revenait aux tavernes qui bordaient l'amphithéâtre, et se faisait inscrire par l'entrepreneur de succès pour acclamer de ses *bombos,* de ses *imbrices* ou de ses *testas* « la voix céleste » de Néron chantant Niobé, les couches de Canacé, l'Oreste parricide, l'Œdipe aveugle ou l'Hercule furieux [3].

---

faceret, et exprimeret humentes. Il s'en servait, disait-on, comme d'éponges que l'on trempe quand elles sont sèches, et que l'on presse quand elles sont humides. Suétone, Vespasien, XVI. *Œuvres de Suétone.* Paris, Garnier frères, 1865, p. 422.

1. *Histoire de France,* t. I, p. 204.

2. Totam hodie Romam circus capit, et fragor aurem
Percutit eventum viridis quo colligo panni :
Nam, si deficeret, mœstam attonitamque videres
Hanc urbem, veluti Cannarum in pulvere victis
Consulibus.

Rome entière est aujourd'hui dans le cirque. J'entends des acclamations et j'en conclus que la faction verte triomphe; sinon, nous verrions la ville aussi consternée qu'après le désastre de Cannes. Juvénal, Satire XI, v. 195.

Suétone, Néron, XXII, p. 324.

Aux quatre sections d'*Auriges,* la verte, la bleue, la rouge, la blanche, Domitien en ajouta deux autres : la pourpre et la dorée.

Duas circensibus gregum factiones aurati purpureique panni ad quatuor pristinas addidit. Suétone, Domitien, VII, p. 445.

3. Neque eo segnius adolescentulos equestris ordinis, et quinque amplius millia e plebe robustissimæ juventutis undique elegit, qui divisi in factiones, plausuum genera condiscerent (bombos, et imbrices, et testas vocabant), operamque navarent cantanti sibi, insignes pinguissima coma et excellentissimo cultu pueri, nec sine annulo lævis; quorum duces quadragena millia sestertiorum merebant. Il choisit également (Néron) partout de jeunes chevaliers, et plus de cinq mille jeunes plé-

LES INSTRUMENTS DE LA CIVILISATION (LA COLONIE, ETC.). 153

Caligula devait triompher de l'Océan, des Gaulois de taille immense, les cheveux teints, représentaient la Germanie vaincue, on courait à la porte triomphale pour voir triompher Caligula[1].

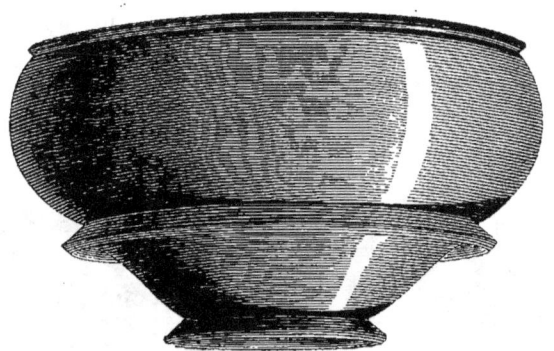

Fig. 87. Coupe ou couvercle de vase, terre rouge, lustrée, dite terre de Samos. Hauteur, 11 cent.; largeur, 22 centimètres. — N° 238 du Catalogue. Provenance ?

Auguste avait fait venir un rhinocéros d'Afrique qui se promenait au Champ de Mars, on allait voir le rhinocéros d'Auguste[2].

Léiens des plus robustes, partagés en différents corps, et leur fit apprendre les diverses manières d'applaudir, telles que les bourdonnements, les claquements à main concave, et les castagnettes, afin qu'ils l'appuyassent toutes les fois qu'il chanterait. Ces jeunes gens étaient remarquables par leur épaisse chevelure, et leur excellente tenue; ils portaient un anneau à la main gauche, et leurs chefs gagnaient quarante mille sesterces (6,617 francs). Suétone, Néron, XX, p. 322.

..... Inter cætera cantavit Canacen parturientem, Orestem matricidam, OEdipodem excæcatum, Herculem insanum.... Nioben se cantaturum per Cluvium Rufum consularem pronunciavit. Suétone, Néron, XXI, p. 323.

1. Conversus hinc ad curam triumphi, præter captivos et transfugas barbaros, Galliorum quoque procerissimum quemque, et, ut ipse dicebat, ἀξιοθριάμβευτον ac nonnullos, ex principibus, legit ac seposuit ad pompam; coegitque non tantum rutilare et submittere comam, sed et sermonem germanicum addiscere et nomina barbarica ferre.

Occupé ensuite du soin de son triomphe, il ne se contenta pas d'emmener les prisonniers et les transfuges barbares, il choisit les Gaulois de la taille la plus haute, et, comme il le disait, *la plus triomphale*, quelques-uns même des plus illustres familles, et les réserva pour le cortège. Il les obligea, non-seulement à se rougir les cheveux, mais encore à apprendre la langue des Germains, et à prendre des noms barbares. Suétone, Caius Caligula, XLVII, p. 252.

.....Ingentesque locat Cæsonia Rhenos, etc.

Perse, Sat. VI, v. 47.

2. Solebat etiam, citra spectaculorum dies, si quando quid inusitatum dignumque

Néron donnait une fête au Cirque, des attelages de chameaux figuraient au programme de la pompe, et tel chevalier combattait monté sur un éléphant, les abords du cirque de Néron étaient obstrués dès la première heure[1].

César avait donné au théâtre un tigre féroce, un serpent de cinquante coudées était exposé dans les Comices, on se bousculait au théâtre, on se bousculait dans les Comices pour voir le tigre et le serpent de César[2].

Le crieur venait de proclamer une naumachie, le canal était rempli

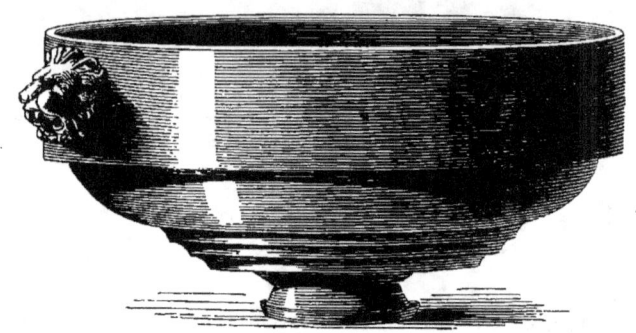

Fig. 88. Coupe en terre rouge lustrée, munie d'un déversoir orné d'une tête de lion en relief. Hauteur, 11 centimètres; largeur, 23 centimètres. — N° 230 du Catalogue. Provenance ?

d'eau de mer et des monstres marins y nageaient. On se précipitait à la naumachie pour voir la queue des poissons de mer[3].

cognitu advectum esset, id extra ordinem quolibet loco publicare, ut rhinocerotem apud septa, tigrim in scena, anguem quinquaginta cubitorum pro comitio.
Lors même que ce n'était pas jour de représentation, s'il arrivait quelque chose d'extraordinaire, et qui intéressât la curiosité, il l'exposait aux regards du public, en quelque endroit que ce fût. C'est ainsi qu'il montra un rhinocéros, au Champ de Mars, un tigre au théâtre et un serpent de cinquante coudées, devant le comitium. Suétone, Auguste, XLIII, p. 103.

1. ..... Commisitque etiam camelorum quadrigas.... Notissimus eques romanus elephanto supersedens, per catadromum decucurrit.
Il fit paraître (Néron) au cirque des attelages de chameaux..... Un chevalier romain, très-connu, courut dans la lice sur un éléphant. Suétone. — Néron, XI, p. 315.

2. V. la note 13.

3. Exhibuit et naumachiam marina aqua innantibus belluis.
Il donna une naumachie où des monstres marins nageaient dans de l'eau de mer. Suétone, Néron, XII, p. 316.

Puis il y avait les enterrements, la statue de cire de Pertinax brûlée sur un bûcher d'or, d'ivoire et de pourpre, et les éloges funèbres, et les aigles attachés par des ficelles qui montaient au ciel au milieu de la cérémonie, au moment où Pertinax était déclaré dieu [1].

Puis les *Congiaires*, où l'on distribuait à la foule du vin, des provisions, des présents, des oiseaux, du blé, des habits, de l'or, de l'argent, des perles, des pierreries [2].

Les quirites, les soldats, les esclaves, tout le monde criait : *Vive l'empereur* ! ! !

Du pain et des spectacles : *Panem et circenses*, comme dit Juvénal [3].

Quel grand peuple que le peuple romain !

Les nobles dilapidaient l'héritage paternel, en faisant courir un char sur la voie Flaminie [4], ou se laissaient porter en litière, ornée de rideaux à franges d'or, par de grands esclaves liburniens, qui écartaient la foule à leur approche [5].

---

1. Dion Cassius, *Rome ancienne*. — C. A. Dauban, *Apothéose des Empereurs*, p. 562.

2. Sparsa et populo missilia omnium rerum per omnes dies singula quotidie millia, avium cujusque generis, multiplex penus, tesseræ frumentariæ, vestis, aurum, argentum, gemmæ, margaritæ, tabulæ pictæ, mancipia, jumenta, atque etiam mansuetæ feræ; novissime naves, insulæ, agri.

Chaque jour, on faisait au peuple toutes sortes de largesses; on lui distribuait des oiseaux par milliers, des mets de toute espèce, des bons payables en grains, des vêtements, de l'or, de l'argent, des pierres précieuses, des perles, des tableaux, des esclaves, des bêtes de somme, des bêtes apprivoisées, enfin des vaisseaux, des îles et des terres. Suétone, Néron, XI, p. 315.

V. sur les distributions de vins, de vivres et de comestibles, sur les *Congiaires* du premier empire, une gravure de Boilly. — Champs-Elysées, 15 août, fête de Saint-Napoléon. *Mag. pit.*, 1866, p. 408.

3. .... Nam qui dabat olim
Imperium, fasces, legiones, omnia, nunc se
Continet, atque duas tantum rex anxius optat,
Panem et circenses.

Ces Romains, qui distribuaient jadis les faisceaux, les légions, tous les honneurs enfin, languissent aujourd'hui dans un honteux repos : du pain et les jeux du cirque, voilà l'unique objet de leurs désirs inquiets. Juvénal, Satire X, v. 80.

4. Quum fas esse putet curam sperare cohortis,
Qui bona donavit præsepibus, et caret omni
Majorum censu, dum pervolat axe citato
Flaminiam.

Juvénal, Satire I, 58, p. 4.

5. .... Turba cedente, vehetur
Dives, et ingenti curret super ora Liburno.

Id., Satire III, 240, p. 33.

Créticus[1], revêtu d'une robe transparente dont auraient rougi les Proculas et les Pollitas, plus mou qu'une brebis d'Arpinum, traînait sur la place publique ses membres épilés par la pierre de Sicile.

Crispinus [2], dégoûtant de plus de parfums qu'il n'en faudrait pour embaumer deux cadavres, rejetant nonchalamment sur ses épaules la pourpre tyrienne, et les doigts en sueur, agitait ses bagues d'été, trop délicat pour supporter des anneaux plus pesants.

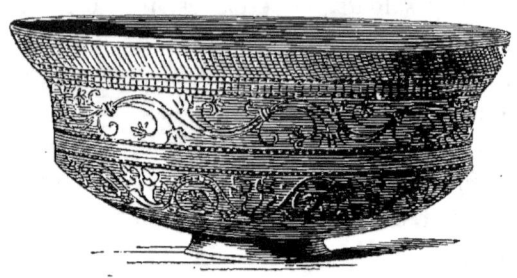

Fig. 89. Coupe en terre rouge lustrée; ornements moulés : rinceaux de feuillage à la partie inférieure, oiseaux dans les médaillons. Marque du poinçon : OF CONSTIC. Hauteur, 8 centimètres; largeur, 19 centimètres. — Provenance, Vienne (Dauphiné). N° 241 du Catalogue.

Autour d'eux, les rejetons équivoques de la prostitution de leurs mères, postérité de gladiateurs, de maîtres d'armes ou de crieurs des rues [3], discutaient, tout en mâchant des herbes stimulantes [4], sur les

1. .... Sed quid
    Non facient alii, quum tu multitia sumas,
    Cretice, et hanc vestem populo mirante perores
    In Proculas et Pollitas?
                              Satire II, 65, p. 14.
    .... Euganea quantumvis mollior agna;
    Si tenerum attritus Catinensi pumice lumbum.
                              Satire VIII, 14, p. 102.

2. Crispinus, Tyrias humero revocante lacernas,
    Ventilet æstivum digitis sudantibus aurum,
    Nec sufferre queat majoris pondera gemmæ.
                              Satire I, 27, p. 2.
    Et matutino sudans Crispinus amomo,
    Quantum vix redolent duo funera.
                              Satire IV, 108, p. 13.

3. Lenonum pueri quocumque in fornice nati.
    Hic plaudat nitidi præconis filius inter
    Pinnirapi cultos juvenes, juvenesque lanistæ.
                              Satire III, 156, p. 28.

4. ...... Tu tantum erucis imprime dentem.
                              Satire IX, 134, p. 123.

charmes d'Albine ou de Modie, sur l'incroyable somme que réclamait Catienne ou Calvine pour permettre à leurs pareils de soupirer une ou deux fois sur leurs seins parfumés d'essence [1]. Puis en se grattant la tête avec un seul doigt, ils murmuraient quelques bons mots, mangeant avec une mignardise *incroyable* la moitié des phrases [2], et les connaisseurs applaudissaient des deux mains.

Le soir, couchés sur des lits moelleux, ils dégustaient les huîtres de Circée, celles des rochers de Lucrin ou du promontoire de Rutupe, suçaient quelque hérisson de mer et buvaient du vin des coteaux d'Albe

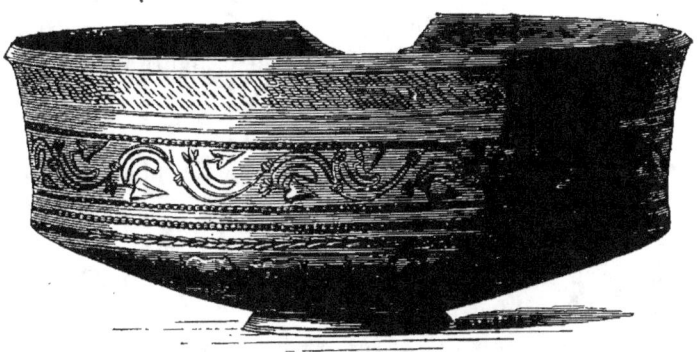

Fig. 90. Coupe de terre rouge lustrée; ornements : moulés, rinceaux de feuillage, etc.; sur la partie inférieure, sangliers affrontés. Marque de poinçon : OF MARC. Hauteur, 11 centimètres; largeur, 25 centimètres. — Provenance, Vienne (Dauphiné). N° 242 du Catalogue.

ou de Setia, dans des coupes d'ambre enrichies de pierreries. Les lamproies, sorties des gouffres siciliens, arrosées d'huile de Vénafre et couronnées d'asperges, chargeaient les tables.

Des esclaves éthiopiens apportaient des sangliers dignes du blond Méléagre, des paons flanqués de truffes, de becfigues, ou le foie d'une oie grasse. Le Cécube, le Falerne, adoucis par le miel du mont Hymète, le Massique écumant de parfums, brillait, servi par des femmes demi-

1. ....Alter enim, quantum in legione tribuni
    Accipiunt, donat Calvinæ vel Catienæ,
    Ut semel atque iterum super illam palpitet.
    Satire III, 132, p. 27.

2. Qui digito scalpunt uno caput.
    Satire IX, 133, p. 123.
    ......Et tenero supplantat verba palato.
    Perse, Satire I, 35, p. 257.

nues, qui rafraîchissaient le gosier des convives avec de l'eau glacée plus froide que les frimas des Gètes [1].

Les amphores succédaient aux amphores.

L'orgie faisait tomber tous les voiles ; en sortant, on courait faire descendre de leurs siéges exhaussés qui les exposaient aux passants, les lascives courtisanes de Chionée; ou bien les parasites honteux couraient chercher la fortune et les honneurs dans les bras d'une vieille opulente [2].

Le luxe et l'infamie vengeaient l'univers asservi [3].

Rome était devenue le lupanar de l'ancien monde, et l'on aurait plutôt fait sortir de terre, avec le soc de la charrue, des poissons vivants; on aurait plutôt rencontré des mules fécondes et des quadrupèdes à tête d'enfant, que de voir briller au soleil la figure d'un homme intègre [4].

— Et le sénat?

— Le sénat délibérait sur la sauce à laquelle devait s'accommoder le turbot pêché non loin du temple de Vénus, adorée dans Ancône [5].

— Et l'empereur?

— L'empereur tuait des mouches, avec une grande aiguille d'or (Domitien), quand il ne tuait pas autre chose.

Quels odieux monstres que ces êtres vers qui tout convergeait alors, et qui auraient voulu que l'univers n'eût qu'une seule tête pour pouvoir l'abattre d'un seul coup ! (Caligula.)

Octave, ce neveu qui parvint, par méditation, « à force de répéter son rôle, » à « se déformer en souverain ; »

---

1. Voir, pour le Repas, la Satire V, les *Parasites* de Juvénal, et *le Festin* de Virron.
La Satire IV du livre II d'Horace, les *Préceptes de Catius*, et le *Satiricon* de Pétrone au banquet de Trimalcion.

2. .... Qui testamenta merentur
Noctibus, in cœlum quos evehit optima summi
Nunc via processus, vetulæ vesica beatæ?
                    Juvénal, Satire I, 38, p. 3.

3. Luxuria incubuit, victumque ulciscitur orbem.
                    Satire VI, 293, p. 70.

4. Egregium sanctumque virum si cerno, bimembri
Hoc monstrum puero, vel miranti sub aratro
Piscibus inventis, et fetæ comparo mulæ.
                    Satire XIII, 64, p. 163.

5. Le Sénat mit aux voix cette affaire importante,
Et le turbot fut mis à la sauce piquante.
                    Berchoux, — *La Gastronomie*, chant I, p. 40.

« Ce César plaqué » qui réussit à persuader aux autres qu'il était providentiel et nécessaire [1]. Homme de race secondaire, comme l'appelle M. de Chateaubriand, « de cette race qui sait profiter des révolutions, « mais ignore la manière de les faire, de cette race qui pose avec « adresse le couronnement de l'édifice dont une main plus forte a « créé les fondements, ayant à la fois l'habileté et la médiocrité né- « cessaires au maniement des affaires, qui se détruisent également par « l'entière sottise et la complète supériorité [2]. »

Octave avait fondé l'empire.

Il se couronna, pour la vie, de lauriers souverains, par crainte de la foudre, dit-on. Mais ce fils d'un boulanger d'Aricie, dont le père s'était noirci les mains à compter l'argent des clients [3], et qui se croyait né de l'accointance d'un serpent avec sa mère [4], qui se proclamait fils d'Apollon, descendant du soleil, se fit donner comme savonnette à vilain de *l'auguste* et de *l'optime* à bouche que veux-tu, inaugurant de la sorte cette platitude italienne qui, depuis lui, se vautra dans la plus malsaine des flagorneries, distribuant de la *majesté* à des parvenus sans prestance, de *l'altesse* à des mirmidons sans vergogne, de *l'excellence* aux plus piètres des valets, de la *sérénité* aux plus craintifs des flatteurs, et de la *divinité* aux plus terrestres des humains.

DIVO OPTUMO MAXUMO
SALVS GENERIS HVMANI PONTIFEX MAXIMUS
PATER PATRIÆ, ETC., ETC., ETC [5].

1. Voir le journal *Le Temps*, septembre 1870, article Variétés. Début d'un article sur l'Histoire de César. — Sainte-Beuve.
2. Chateaubriand, — *Études historiques.*
3. Verum Marcus Antonius, despiciens etiam maternam Augusti originem, proavum ejus Afri generis fuisse, et modo unguentariam tabernam, modo pistrinum Ariciæ exercuisse, objicit. Cassius quidem Parmensis, quædam epistola, non tantum ut pistoris, sed etiam ut nummularii nepotem sic taxat Augustum : « Materna tibi farina; siquidem ex crudissimo Ariciæ pistrino hanc finxit manibus collybo decoloratis Nerulonensis mensarius. »

Marc-Antoine traite avec dédain les ancêtres maternels d'Auguste. Il prétend que son bisaïeul était Africain, et qu'il avait été tour à tour parfumeur et boulanger à Aricie. Dans une de ses lettres, Cassius de Parme ne se borne pas à dire qu'Auguste est le petit-fils d'un boulanger, il le taxe aussi de petit-fils d'un courtier de monnaies. « Ta farine maternelle, dit-il, prise dans le plus grossier moulin d'Aricie, a été pétrie par les mains du changeur de Nérulum que l'argent avait noircies. » Suétone, Auguste, IV, p. 67.
4. Id., XCIV. — Auguste.
5. Joannis, Petri Bellorii, Romani. Adnotationes in XII, Priorum Cæsarum numismata Romæ, MDCCXXX.

Quel sublime *imperator*, que cet Auguste. Il se faisait narrer des contes de la mère l'oie pour s'endormir [1], changeait de pied ses chaussures pour lui porter bonheur, n'osait sortir de chez lui les jours de marché, craignait le signe du Capricorne, gagnait la bataille d'Actium, parce qu'il rencontrait un âne qui s'appelait *Nicon*, et un ânier qui avait nom *Eutichus* [2], devenait immortel, parce qu'à Boulogne un aigle avait battu deux corbeaux sur sa tente [3], et mourait de la colique en demandant à ses courtisans d'applaudir la façon splendide dont il avait joué son rôle dans la grande comédie de la vie [4].

Tibère fit mieux : il fonda un ministère de la maison de l'empereur, une intendance des voluptés qu'il confia à Cesonius Priscus [5].

Il passa deux jours et deux nuits à boire avec Pomponius Flaccus et Lucius Pison, puis se retira à Caprée, où des filles nues venaient le servir à table, où l'on exécutait devant ses yeux éteints des choses que la

---

[1]. Si interruptum somnum recuperare, ut evenit, non posset, lectoribus aut fabulatoribus arcessitis, resumebat producebatque ultra primam sæpe lucem.

Si, par hasard, il ne pouvait retrouver le sommeil, il se faisait lire ou réciter des contes jusqu'à ce qu'il se rendormit, et restait au lit souvent après le jour levé. Suétone, Auguste, LXXVIII, p. 129.

[2]. Suétone, XCII et XCIV.

Apud Actium, descendenti in aciem asellus cum asinario occurrit : Eutychus homini, bestiæ Nicon, nomen erat. Utriusque simulacrum æreum victor posuit in templo, in quod castrorum suorum locum vertit.

Sur le point de livrer la bataille d'Actium, il rencontra un âne et un ânier, l'un s'appelait Eutychus (heureux), l'autre Nicon (vainqueur). Quand il eut remporté la victoire, il fit ériger, à tous les deux, une statue d'airain dans le temple construit sur l'emplacement de son camp. Suétone, XCVI, p. 145.

[3]. Contractis ad Bononiam triumvirorum copiis, aquila, tentorio ejus supersedens, duos corvos hinc et inde infestantes afflixit et ad terram dedit.

Quand les troupes des triumvirs campaient près de Boulogne, un aigle posé sur sa tente s'élança sur deux corbeaux qui le harcelaient à droite et à gauche et les terrassa. Id., p. 145.

Quum lustrum in campo martio magna populi frequentia conderet, aquila eum sæpius circumvolavit.

Tandis qu'il était occupé à clore un lustre dans le Champ de Mars, en présence d'une grande foule de peuple, un aigle vola plusieurs fois autour de lui. Suétone, XCVII.

[4]. Puis, ayant reçu ses amis, il leur demanda s'il paraissait avoir bien joué le drame de la vie. (Ecquid iis videretur mimum vitæ commode transegisse.) Et y ajouta cette finale :

Si vous avez pris goût à ces délassements,
Ne leur refusez pas vos applaudissements.

Suétone, Traduction de la Harpe, p. 148.

[5]. Novum denique officium instituit, a voluptatibus, præposito equite romano Tito Cæsonio Prisco. Suétone, Tibère, XLII, p. 186.

plume ne peut écrire en langue française [1], où des enfants à la mamelle venaient le caresser dans l'eau tiède de son bain.

Rêvez l'orgie la plus immonde, rêvez le vieux bouc léchant des chèvres [2], vous n'arriverez pas à comprendre Tibère.

« De la boue trempée dans du sang [3], » disait Théodore de Gadare·

Caligula, serpent dressé par Tibère pour dévorer le peuple romain, Phaéton éduqué par lui pour brûler l'univers [4], auquel tout était per-

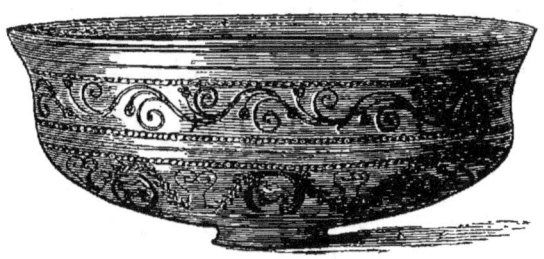

Fig. 91. Coupe de terre rouge lustrée; ornements moulés : rinceaux de feuillages à la partie inférieure, lièvres dans des médaillons. Marque du poinçon : OF MASCLI. Hauteur, 8 centimètres ; largeur, 19 centimètres. — Provenance, Vienne (Dauphiné). N° 243 du Catalogue.

mis contre tous [5], faisait couper des têtes par manière de passe-temps, pour apprécier la trempe des glaives et la force du biceps d'un soldat de choix [6].

Il savourait les supplices, Caligula. « Fais en sorte qu'il se sente mourir [7], » mais se cachait sous son lit quand il tonnait, et s'habillait en

---

1. Voir, sur les Spintries et les Piscicules de Caprineus, Suétone, XLIII et XLIV, p. 186 et suiv.
2. Unde nota in Atellanico exodio proximis ludis assensu maximo excepto percrebuit; hircum vetulum capris naturam ligurire. Suétone, Tibère, XLV.
3. Πηλὸν αἵματι πεφυρμένον. Id., Tibère, LVIII, p. 196.
4. .....Et se natricem (serpentis id genus) populo romano, Phaetontem orbi terrarum, educare. Suétone, Caius Caligula, XI, p. 221.
5. Memento omnia mihi et in omnes licere. Suétone, Caius Caligula, XXIX, p. 238.
6. Sæpe in conspectu prandentis vel comissantis seriæ quæstiones per tormenta habebantur. Miles, decollandi artifex, quibuscumque e custodia capita amputabat. Id., XXXII, p. 240.
7. Ita feri ut se mori sentiat. Id., XXX, p. 239.

Et sa fameuse phrase aux consuls qui dînaient avec lui :
« Je ris, en songeant, que d'un signe, je peux vous faire égorger tous les deux. »

Et cette autre, en embrassant sa maîtresse :

femme, en Vénus même, comme Henri III, cet autre produit malsain de l'Italie [1], adorait les pantomimes, ces *Gelosi* de l'époque, et faisait faire une écurie de marbre, une auge d'ivoire, des harnais de pourpre et des colliers de perles à son cher cheval qu'il rêvait d'élever à la dignité consulaire [2].

Le poignard de Chéréas en délivra l'humanité.

Claude, encore un neveu, sur l'épaule duquel un aigle était venu se percher en pleine place publique [3], avorton de la nature, comme l'appelait sa mère Antonie [4], ne fut qu'un imbécile, mais quel fou grandiose! il écumait, tremblait de la tête, rendait de l'eau par les narines, se gorgeait tellement de mangeaille, qu'on était obligé de lui enfoncer une plume dans la gorge pour lui faire rendre sa nourriture [5], confectionnait des édits, « quo veniam daret flatum crepitumque ventris in

---

« Cette belle tête tombera quand je voudrai. »
Et son exclamation au peuple romain :
« Plût au ciel qu'il n'eût qu'une seule tête! »

1. Vestitu calceatuque et cætero habitu, neque patrio, neque civili, ac ne virili quidem, ac denique humano, semper usus est. Sæpe depictas gemmatasque indutus pænulas, manuleatus et armillatus in publicum ; processit aliquando sericatus, et cycladatus.... nonnumquam socco muliebri..... atque etiam Veneris cultu, conspectus est.

Ses vêtements, sa chaussure, sa tenue en général, n'étaient ni d'un Romain, ni d'un citoyen, ni même d'un homme. Souvent il endossait des casaques bigarrées et couvertes de pierreries, et se montrait ainsi en public avec des manches et des bracelets. Quelquefois il portait des robes de soie arrondies et traînantes......, et mettait des brodequins de femme....., On le vit aussi avec les attributs de Vénus. Suétone, C. Caligula, LII, p. 256.

On lit dans les *Mémoires de l'Estoile*, que le roi se trouvait à une représentation du *Gelosi*, dans la salle des États, à Blois, « habillé en femme, ouvrant son pourpoint, descouvrant sa gorge, y portant un collier de perles et trois collets de toille, deux à fraizes et un renversé ainsi que le portaient les dames de la cour. »

Si, qu'au premier abord chacun estoit en peine,
S'il voyoit un roy femme, ou bien un homme reyne,
ajoute d'Aubigné.

2. V. Suétone, LV, — C. Caligula.

3. Evenitqueut primitus ingredienti cum fascibus forum ; prætervolans aquila dexteriore humero consideret.

La première fois qu'il parut au forum avec les faisceaux, un aigle qui passait vint se percher sur son épaule droite. Suétone, Claude, VII, p. 272.

4. Mater Antonia portentum eum hominis dictitabat, nec absolutum a natura, sed tantum inchoatum; ac si quem socordiæ argueret, stultiorem aiebat filio suo Claudio.

Sa mère Antonia l'appelait une ombre d'homme, un avorton, une ébauche de la nature, et lorsqu'elle voulait parler d'un imbécile, elle disait : « Il est plus bête que mon fils Claude. » Id., III, p. 268.

5. Id., XXX et XXXIII.

convivio emittendi [1];» mais aimait les femmes, chose incroyable en ces heureux temps de prospérité impériale.

Cet « enfant des dieux » mourut en savourant une sauce divine [2], préparée par Locuste et commandée par la belle Agrippine.

Néron fut un simple monstre, il tua son frère Britannicus, il tua sa mère, la même Agrippine, il tua Poppée, sa maîtresse, d'un coup de pied dans le ventre; il brûla Rome pour voir un incendie; cela dura six jours et sept nuits; mais quel musicien! et puis comme il aimait Sporus qu'il épousa publiquement, comme il aima Doryphore qu'il épousa de même [3]!

Quel beau conducteur de chars, quel artiste, quel poëte! Il put pardonner à Vindex, d'avoir failli détruire l'empire, il lui en voulut toujours de l'avoir nommé Ænobarbus, et de n'avoir pas reconnu son si remarquable talent de joueur de cythare [4].

Et Galba qui descendait de Jupiter par son père et de Pasiphaé, femme de Minos, par sa mère [5], quel avare !

Et Vitellius, au visage bourgeonné, au ventre immense, qui adorait l'odeur du cadavre d'un ennemi [6] et mangeait à en crever, quel gourmand ! deux mille poissons, sept mille oiseaux, des foies de carrelets, des cervelles de faisans et de paons, des langues de phénicoptères, des laites de lamproie, le tout servi dans l'égide de Minerve [7].

Et Domitien, le Néron chauve de Juvénal, ce lugubre farceur, celui-là inventa deux factions nouvelles, la faction pourpre et la faction dorée.

Et Commode le gladiateur qui tuait des estropiés à coups de massues pour imiter Hercule, qui coupait des hommes en deux d'un seul coup pour prouver sa force, et n'aimait rien tant que de voir traîner à terre des entrailles palpitantes. Les sénateurs l'appelaient toujours victorieux! amazonien! le maître! le premier! le grand [8] !

---

1. Suétone, — Tiberius, Claudius, Drusus, XXXII, p. 296.
2. Id., XLIV. — Sauce divine, mot de Néron. Id., XXXIII.
3. On ne transcrit même pas ces choses. Voir Suétone, Néron, XXVIII, Contaminatis pene omnibus membris, p. 330.]
4. Nihil autem æque doluit, quam ut citharædum malum se increpitum, ac pro Nerone Ænobarbum appellatum.

Rien, dans ces proclamations (celles de Vindex), ne l'offensa plus que d'être traité de mauvais joueur de luth, et appelé Ænobarbus au lieu de Néron. Suétone, XLI, p. 346.

5. Suétone, — Galba, II.
6. Optime olere occisum hostem, et melius civem. Suétone, Vitellius, p. 399.
7. Suétone, — Vitellius, XIII.
Xiphilin. — *Rome ancienne*, de Dauban, p. 550.

Et Caracalla qui vint égorger son frère dans les bras de leur mère commune, mais qui se fit nommer *Allemanicus*, *Germanicus*, *Particus*, l'historien ajoute : *Geticus maximus.*

Quel beau peuple que le peuple de Rome ! quels grands empereurs, que les empereurs de Rome !

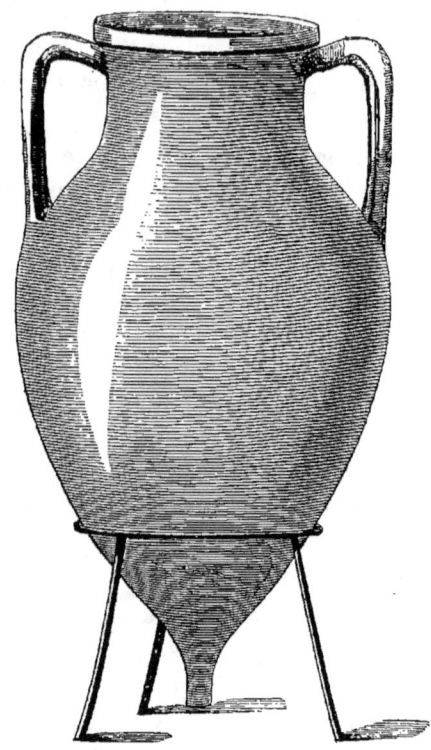

Fig. 92. Amphore romaine, terre grise mate, fruste. Hauteur, 27 centimètres, largeur, 10 centim. Provenance, Aix-la-Chapelle. N° 237 du Catalogue.

Heureusement qu'on s'en débarrassait encore facilement.

Tibère fut étouffé sous des couvertures, Caligula fut poignardé, Claude empoisonné, Néron s'ouvrit la gorge, Galba fut éventré près du lac Curtius; on acheta sa tête cent pièces d'or; Othon se perça le cœur, Vespasien seul mourut debout, Titus fut assassiné, Domitien assassiné, Commode assassiné, Pertinax assassiné.

Ici les soldats vendirent la couronne pour vingt-cinq mille sesterces par tête de prétorien. L'acquéreur Didius fut tué par eux.

Caracalla assassiné, Héliogabale assassiné dans les lieux d'aisances cette fois.

Après leur mort, on les mettait au rang des dieux. C'était l'usage. Il

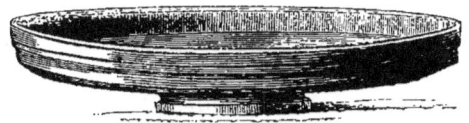

Fig. 93. Plateau de terre rouge. Hauteur, 8 centimètres ; largeur, 16. — Marque de fabrique: OF AQUIN FELICIS. Provenance inconnue. N° 189 du Catalogue.

se trouvait toujours un préteur quelconque qui jurait avoir vu l'âme d'Auguste, monter au ciel [1].

Et puis les prêtres y gagnaient beaucoup, on instituait un collége, on bâtissait un temple et l'on faisait des sacrifices.

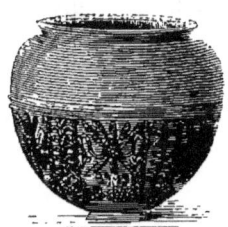

Fig. 94. Vase de terre rouge orné de feuillages. Hauteur, 7 centimètres ; largeur, 6. — Provenance Vienne. N° 248 du Catalogue.

Après les soldats et les courtisanes, ce qu'il y avait de plus nombreux à Rome, c'étaient les prêtres.

Leur foule bariolée s'en allait à travers les carrefours, remuant leurs sistres, tapant sur leurs boucliers, agitant leurs crotales, faisant résonner leurs sonnettes, jouant de la flûte, dansant des danses excentriques, exécutant mille simagrées, faisant des processions, remplissant les rues de leurs têtes rasées, de leurs figures plates, de leurs robes traînantes, noires, blanches, jaunes, rouges et violettes, promenant sur des ânes leurs petits dieux et leurs grandes déesses.

[1]. Nec defuit vir prætorius qui se effigiem cremati euntem in cœlum vidisse juraret. Un homme qui avait été préteur, ne manqua pas de jurer qu'il avait vu l'image d'Auguste s'élever du bûcher vers le ciel. Suétone, Auguste, C., p. 150.

Pontifes, flamines, vestales, augures, saliens, jongleurs, devins, sybilles, frères mendiants, tendant la main, demandant l'aumône, galles infectes, oncles inutiles des futurs sopranos d'Italie, quêtant toujours et promettant monts et merveilles aux ignorants assez sots pour les croire [1].

Et tout cela était citoyen romain ! « *Civis romanus sum,* » et le monde admirait, se courbait, se vautrait devant tout cela.

Certes, Rome méritait bien de descendre de l'imbécile Claude à l'histrion Néron, et de ce comédien de mauvais goût au gladiateur Commode, et de cet immonde enfin au gardien de vaches, Maximin le Grand.

Quel peuple !!!

Et nous n'avons rien dit des femmes ! Hideusement empâtées, exhalant l'odeur des essences, graissées de pommades, où venaient se coller les lèvres d'un mari [2], relevant des robes assez légères pour laisser voir sur les cuisses les traces des torrents de vins qu'on y jetait dans des cérémonies heureusement cachées [3], ayant des dévotions à enflammer le vieux Priam et l'infirme Nestor [4], balançant leurs têtes, ornées de mîtres peintes, chargées de faux cheveux superposés en étages, séparés en compartiments successifs [5], cachant dans des litières fermées leurs passions honteuses, ou venant dévouer à la brutalité publique les flancs qui te portèrent, généreux Britannicus [6] !

---

1. *Dictionnaire des Antiquités romaines*. — Anthony, Rich., Dom. Martin. Liv. I, chap. XXXIII.

2. Interea fœda aspectu, ridendaque multo
    Pane tumet facies, aut pinguia Poppæana
    Spirat, et hinc miseri viscantur labra mariti.
    Juvénal, Satire VI, v. 461, p. 79.

3. Quantus
    Ille meri veteris per crura madentia torrens !
    Id., Satire VI, v. 319, p. 71.

4. Nil ibi per ludum simulabitur; omnia fient
    Ad verum, quibus incendi jam frigidus ævo
    Laomedontiades et Nestoris hernia possit.
    Id., Satire VI, v. 325, p. 72.

5. Tot premit ordinibus, tot adhuc compagibus altum
    Ædificat caput : Andromachen a fronte videbis;
    Post minor est, credas aliam.
    Id., Satire VI, p. 81.

6. Tunc nuda papillis,
    Prostitit auratis, titulum mentita Lyciscæ,
    Ostenditque tuum, generose Britannice, ventrem.
    Id., Satire VI, p. 61.

jouissant, mollement étendues sur des coussins de soie, la gorge retenue dans des résilles d'or, des supplices variés du cirque, entre leur nourrice et leur confidente, et lançant, au milieu des égorgements de gladiateurs, un sourire lascif au danseur Bathylle, au comique Urbicus, au joueur de flûte Ambrosius, au bel Euryale, ou à Pollion, le pinceur de lyre.

Femelles que l'approche d'un âne n'aurait pas effrayées[1], qui rapportaient au palais des empereurs eux-mêmes l'odeur des antres du quartier de Suburre, qui rentraient ivres à la maison conjugale, et riaient bêtement en voyant leurs époux glisser sur les marbres salis par elles, à l'aurore naissante [2].

Quelle admirable civilisation que la CIVILISATION ROMAINE !

1. ..... Si desunt homines, mora nulla per ipsam,
    Quo minus imposito clunem submittat asello.
                    Juvénal, Satire VI, p. 72.
    Quel dommage qu'une si belle bête ait les sabots si durs.
2.   Fœda, lupanaris tulit ad pulvinar odorem.
                    Id., p. 62.
        Tu calcas, luce reversa,
    Conjugis urinam.
                    Id., p. 71.

III

LES ROMAINS ARTISTES

Sommaire : Les Césars des académiciens et les Césars de l'histoire anecdotique et de l'archéologie. — But de la digression des chapitres précédents. — J.-J. Rousseau et le Paysan du Danube. — De la méthode de fabrication des poteries rouges de Toscane. — Le surmoulage romain. — L'art du camp de Châlons. — Le bout de l'oreille. — Le Grec vaincu civilisant son vainqueur. — Les Grecs fabricants de statues iconiques à Rome. — Nullité de l'influence romaine en Gaule. — Occupation militaire de Lutèce d'après les monuments.

Pourquoi nous raconter l'histoire de la conquête des Gaules ?
Pourquoi nous narrer les crimes des empereurs et les infamies des impératrices à propos d'une simple étude sur la poterie nationale ?

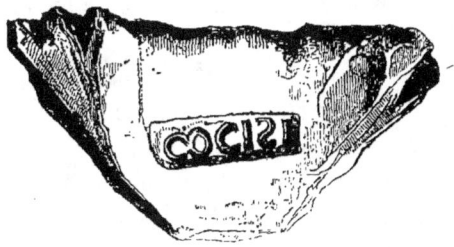

Fig. 93. Profil du poinçon de la fig. 82. Grandeur d'exécution.

Parce que nous l'avons dit plus haut, l'art est un reflet, et la poterie étant l'expression la plus franche de ce reflet, nous devions trouver dans les produits italiens de ce temps, l'image de la société romaine, non pas telle que l'ont représentée les historiens pompeux qui nous servent de guides, je ne sais pourquoi, dans nos études ; mais telle que la donnent ceux qu'on nous cache à dessein, sans doute par respect pour la dignité humaine.

Dans l'éducation française, en général, on passe assez rapidement sur ces empereurs, sur ces impératrices, sur ces courtisans et sur ces courtisanes, à peine un mot de blâme à propos des persécutions chrétiennes.

Puis on nous vante les grandeurs inénarrables de la ville éternelle et nous y croyons de confiance.

L'impur Octave n'est plus que le héros clément qui pardonne à ses ennemis ; Tibère, — un profond politique ; Caligula, — un original plein de fantaisie grandiose ; Claude nous a donné le titre de citoyens, a

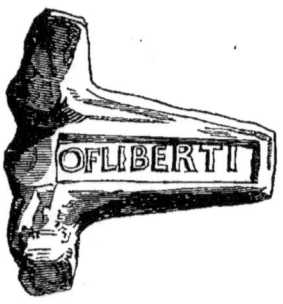

Fig. 96. Profil d'un sceau du poinçon de la fabrique de Libertus. Grandeur d'exécution.

ouvert la porte du sénat à la Gaule chevelue et lui a distribué toutes les dignités de l'empire.

César, enfin, le grand ennemi, grâce à cette « conjuration contre la vérité », comme dit M. de Maistre, est l'homme le mieux fait de son temps. (Vertot, *Révolutions romaines*.) Plein de valeur, de courage élevé, vaste dans ses desseins, magnifique dans ses dépenses « *formé par la nature pour commander au reste des hommes* », qui mêlait à la dignité de ses manières, un air de grandeur tempéré par la douceur et la *facilité* de ses mœurs. (La facilité de ses mœurs !!!)

Qui donc pouvait être assez dur « pour résister aux charmes de sa personne, à son éloquence insinuante, invincible, à tant d'aimables qualités » en un mot ?

Et voilà qu'au milieu de ces périodes sonores et vides de ce langage académique, nous admirons ses éclatantes victoires, sans songer que c'est de notre sang que sont faits ses triomphes.

« Il joignit la gloire des lettres à celle des armes, » (La Harpe) et voilà qu'en lisant ses *Commentaires*, nous nous intéressons à sa gloire et nous prenons parti pour ses légions.

Rome, c'est notre patrie, ne sommes-nous pas de RACE LATINE ?

« Salve, magna parens frugum Saturnia, Tellus magna virum. »

L'Italie, c'est la mère féconde (Michelet).

Et l'empire romain, le plus bel empire qu'ait jamais vu le soleil (Id).

Battre les Gaulois, les massacrer jusqu'à plus soif, ce n'est que

... Manger mouton, canaille, sotte espèce,

Simple peccadille de lion.

Et nous nous écrions avec Jean-Jacques en soupirant :

« Que ne suis-je né Romain !... »

Eh bien ! dussions-nous être traité de Paysan du Danube, nous dirons avec Lafontaine, un vrai Gaulois, celui-là, aux Romains d'au-

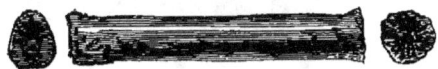

Fig. 97. Poinçon de Potier, avec les deux ornements des extrémités. Grandeur d'exécution.

jourd'hui comme à ceux d'autrefois : Qu'étiez-vous, vous autres, consuls, préteurs, etc., « Gens de rapine et d'avarice » ? — des barbares.

> Nous cultivions en paix d'heureux champs, et nos mains
> Étaient propres aux arts ainsi qu'au labourage.

Vous êtes venus nous apprendre, quoi ? — Le mépris des dieux, la violence, la brutalité, la mollesse et tous les vices.

Voilà le côté que présente l'histoire anecdotique, les poëtes satiriques, les mécontents enfin, ceux qui refusaient de « se ruer à la servitude, » voilà celui que fait valoir une étude approfondie de l'histoire, qui correspond aux mœurs vraies, à celles que révèle l'archéologie dans toute leur effroyable nudité, à celles que découvre particulièrement l'analyse de la poterie.

C'est pour cette cause qu'il ne nous a pas paru inutile de lever un instant le voile qui couvre les orgies romaines et de jeter un coup d'œil rapide sur les dessous de cette grandeur factice.

D'ailleurs, par le temps qui court, après la chute d'un empire, pas-

172   POTERIE GAULOISE.

tiche grotesque d'un autre empire, copie étudiée et voulue de l'empire romain, après une invasion presque aussi formidable que celle des légions à casque de bronze; il ne nous a pas semblé indigne de l'attention de nos compatriotes de leur montrer comment finirent autrefois les Césars divinisés sauveurs du genre humain, comment finirent aussi les coups de la force brutale et le peu d'influence qu'eurent les uns et les autres, sur la nation qui, « après les plus grandes défaites, après des territoires perdus, après la captivité de ses principaux capitaines... se redresse plus forte que jamais, tant est grande sa puissance et se crée d'autant plus de ressources, que la nécessité est plus urgente [1]. »

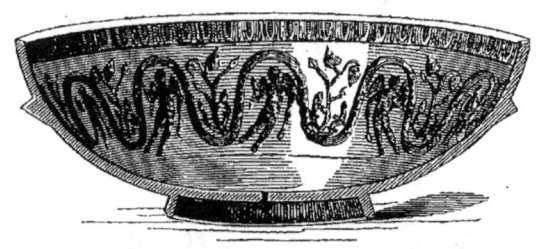

Fig. 98. Moule à former des vases à relief, fabrique de Rheinzabern, terre rouge. Voir le n° 1020 du Catalogue de l'Histoire du travail, Exposition universelle de 1867. (Coupe intérieure du moule.)

Oui, au moment où il y a des gens assez dépravés pour oser parler à la France de retourner à son vomissement, il nous a semblé bon de revenir sur ces hommes providentiels et nécessaires, autour desquels voltigent des aigles, de les montrer tels qu'ils furent, comme aussi d'affirmer par un exemple cruel, le peu d'importance qu'a la victoire d'une race de force sur l'immortelle race de l'esprit.

Revenons à la poterie.

Qu'était donc cet art superbe qu'apportèrent les conquérants?

Descendons, s'il vous plaît, dans l'analyse la plus minutieuse de ces coupes, de ces vases ronds, de ces amphores, devant lesquelles se pâment les admirateurs quand même de tout ce qui sort de la glorieuse antiquité romaine.

---

1. Lettres des ambassadeurs vénitiens à leur gouvernement, seizième siècle. *Les archives de Venise. Histoire de la Chancellerie secrète. Le Sénat, le cabinet des ministres, le Conseil des Dix et l'inquisition d'État dans leurs rapports avec la France*, par Armand Baschet. Plon, Paris, 1871. — V. le *Temps*, 31 octobre et 7 novembre, *Variétés*, Marius Topin, 1871.

L'ouvrier romain apportait d'Italie tout un arsenal de petits poinçons en terre cuite dure (fig. 81, 82 et suiv.), moulés probablement, sur des pierres gravées. C'est M. Tudot qui l'affirme et, si quelqu'un a profondément creusé ce sujet, si quelqu'un peut parler sciemment des fours, des outils, des procédés de la poterie romaine, certes c'est bien lui [1].

Muni de ses petits poinçons, l'ouvrier romain tournait sur la roue un moule semblable pour les coupes à celui de la figure 98; sur la terre molle, il appliquait çà et là ses figures, parfois il les variait, le plus

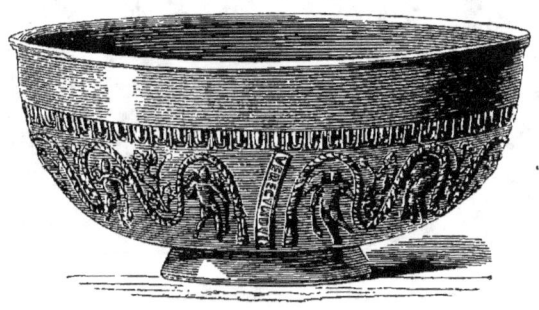

Fig. 99. Vase obtenu par le moule précédent, terre rouge, et terminé d'après le procédé romain.

souvent, il les répétait avec une régularité pour lui l'idéal du beau, puis avec des roulettes, il confectionnait les ornements du cadre, reliait entre eux ses personnages, avec une ornementation, ici complétement de son crû et que nous allons examiner tout à l'heure.

On laissait sécher le moule lentement et à l'ombre, puis il était soumis à l'action d'un feu tempéré [2].

Quand on voulait avoir un exemplaire de ce moule, il était remis sur le tour, avec une poignée d'argile; le potier faisait prendre à cette pâte la forme du creux, puis, en appuyant successivement sur toute la surface intérieure, obtenait l'empreinte du dessin; on laissait sécher. Plusieurs heures après, le retrait de l'argile permettait de faire sortir l'épreuve. On modelait toujours à la roue un haut et un bas à la chose.

---

1. *Collection de figurines en argile*, œuvres premières de l'art gaulois, avec les noms des Céramistes qui les ont exécutées, recueillies, dessinées et décrites, par Edmond Tudot. Paris, C. Rollin, éditeur, rue Vivienne, 12. MDCCCLX.
2. Tudot, page 86.

On cuisait, et l'on avait le vase samien, le vase sigillé, le vase lustré que vous savez[1].

Dans tout cela, où était l'art ?

Enlevez les personnages qui se promènent sous des arcades en se tenant le menton dans la main, réfléchissant à je ne sais quoi... Peut-

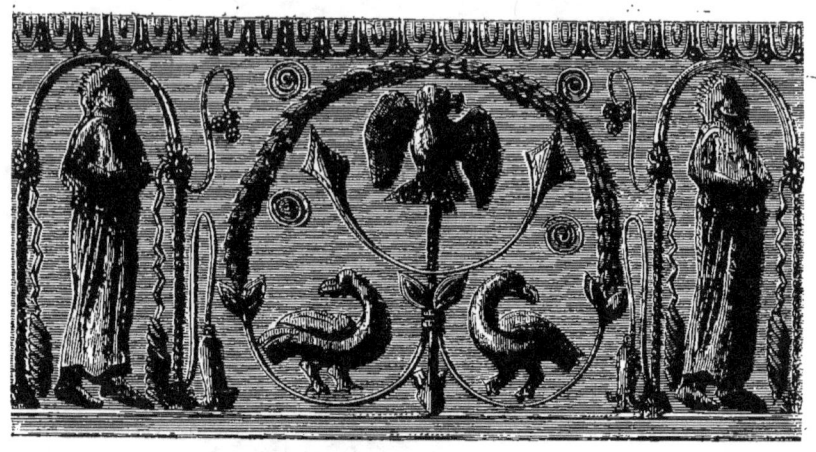

Fig. 100. Détail d'ornementation du vase de la fig. 79.

être à l'idée curieuse de percher des aigles sur des fleurs flexibles (fig. 100). Enlevez les femmes qui regardent, étonnées, des plantes d'eau collées auprès de leurs mains, ou des artichauts et des grenades, formés en faisceaux réguliers (fig. 101) ; enlevez ces sangliers qui grognent devant des palmettes (*id.*) ; ces cavaliers qui lancent des javelots sur des joueurs de flûte ; ces danseuses qui dressent des chèvres

---

1. Toutes ces poteries rouges où l'on a vu de la terre de Samos, auxquelles les savants ont donné les noms les plus extravagants de leurs répertoires, où même on a découvert des chrétiens livrés aux bêtes et je ne sais quoi encore, sont tout simplement des vases toscans.

Aurum, vasa Numæ, Saturniaque impulit æra ;
Vestalesque urnas, et Tuscum fictile mutat.

L'or a banni les vases de Numa et le cuivre de Saturne ; l'or remplace l'argile des Toscans et l'urne modeste des vestales.

Perse, Satire I, p. 267, v. 60.

Rubrumque... catinum.

Id., Satire V, v. 183, p. 288.

Ponebant igitur Tusco farrata catino.

C'est sur des plats de Toscane qu'était servie la farine bouillie.

Juvénal, Satire XI, v. 108, p. 148.

(fig. 78), ces Mercures dont je ne veux pas parler (fig. 86), ces Tibicens que je passerai sous silence (fig. 84), que vous restera-t-il ?

Des cases géométriques, remplies, avec une naïveté sans égale, de triangles, de cercles, grands et petits, de guirlandes lourdes et disgracieuses, de volutes incompréhensibles, de fers de lances formant l'extrémité des plantes (fig. 100); d'oiseaux de proie entourés de lauriers, de bêtes fauves se jouant au milieu des festons. Le tout répété, redit, refait, moulé, surmoulé, indéfiniment, au hasard, sans goût, sans recherche, bêtement; quelque chose, en un mot, de semblable à l'art du

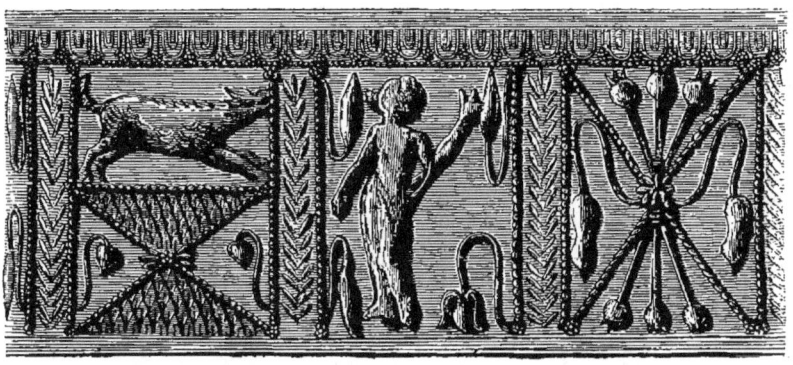

Fig. 101. Détail d'ornementation du vase de la fig. 80.

soldat désœuvré qui modelait les monuments du camp de Châlons, aux temps bienheureux du dernier empire.

Un os suffit au naturaliste pour reconstituer un animal disparu, un fragment seul est nécessaire à l'observateur pour faire revivre une époque oubliée.

Les cœurs, les flammes, les feuillages enchevêtrés des fenêtres du style flamboyant; les chardons frisés, les choux contournés, les houx dentelés des chapiteaux du quinzième siècle, ne rappellent-ils pas la subtilité merveilleusement obscure et difficile de *Petrus* de *Petronibus*, et les argumentations en *Baralipton* des Capêtes de Montaigu et du punais Lac de Sorbonne.

De même, les délicieuses faïences d'Oiron, chandeliers ornés d'amours en déshabillé, de satyres cornus, d'écussons symboliques, coupes chargées de triangles, de croissants, de flèches, de carquois et de pieux enguirlandés de faveurs, font naître en mémoire le souvenir des élégantes tourelles, des terrasses ajourées, des divines fontaines du château d'Anet ; et la belle Diane, en fin caleçon de satin perle, paraît aussitôt à nos yeux éblouis, tenant en laisse, avec des cordons de soie blanche et noire, « ses espaigneuls et ses petits levriers, » tout en devisant d'amour sous les grands bois, entourée des blanches nymphes de sa cour, avec le doux Henri.

Un œil exercé remontera facilement du *Marly*, d'une assiette de Rouen, copiant la vaisselle plate transportée, on sait dans quelle circonstance, à la Monnaie de Paris, au rutilant soleil du lit de Louis XIV à Versailles ; et la vue de ce soleil, de ces tentures, de ces balustres, de ces fauteuils pansus et dorés, ne fera-t-elle pas renaître dans l'imagination, la pompe de la cour du grand roi, le style noble, les hautes perruques, les grands cordons, les chapeaux à plume, les habits chamarrés, les illustres héros de Racine, les discours au roi, les épîtres dédicatoires, et l'étiquette du grand couvert et du petit lever ? Une pendule contournée de Louis XV, un Dunkerque irrégulier, tout brillant de vernis Martin, expliqueront Bagatelle, Brimborion, la Pompadour, et le café de *la France*, au Parc-aux-Cerfs. Une aiguière, une soucoupe, une tasse raide, à médaillon bleu de Moustiers, une corbeille, une applique à bergeries roses de Saint-Amand, vous feront rêver malgré vous à la laiterie de Trianon, à la belle Antoinette, au meunier poudré du moulin Joli.

Enfin le ruolz et l'acajou plaqué ne donnent-ils pas la note moderne et le mot de l'énigme de notre richesse de pacotille ?

De même, les moulages en argile rouge de Toscane, transportés par les Romains dans leur nouvelle conquête, les peignent tout entiers, tels qu'ils furent.

Soldats grossiers et féroces, débauchés, hideux et dégoûtants.

Grâce à ce *Catinum Rubrum*, nous apercevons le bout de l'oreille, et nous pouvons chasser au grand ébahissement des badauds l'*âne revêtu de la peau du lion* vers le rustique moulin d'Aricie.

Rome ne resta capitale que parce que tout ce qu'il y avait de Romains dans elle s'effaça sous l'influence grecque.

« Tout Romain eut un maître grec, apprit à fond la langue d'Homère, et jusqu'à négliger la sienne. On ne parlait qu'en grec à Rome, et dans les moments les plus vifs, où le cœur même échappe dans l'accès de l'amour (Juvénal), sous le coup de la mort. Quand César est frappé, il crie en grec. (*Hellénisti*, Plut.)

« Aux Grecs on demandait les règles de la vie ; la philosophie grecque en toutes ses écoles, régnait, trônait à Rome. Et je ne parle pas des idées théoriques, de la spéculation, je parle de l'action, des mœurs, de la conduite. Le philosophe grec, dans chaque grande maison romaine, était le conseiller, à qui on demandait force et lumière aux moments troubles de la vie. Les héros de la résistance, les Thraseas, avaient *leur philosophe* pour les assister à la mort. Les empereurs eux-mêmes avaient leur Grec qui modérait, adoucissait, calmait. Auguste, sans le sien, n'aurait été qu'Octave[1]. »

Le Romain décrassé n'était qu'une contrefaçon, un surmoulage du Grec de la décadence.

Ses dieux eux-mêmes étaient Grecs. — Jupiter n'est que la pâle copie du divin Zeus; Vénus, l'amante adultère du dieu Mars, descend directement de la reine de beauté, Cythérée la blonde, choisie par le beau Pâris; la grosse Junon n'est autre que la grande Héré au bras d'ivoire, et Minerve, au casque reluisant, ne fait pas oublier les yeux bleus de la sage Athéné.

Je me trompe, ils en ont de particuliers : la Louve, l'assassin Romulus, l'infâme César et son auguste successeur, Claude l'imbécile, Néron le féroce, et les autres.

La langue elle-même de l'agreste Latium, qui gardait au temps d'Horace tant de traces de sa rudesse primitive, ne se forma que par l'immixtion forcée de l'idiome athénien dans ses phrases barbares.

> Græcia capta ferum victorem cæpit et artes,
> Intulit agresti latio (2).

Un mot n'avait droit de cité à Rome que s'il dérivait du grec.

> Græco fonte cadent parce detorta (3).

Et c'était en feuilletant jour et nuit les poëtes de l'Attique que les Romains apprenaient à penser, à parler, à écrire.

> Vos exemplaria Græca,
> Nocturna versate manu, versate diurna (4).

C'était en Grèce que tous leurs grands hommes allaient puiser la philosophie, la rhétorique et l'art de bien dire.

---

1. Michelet, *Bible de l'humanité*. Paris, Chamerot, 1864, p. 415.
2. Horace, *Épîtres*, Livre II, E. I, p. 331.
3. Horace, *Art poétique*, p. 349.
4. Horace, *Art poétique*, p. 358.

Cicéron fréquenta les gymnases de Rhodes sous Posidonius le stoïque. César fut élève d'Apollonius.

Horace vécut à Athènes en compagnie de Brutus et de toute la jeunesse dorée d'Italie.

Ovide parcourut les rivages du Péloponèse.

Virgile, enfin, poussé par l'Yapix, protégé par les astres lumineux, frères de la brillante Hélène, toucha ces nobles frontières et se désaltéra dans le sacré vallon aux immortelles sources de l'Hippocrène [1].

Grecque était l'Étrurie; grecques, Fiesole, Arretium et Cortone, Pérouse, Capène et Volaterre.

Grec aussi tout le sud, Herculanum et Pompéï, Pestum et Naples.

Leur architecture, c'est du grec sans les fines proportions créées par les constructeurs du temple de la Victoire et du Parthénon.

Ils inventèrent une seule chose en architecture, *la superposition*. Sur la colonnade du Louvre, élevez une seconde colonnade, sur celle-ci une troisième, plus encore si vous voulez, et vous aurez l'architecture romaine, le *colossal* (*colosseum*).

A leur belle époque, celle des Antonins, ils plantèrent une colonne, fragment isolé d'un portique impossible à construire, support imaginaire d'un fronton digne du plus grand des dieux; au haut ils mirent un homme.

La préoccupation de *faire grand*, sans avoir le sentiment de la grandeur qui est dans l'harmonie des lignes : Néron se fait faire un portrait peint de 120 pieds de haut. — Rappelez-vous la tête de Lucille au musée du Louvre.

Et encore ce fut un Grec que l'on chargea de la construction du forum et de la colonne de Trajan, Apollodore de Damas.

Ce fut un ciseau grec qui sculpta les cariatides du Panthéon d'Agrippa, celui de Diogène d'Athènes [2].

---

1. Sic te, diva potens Cypri,
Sic fratres Helenæ, lucida sidera,
Ventorumque regat pater.
Obstrictis aliis præter Yapiga
Navis quæ tibi creditum.
Debes Virgilium ; finibus atticis,
Reddas incolumem, precor,
Et serves animæ dimidium meæ.
            Horace, *Odes.*, Liv. I, *Ode* III, p. 5.

2. *Les Merveilles de l'architecture*, par André Lefèvre. Paris, Hachette, 1867, p. 95 et 97.

Cicéron, Pline, Quintilien, Pausanias nous ont fourni les noms de tous les grands statuaires de l'Hellade ; ils n'en citent pas un seul qui soit de Rome [1].

Les Grecs remplissaient littéralement LA VILLE. Juvénal en est furieux. Grammairiens, rhéteurs, géomètres, peintres, baigneurs, augures, danseurs de corde, médecins, magiciens, ils étaient tout à Rome.

> Grammaticus, rhetor, geometres, pictor, aliptes,
> Augur, schœnobates, medicus, magus : omnia novit :
> Græculus esuriens in cœlum, jusseris, ibit [2].

Son vieux sang latin se révolte. N'est-ce donc rien que d'avoir en naissant respiré l'air du climat Aventin, que d'avoir été nourri des fruits de la Sabine ?

> Usque adeo nihil est, quod nostra infantia cœlum
> Hausit Aventini bacca nutrita sabina [3] ?

Jusqu'aux dames romaines, qui étouffaient entre deux draps des soupirs d'amour, en s'écriant en grec : ΖΩΗ ΚΑΙ ΨΥΧΗ. Ma vie, ma chère âme [4].

Que voulez-vous? la seule occupation du vrai citoyen romain était de forger des chaînes pour l'humanité [5].

Savez-vous comment ils comprenaient les arts?

Pompée fit faire *en perles* une représentation de sa personne.

Néron imagina de *dorer* l'Alexandre en bronze de Lysippe.

Caius Caligula, qui rêvait de détruire les œuvres d'Homère, fit venir du Péloponèse tous les dieux qu'il put rencontrer, entre autres le

---

1. *Les Merveilles de la sculpture*, par Louis Viardot. Paris, Hachette, 1869, p. 167.
2. Juvénal, Satire III, v. 76, p. 24.
3. Id., v. 84, p. 25.
4. Juvénal, Satire VI. « Concumbunt Græce, etc., » v. 190, p. 65.
5.   Qua fornace graves, qua non incude catenæ?
    Maximus in vinclis ferri modus, ut timeas ne
    Vomer deficiat, ne marræ et sarcula desint.
Aujourd'hui quelles enclumes, quels fourneaux ne sont pas employés à forger des chaînes? Tant de fer est consacré à cet usage, qu'on peut craindre de voir manquer les bêches et le soc. Satire III, Juvénal, v. 310, p. 36.

Jupiter olympien. On leur coupa le cou, et l'on remplaça leurs belles têtes rêveuses par celle de l'empereur [1].

Métellus et Mummius ayant pris Corinthe et l'ayant pillée, entassèrent pêle-mêle, dans des bateaux, les chefs-d'œuvre de toute une race ; le dernier ayant laissé échapper le beau Bacchus d'Aristide, crut qu'il avait une vertu cachée, parce qu'Attale le racheta pour soixante-quinze mille francs de notre monnaie ; il le reprit, puis tous deux menacèrent les pilotes qui transportaient le butin, de les forcer à fournir des *statues neuves*, s'ils ne les faisaient pas parvenir saines et sauves dans la grande Cité.

Si eos perdidissent nova eos reddituros, dit Velleius Paterculus [2].

C'est par le *hiératisme* que finissent d'ordinaire les arts dans une nation. Voyez l'Égypte à l'époque de Cléopâtre et des Ptolémées. Voyez la France à la fin de l'époque romano-byzantine. C'est par lui qu'ils débutèrent à Rome.

Parcourez les galeries du Louvre et regardez ces Césars en uniforme, allongeant la même main qui tient le même rouleau, relevant la même toge qui forme à la ceinture le même pli régulier ; ou bien quand ils sont en héros, repoussant la même jambe, avançant le même pied, tenant le même glaive, étendant en l'air le même bras.

« Les Grecs, réduits au rôle d'artisan, dit M. Viardot, ne firent guère d'autres ouvrages en sculpture que les images des Césars déifiés, de leurs impures épouses, ou des favoris des palais impériaux. L'industrie se substituant à l'art fabriquait à l'avance des statues d'empereurs et d'impératrices, auxquelles on adaptait des têtes suivant le besoin et aux changements de règne [3]. »

On eut de la sorte ces statues iconiques, *statuæ iconicæ*, qui remplissent nos musées. — Ces Trajans, ces Claudes, ces Nérons, ces Tibères, dans la même pose, avec le même geste et le même regard. Ces Livies, ces Julies, ces Faustines, avec leurs lourdes perruques (*galerus, galericus, casques*) chevelures rousses apportées de Germanie et qu'on façonnait en pierre de couleur pour pouvoir les remettre et les ôter à volonté, suivant les changements de la mode [4].

---

1. *Merveilles de la peinture*, par Louis Viardot, p. 31.
Suétone, *Vie de Caligula*, XXII.
2. L. Viardot, p. 29.
3. *Merveilles de la sculpture*, p. 168. Voir au Louvre, entre autres, une des grandes statues de Trajan.
4. Id., p. 177.

L'aristocratie romaine dédaignait et méprisait souverainement tous ceux qui s'occupaient d'art; faire usage de ses mains pour vivre! Comme l'aristocratie saxonne de la Grande-Bretagne, qui voit dans un musicien « un homme payé pour venir faire du bruit dans un salon, » et qui n'ose prendre un peintre pour un *gentleman*, « parce qu'il n'est pas respectable, qu'il manque de tenue et n'a pas de ressources régulières [1]. »

Quintus Pedius, fils d'un personnage consulaire, muet de naissance, fut obligé de demander une permission expresse d'Auguste pour se livrer, comme passe-temps, à l'étude de la peinture, et le célèbre Amulius ne quittait jamais la toge, de peur de déroger quand il maniait les pinceaux et la palette.

Pingebat semper togatus, dit Pline [2].

Le conseil des amphictyons, interprète de la publique reconnaissance, accorda à Polygnote, le peintre des Portiques, du *Pœcile* à Athènes, et de la *Leschée des Coridiens* à Delphes, le droit d'hospitalité gratuite dans les villes de la Grèce [3].

Comme ces parvenus qui, bénéficiant des malheurs publics, arrondissent leurs fortunes aux dépens mêmes de leurs concitoyens, achètent d'illustres châteaux, et, commençant par accoler à leurs noms celui de leurs terres, finissent par effacer le leur propre, dans la mémoire des gens et le remplacent pour la postérité par celui de leurs prédécesseurs de noble lignée, les Romains usurpèrent la gloire artistique des Grecs, et les remplacèrent peu à peu dans l'histoire de l'art. Eux qui n'en cultivèrent et n'en connurent qu'un seul, c'est Montesquieu lui-même qui le confesse, celui qui est la négation de tous les autres :

L'ART DE LA GUERRE [4] !

Quelle influence de pareils êtres pouvaient-ils exercer sur une race imbue par religion du culte de la nature, et contemplative par instinct

---

1. *Notes sur l'Angleterre. Promenades dans Londres.* VI. H. Taine. Feuilleton du *Temps*, 1er octobre 1871, 25. « Les Anglais, on le sait, sont les collectionneurs les plus acharnés du monde, mais entassent leurs collections et les réservent pour eux seuls. Rappelez-vous la phrase de Pline que citait M. Charvet dans sa lettre, p. 2 : les Romains étaient de même fervents accapareurs d'antiquités.
            Insanit veteres statuas Damasippus emendo.
                    Horace, Satire III, Liv. II, p. 233.
2. *Merveilles de la peinture*, p. 31.
Figurez-vous Simart maniant la glaise ou Vernet peignant la Smala en collet brodé et en habit de l'Institut.
3. *Merveilles de la peinture*, L. Viardot, p. 14.
4. *Grandeur et décadence des Romains*, chap. II, p. 6.

et par goût, dont toutes les tendances se tournaient du côté de la Fantaisie, et qu'on n'a pu arriver encore à régulariser et à maintenir dans les sentiers tout tracés et si faciles du révélé et du convenu?

Les Romains occupèrent la Gaule, mais ils ne la soumirent pas.

Du reste, par l'état de la Lutèce des Parises, pendant l'invasion impériale, on peut juger de celui des autres pays du nord, des pays qui ont gardé *tout* ce que leur avaient transmis les ancêtres, tout, jusqu'à leur Droit coutumier.

La Confrérie des marchands de l'eau, *Mercatores aquæ Parisiaci*, était fort douce et fort aimable, elle avait donné l'hospitalité aux dieux nouveaux, Jupiter, Vulcain, Castor, Pollux fraternisaient chez eux avec Esus, Cernunos et le Taureau aux trois grues [1].

On leur avait bâti un petit temple à l'endroit où s'élève Notre-Dame, cinq ou six colonnes, un fronton et quelques autels.

Non loin, un précédent gouverneur avait construit un Prétoire, où se payaient les contributions [2].

Deux forteresses en terre, têtes de pont, le petit et le grand Châtelet protégeaient et maintenaient la Cité.

Quelques chemins pavés avaient été tracés au milieu des bois et conduisaient dans la partie septentrionale, à Pontoise et à Melun, par la rue Montmartre et la rue Saint-Antoine ; du côté d'Orléans, dans la partie méridionale, par la rue d'Enfer et le bourg Saint-Marcel [3].

Comme la colline de la rive gauche était fortement occupée par un camp qui s'étendait du Panthéon au Luxembourg et dans tout le jardin jusqu'à Saint-Germain-des-Prés, le pays était tranquille. De larges fossés entouraient ce camp et le protégeaient contre une surprise possible. De petites baraques, couvertes de chaume, permettaient aux Italiens de braver les rigueurs d'un hiver dans ces contrées un peu rudes, pour des gens habitués aux doux rayons du soleil [4].

Un préfet qui se croyait sans doute protégé par le grand Châtelet, avait élevé du côté du Palais-Royal une espèce de villa. Auprès, quelques membres de la colonie s'étaient groupés ; on avait fait venir de l'eau des hauteurs de Passy. Tous ces gens vivaient assez paisiblement. Quand il mourait quelqu'un, on l'enterrait suivant le rit romain, le long

---

1. Voir l'Avant-propos, p. 14.
2. Au Palais. *Histoire physique, civile et morale de Paris*, par J.-A. Dulaure. Paris, Furne, 1839, t. I, p. 66 et 75.
3. Id., p. 82 et 94.
4. Id., p. 116.

de la voie. *Pithusa* faisait brûler sa fille morte à la fleur de l'âge, *Ampudia Amanda*. Chrestus, un affranchi, rendait les mêmes honneurs à son maître, *Nonius Junius Epigonus* [1].

Près des Innocents, on adora même la grande Cybèle; on lui éleva un petit œdicule que remplaça plus tard Saint-Eustache [2].

Survint un gouverneur plus militaire, Julien sans doute, ou quelque autre : la rive gauche lui plut davantage. Il avait connu Athènes, Corinthe et l'Orient, c'était un raffiné, le bain si nécessaire, si agréable aux Levantins, lui manquait totalement.

Il manda les ingénieurs qui suivaient d'ordinaire les armées, l'humidité le gagnait, il avait froid. Les ingénieurs remontèrent la Bièvre jusqu'auprès d'Arcueil, captèrent la rivière, jetèrent deux ou trois arches sur le vallon, creusèrent une tranchée, la murèrent solidement et l'eau de la vallée de Chevreuse parvint aux Thermes. On construisit un *Tepidarium*, un *frigidarium*, on fit des foyers, des conduites, des étuves et le reste. Les soldats alignèrent tant bien que mal quelques cordons de briques, sur les assises du petit appareil carré, et le disciple d'Eusèbe et de Mardonius, le philosophe qui aimait tant « sa chère Lutèce », put traîner son laticlave sur un pavé peut-être un peu rude, mais qui offensait moins que la terre nue ses sandales romaines.

Un archer de Crète qui avait passé par la Grèce, un frondeur de Sicile qui avait vu Neapolis, étendit quelques couches d'ocre rouge ou de jaune pâle sur les grands enduits des vastes salles ; et lorsque la bise d'hiver vint murmurer dans les vieux chênes, lorsque les brumes du fleuve s'étendirent dans la vallée, Julien put rêver, sans trop s'apercevoir de la froidure, de la bise et de la brume, à la patrie absente, à l'Italie qui le réclama bientôt comme imperator.

Les soldats s'ennuyaient, jasaient de Rome et de ses plaisirs. On leur construisit un théâtre petit, modeste, une arène de province [3]. Il était

---

1.
AMPVDIAE	D M
AMANDAE	N IVNIO
VIXIT ANNIS XVII	EPICONO
PITHVEA MATER FECT.	CHRESIVS
	LIB PATRONO
	B. M. DE. SE.

Monuments de la rue Vivienne. Planche 3, p. 85. Dulaure. *Itinéraire archéologique de Paris*, par M. P. de Guilhermy. Paris, Bance, 1855, p. 6.

2. Id., p. 87.

3. Sur les Arènes et le palais des Thermes, voir *l'Itinéraire* de M. de Guilhermy, p. 7 et suiv., et le plan des ruines, planche I.

plus que nécessaire, par ce temps de révoltes prétoriennes, de faire passer le temps agréablement aux militaires. Quelques huttes étaient venues s'aligner çà et là dans les endroits qui devinrent plus tard le *Bourg-Thiboust*, le *Beaubourg*, le *Bourg-l'Abbé*, la *Ville-l'Évêque*. Les affaires des commerçants de la cité allaient assez bien. Le pays paraissait réellement conquis, semblait se romaniser petit à petit.

Mais, pendant ce temps, à la *Pierre-Levée* du Temple, à la *Haute-Borne*, de Ménilmontant, le guetteur du clan veillait, accoudé sur le talus de la colline [1]. Du Montparnasse, on lui répondait [2], quand venait la nuit; et parfois des feux brillaient à Montmartre comme au Mont-Valérien, le mot d'ordre des Bellovaques était transmis aux Parises, par Argenteuil et Pierreffitte, celui des Carnutes par le grand sanctuaire de Meudon [3].

Tous se tenaient sur la défensive, car aussitôt qu'on entendait le cri de délivrance poussé par Civilis Sabinus ou Sacrovir, on déterrait les sangliers de bronze, on aiguisait les vieux glaives verdis par le repos, et la légion se cantonnait dans ses ouvrages de terre où parfois elle passait de tristes journées.

---

1. « Une rue de Paris située dans le quartier du Temple, portait le nom de *Pierre-Levée* : ce nom indique certainement un monument de l'époque gauloise. Un lieu situé rue de Ménilmontant, appelé *Haute-Borne*, a pu devoir son nom à un monument de la même espèce. » Dulaure, *Histoire de Paris*, t. I, p. 56. A propos de ces rues dont le souvenir même a disparu de nos jours, qu'on nous permette une réflexion. Maintenant que nous possédons un conseil municipal et que l'on s'occupe de rectifier la plupart des rues de Paris et de nous débarrasser de toute la maréchalerie du premier et du second empire, ne serait-il pas urgent, sinon de rendre à toutes les rues leurs dénominations historiques, au moins de signaler ces anciens noms par une plaque commémorative placée dans un endroit apparent de la rue ? Dans quelques années, on sera forcé de chercher l'histoire de Paris dans les enseignes : elle aura disparu de l'antique voie où l'avaient écrite ceux qui nous ont précédés.

2. M. de Murat, en creusant les fondations d'une maison, au boulevard Montparnasse, près de l'Observatoire, a trouvé un cimetière ou plutôt les fragments d'un immense cimetière où toutes les tombes étaient faites selon l'ancienne coutume de Champagne, avec le Don sépulcral, les coupes, les vases à libations, les vases à conserver, etc., etc., tombes doubles, — avec enterrement simultané, — tombes jointes et réunies; et, au milieu de tout cela, des médailles d'Adrien. La puissance des traditions était si grande à Lutèce, que, sous les Antonins, on *inhumait* comme au premier âge, pendant qu'à la rue Vivienne on *incinérait* à la mode des conquérants. Ce cimetière qui s'étend jusqu'à la rue Saint-Jacques et sous le clos de Port-Royal, marque l'importance du bourg voisin, le Montparnasse, qui était en relation directe avec le clan de Meudon, et par lui avec tout le pays chartrain.

3. Je n'insiste pas sur les Pierrefitte. On en sait l'étymologie. Quant aux collines d'Argenteuil, on connaît la découverte du Dolmen visité par le Congrès anthro-

Combien de camps, dits de César, portent encore des traces d'incendies formidables [1].

Ah ! bien peu revirent l'Italie dans les pays dont nous parlons, de ceux que les savants veulent nous donner pour les pères de la nation française.

Quelle influence les Prussiens, restassent-ils vingt ans dans nos provinces, auraient-ils sur le caractère français ? — Aucune !

A plus forte raison sur l'art.

Quel autre genre d'influence voulez-vous donc qu'ait exercée chez nos pères, l'occupation militaire romaine ?

---

pologique en 1867. Si l'on voulait fouiller Argenteuil ! Pour Meudon, il y a dans le pays de Vannes trois ou quatre *Meudon* ou *Men don*, entre autres *Loc, Hoel, Men don*. Le lieu d'Hoel à la pierre creuse, le Dolmen, pierre creuse, caverne sainte de Meudon, est encore debout au bout de la grande terrasse du château. Cette similitude est toute une explication.

[1]. Le camp de Peran,—Land an Iffern, la lande de l'enfer, près d'Occismor, etc., etc.

IV

L'ÈRE DES ANTONINS (Les Philosophes).

Sommaire : Période de calme. — Première renaissance. — Les empereurs philosophes : Trajan, Adrien, Antonin, Marc-Aurèle. — La religion officielle d'Auguste et la religion des initiés de la Grèce. — Identité du culte d'Isis et du culte de Koridwen. — La mère. — Explication des autels de Chartres et de Châlons. *Virgini Pariturœ*. — Confirmation de la thèse qui précède, par l'étude des statuettes gauloises, par l'étude de la Poterie. — Des noms grecs et gaulois tracés sur les vases.

Lorsque l'orage a courbé les moissons, ravagé les prairies, répandu sur le sol fertile de la vallée le sable ramené des coteaux par le torrent

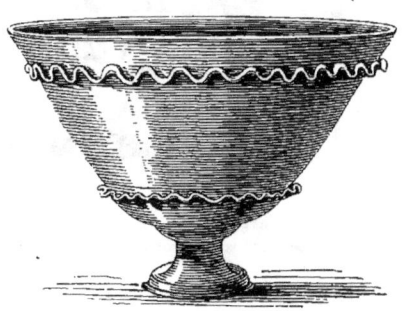

Fig. 102. Coupe en terre blanche mate avec cordons barbotinés en saillie. Hauteur, 10 centimètres largeur, 15 centimètres. — Provenance, Cologne. N° 220 du Catalogue.

débordé, si tout à coup, entre deux coups de tonnerre, un doux rayon de soleil parvient à percer la nue, l'oiseau, secouant ses ailes humides, se perche de nouveau sur la branche et murmure une chanson, d'abord plaintive et triste, puis peu à peu sonore et gaie ; la petite fleur redresse sa tige pliée sous le poids de l'onde furieuse, et les pétales blancs et roses de sa brillante corolle se dilatent à la chaleur du jour, d'autant plus éclatants qu'ils ont été comprimés par la lourde pluie du sombre ciel; l'arbre verdit à nouveau, le blé jaune reprend sa vigueur et la nature, plus belle, se remet à vivre.

Dans l'histoire des peuples, après les grandes tueries, les invasions,

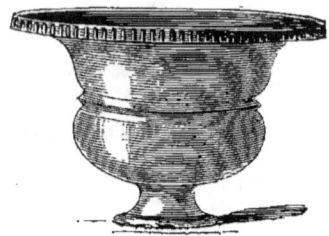

Fig. 103. Coupe en terre blanche mate, ornement à l'ébauchoir à la partie supérieure. Hauteur, 9 centimètres; largeur, 12 centimètres. — N° 229 du Catalogue.

les conquêtes, les incendies, les pillages, survient-il une aurore de paix, de tranquillité, de bonheur, les arts reprennent leur cours; arrêtée par les glaives, la poésie refleurit, saine et comme plus forte. La vie de

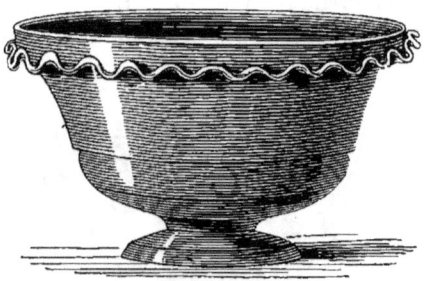

Fig. 104. Coupe en terre blanche mate, avec cordon barbotine en saillie. Hauteur, 9 centimètres; largeur, 15 centimètres.— N° 229 du Catalogue.

l'humanité reprend son cours, plus grandiose, plus calme et d'autant plus fécondant, qu'il vient de subir comme une suspension fatale et forcée.

Après les massacres césariens, après l'impériale orgie romaine des héros de Suétone, il y eut comme un de ces temps d'arrêt.

Les mains des soldats bourreaux étaient lasses. Le vice affaissé se courbait, anéanti par des voluptés supernaturelles, sur le trône souillé des Tibère, dans la pourpre salie des Néron. On permit à quelques philosophes de s'asseoir en toute paix, et le monde étonné put relever, pendant quelques instants, la tête et contempler dans leur sérénité majestueuse, à la place des augustes monstres, la figure placide et douce des penseurs qui se nommèrent les Antonins.

L'utopie de Platon semble réalisée, dit M. Henri Martin [1]. Le sceptre

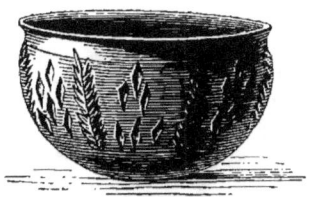

Fig. 105. Coupe en terre rouge, ornements en creux à l'ébauchoir, très-accentués, feuillages et pointillés. Hauteur, 6 centimètres; largeur, 10 centimètres. — Provenance, Clermont-Ferrand. No 186 du Catalogue.

appartient aux plus dignes, qui se le transmettent de main en main, par voie d'adoption, et jamais on ne vit une succession d'hommes comparables à ceux qui gouvernèrent l'empire romain depuis Nerva jusqu'à Marc-Aurèle.

Trajan, cet empereur bourgeois, dont l'accès était toujours facile,

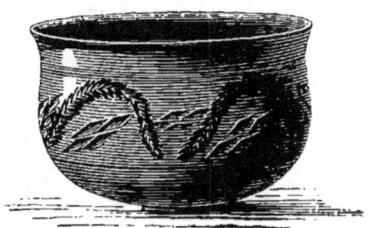

Fig. 106. Coupe en terre rouge, ornements en creux, à l'ébauchoir, feuillages et pointillés très accentués. Hauteur, 6 centimètres; largeur, 11 centimètres. — Provenance, Clermont-Ferrand. No 106 du Catalogue.

dont le palais n'avait de portes fermées pour personne, ouvre la marche.

La légende chrétienne en a presque fait un saint. Dieu, dit-elle, le retira de l'enfer, à la prière de saint Grégoire le Grand, qui ne pouvait penser à lui sans pleurer.

Adrien, l'artiste, le voyageur, lui succède. Durant treize années, ra-

1. *Histoire de France*, t. I, p. 243.

conte le savant historien que nous citions tout à l'heure, il promena son brillant cortége de littérateurs, d'érudits, d'architectes, de peintres, de statuaires, de l'Euphrate à la Tamise et du Nil au Rhin[1].

Nous lui devons les arènes de Nîmes et le pont du Gard.

Après eux vinrent *Antonin*, qui préférait conserver les jours d'un seul citoyen que de donner la mort à mille ennemis du nom romain; Antonin, auquel la postérité a décerné le nom de *Pieux;* puis *Marc-*

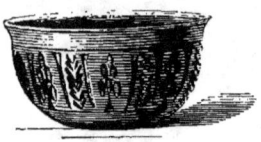

Fig. 107. Coupe en terre rouge, ornements en creux. Hauteur, 4 centimètres; largeur, 8 centim.— Provenance, Clermont-Ferrand. N° 187 du Catalogue.

Aurèle, qui appelait la philosophie « sa mère, » étudiait sous la tente la *République* du divin disciple de Socrate, « dont on ne peut lire la vie, s'écrie Montesquieu, sans une espèce d'attendrissement, » et qui

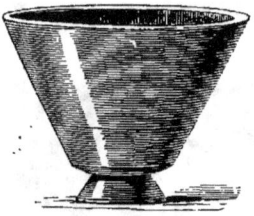

Fig. 108. Coupe de terre rouge fine, support probable de vases apodes. Hauteur, 7 centimètres; largeur, 11 centimètres. — Provenance, Orange. N° 183 du Catalogue.

mourut en donnant comme mot d'ordre à ses troupes, « allez vers la lumière. »

Rien de moins romain, dans la véritable acception du mot, que ces quatre Césars.

Les soldats appelaient Adrien *Græculus*, le petit Grec, tant il mit d'ardeur à l'étude des lettres.

Marc-Aurèle, de passage à Athènes, dédaignant et méprisant les dieux du Capitole, se fit initier aux mystères de la grande Déesse.

1. *Histoire de France*, t. II, p. 241.

L'ÈRE DES ANTONINS (LES PHILOSOPHES). 191

Trajan avait vu le jour en Espagne, et Antonin était né à Nîmes, dans les Gaules.

L'influence que le règne de ces philosophes exerça sur l'art, sur les sciences, sur la religion même dans notre patrie opprimée jusque-là, fut immense.

L'étude de la poterie la marque d'un cachet tout spécial; nous allons essayer de le faire comprendre. Mais avant, remontons un instant à Auguste et aux vrais empereurs de Rome.

Auguste, au moment où Lucrèce, « cet Hercule de la pensée, » comme l'appelle M. de Pongerville, venait de démolir tous les dieux

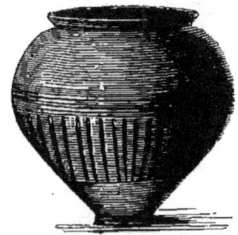

Fig. 109. Vase de terre rouge, orné de raies en creux à l'ébauchoir. Hauteur, 8 centimètres; largeur, 6 centimètres. — Provenance, Vienne. N° 247 du Catalogue.

et de composer « une épopée toute nouvelle, l'Épopée de LA NATURE[1], » Auguste, qui ne croyait pas plus aux dieux que son oncle César qui n'y croyait pas du tout, mais qui aimait la règle et l'uniformité, décréta une religion officielle et voulut l'imposer à tout l'empire.

Les Gaulois qui passaient pour mépriser les religions, *istæ contra omnium religiones*, dit Cicéron, les Gaulois qui « faisaient la guerre personnellement à tous les dieux immortels, » c'est toujours l'orateur romain qui parle[2], reçurent l'ordre d'avoir à élever des autels à Jupiter. Il était bon d'apprendre à ces barbares à *craindre* la colère du

---

1. Discours de réception de M. X. Marmier à l'Académie française, séance du 7 décembre 1871.
2. *La Religion des Gaulois tirée des plus pures sources de l'antiquité*, par le R. P. Dom Martin. Paris, Saugrain, MDCCXXVII, p. 78 et 81.

Brennus se riait des dieux: « Scurriliter jocatus, » les Gaulois refusaient les offrandes et les sacrifices, *prædam religioni, aurum offensæ deorum immortalium præferens, quos nullis opibus egere, ut qui eas largiri hominibus soleant*.

Les dieux n'ont pas besoin de richesses. Ce sont eux qui en font présent aux hommes.

Une pareille théorie ne pouvait que déplaire souverainement aux desservants des temples et à tous leurs suppôts.

tonitruant maître de l'univers[1]. Comme à l'entrée des villes s'alignaient partout les tentes des légionnaires, qu'on avait appris, du reste, ce qu'il en coûtait de résister aux édits du préteur, et que d'ailleurs, quand on est dans les affaires, on n'a pas toujours le loisir de se préoccuper de ce qu'il faut adorer, que ce centurion promettait aide et protection au commerce en cas de soumission publique, les bourgeois demandèrent aux flamines de troisième ordre, envoyés comme *missionnaires*, ce que c'était que *Jupiter*.

On leur répondit :

— C'est le maître du ciel et de la terre, et le chêne lui est consacré.

Ils dirent :

— Chez nous, le chêne est consacré à *Esus*. Esus est le maître du ciel et de la terre.

Processionnellement donc et pour « faire leur cour à l'empereur[2], » les *Nautes* à Paris, les marchands de toute sorte, ailleurs, posèrent publiquement, *publice*, les pierres de Jupiter au milieu de leur clan et vinrent assister, la tête basse, au sacrifice du flamine.

Le culte des dieux romains, dit le P. Dom Martin, ne fut introduit en Gaule que par imitation ou plutôt par interprétation[3].

Mais les tueries de bestiaux et les égorgements de poulets étaient peu faits pour enthousiasmer les Gaulois.

1. *Timor Domini* est toujours le signe de l'introduction du sacerdoce menteur dans le culte de la divinité, quelle qu'elle soit. Le *vengeur* fait alors son apparition; succédant d'ordinaire à la main qui bénit, la main qui frappe la remplace, et le *juge* trône au fronton des sanctuaires.

2. *La Religion des Gaulois*, de Dom Martin, t. I, p. 276.

3. « Les druides eurent beau s'y opposer, le gros du peuple s'y opiniâtrait », p. 26, D. M.

« Chaque figure passa pour une divinité différente des autres », p. 25, D. M.

« On confondait les symboles celtiques avec les divinités des Grecs et des Romains, qu'on voulait absolument trouver dans les Gaules », p. IV, D. M.

« On travestit les dieux gaulois en dieux grecs et romains », p. IV, D. M.

Castor et Pollux étaient deux frères qui s'aimaient si tendrement, que Jupiter ayant donné l'immortalité à Pollux, celui-ci la partagea avec Castor, et qu'ils vivaient et mouraient alternativement.

On en fit le type de la Brodeurde gauloise. (Autels de Paris.)

Vulcain était fils de Jupiter, l'Hephaistos grec, le révélateur et l'initiateur par excellence. Les Romains l'avaient fait descendre au rang d'une divinité grotesque, il n'était plus pour eux que l'amant malheureux de la belle Vénus.

Les Gaulois voulurent y voir quelque chose de plus grand, quelque chose de semblable au Ptha des Égyptiens, le grand coordinateur, l'inventeur de la philosophie, l'organisateur du monde (mêmes monuments), le fils d'Ammon.

Les fables grecques où puisèrent les Romains, étaient primitivement semblables aux mythes égyptiens. Si donc nous voulons avoir les analogies vraies de ces

L'ÈRE DES ANTONINS (LES PHILOSOPHES). 193

Le temple à colonnes, au bout de bien peu de temps, fut abandonné lui-même et à son collége de sacrificateurs. Les augures se morfon-

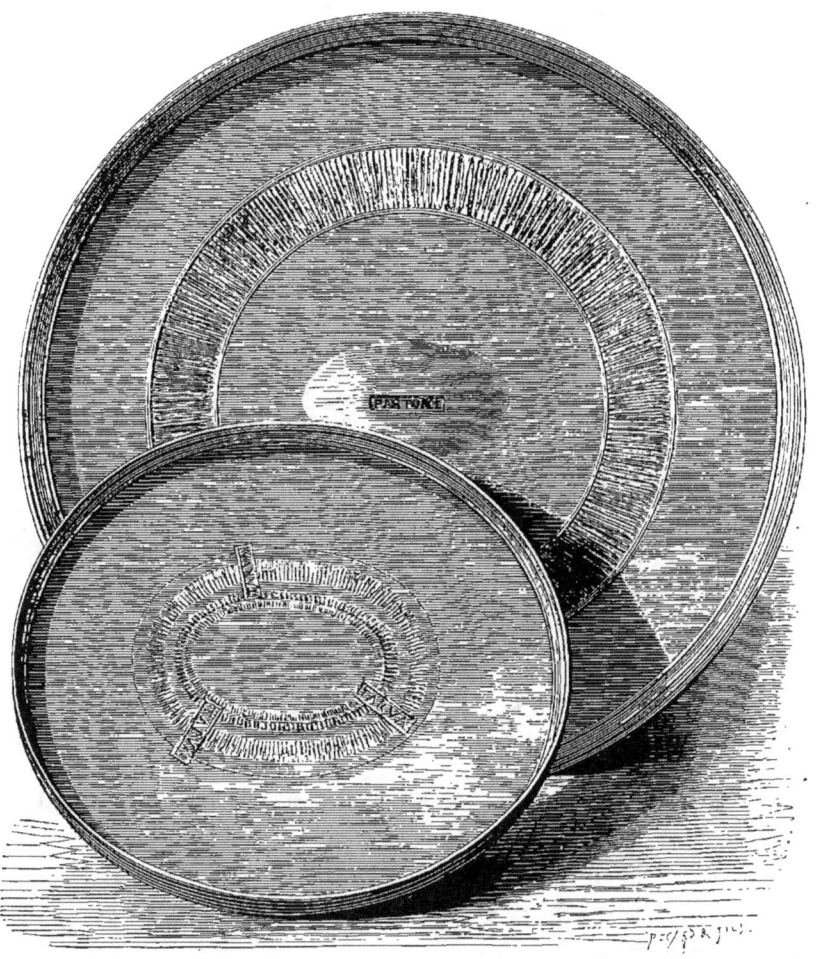

Fig. 110. Plats de terre rouge, décorés en creux à l'ébauchoir. Marques des poinçons : PASTORCE et TARVAS; la seconde inscription est répétée trois fois sur le plus petit des plateaux. Hauteur, 6 centimètres; largeur, 32; — hauteur, 2 centimètres; largeur, 25. — Provenance inconnue. Nos 208 et 210 du Catalogue (1).

mythes, de ces fables et de nos traditions personnelles, ce n'est pas au récit romain chargé de détails, fruits de l'imagination sacerdotale, ce n'est pas même au récit grec plein de conceptions élégantes enfantées dans le cerveau des poëtes, qu'il faut remonter, mais bien à la forme primitive égyptienne. Là est la clef de la mythologie celtique.

(1) Voir pour la marque PASTORCE, page 72 de l'ouvrage de M. Edmond Tudot.

dirent près des sanctuaires vides, et l'on retourna vers les hauts lieux consulter les vieux Druides [1].

Les prêtres romains jetèrent les hauts cris.

Claude ordonna le massacre des blancs vieillards.

Les légats rétablirent l'ordre et la discipline, grâce à des flots de sang généreux.

« Le druidisme, saignant et mutilé, se retira dans les landes soli-

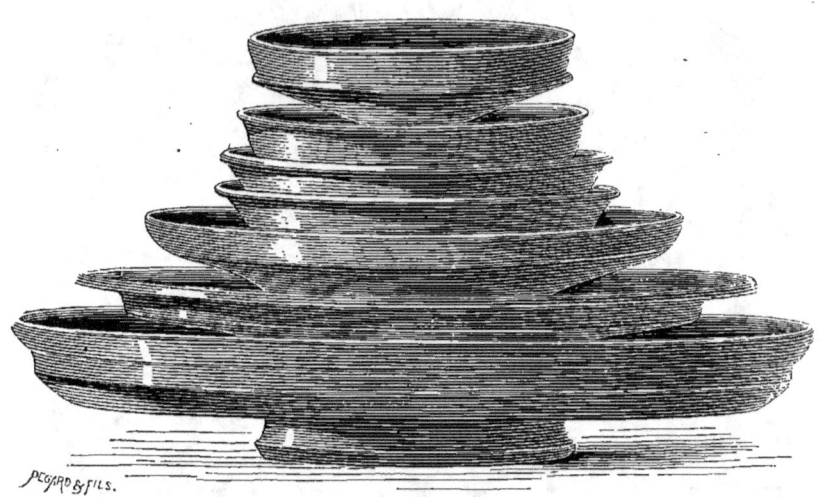

Fig. 111. Plateaux et coupes en terre rouge, de différentes grandeurs, ordinairement trouvés dans cet ordre aux cimetières de Cologne. — N° 208 du Catalogue.

aires de l'Armorique et dans les montagnes de la Cambrie (le pays de Galles), conservant de vastes ramifications dans tous les pays gaulois. Il brava les édits de Claude, resserra dans l'ombre ses secrètes affiliations et conserva pure, intacte, indépendante, mais cachée, toute sa force et toute sa puissance [2]. »

1. Le culte des hauts lieux, des fontaines, des phénomènes de la nature, du soleil, de la lune, resta permanent en Gaule pendant des siècles. Saint Éloi dans son traité *de Rectitudine catholicæ conversationis*, recommande aux chrétiens de ne pas célébrer les solstices, de ne pas se rendre aux Termes (menhirs), de ne pas qualifier le soleil de *seigneur*, ni la lune de *dame*, de ne pas aller aux fontaines, etc., etc. (Dom Martin, t. I, p. 70 et suiv.).

En cherchant bien dans beaucoup d'usages locaux, on trouverait encore des traces du culte de nos ancêtres, et les superstitions de l'ouest, entre autres, sont pleines de traces celtiques.

2. *Histoire de France*, Henri Martin, t. I, p. 229.

L'ÈRE DES ANTONINS (LES PHILOSOPHES). 195

Lorsque parurent les Antonins, et qu'on entendit les initiés parler avec le *Lucius* d'Apulée de « la mère de toute la nature, *rerum naturœ parens*, de la reine des disparus, *regina manium*, de celle dont l'univers adore l'unique déité sous mille formes, mille noms et des rites divers [1], il y eut comme un immense soulagement. Ce qui restait encore de pur en Gaule, ceux qui ne s'étaient pas vautrés à la suite d'une soldatesque ignorante et grossière derrière les pontifes de la cité des Césars, prê-

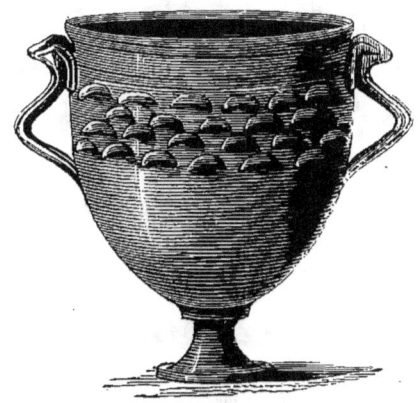

Fig. 112. Vase à pied muni d'anses (hanap), agrémenté d'ornements imbriqués en barbotine relief. Couverte (vert foncé) incontestable. Hauteur, 14 centimètres ; largeur, 11. — Provenance, Arles. N° 233 du Catalogue.

tèrent l'oreille et s'écrièrent en se regardant étonnés : « Ceux-ci, ce sont *des frères !* »

C'était la philosophie grecque qui retrouvait sa sœur aînée, la philosophie gauloise.

Les fils des disciples d'Aristote et de Pythagore reconnurent les *semnothées* dont leur avait parlé jadis avec admiration leurs anciens maîtres.

Les lecteurs de Diodore de Sicile revirent les *Saronides* que signalait autrefois le grand historien.

Avec Suidas, avec Polyhistor, avec Diogène Laerce, avec Lucain, ils rendirent hommage à ceux « qui connaissaient la vraie nature des

---

1. Cujus numen unicum multiformi specie, ritu vario, nomine multijugo totus veneratur orbis.
L'*Ane d'or*, liv. XI, p. 263 et 367. Apuleii metamorphoseos, sive Lusus Asini. Paris, chez Jean-François Bastien, MDCCCXXII.

dieux, qui était de ne pas être dieux[1] » et récitèrent en commun la même prière, la grande *oraison* de la nature :

« Reine du ciel, toi que je nommerai, soit la bienfaisante Cérès, mère primitive des moissons... soit la céleste Vénus, unissant dès l'origine du monde et propageant éternellement les deux sexes par l'amour... soit la sœur de Phœbus, qui, soulageant les femmes dans eurs couches, donna l'être à tant de peuples... soit Proserpine, la

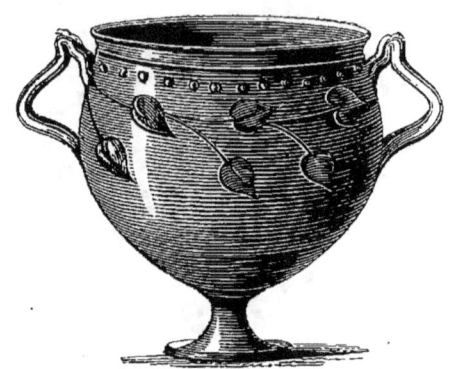

Fig. 113. Vase à pied muni d'anses (banop), agrémenté de feuillage en barbotine, relief. Couverte (vert clair à l'extérieur, jaune à l'intérieur) incontestable. Hauteur, 12 centimètres; largeur, 10. — Provenance, Dijon. N° 232 du Catalogue.

triple Proserpine qui reçoit, selon les forêts où elle porte ses pas un culte différent : ô toi dont l'équivoque flambeau parcourt l'univers et, dispensant une lumière incertaine, nourrit par l'humidité de tes feux les richesses végétales; quels que soient le nom, la forme ou le rit sous lesquels on puisse t'invoquer, Isis, daigne enfin nous secourir[2]. »

Aux enfants, pour apprendre, il faut ce qui entre par l'œil tout d'abord, ce qui pénètre après jusqu'à l'intelligence, l'enflamme et l'illumine; il faut l'IMAGE.

1. V. sur les textes de Diodore, d'Aristote, d'Étienne de Byzance, de Suidas, de Polyhistor, de Diogène Laerce, de Lucain, etc., le chapitre de l'idée de Dieu, du nom de Philosophes donné aux druides par les anciens ; — dans *l'Esprit de la Gaule*, de M. Jean Reynaud, p. 13 et suiv.
2. Regina cœli, sive tu Cæres alma frugum parens originalis....; seu tu cœlestis Venus quæ primis rerum exordiis, sexuum diversitatem generato amore sociasti; seu Phœbi soror quæ partu fœtarum medelis lenientibus recreato populos tantos educasti ; seu Proserpina, quæ lucos diversos inerrans, vario cultu propitiaris et udis ignibus nutriens læta semina, et solis ambagibus, dispensans incerta lumina : quoquo nomine, quaqua facie, quoquo ritu, te fas est invocare, tu meis jam nunc extremis ærumnis subsiste, etc. (*Lusus Asini*, liv. XI, p. 361).

Aux peuples jeunes, il fallut de même une forme à leur culte, un signe frappant, un symbole.

Les religions étant nées du culte des morts, comme nous l'avons di

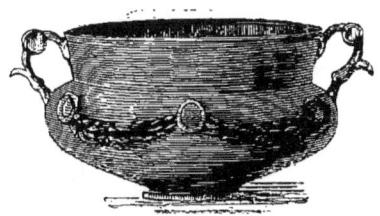

Fig. 114. Coupe de terre grise avec anses très-fines, et guirlandes à la grecque, sans moulage. Hauteur, 6 centimètres ; largeur, 8 centimètres. — Provenance, Arles. N° 224 du Catalogue.

plus haut, ayant vu le jour sur les tombes des pères regrettés de tous, lorsque l'on chercha parmi les êtres survivants la représentation la plus complète de l'espoir de la résurrection, de l'idée de l'immortalité,

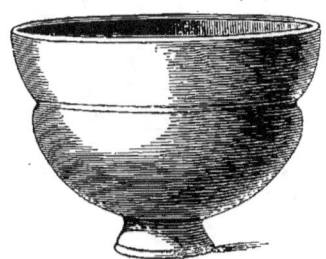

Fig. 115. Coupe en terre rouge, support probable du vase apode. Hauteur, 5 centimètres ; largeur 11 centimètres. — Provenance, Orange. N° 197 du Catalogue.

les yeux se tournèrent naturellement vers celle qui portait dans ses bras entrelacés, le fils de celui qui était parti pour des régions inconnues.

Chez les peuples purs, *le culte de la mère* fut l'unique, le premier, le grand culte.

Toutes les races primitives ont déifié LA MÈRE.

Le culte de la grande génératrice inconnue est universel dans le monde, et vous retrouverez au Pérou[1], comme en Égypte[2], comme

---

1. Voir entre autres les numéros 859 et suiv. du *Musée ethnographique*, partie américaine : antiquités péruviennes, musée du Louvre.
2. Voir au musée égyptien, salle des dieux, toutes les déesses, mères d'Égypte, et les laraires de l'ouvrage de M. Tudot en Gaule.

en Grèce, comme en Gaule, d'innombrables statuettes de mères allaitant des enfants et protégeant le foyer sacré de la famille.

De là à l'idée d'une conception spontanée de la femme, il n'y a qu'un pas. Neith ou Isis qui est une de ses émanations, étend ses grandes ailes

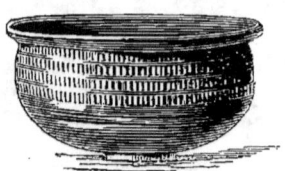

Fig. 116. Coupe en terre rouge, avec ornements à l'ébauchoir. Hauteur, 8 centimètres; largeur, 15 centimètres. — Provenance inconnue. N° 200 du Catalogue.

de vautour; le vent, l'esprit, le souffle (*spiritus*) la féconde; Koridwen avale le grain de blé et enfante Gwion.

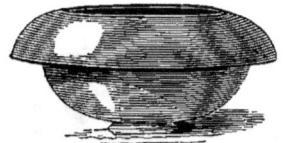

Fig. 117. Coupe de terre blanche, support probable du vase apode. Hauteur, 4 centimètres; larg., 6 centimètres; avec les rebords, 11.— Provenance, Clermont-Ferrand. N° 207 du Catalogue.

Il ne faut pas chercher ailleurs l'explication de la légende des autels druidiques, de Chartres et de Châlons-sur-Marne à la vierge qui devait enfanter, VIRGINI PARITURÆ [1].

[1]. Chartres n'est pas le seul endroit qui ait vu s'élever une statue à la Vierge mère. Un savant du dix-septième siècle, qui s'est beaucoup attaché à l'étude des antiquités druidiques, nous apprend que les druides élevaient dans le secret de leur sanctuaire des statues à *Isis*, c'est-à-dire à la Vierge de laquelle un fils était attendu, savoir le libérateur du genre humain : *Hinc druidæ statuas, in intimis penetralibus erexerunt Isidi seu Virgini ex qua filius illic proditurus erat, nempe generis humani redemptor.* (*Elias Schedius, De Diis germanicis,* cap. XIII, p. 346.) En 1833, on a trouvé à Châlons-sur-Marne, sur l'emplacement d'un temple païen, une pierre avec cette inscription : *Virgini Pariturœ Druides.* (*Annales de philosophie chrétienne,* tome VII, p. 328.) — Du reste, la croyance d'une Vierge mère a été connue des Indiens, des Thibétains, des Chinois, des Japonais, des Égyptiens, des Grecs, des Mexicains, des Péruviens, des Siamois, etc. Voyez sur ce sujet *la troisième lettre de M. Drach,* rabbin converti, à ses coreligionnaires, publiée en 1833. (*Description de la cathédrale de Chartres,* par M. l'abbé Bulteau, p. 9, note 1. Chartres, 1850, Garnier.)

Le Christianisme pouvait venir, les initiés avaient préparé la Gaule à le recevoir.

Mais la tradition qu'apportaient d'Égypte, sur les femmes, les philosophes grecs eux-mêmes, était bien affaiblie.

Le relâchement des mœurs avait fait, dans tout l'orient, descendre cette sublime figure du rang élevé où l'avaient placée les ancêtres, à un état complétement inférieur.

A Rome, nous avons vu ce qu'elle était devenue. Le temps des Lucrèce et des Clélie avait disparu avec l'oubli des Égéries inspiratrices.

Chez les Hébreux, l'*ancilla domini* régnait dans toutes les castes.

Jamais, du reste, le Juif n'avait eu pour la femme le respect incroya-

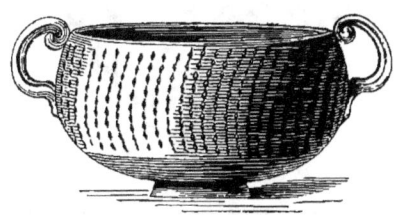

Fig. 118. Coupe en terre rouge, avec anses ornées, la panse travaillée à l'ébauchoir. Hauteur, 6 cent. ; largeur, 10 centimètres. — Provenance, Orange. N° 227 du Catalogue.

ble que nous avons tant de fois signalé dans le caractère de nos pères.

Que sont les femmes de la Bible? Des héroïnes féroces qui coupent la tête à des généraux, les écrasent à coups de pierre ou leur enfoncent des clous dans les oreilles. Esther, la reine, se trouve mal pour avoir pénétré sans permission chez son époux. Je ne parle pas des Bethsabée, des Putiphar, des Hérodiade, des Dalila, des Salomé, ni des autres. Le fils de l'homme lui-même ne parle à sa mère qu'avec un ton de supériorité très-marqué. «Pourquoi me cherchiez vous? «(Évangile selon saint Luc, chapitre II, v. 49.) « Femme, qu'y a-t-il de commun entre vous et moi ? » (Evangile selon saint Jean, chapitre II, v. 4.)

Il y a loin de là à ces nobles figures des cathédrales, où l'enfant gracieux et souriant jouant avec une fleurette, un petit monde, un petit oiseau, cherche des lèvres le sein de sa mère qui, les yeux inondés de bonheur, le caresse tendrement de la main et du regard. (Vierge dorée du portail d'Amiens [1].)

---

1. Viollet-Leduc, article Vierge, *Dictionnaire de l'architecture*, t. I, p. 370.

Il y a loin de là à cette reine des cieux portée par des anges, dans une brillante et lumineuse auréole, aux sons des luths, des violes, des harpes et des cythares, à la porte du paradis, reçue par son fils et couronnée par lui dans la cour royale où trônent les vieillards, les prophètes, les patriarches, les martyrs et les confesseurs [1].

Comment s'opéra cette transformation de la femme juive? Nous venons de l'entrevoir. Il était réservé à ce beau pays de France, le pays des *aliorumnes*, des femmes du conseil armé, des grandes éducatrices, de créer le culte souverain des cathédrales, d'inventer NOTRE-DAME.

Et savez-vous qui nous donne la clef de cette transformation qui constate de la façon la plus formelle l'introduction par les initiés

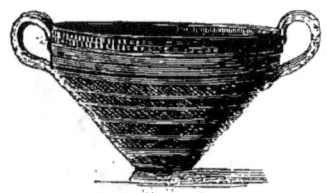

Fig. 119. Coupe très-élégante en terre jaunâtre, munie d'anses, décorée à l'ébauchoir. Hauteur, 6 centimètres; largeur, 9. — Provenance, Malmy (Ardennes). N° 226 du Catalogue.

grecs, sinon du culte de la mère, du moins de la personnification matérielle de la femme nourrice?

L'étude des figurines gauloises en argile, l'étude des céramistes du bassin de l'Allier, du savant Edmond Tudot [2].

Lorsqu'on jette en effet un simple coup d'œil sur ces planches si curieuses, on reste étonné devant l'éternelle image, accompagnée de symboles variés qu'invoque Apulée dans la pièce que nous citions plus haut. Ici c'est Vénus dans sa petite niche aux ornements naïfs, caressant de sa main son ondoyante chevelure. (Planches 16, 20 et suivantes.)

Là, c'est Cérès tenant la coupe et supportant la corne d'abondance, chargée de fruits divers. (Planches 32, 34.) Ailleurs, la figure aimée flatte une petite colombe. (Planches 56 et 72.) Ailleurs, elle presse du bout des doigts son sein rempli de lait. (Planche 71.) Ailleurs, la

---

1. Cathédrale de Paris, bas-relief de l'abside et porche occidental.
2. *Collection de figurines en argile, œuvres premières de l'art gaulois*, avec les noms des céramistes qui les ont exécutées, recueillies, dessinées et décrites, par Edmond Tudot. Paris, Rollin, MDCCCLX.

poitrine garnie de mamelles innombrables, comme dans les mystérieuses statues antiques, elle tient sur ses genoux deux serpents [1].

Enfin la mère se retrouve à chaque pas tantôt avec un, plus souvent avec deux nourrissons. (Planches 25, 26, 27 et suivantes, pages 5, 31, 35, etc., etc.)

La première fois qu'un potier gaulois, maniant la glaise, chercha à reproduire une figure humaine et s'affranchit de l'antique interdiction religieuse, il façonna *une mère*.

L'étude de la poterie vient du reste confirmer entièrement cette influence grecque et nous fait mettre le doigt pour ainsi dire sur l'in-

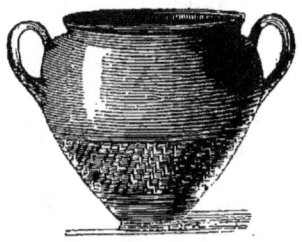

Fig. 120. Petite tasse rouge à la partie supérieure, brune au-dessus, décorée à l'ébauchoir. Hauteur, 7 centimètres; largeur, 7 centimètres, munie d'anses. — Provenance, Reims. N° 225 du Catal.

troduction immédiate du génie des Hellènes dans la civilisation gauloise.

Parmi les *Julius* (OF JULI) les *Caius* (CAIVS FE) les *Tiberius* (TIBERI M) les *Pompeius* (V POMPEIVS) etc.[2], voici qu'apparaissent tout à coup les *Apronios* (APRONIOS), les *Aïnichisi* (AINICHISI), les *Isépo* (IZEIIΩ),

---

1. A propos de cette déesse aux deux serpents, nous indiquons pour mémoire une idole en bronze très-curieuse du musée de Saint-Germain, où l'Isis gauloise est également flanquée de deux monstres, comme la *Bouto* du Panthéon de Champolion (P. 61), comme les femmes des chapiteaux de Montmorillon, de Sainte-Croix, de Bordeaux, de Saint-Sernin de Toulouse, de Saint-Sauveur de Dinan, de Saint-Jouin de Marnes, etc., etc. (*Abécédaire ou Rudiment d'archéologie*, par M. de Caumont, 1859, p. 243,) et le texte d'Apulée : Dextra lævaque sulcis insurgentium viperarum cohibita, spicis etiam cerealibus desuper porrectis. — Description d'Isis, *Ane d'or*, livre XI, p. 363. A sa droite, à sa gauche, deux serpents, tortillés en forme de sillons, étaient cachés sous des épis de blé.

Bouto était la nourrice des dieux, la mère de Phré, le Soleil, comme Latone était la mère de Phœbus Apollon, comme Kordwen était la mère et la nourrice de Taliesin le front rayonnant, l'Apollon, le Phré de la Gaule.

2. Voici comment M. Tudot explique les abréviations qui se trouvent d'ordinaire à la suite des noms des potiers, sur les vases ou les figurines. — O ou OF est l'abréviation d'*officina* (fabrique d'un tel), M ou MA, placés à la suite d'un nom, exprime

les *Glaos* (ΥΟΛΛΓ), ce dernier même écrit en *Boustrophedon*, comme disent les savants, c'est-à-dire tout simplement à l'envers [1].

Puis, au milieu de poinçons portant le nom de *Gallus*, un grand nombre où se trouve écrit en creux celui de *Græcus* (GRACUS GRECUS.)

Le latin, comme à son ordinaire, disparaît pour faire place non-seulement à la personnalité grecque, source de la personnalité gauloise, mais même aux usages anciens de cette dernière, confirmant le *litteris græcis utantur* de César, qui se garda si longtemps parmi nous, ainsi que le témoigne l'inscription de cette servante chrétienne des catacombes, Theophila, qui ensevelissait pieusement ses maîtres étranglés pour leur foi sous la persécution des empereurs.

HIC GORDIANVS GALLIÆ NVNCIVS
JVGVLATVS PRO FIDE CVM FAMILIA TOTA
QUIESCVNT IN PACE
THEOPHILA ANCILLA FECIT [2].

Le Grec seul, nous venons de le voir, pouvait fraterniser avec le

---

MANV (de la main d'un tel). Brongniart admet que cette abréviation peut aussi vouloir dire *magnario* (du magasin d'un tel). Nous n'en connaissons aucun exemple, tandis que la signification du mot *manu* est précise, puisqu'on lit ce mot en toutes lettres. F, FE, FEC et FECT, tiennent lieu de *fecit*. M. de Longuemar donne les lettres FIC comme étant l'abréviation de FICTILIS (inventé); il ne nous a pas été donné de constater l'exactitude de cette assertion. Au musée de Narbonne, sur un fragment de vase, le nom d'un potier est suivi des lettres C F, que l'on croit être l'abréviation de *curavit facere* (qui a fait confectionner). Nous ne connaissons pas non plus de marque semblable dans notre région. Enfin, sur plusieurs vases en terre rouge, trouvés à Néris, mais de provenance probablement étrangère, l'estampille du potier prend la forme d'un pied humain et les doigts figurent l'F ou l'E du mot *fecit* qui suit le nom. Quelquefois, au lieu d'un pied, c'est une semelle ou encore un poisson. *Figurines gauloises*, d'Ed. Tudot, p. 68.

1. Id., p. 71 et suiv.
2. Cette inscription latine est écrite en caractères grecs. Elle a été publiée dans la Roma subterranea, puis par D. Mabillon, et enfin par le Père Dom Martin, dans le premier volume de sa *Religion des Gaulois*. Ce dernier lit Ythsila au lieu de Théophila. — Voir p. 39, t. I., la *Religion des Gaulois*, tirée des plus pures sources de l'antiquité.

Voir les Alphabets des anciens Bretons armoricains, publiés par M. Miorcec de Kerdanet, par Grégoire de Rostrenen et par Dom Louis le Pelletier.

Rien ne ressemble plus aux lettres de nos potiers que celles de ces Alphabets, prises du reste sur des objets très-anciens des monastères de Daoulas et de Landévénec.

Celte ; les deux grands vaincus se reconnurent et se tendirent une main loyale.

Aux écoles de Marseille, de Lyon, d'Autun, de Bordeaux, les lettres grecques, tant était barbare cette pauvre race si calomniée, devinrent bientôt florissantes.

« Le flambeau de la philosophie d'Athènes, comme dit Juvénal,

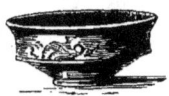

Fig. 121. Petite soucoupe de terre rougeâtre, marbrée de jaune. Hauteur, 3 centimètres; largeur, 6 centimètres. — Provenance, Orange. N° 184 du Catalogue.

éclaira l'univers. Le Breton lui-même reçut du Gaulois des leçons d'éloquence, et l'on parla jusque dans Thulé d'y gager un rhéteur. »

> Nunc totus graias nostrasque habet orbis Athenas.
> Gallia causidicos docuit facunda Britannos :
> De conducendo loquitur jam rhetore Thule [1].

La lumière d'Orient renaissait au milieu de l'obscurité latine.

Elle éclata de nouveau, brillante, admirable, étonnante, en Gaule.

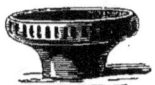

Fig. 122. Petite soucoupe de terre brune, ornements en creux. Hauteur, 2 centimètres ; largeur, 5 centimètres. Provenance, Orange. N° 184 du Catalogue.

A Bourbon-Lancy (Saône-et-Loire), on élevait à un *peintre grec* une stèle funéraire.

D M DIOGENI ALBINI PICTORIS [2].

Les femmes écoutaient docilement les conseils de ces artistes au

---

[1]. Juvénal, Satire XV, v. 10, p. 195.
[2]. *Histoire de France*, d'après les documents originaux et les monuments de l'art de chaque époque, par MM. Henri Bordier et Edouard Charton, tome Ier, p. 68. Paris, 1862.

doux parler, et par elles, comme autrefois par les grandes druidesses, l'art s'infiltrait doucement à nouveau dans nos mœurs simples et naïves [1].

Quelles délicieuses coupes façonnèrent alors les ouvriers de l'art de terre !

A Dijon, ils tournèrent ces vases élégants ornés de feuilles légères, munis d'anses délicates qu'ils surent revêtir de cette introuvable *couverte*, de ce vernis métallique, de cet *émail* que l'auteur des rustiques figulines eut tant de peine à reconstituer au dix-septième siècle (*fig.* 113).

A Arles, ils inventèrent ces hanaps à fond vert agrémentés d'orne-

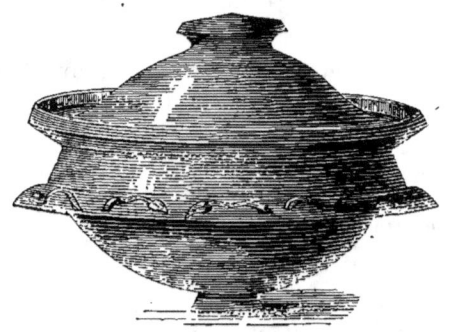

Fig. 123. Deux coupes formant un seul vase, celle du dessous décorée sur le rebord de feuillages en barbotine relief, terre rouge. Hauteur totale, 11 centimètres; largeur du couvercle, 12 centim. Provenance, Cologne. N° 202 du Catalogue.

ments en barbotine en forme de graines de pin, vernis de même sorte (*fig.* 112).

A Orange, ils s'essayèrent à des marbrures d'une ingéniosité sans pareille (*fig.* 121).

A Reims, dans les Ardennes, et jusque sur les bords du Rhin, ils revinrent aux procédés antiques, laissant de côté tout le système italien, et jetant, avec l'*humour* et la fantaisie naturelle à leur caractère, leurs pointillés si gracieux, leurs guirlandes si délicates sur le

---

1. On a trouvé dans la villa de Saint-Médard-des-Prés, le tombeau d'une femme, peintre du troisième siècle, à côté de laquelle on avait enseveli tous les instruments de son art.

Hist. de France. Bordier et Charton, t. I, p. 68. *Art de terre chez les Poitevins,* — B. Fillon, p. 31.

rebord des vases ou sur la panse de leurs petites tasses (*fig.* 120, 119, 123, 124, 114, 118, etc.).

Le propre du soi-disant art romain était le moulage ; la marque unique de l'art gaulois est la liberté de l'ébauchoir et du pinceau.

Du reste, bien avant cette révolution pacifique, les potiers gaulois

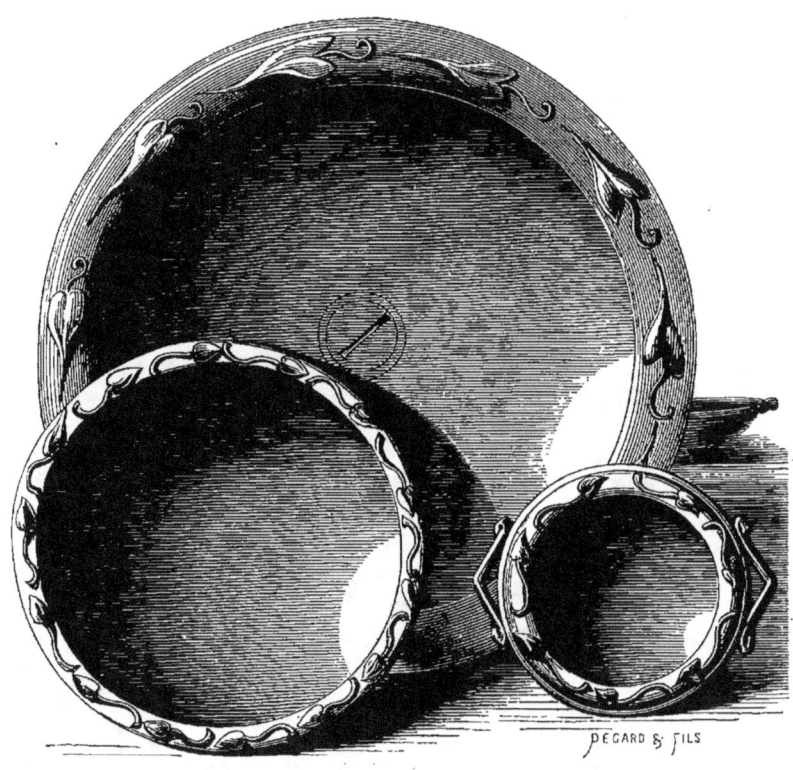

Fig. 121. Coupes de terre rouge de grandeurs différentes, avec ornement en relief barbotiné. Feuillages de plantes aquatiques sur le rebord, le plus petit, muni d'anses très-élégantes. Le profil se voit au fond du dessin.—Provenance, Cologne et Clermont. Nos 213 et 214 du Catalogue.

s'étaient emparés complétement de la fabrication des poteries rouges elles-mêmes dans toute la contrée. Il suffit, pour s'en convaincre, de revenir aux listes publiées par MM. Fillon et Tudot dans leurs ouvrages: *De l'art de Terre chez les Poitevins* et *Des figurines du bassin de l'Allier*.

La France peut revendiquer la plupart de ces surnoms de famille latinisés par la conquête.

Nous avons parlé des Cocisi, dont les Prisci Prisciani Senilis étaient quelque peu cousins germains.

Les Rufi peuvent aussi bien se dire parents de ce Ru dont le signe se trouve sur des vases de Rézé, dans la Loire-Inférieure.

Les *Leblanc* descendent certainement de tous ces Albins dont les poinçons se voient partout.

Les *Legentil* eurent sans doute pour ancêtres ce Jucundus, qui modelait dans les environs de Moulins.

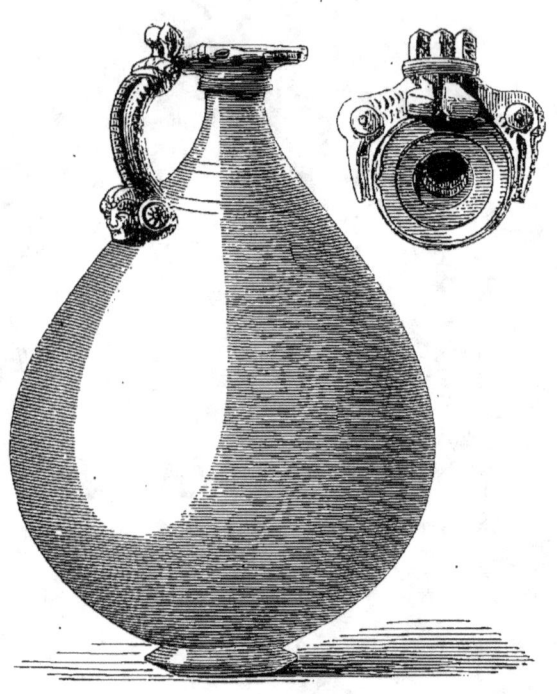

Fig. 125. Vase en terre dure grise, avec anse ornée d'une tête ; le corps du personnage remonte en formant l'anse, et est retenu près des pieds par un lien qui enchaîne en même temps deux têtes d'oiseaux. Hauteur, 13 centimètres ; largeur, 8 centimètres. — Provenance inconnue. N° 131 du Catalogue.

Enfin, sans parler des Patern et des Patric, dont les noms sont encore gardés dans le calendrier celtique, les *Lapierre* sont issus des Meini, les *Le Corgne* des Corn du Poitou, les *Bras* des Vrech, les *Bonfils* des Map [1].

M. Benjamin Fillon, d'après un triage fait par M. Julien Cardin, ne

---

1. V. Fillon, p. 28 et suiv., Tudot, 71 et suiv. Ru-Rouge, Mein-Pierre, Korn-Angle, Vrech-Bras, Map. fils. *Dictionnaire* de Legonidec.

donne pas moins de cent cinquante-neuf noms de potiers étrangers certainement à l'élément grec ou latin. M. Tudot n'en trouve que vingt d'une origine celtique incontestable.

La part est déjà bien assez belle.

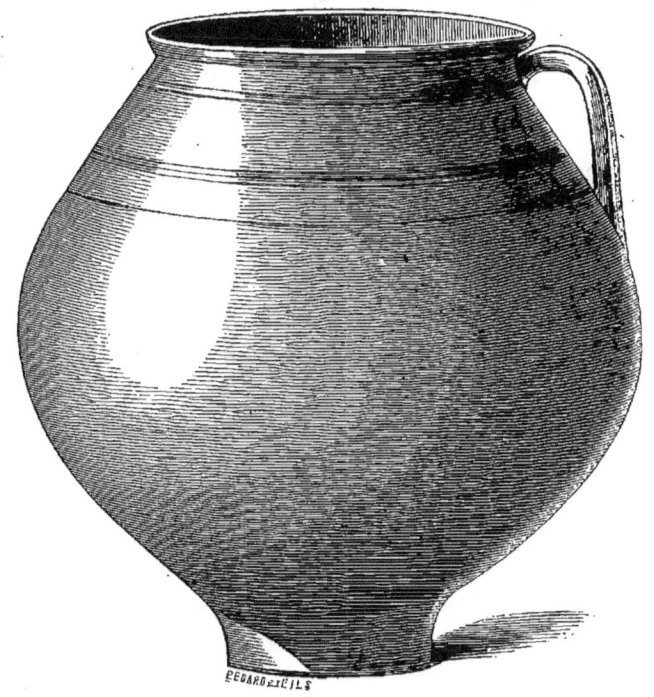

Fig. 126. Vase de terre grisâtre, sans ornement, muni d'une anse. Hauteur, 23 centimètres; largeur, 15 centimètres. — Provenance inconnue. N° 53 du Catalogue.

Une étude plus approfondie en fera certainement connaître encore un plus grand nombre.

Lorsque le froid hiver tient la nature captive sous ses blancs frimas, au loin disparaissent les collines, estompant à peine leurs lignes brumeuses dans un ciel de plomb. Le fleuve arrête son cours, la route disparaît, le sentier lui-même s'efface et se confond au milieu des guérets, la terre est ensevelie sous un triste amas de neige, un immense linceul couvre tout de ses mornes replis, il se fait un grand silence.

Le voyageur suspend sa marche, rien ne le guide, il hésite, il s'égare, il se perd. Tout est mort.

Vienne le renouveau. La vie reprend son cours, la fleurette s'épanouit sur le bord du chemin, l'herbe renaît et l'homme, revenant à l'espérance, recommence sa course et s'échappe le long de la voie retrouvée, serpentant avec elle au milieu des prés verts, montant le coteau où frissonnent, au doux zéphyr d'avril, les tiges naissantes des jeunes pousses. Puis, lorsque, parvenu sur la cime, il jette son regard au loin, il retrouve à l'horizon l'étape dernière et voit se perdre dans l'azur le chemin parcouru depuis l'aurore.

Les mains des conquérants sèment la neige sur les peuples ; quand ils passent comme le tourbillon de décembre sur une race, tout s'efface derrière eux, tout meurt, tout disparaît. Vienne une ère de paix, les races opprimées retrouvent le chemin, recommencent leur course. A l'heure du repos, sur les hauts lieux, le chercheur mesure et juge la voie parcourue, il la refait en esprit.

La grande famille de la pensée, toujours errante, hélas ! ici-bas, s'avance de nouveau vers son sublime but, le Progrès.

Les mains faites pour s'unir, se rejoignent ; les cœurs faits pour s'aimer, se rapprochent.

Il y a printemps, renouveau, *renaissance,* dans la grande vie de l'humanité !

V

LA PERSONNALITÉ GAULOISE

Deuxième époque

SOMMAIRE : Révolution des artistes laïques dans les sculptures des cathédrales à la fin du douzième siècle. — Naturalisme dans l'art. — Flore locale dans l'ornementation : — types nationaux : Celtes et Gaulois dans la statuaire. — Révolution coïncidant avec l'affranchissement des Communes. — Analogie de la Renaissance gauloise à l'époque des Antonins. — Naturalisme dans l'ornementation des poteries. — Abandon du poncif romain. — Accentuation très-caractérisée de la Personnalité gauloise.

Il y eut à la fin du douzième siècle, dans les arts, une révolution que le savant auteur du *Dictionnaire raisonné de l'Architecture* a magnifiquement résumée dans son article au mot : *Sculpture*.

A ce moment, une *école laïque* s'empara, pour ainsi dire, de l'art en France, et rompant avec *les traditions monastiques*, laissa de côté tout le fatras des *poncifs* byzantins pour se jeter à plein collier dans l'étude de la seule nature.

On avait copié jusque-là les manuscrits, les étoffes de soie, les dyptiques, les bijoux, les coffrets, les ustensiles d'ivoire ou de métal, fabriqués à Constantinople, à Damas, à Antioche, à Tyr, importés dans les Gaules, avec le christianisme oriental.

Les artistes, moines pour la plupart, s'étaient *byzantinisés*. Les plis des draperies, la figure et la barbe des personnages, les poses des statues, les ornementations géométriques des chapiteaux, les moulures des archivoltes, les reliefs des tympans, ont un cachet fixe, régulier, positif, profondément empreint d'un *hiératisme* très-caractérisé.

C'est le moment des mains nuageuses, des monstres apocalyptiques, des dragons menaçants, des aigles vainqueurs de serpents, des sirènes, des unipodes, des centaures, des éléphants, des griffons, des chasses de bêtes fauves, des visions de Pathmos, de l'hydre à sept têtes, des agneaux nimbés, des monogrammes mystiques, des chœurs ailés, des auréoles, des sept Églises et des sept trompettes, des glaives flamboyants, des chandeliers d'or, etc., etc., etc[1].

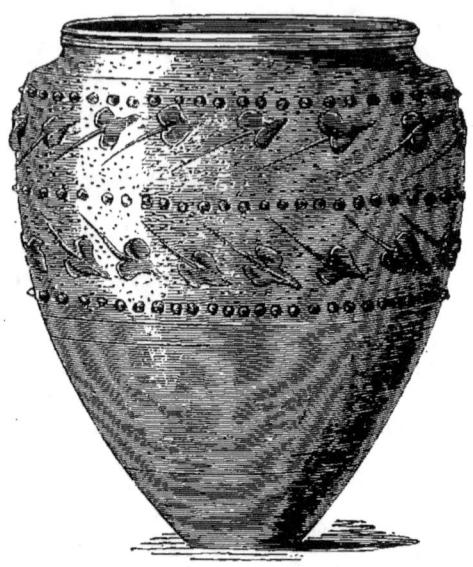

Fig. 127. Vase de terre grise claire, ornements en relief barbotiné, d'un gris plus foncé, Vase à conserver. Hauteur, 20 centimètres; largeur, 13 centimètres. — Provenance Cologne, n° 87 du Catalogue.

Subtilités de docteurs énamourés de symbolisme, faisant suinter à la Bible tout ce que leur imagination asiatique peut trouver de figures, de comparaisons, de distinctions et d'images.

Archaïsme poussé à l'extrême, et devenant incompréhensible à force d'être surhumain.

Mais « le Hiératisme est chose complétement stérile, et l'art fixé s'abîme nécessairement dans une négation[2]. »

1. Église de la Lande de Cubsac, Gironde.
Tympan de la porte Saint-Ursin, à Bourges.
Église de Saint-Aubin, d'Angers.
Bestiaires, miniatures et monuments.
Voir M. de Caumont, *Abécédaire* ou Rudiment d'archéologie.
Les *Mélanges archéologiques*, des PP. Cahier et Martin.
L'abbé Oudin, *Manuel d'archéologie*, et le *Dictionnaire* de M. Viollet-Leduc.
2. *Dictionnaire raisonné de l'architecture française, du onzième au seizième siècle*, par M. Viollet-Leduc. Paris, A. Morel, MDCCCLXVI, tome huitième, p. 98 et 401.

« L'école laïque française, dit M. Viollet-Leduc, voulut en finir avec les traditions accumulées pendant la période romane, » et rompit brusquement avec elles.

« En peu d'années, tout ce qui n'est pas inspiré par la *flore*, dans la

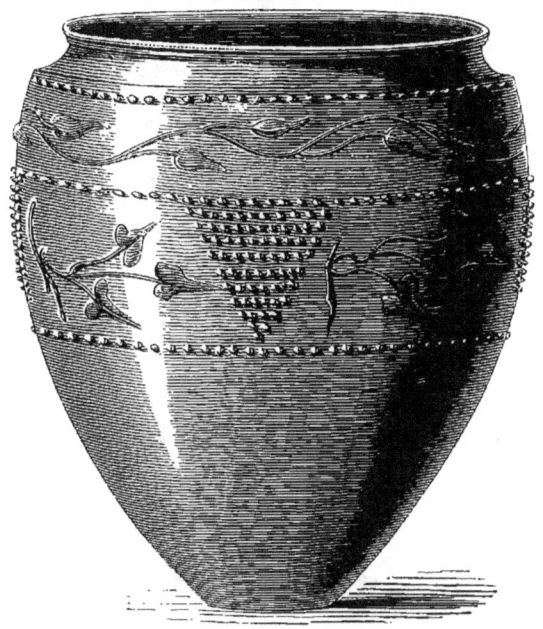

Fig. 128. Vase à conserver de terre grise, ornements en relief barbotiné, même teinte. Hauteur 24 centimètres; largeur, 16 centimètres. — Provenance Cologne, n° 86 du Catalogue.

sculpture d'ornement, disparaît : plus de perles, plus de ces imitations de passementerie et d'entrelacs, plus de billettes, plus de rangées de ces feuilles d'eau, imitées des monuments antiques. La flore, et la *flore locale*, domine désormais, et est le point de départ de l'école [1].

« Les artistes laïques, à peine compris de leur temps, fort peu même aujourd'hui, n'empruntent plus rien au passé; fatigués de reproduire des types dont ils ne comprennent plus le sens, parce qu'ils n'en connaissent plus l'origine, ils s'en vont dans les bois, dans les champs, dans les prés et le long des ruisseaux, chercher sous l'herbe les plus petites plantes ; ils examinent leurs bourgeons, leurs boutons, leurs fleurs et

1. Id., p. 222.

leurs fruits, et les voilà qui, avec cette humble flore, composent une variété infinie d'ornements d'une grandeur de style, d'une fermeté

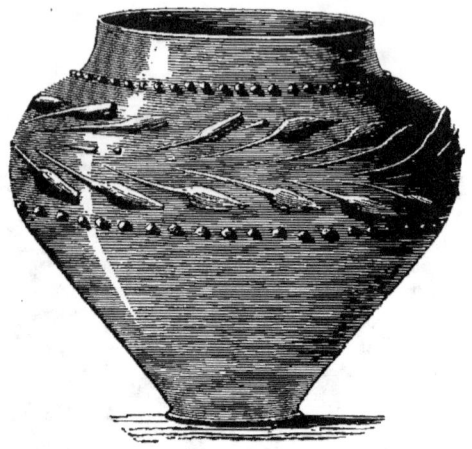

Fig. 129. Vase de terre grise très-lisse. Ornements relief barbotine, guirlande de feuilles. Hauteur, 14 centimètres; largeur, 11 centimètres.— Provenance Cologne, n° 88 du Catalogue.

d'exécution, qui laissent bien loin les meilleurs exemples de la sculpture romane [1]. »

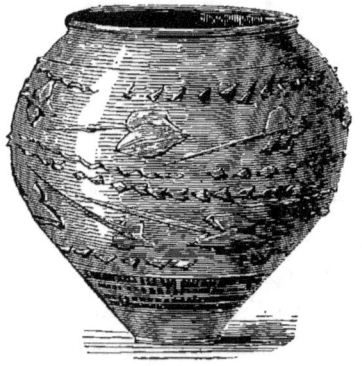

Fig. 130. Vase de terre rouge, guirlande et pointillé en barbotine, même teinte que le fond ; la base travaillée à l'ébauchoir. Hauteur, 12 centimètres; largeur, 9. — Provenance inconnue, n° 89 du Catalogue.

Amants passionnés de la nature, épris d'elle, on peut le dire, ils créent ces merveilleuses dentelures qui décorent les murs de nos cathé-

1. Id., tome V, article Flore, p. 488 etc. (*Passim.*)

drales, art français de pied en cap, qui réjouit encore aujourd'hui les regards de leurs neveux et fait l'admiration du monde.

Cette évolution de l'art français coïncida avec un fait important, le

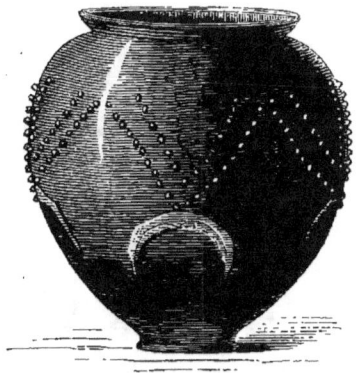

Fig. 131. Vase de terre noire lisse, ornements relief en barbotine gris clair, croissants renversés et pointillés. Hauteur, 10 centimètres, largeur, 8. — Provenance Etaples, n° 91 du Catalogue.

développement de l'*esprit communal* et l'affaissement de l'état monastique.

L'art de la statuaire s'émancipa tout seul dans ces belles écoles de

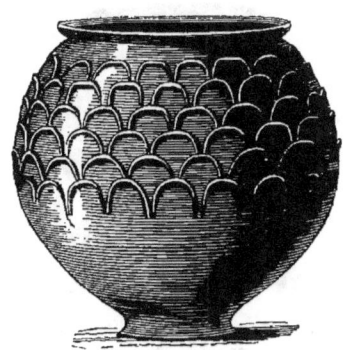

Fig. 132. Vase en terre jaunâtre à reflet métallique. Application d'écailles en barbotine relief (imbrication). Hauteur, 12 centimètres ; largeur, 9 centimètres. — Provenance Cologne, n° 94 du Catalogue.

Paris, de Chartres, de Poitiers, d'Amiens, de Limoges et d'Autun (villes essentiellement gauloises), et s'affranchit complétement du premier coup de la tutelle monastique.

Dès lors les moines ne sont plus maîtres ès arts; ils sont débordés par une société nouvelle qui force les barrières, et, laissant de côté leurs méthodes surannées, s'élance à la conquête de l'idéal.

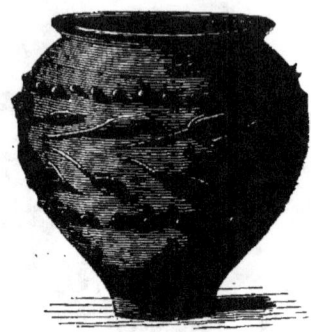

Fig. 133. Vase de terre gris foncé. Ornements en barbotine relief, guirlande et pointillé. Hauteur, 9 centimètres ; largeur, 6 centimètres. — Provenance Cologne, n° 148 du Catalogue.

La cathédrale devient le monument de *la cité*, sa chose, son bien, sa garantie. C'est une encyclopédie représentée avec un esprit d'indépendance tout nouveau alors[1].

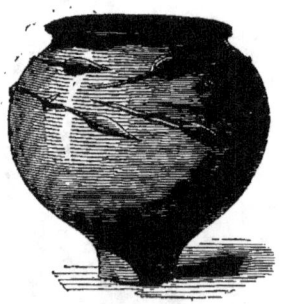

Fig. 134. Vase de terre rouge, guirlande en barbotine relief. Hauteur, 9 centimètres. — Provenance inconnue, n° 148 du Catalogue.

La société civile vit là un registre ouvert où elle pouvait hardiment jeter ses pensées sous le manteau de la religion.

« Que cela fût réfléchi, nous ne le prétendons pas, mais c'était un

---

1. Id., tome VIII, article Sculpture. (*Passim.*)

instinct, l'instinct qui pousse une foule, qui manque d'air, vers une porte ouverte[1]. »

Si on examine cette sculpture, on y découvre bien autre chose que ce que l'on appelle le sentiment religieux.

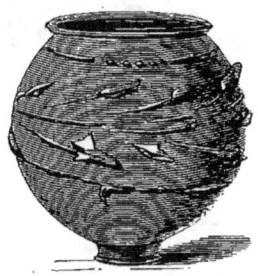

Fig. 135. Vase de terre grise. Ornements en barbotine relief. Hauteur, 8 centimètres ; largeur, 6 centimètres. — Provenance inconnue, n° 149 du Catalogue.

Ce qu'on y voit avant tout, « c'est le dégagement de l'intelligence des langes théocratiques et féodaux, c'est une réaction contre l'énervement intellectuel du moyen âge. »

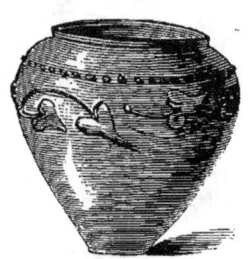

Fig. 136. Vase de terre rouge pâle, guirlande très-élégante de feuilles de plantes aquatiques en barbotine relief. Hauteur, 8 centimètres ; largeur, 6 centimètres. — Provenance inconnue, n° 148 du Catalogue.

Ce qu'on y voit avant tout, c'est *le doute*, non le doute mélancolique et découragé, mais le doute audacieux, investigateur, craché avec une crudité toute nue sans fard et sans ambages, sculpté avec une impression dramatique d'autant plus profonde que l'exécution en est plus rude [2].

---

1. Id., page 142.
2. Id., t. VIII, article *Sculpture*. (*Passim.*)

Alors paraissent ces têtes couronnées, mitrées, encapuchonnées que des diables traînent la corde au cou vers la gueule de l'enfer [1].

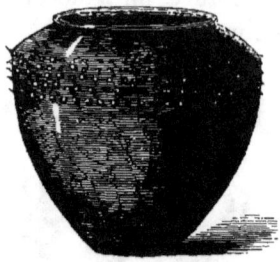

Fig. 137. Vase de terre noire mate, pointillé en barbotine relief. Hauteur, 8 centimètres; largeur, 6 centimètres. — Provenance Cologne, n° 147 du Catalogue.

Alors commencent toutes ces excentricités satiriques que vient de mettre en pleine lumière M. Champfleury dans son récent volume de la

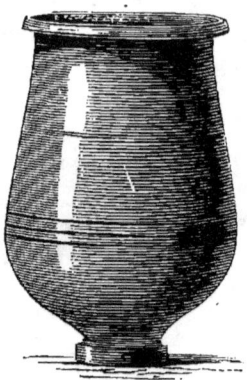

Fig. 138. Vase de terre rouge mate, variété champenoise. Hauteur, 14 centimètres; largeur, 6 centimètres. — Provenance Vandericourt, cimetière de la Marne, n° 81 du Catalogue.

caricature du moyen âge [2] : moines paillards qui, sous la peau de maître Renard, endoctrinent de gentilles poulettes, les enlèvent, mais punis, par

[1]. *Abécédaire* de M. de Caumont, p. 386.
[2]. *Histoire de la caricature au moyen âge*, par Champfleury. Paris, Dentu.
Le Père Cahier s'inscrit en faux contre les représentations des moines dans les sculptures du moyen âge. Tout le monde alors, dit-il, portait le capuchon. Il s'agit d'établir si tous les gens encapuchonnés comptaient pour des moines. Je me charge de prouver le contraire.
Nous laissons les capuchons au Père Cahier, à moins pourtant qu'ils n'aient la

où ils ont péché, sont à leur tour vilipendés par elles. Macabres fantastiques d'une grandeur épique (les voussures des grands portails de

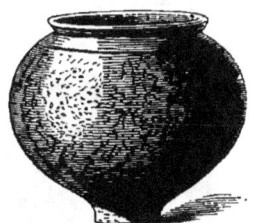

Fig. 139. Vase de terre rouge sablé. Hauteur, 8 centimètres, largeur, 6 centimètres. — Provenance Bavey, n° 152 du Catalogue.

Notre Dame de Paris) affirmant avec une violence, d'une énergie formidable, *l'Égalité*.

Alors les fraternités d'artisans, les *maçons*, dans le grand combat des

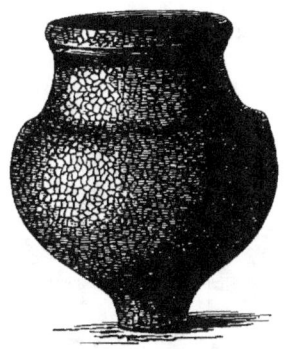

Fig. 140. Vase en terre grise craquelée (avec intention), variété champenoise, cimetières de la Marne. Hauteur, 11 centimètres, largeur, 8 centimètres. Provenance Lépine, n° 72 du Catalogue.

vertus et des vices, osent placer au-dessus de la *sagesse*, de la *douceur* dans la *force*, vertu première par excellence, une femme victorieuse

tonsure, chose passablement commune, mais il ne nous fera jamais croire que les mitres, les tiares et les couronnes fussent le couvre-chef ordinaire des bons bourgeois de l'époque, et la satire, comme le prouve M. Champfleury, comme le prouvent les médailles, les sceaux, les manuscrits, les gravures, le Gargantua, le Pantagruel, la satire Ménippée et les monuments, ne respecte pas plus les hauts dignitaires que les frères fredons, fredonnants, fredondilles, moines moinant de moinerie.

de trois couronnes, qu'elle porte triomphalement sur son écu et qui a nom *Libertas*[1].

L'acanthe régulière était mise au rebut, les nattes, les torsades, les créneaux, les méandres, les losanges, les chevrons, les zigzags de l'é-

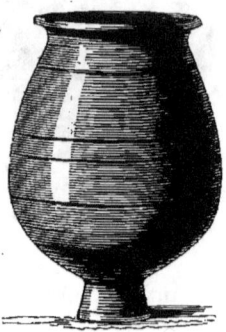

Fig. 141. Vase de terre rouge mate, variété champenoise. Hauteur, 13 centimètres; largeur, 8 centimètres. — Provenance Pleurs, cimetière de la Marne, n° 79 du Catalogue.

poque romane disparurent sous la réaction du *naturalisme* qui éclaira l'art ogival à cette époque de résurrection gauloise.

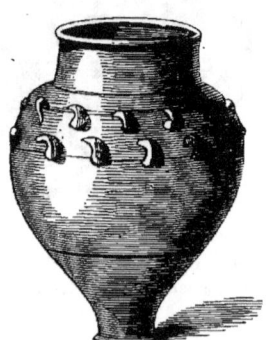

Fig. 142. Vase de terre rouge vernissée. Ornements en relief barbotine. Hauteur, 11 centimètres largeur, 5 centimètres. — Provenance Mont-Merle (Ain), n° 110 du Catalogue.

Comme le petit ruisseau de la grève endigué par des enfants, lorsqu'il parvient à surmonter le sable amassé par leurs mains joueuses,

---

1. Porche de la cathédrale de Chartres. V. Henri Martin, *Histoire de France*, t. III, p. 414, et le *Magasin pittoresque*, t. VII, 1839, p. 65.

rompt tous les travaux d'une heure, et reprend son cours bien vite redevenu calme et limpide, l'art appuyé sur la nature, emprisonné par

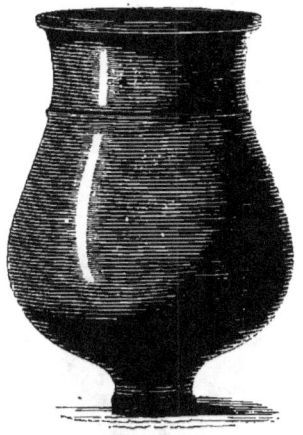

Fig. 143. Vase de terre rouge lustrée sans ornement. Hauteur, 11 centimètres ; largeur, 6 centimètres. — Provenance Cologne, n° 78 du Catalogue.

l'esprit de routine, retrouve sa voie, détournée puérilement par les moines, et s'élance d'un pas vigoureux et ferme vers son but immortel, la reproduction de la vie.

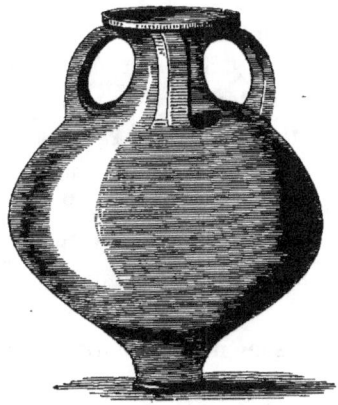

Fig. 144. Vase à conserver des liquides en terre blanche, muni de trois anses. Hauteur, 12 centimètres. — Provenance Cologne, n° 145 du Catalogue.

Alors, quand, aux jours de repos, les marteaux restaient appuyés silencieux dans les chantiers, près de gros blocs de pierre blanche, que les ciseaux ne résonnaient plus sous les arcades, les maîtres allaient avec leurs femmes, leurs filles ou leurs compagnes errer dans les taillis et sur les gazons qui parsèment nos vallées si fraîches, si parfumées, si sereines; les *jeunesses* cueillaient des iris sur les petits murs,

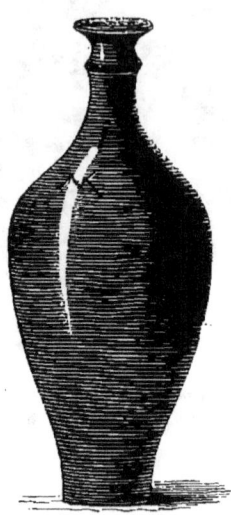

Fig. 145. Vase à verser de terre noire fruste. Bouteille sans ornement. Hauteur, 18 centimètres, largeur, 4 centimètres. — Provenance Reims, n° 122 du Catalogue.

des nénuphars qui s'étendaient tremblant au fil de l'eau, des primevères, des renoncules, le muguet des grands bois, le cresson des fontaines, et venaient les apporter au père, qui le lendemain, au-dessus de larges colonnes, sculptait le bouquet rapporté la veille.

Étendu sous l'ombre des hêtres ou des chênes, il avait manié peut-être la crosse naissante d'une fougère se repliant élégamment sur sa tige verte et dure, il avait analysé le mouvement de la plante; au-dessous du tailloir de son chapiteau, il enroulait la crosse de la naissante fougère [1]. Hier, il effeuillait le glaïeul, détachait ses pétales, découvrait son pistil chargé de semence; aujourd'hui, sur sa frise, il dessine les pétales effeuillés, le pistil fécond du glaïeul.

Autour de la tête d'un blond chérubin, les grandes sœurs ont placé

---

[1]. Voir particulièrement pour la fougère et l'iris, la dissertation de l'article Flore, t. V. du *Dictionnaire* de M. Viollet-Leduc, p. 487 et 492. Chapiteau de l'église de Bourg-Dieu, près Châteauroux. Chapiteaux de la nef de l'église de Vézelay.

la petite plante d'eau aux feuilles lancéolées; sur sa moulure ronde, il saura jeter, à l'heure du travail, ce nénuphar qui semble, dit M. Viollet-Leduc, avoir été l'affection particulière des ouvriers du treizième siècle [1].

Si, de l'ornement, nous passons à la statuaire, une contemplation

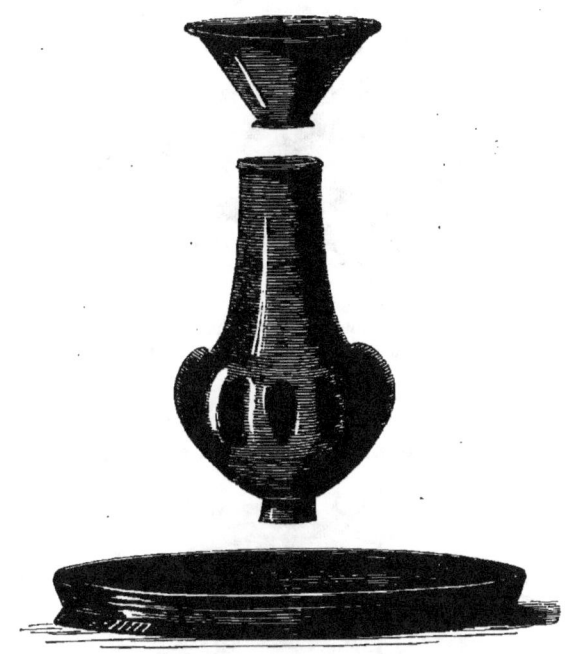

Fig. 146. Coupe ou tasse, plateau et aiguière trouvés dans la même tombe. Vases du festin funèbre en terre noire lustrée. Sur le plateau on lit ONAS en marque de fabrique. Coupe, hauteur, 4 centimètres; largeur, 5 centimètres. Aiguière, hauteur, 15 centimètres; largeur, 5 centimètres au goulot, 18 centimètres à la panse. Plateau, hauteur, 3 centimètres; largeur, 28 centimètres. — Provenance, cimetières de Cologne.

plus approfondie des types nous mène encore plus loin, dans l'étude de cette renaissance nationale.

Autrefois, les têtes n'avaient aucun caractère individuel, toutes les figures étaient modelées d'après une convention, la convention byzantine.

Alors surgit un monde vivant, mouvementé; plus rien de consacré, plus de draperies colantes et froides, plus de vêtements serrés, étroits et raides, on oublie la mode orientale.

1. Article Flore, t. V, *Dict.*, p. 493.

La flore était locale, le visage devient national, et chose remarquable, ce sont des Gaulois que reproduisent les sculpteurs. C'est dans

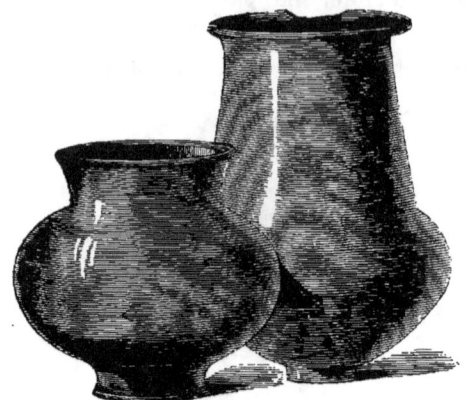

Fig. 147. Vase à boire et vase à verser de terre grise mate, sans ornement. Hauteur de la bouteille, 14 centimètres; largeur, 8 centimètres; hauteur du petit vase, 8 centimètres; largeur, 7 centimètres. — Provenance Amiens, nos 111 et 156 du Catalogue.

le type des jeunes paysans du Morvan (église de Vézelay), c'est dans celui des laboureurs de la grande Beauce (cathédrale de Chartres)

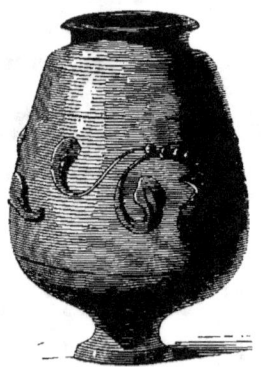

Fig. 148. Vase de terre rouge mate. Ornement en barbotine relief, plantes aquatiques. Hauteur 13 centimètres; largeur, 6 centimètres. — Provenance Amiens, n° 108 du Catalogue.

qu'il faut chercher désormais le modèle des christs, des rois, des apôtres, des vieillards, qui causent, discutent ou prient au milieu des anges d'un paradis rêvé[1].

1. Voir les planches 5 et 7 de l'article Sculpture, du *Dictionnaire* de Viollet-Leduc, t. VIII, p. 115 et 118.

« Plus rien de romain, ni de byzantin.

« Les lignes du front et du nez, la délicatesse de la bouche, l'en-

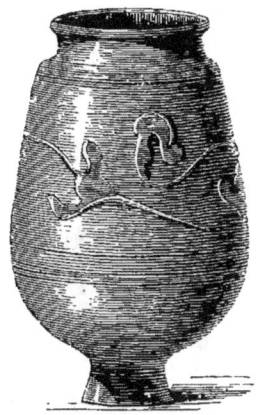

Fig. 149. Vase de terre grise lisse. Ornement en barbotine relief, plantes aquatiques. Hauteur 15 centimètres ; largeur, 5 centimètres. — Provenance Amiens, n° 107 du Catalogue.

châssement de l'œil couvert et légèrement relevé à l'angle externe, la longueur des joues, le peu d'accentuation des pommettes, la petitesse

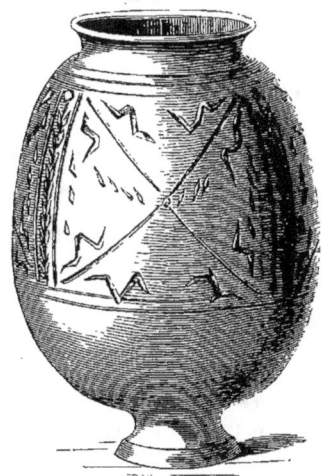

Fig. 150. Vase de terre rouge. Ornementation géométrique en creux. Hauteur, 17 centimètres ; largeur, 8 centimètres. — Provenance Vannes, n° 109 du Catalogue.

extrême de l'oreille, la barbe soyeuse et frisée accusent une belle race... d'un caractère asiatique très-prononcé, qui semble appartenir au rameau caucasique, qui n'est ni romain, ni germain [1]. »

« C'est un portrait exécuté par un maître.

« C'est un Français, *un Gaulois, un Celte*, si l'on veut [2].

« La face est grande relativement au crâne, l'œil peut facilement devenir moqueur, cette bouche dédaigne et raille.

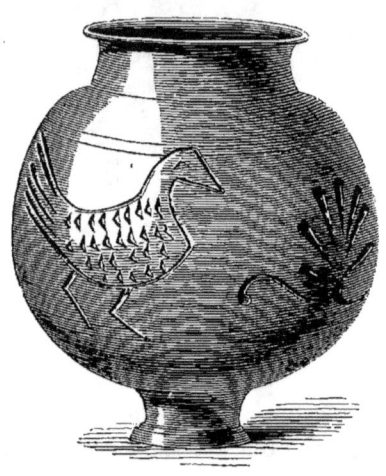

Fig. 151. Vase de terre rouge. Ornements gravés à l'outil en creux, coq et feuillage très-caractéristique. Hauteur, 15 centimètres; largeur, 9 centimètres. — Provenance Heniu-Lietard (Pas-de-Calais), n° 90 du Catalogue.

« Il y a dans cet ensemble un mélange de fermeté, de grandeur et de finesse, voire d'un peu de légèreté et de vanité, dans ces sourcils relevés, mais aussi l'intelligence et le sang-froid au moment du péril.

« C'est là, ce nous semble un vrai type *de vieux Gaulois* [3]. »

Saint Bernard, plein d'une cléricale colère [4], prêche une vraie croisade contre ce *naturalisme* dans l'art.

1. Id., p. 114.
2. Id., p. 117.
3. Id., loc. cit. Voir les *figures* 5, type d'Autun, *fig.* 7, p. 118, type de Chartres, *fig.* 9, p. 120, femmes de Chartres et de Corbeil comparées, *fig.* 10, femme de Poitiers, *fig.* 15, p. 140, *fig.* 21. p. 160, et surtout *fig.* 24, p. 167, la Vierge du portail septentrional de Paris, une duchesse Anne du treizième siècle.
4. V. *Histoire de France*, d'Henri Martin, t. III, p. 407, et le *Dictionnaire raisonné*, t. VIII, p. 3.

Le moine sent que *ceci* va peut-être *tuer cela*.

Rien n'y fait. Le mouvement est donné, la Gaule renaît quand même et s'affranchit.

Une légende alsacienne au milieu de ces artistes sans nom, trop enthousiastes de leurs œuvres pour songer à leur personnalité propre, a poétiquement introduit la figure d'une jeune fille, Sabine, qui s'en

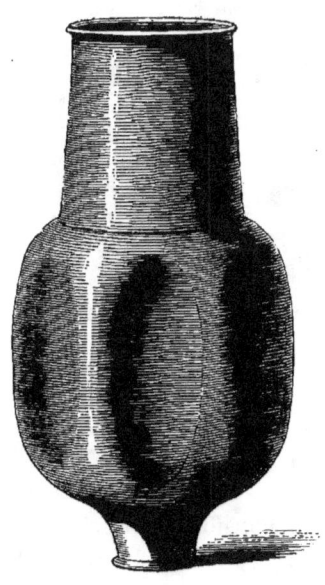

Fig. 152. Vase de terre grise mate avec larges dépressions sur la panse. Hauteur, 21 centimètres largeur, 7 centimètres. — Provenance inconnue, n° 113 du Catalogue.

allait glissant la nuit, à travers les échafaudages, sculpter, dans son sommeil plein d'un somnambulisme fantastique, les têtes rêveuses de ses saints et de ses saintes, et traçait, comme inspirée par une âme muette et d'outre-tombe, l'âme de son père mort, les plans merveilleux de la cathédrale de Strasbourg [1].

La femme! En Gaule, lorsque s'opère quelque chose de vraiment grand, cherchez bien, vous y trouverez toujours les femmes!

Après l'ère des Antonins, il s'opéra dans la poterie gauloise une évolution absolument semblable à celle que nous venons de chercher à faire comprendre, d'après le savant auteur du *Dictionnaire raisonné*

1. La fille d'Erwin, *Mag. pit.*, t. XIII, 1845, p. 169.

de l'architecture. M. Viollet-Leduc semble, du reste, la pressentir, cette évolution ; il l'indique au début de l'article où nous avons puisé les considérations qui précèdent.

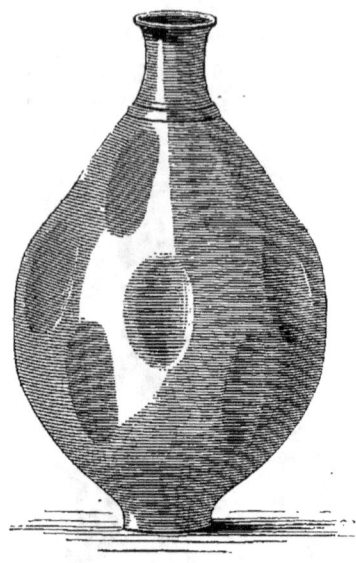

Fig. 153. Vase de terre jaunâtre lisse, avec dépressions régulières sur la panse (bouteille). Hauteur, 20 centimètres ; largeur, 5 centimètres. — Provenance Cologne, n° 112 du Catalogue.

« Les débris romains, considérés comme œuvre d'art, dit-il, ne causent qu'un ennui et un dégoût profonds. Nulle apparence d'indivi-

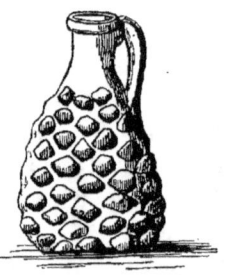

Fig. 154. Petit vase blanc mat, modelé en forme de grappe de raisin. Hauteur, 9 centimètres largeur, 2 centimètres. — Provenance Vichy, n° 128 du Catalogue.

dualité, d'originalité ; les auteurs de ces œuvres monotones travaillent à la tâche pour gagner leur salaire, reproduisant des modèles déjà copiés, ne recourant jamais à la source vivifiante de la nature, traînant partout, de Marseille à Coutances, de Lyon à Bordeaux, leurs *poncifs*. Ils couvrent la Gaule romanisée de monuments, tous revêtus de la même ornementation banale, des mêmes bas-reliefs mous et grossiers

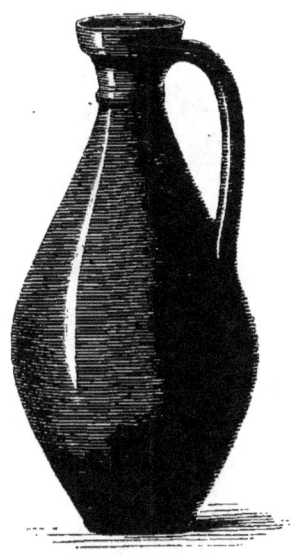

Fig. 155. Vases à verser en terre grise foncée. Hauteur, 19 centimètres ; largeur, 5 centimètres. — Provenance Cologne, n° 123 du Catalogue.

d'exécution, comme ces joueurs d'orgue de nos jours, qui vont porter des airs d'opéra jusque dans nos plus petits villages [1].

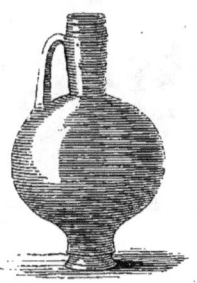

Fig. 156. Vase à verser en terre blanche mate, muni d'une anse. Hauteur, 11 centimètres ; largeur, 2 centimètres. — Provenance Cologne, n° 128 du Catalogue.

1. *Sculpture*, t. VIII, p. 103.

« La sculpture dans les Gaules n'était plus un art, c'était un métier s'abâtardissant chaque jour.

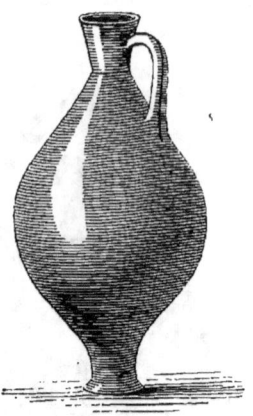

Fig. 157. Vase à verser en terre blanche mate. Hauteur, 10 centimètres. — Provenance Cologne. Vase de festin funèbre, on les trouve toujours au nombre de trois dans les cimetières, n° 140 du Catalogue.

« Au point de vue de l'exécution seule, rien n'est plus plat, plus vulgaire. Mais comme composition, comme invention, on trouve encore dans

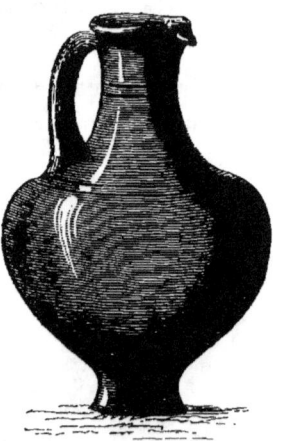

Fig. 158. Vase en terre noire, muni d'une anse. Hauteur, 24 centimètres ; largeur, 7 centimètres. Provenance inconnue, n° 135 du Catalogue.

ces fragments une sorte de liberté, d'originalité qui n'existe plus dans les tristes monuments élevés en Italie depuis Constantin jusqu'à la chute de l'empire d'Occident. L'esprit gaulois laisse percer quelque chose, qui lui est particulier, dans cette sculpture chargée, banale, sans

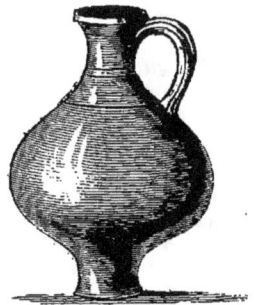

Fig. 159. Vase en terre blanche muni d'une anse, du genre de la fig. 157 et de la même provenance, cimetières de Cologne, n° 140 du Catalogue.

caractère, et s'affranchit parfois du classicisme romain en pleine décadence [1].

« La Gaule semble ne pas vouloir rester absolument sous l'influence étroite des arts romains.

« Partout s'aperçoivent des tendances originales.

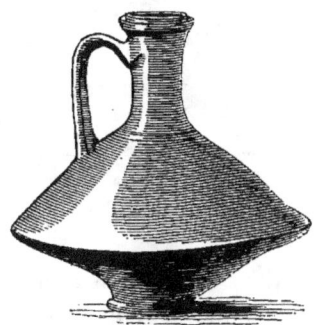

Fig. 160. Vase de terre blanche mate. Hauteur, 12 centimètres ; largeur, 4 centimètres. Provenance inconnue, n° 126 du Catalogue.

« Cette variété, dans un temps où la sculpture n'était qu'un travail d'ouvrier assez grossier, est remarquable. Elle permettrait de supposer que ces Gaulois romanisés des derniers temps étaien fatigués de ces

1. Id., *loc. cit.*

reproductions abâtardies des mêmes types, et qu'ils cherchaient à les abandonner [1].

« Les Romains ont possédé, dit-il ailleurs, la Gaule pendant trois siècles, ils ont couvert ses provinces de monuments ; or, dès que le trouble des grandes invasions est passé, est-ce aux arts romains que le Gaulois recourt? — Non. Il va chercher ailleurs ses inspirations

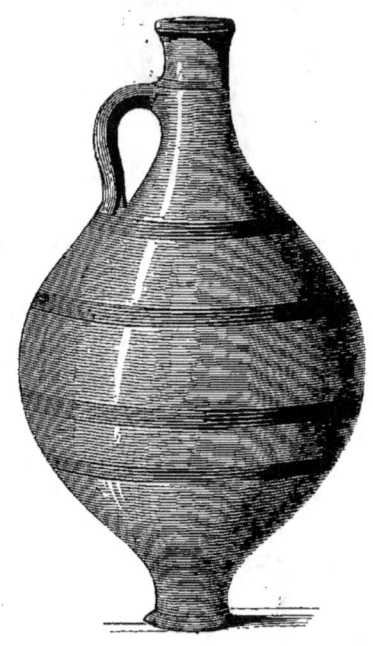

Fig. 161. Vase de terre blanche, strié de raies rouges peintes ; genre oriental. Hauteur, 23 centimètres ; largeur, 4 centimètres au goulot. — Provenance Cologne, n° 132 du Catalogue. — Voir la fig. 77.

ou plutôt il les retrouve dans son propre génie ravivé par un apport puissant de peuplades sorties du même berceau que lui [2]. »

Nous n'avons pas dit autre chose à propos de l'introduction de l'élément grec dans la rénovation dont nous parlions plus haut.

« Race latine ! » s'écrie-t-il encore. Nous une *race latine !* Comme si nous appartenions à ces gens confinés sur quelques hectares de l'Italie centrale, qui firent un moule, y coulèrent tout ce qu'ils semblent créer,

1. Id., p. 104.
2. Id., p. 190.

inventèrent la symétrie, cherchèrent à étouffer le génie local, qui resta chez nous, pendant leur domination, à l'état *latent*, mais se développa bientôt suivant sa nature et son tempérament, en dépit de l'*art officiel* de la centralisation et de tout le mécanisme de *romanisation* apporté par les Césars, dès qu'il retrouva sa liberté; car l'élément vital qui, seul, développe les arts, c'est la liberté [1]. »

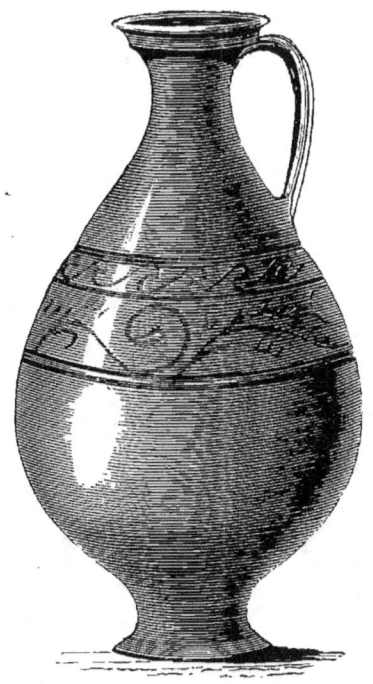

Fig. 162. Vase à verser en terre rouge. Ornements peints en noir; variété champenoise. Vase de festin funèbre, analogue à celui des arènes de la rue Monge. Hauteur, 20 centimètres; largeur, 4 centimètres. — Provenance Auberive, n° 124 du Catalogue.

M. Viollet-Leduc avait entrevu les tendances des modeleurs d'argile des premiers siècles : il se contente de les indiquer; il les aurait affirmées, s'il avait connu nos vases.

« Bernard Palissy, après que les esmotions et guerres civiles furent appaisées, 's'en fut un jour se pourmenant le long de la prairie de ceste ville de Xaintes, près du fleuve de Charante; et ainsi qu'il contemploit les horribles dangers desquels Dieu l'avoit garanti au temps

[1] Id., *passim*, 191.

des tumultes et horribles troubles passés, il ouit les voix de certaines vierges, qui estoient assises sous certaines aubarées et chantoyent le Pseaume cent quatrième :

« *Confitemini Domino et invocate nomen ejus, annuntiate inter gentes nomen ejus.*

« Rendez gloire au Seigneur, invoquez son nom, faites connaître ses œuvres parmi les peuples.

« *Cantate ei et psallite ei, narrate omnia mirabilia ejus.*

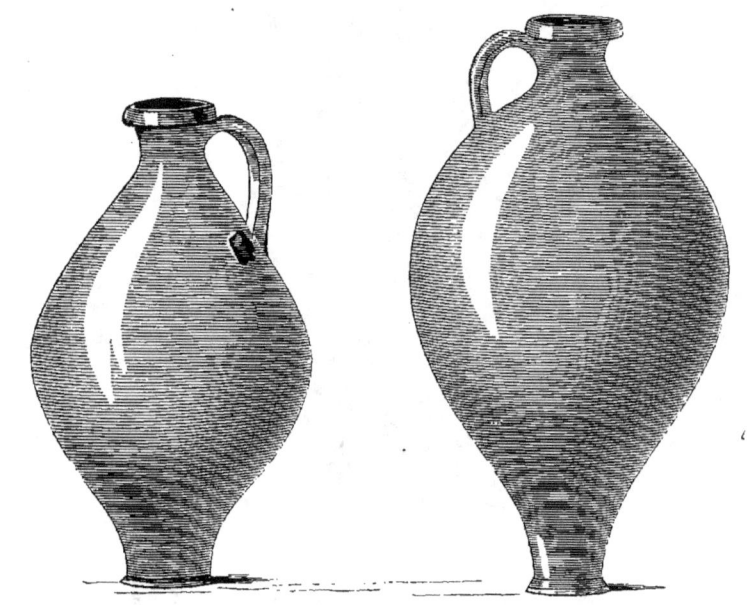

Fig. 163. Vases à verser de terre blanche, muni d'anses. Hauteur, 23 centimètres ; largeur, 4 centimètres ; hauteur, 19 centimètres ; largeur, 4 centimètres. — Provenance Cologne, nos 127 et 128 du Catalogue. — Un morceau de fer se trouve incrusté dans la pâte du plus petit de ces deux vases.

« Chantez des cantiques à sa gloire, chantez des hymnes en son honneur, racontez toutes les merveilles de ses mains.

« Et parce ces voix etoient douces et bien accordantes, cela lui fit oublier ses premieres pensées, et s'estant arreté pour escouter ledit Pseaume, il laissa le plaisir des voix et entra en contemplation sur le sens dudit Pseaume, et fut tout confus en admiration sur la sagesse du prophète royal en disant en lui-même : « O divine et admirable

« bonté de Dieu ! A la mienne volonté que nous eussions les œuvres de
« tes mains en telle reverence comme le prophète nous enseigne en

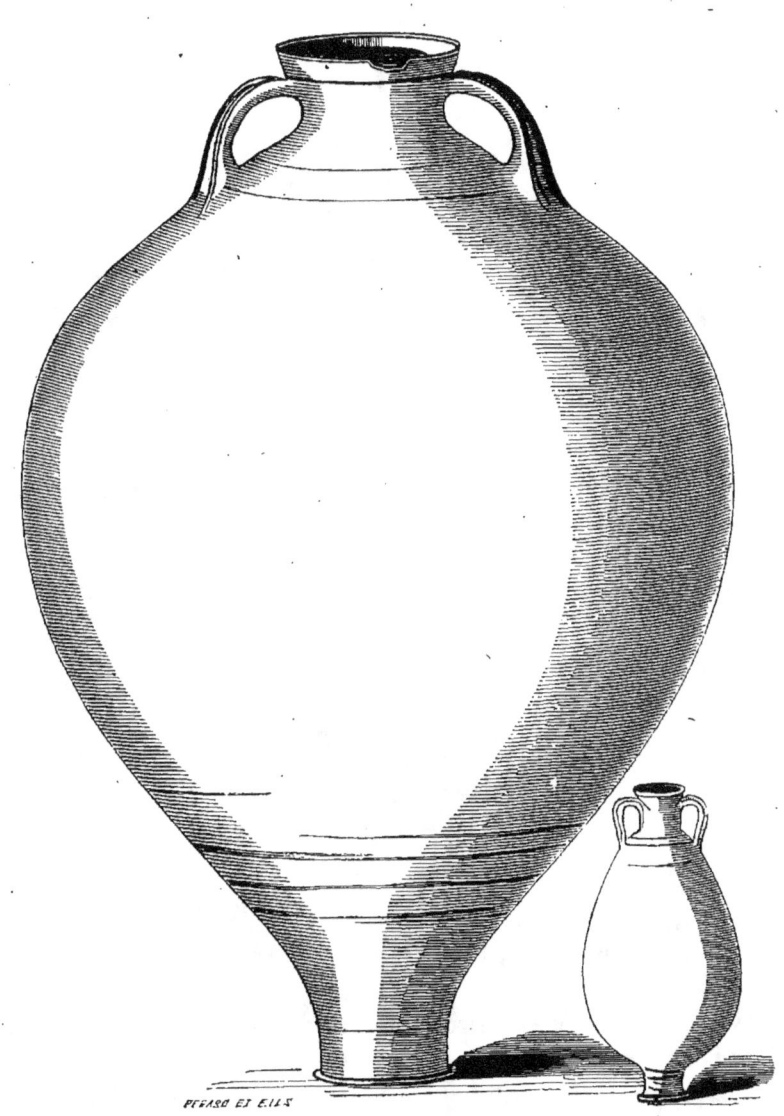

Fig. 164. Grand vase de terre blanche, muni de deux anses (amphore gauloise). Hauteur, 41 centimètres ; largeur du goulot, 22 centimètres. — Provenance Cologne, n° 103 du Catalogue. — Petit vase de terre blanche orné de deux anses. Hauteur, 14 centimètres ; largeur, 3 centimètres. —Provenance Bavay, n° 144 du Catalogue.

« ce Pseaume. » Et il pensa de figurer en quelques tableaux les beaux paysages que le prophète décrit au Pseaume susdit [1]. »

Comme lui, les ouvriers de terre de la vieille Gaule, après les guerres et traverses de l'invasion romaine, s'en furent sans doute sur les

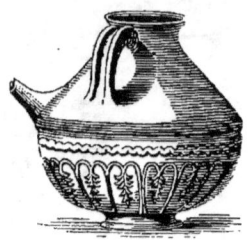

Fig. 165. Vase à infuser en terre blanche avec trace peu apparente dans les creux de l'ornementation de couverte métallique verte. Hauteur, 8 centimètres; largeur, 3 centimètres. — Provenance Vichy, n° 217 du Catalogue.

coteaux dorés de Dijon, dans les vallées de Provence qu'arrose le Rhône au sortir d'Arles-la-Belle, sur la montagne de Reims, d'où se

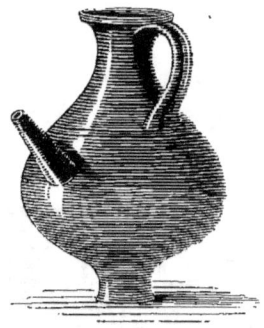

Fig. 166. Vase à infuser noir et blanc, muni d'une anse. Hauteur, 10 centimètres; largeur, 3 centimètres. — Provenance inconnue, n° 216 du Catalogue.

découvrent les immenses horizons de la Champagne, et peut-être aussi sur ces belles rives du fleuve de Charente, et là « entrant en dispute avec leur propre pensée », dirent à leur âme : « Qui est-ce qui te triste [2]? »

---

1. Recepte véritable par laquelle tous les hommes de la France pourront apprendre à multiplier et augmenter leurs trésors. Œuvres complètes de Bernard de Palissy. Paris, Dubochet, 1844.
2. P. 13, *De l'Art de terre*, œuvres complètes de Palissy. Id., p. 311 et suiv.

Vois verdir les champs, vois s'épanouir les fleurs, vois l'ombre descendre sous la feuillée. Écoute les oiseaux, ils chantent; écoute le ruisseau, il murmure doucement; élève donc ton âme, les soldats sont partis. Heureux sont les morts qui ont combattu pour la

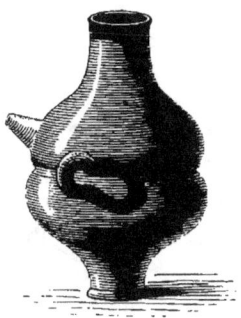

Fig. 167. Vase à infuser en terre rouge (biberon) avec anse. Hauteur, 11 centimètres; largeur, 2 centimètres au goulot. — Provenance inconnue, n° 218 du Catalogue.

patrie. La terre a repris son labeur, la nature renaît, travaille comme elle.

Et alors ils s'en furent sous les vieux chênes cueillir le liseron dans

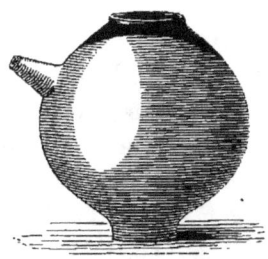

Fig. 168. Vase à infuser, noir et blanc, sans anse. Hauteur, 9 centimètres; largeur, 3 centimètres. — Provenance inconnue, n° 216 du Catalogue.

la forêt, ils descendirent au fond du ravin, détachèrent le lierre le long des rochers gris, enlevèrent au ruisseau ses plantes, les nénuphars, objet constant de leurs amours, reste probable du culte ancien du divin lotus.

Ils avaient retiré des celliers cachés les urnes orientales des ancêtres, ils en perfectionnèrent les contours tout en en retenant les formes.

(*Fig.* 130 et suiv., comparées aux *fig.* 31, 35 et suiv. *Fig.* 127, 128, comparées aux *fig.* 29, 30, etc., et les coupes du chapitre suivant comparées aux coupes du chapitre II de la première partie).

Quelques Étrusques, échappés aux massacres de la guerre sociale, devaient servir encore dans l'armée romaine, ils apprirent aux amis de la Gaule des façons nouvelles de décorer les vases, d'enrouler autour de l'urne le gai liseron, le lierre, l'épi, la feuille du nénuphar. (*Fig.* 127 et suiv.)[1]. Des archers de Crète complétèrent leur éducation. (*Fig.* 161, 162.)

Le hasard leur fit découvrir une sorte de craquelure complètement analogue à celle que pratiquent encore les Chinois dans leur porcelaine si légère; ils firent craqueler leurs récipients de terre grise. (*Fig.* 140.)

Sur les manoirs antiques, les chefs au collier d'or avaient gravé leurs signes héréditaires : les coqs, les chevaux, les sangliers; sur leurs poteries délicates, ils burinèrent au poinçon, façonnèrent en relief naïf des coqs (*fig.* 151), des chevaux qui galopent (*fig.* 173), des sangliers sauvages.

Les Grecs leur avaient montré des verres[2] où la compression légère pendant le chauffage, dessinait des creux qui facilitaient la préhension des tasses à boire, des bouteilles à contenir le vin. Ils essayèrent sur la terre noire, grise ou rouge, de leurs coupes et de leurs bouteilles (*fig.* 152, 153, 146), les compressions grecques, et les varièrent à l'infini.

La tradition orientale est comme rajeunie à cette époque de renaissance nationale, c'est à peine si on la reconnaît sous sa nouvelle parure. A côté de cela, on invente, on crée, on fait du neuf. Les grappes servent de modèle (*fig.* 154), les fleurs inspirent des formes inconnues. (*Fig* 146.) Copiez, avaient dit les Romains. — Jamais, avait répondu la fantaisie. Même dans les amphores, ils rejettent le poncif, et trouvent une forme, celle de la *fig.* 103. Vous ne mettiez que deux anses, ils en façonnent trois. (*Fig.* 144.) Vous n'osiez pas sortir des moules, ils se lancent dans la bizarrerie. (*Fig.* 160, 166, etc.) Vous aimiez la symé-

---

1. Les rapports des Étrusques et des Gaulois dataient de plus loin. Voir un article de M. de Mortillet, *Revue archéologique*, novembre 1871, les Gaulois de Marzabotto dans l'Apennin. La pratique de la couverte métallique leur était aussi probablement venue d'Étrurie. V. les vases que nous publions dans le chapitre précédent, comparés aux fragments du musée Charles X au Louvre.

2. M. J. Charvet possède une admirable collection de verreries antiques, où nous puisons largement les comparaisons que nous indiquons dans ces pages.

trie, ils veulent l'irrégulier. (*Fig.* 148, 149.) Vous adoriez l'unité de teinte, ils font du polychrôme. (*Fig.* 127, 128, 131, 165.)

Enchaînez donc dans les traditions d'un militarisme uniforme, de pareils esprits. Ah! vous aurez beau nouer les liens et les renouer encore, ils sont trop forts pour ne pas les briser, pour ne pas marcher le front haut, l'œil ouvert, à gauche, à droite, de ci, de là, en dehors des routes, des sentiers, des grands chemins, à leur guise. *Pour ce qui me plaît*, disait Clisson, et comme les Américains, ces Celtes du nouveau monde : *en avant !* toujours *en avant*.

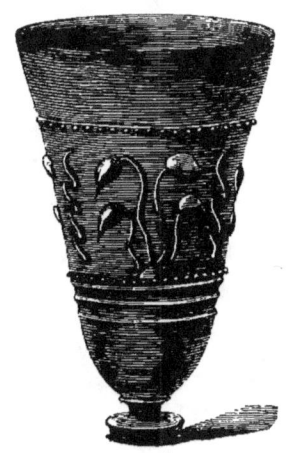

Fig. 169.

VI

DE LA POTERIE PARLANTE

Sommaire : De la Poterie parlante chez les paysans français actuels. — La joie du repas en France. — Le repas anglais. — Le repas allemand. — Le banquet du Moyen de parvenir. — Les repues franches du Plat d'étain. — La Cave peinte de Chinon. — La Pomme de pin au dix-septième siècle. — Les repas des anciens Gaulois et le Dieu Rire. — Propos des buveurs. — Le festin de Trimalcion. — Poteries parlantes des premiers siècles. — Signatures des potiers romains. — Signatures des faïenciers italiens du seizième siècle. — Devises des faïences françaises à cette même époque. — La faïence révolutionnaire et les devises des citoyens de 1789. — Poteries parlantes chez les Grecs. — Poteries parlantes chez les Chinois. — Poteries parlantes chez les Russes. — La Joie et la Liberté. — Invasion germanique. — Mérovée.

Vous n'êtes pas sans avoir passé, quelque jour de foire ou de marché, par un de ces gros bourgs de France, où les hôtelleries et les cabarets tiennent une place fort honorable. Là, après avoir coudoyé les paysannes à la coiffe blanche, à la joue fraîche, luisante et rose comme une pomme de septembre, après avoir eu les oreilles assourdies par les cris des marchands forains, debout sous leurs petites baraques de toile; après avoir heurté le ventre rebondi des marchands de chevaux, se tapant dans les mains; après vous être mêlés enfin à cette foule bariolée, bruyante, qui s'en va caquetant, jasant, riant à travers les places, les rues et les carrefours, s'il vous a été donné d'entrer dans la grande salle d'une auberge, dont l'enseigne peinte grinçait sur sa potence de fer, en faisant briller au soleil son *Lion d'or*, son *Cheval blanc*, sa *Tête noire*, ou son *Écu de France*, sur une grande table de chêne, flanquée de bancs et dossiers, vous avez pu rencontrer attablés, filles et garçons, vieillards et têtes blondes.

Les broches tournaient dans l'âtre, les servantes, le tablier blanc relevé, couraient de la cave au grenier, du grenier à la cave, portant à celui-ci du vin nouveau, à celle-là du cidre fumant; glissant les plats, rinçant les tasses, criant, souriant, grondant, trottant toujours, de ci

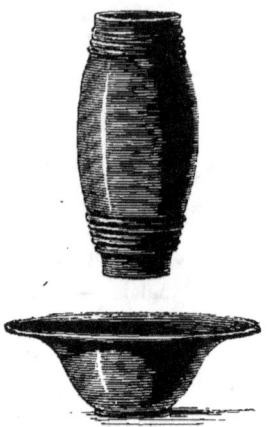

Fig. 170. Vase en forme de tonnelet, avec zones en relief très-accentuées. Terre noire lustrée muni de sa soucoupe, de même fabrication. Hauteur, 10 cent.; largeur, 3 cent. — Coupe, hauteur, 3 cent.; longueur, 9 cent.— N° 105 du Catalogue. Provenance Cologne (1).

de là, une cruche à la main ; répondant aux plaisanteries par un bon mot, aux gestes trop hardis par une gourmade; serpentant enfin au

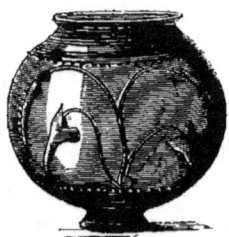

Fig. 171. Petit vase à boire de terre brune, bronzé. — Très-élégant de forme et de facture. Ornement en barbotine. Relief. Hauteur, 9 centimètres ; longueur, 9 centimètres. — Provenance inconnue. N° 149 du Catalogue.

milieu de la cohue comme des anguilles à travers les cailloux polis de la rivière ou les longues herbes du grand lac.

Avez-vous alors laissé tomber votre regard sur la vaisselle blanche,

(1) Les Gaulois les premiers remplacèrent par des tonneaux de bois cerclés, les outres et les amphores grecques et italiques.
(Henri Martin, *Histoire de France*, t. 1, page 91.

ornée de feuillages rouges, bleus, verts, jaunes, qui couvrait la table? avez-vous regardé le fond des tasses, vernies de dessins bruns? Vous auriez pu y lire des noms écrits : — *Louise* — *Périne* — *Marie*

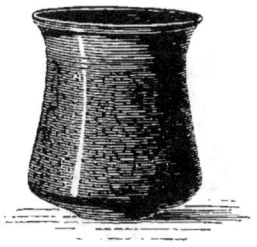

Fig. 172. Petit vase à boire en terre grise foncée, sablé. Très-fin de travail. Hauteur, 8 centimètres; largeur, 6 centimètres. — Provenance Cologne, n° 169 du Catalogue.

— *Jeanne*, etc.; sur les hanaps vous auriez pu voir des cris joyeux : — *Le vin est bon* — *A la cave marie* — *Vive la joie* — *Bois tout;* — et sur les bols : — *A toi à moi* — *Je t'aime*, etc[1]. Sur les vases gaulois que

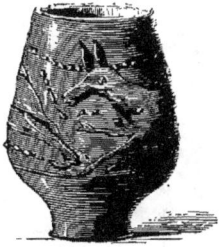

Fig. 173. Vase de terre noire décoré de deux figures de cheval en barbotine relief. Hauteur, 9 centimètres; largeur, 5 centimètres. — Provenance Cologne, n° 146 du Catalogue.

trouvons-nous : — *Amo te* — *Tene me* — *Bibe* — *Ave* — *Lude* — *Reple* — *Reple me copo meri* — *Merum da* (fig. 185 et suiv.).

Ah! c'est qu'en France il y a une chose que l'on ne tuera jamais, c'est la joie, le franc rire, la gaieté, l'esprit. Cette bonne philosophie à laquelle besoin sera toujours de revenir [2], cette folâtrerie divine qui

1. Copié sur des bols, des brocs et des tasses, au Conquet, en Bretagne.
2. *Contes drôlatiques*, colligés ez abbayes de Touraine, mis en lumière par le sieur de Balzac. Paris, MDCCCLV, p. 316.

est le propre de l'homme[1], et que l'expression la plus complète de cette joie, de cet esprit, de cette philosophie, c'est le repas.

En Angleterre, « dans ce pays de brouillards livides et charbonneux, » où l'homme est « un primate à sang froid et à circulation lente,

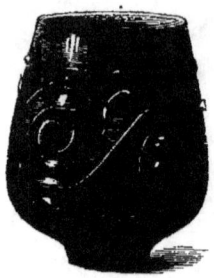

Fig. 174. Vase à boire de terre noire. Ornements en barbotine relief (bronzé). Hauteur, 9 centimètres; largeur, 6 centimètres.—Provenance Cologne. N° 146 du Catalogue.

une locomotive dont la chaudière ne bout qu'à force de spiritueux et de viande, » on dévore « de grosses portions de chairs graisseuses, et de légumes sans sauce, flanqués de piments, de poivres, de condi-

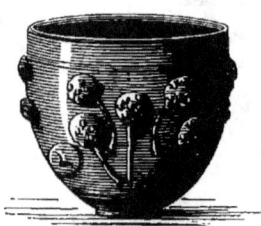

Fig. 175. Vase à boire de terre rouge lustrée. Ornements en barbotine relief de la même teinte que le fond. Chardons. Hauteur, 7 centimètres; largeur, 8 centimètres. — Provenance Rézé près Nantes. N° 106 du Catalogue.

ments, de vinaigres indiens. » A table, on n'a d'autre préoccupation que « le renouvellement de la substance humaine; » puis, retiré comme un escargot dans sa coquille, tout seul, l'Anglo-Saxon arrose sa viande avec du porto, du sherry, coupé d'eau-de-vie. Le vin de

1. 　　　Mieux est de ris que de larmes escrire,
　　　　Pour ce que rire est le propre de l'homme.
Vie de Gargantua et de Pantagruel. Livre Ier, Aux lecteurs. Œuvres de François Rabelais. Paris, 1857, p. 49.

France, le gai bourgogne est trop fade pour lui ; il remplit sa panse d'ale, de stout, de porter, de brandy and water ; et quand la boisson âpre et brûlante a râclé son gosier, il s'endort et digère pour recommencer le lendemain [1].

En Allemagne, hélas ! nous savons trop comment ils mangent, et

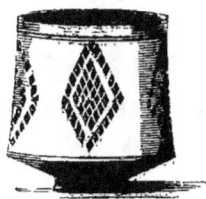

Fig. 176. Vase à boire de terre blanche mate, orné de lozanges composés de points barbotinés. Très-fin de travail. Hauteur, 7 centimètres ; largeur, 6 centimètres. — Provenance Vichy. N° 168 du Catalogue.

nous garderons longtemps le souvenir de ces êtres jouflus, à face rougeaude, épanouie, crevant de santé, absorbant à huit heures, à midi, à six heures, et le soir, des kilos de mouton, de bœuf, de saucisses,

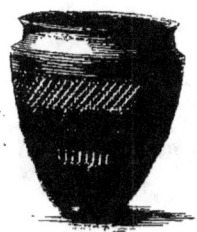

Fig. 177. Vase à boire de terre rouge très-fine, ornée de traits réguliers à l'ébauchoir. Hauteur, 8 centimètres ; largeur, 6 centimètres. — Provenance Vienne (Dauphiné). N° 167 du Catalogue.

de choucroute, et demandant encore, avant de se coucher, de la viande. —Ia, ia, fiante, fiante [2].

Des estomacs d'une pareille capacité engloutiraient l'humanité si on les laissait faire. Qu'ils digèrent donc aussi, eux, et n'en parlons plus.

En France seulement on sait dîner.

1. Notes sur l'Angleterre, H. Taine. — Les dehors.—*Passim*.
2. Journal *le Temps*. — Feuilleton du 4 novembre 1871.—Rouen, par X. X.

244 POTERIE GAULOISE.

Qui ne se souvient de la joyeuse sotie où *Bonne Compagnie* la gorrière damoyselle, *Friandise* la mignonne, *Acoutusmance* et *Je bois à vous*, devisent avec *Passe-Temps* au gracieux visage, en dégustant, en gobelet de fin cristal limpide, le vin vermeil et muscadet, et se narguent d'*Apoplexie*, de *Goutte*, de *Gravelle* et d'*Esquinancie*, femelles

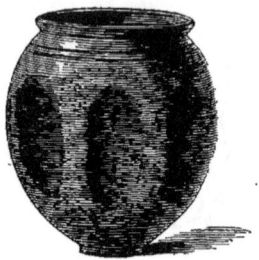

Fig. 178. Vase à boire de terre grise orné de dépressions très-accentuées et sablé pour en faciliter l'usage. Hauteur, 9 centimètres; largeur, 6 centimètres. — Provenance inconnue. N° 155 du Catalogue.

hideuses, embastonnées, pleines d'égritudes innumérables qui les guettent à la porte [1]?

Qui ne se souvient de cet admirable banquet du *Moyen de parvenir*,

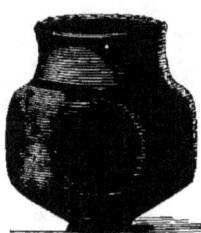

Fig. 179. Vase à boire de terre noire, très-soigné avec dépressions rondes régulières. Hauteur 8 centimètres; largeur, 5 centimètres. — Provenance Cologne. N° 162 du Catalogue.

où, se jouant et se délectant sans penser à mal, tous les enfants de madame *Sophie* se rencontrent à la table du *Bonhomme*, sucent les rinceaux du rameau d'or, savourent la science et cherchent en paix, loin des méchants, le vrai mot de la *Dive bouteille*. En vérité, à cette époque,

---

1. *La Condamnacion de Bancquet*. Moralité.
Recueil de farces, satires et moralités du quinzième siècle, par P.-L. Jacob, bibliophile. Paris, A. Delahays, 1859.

s'il faisait bon se chauffer au vrai feu d'intelligence, on était forcé d'envelopper et d'entortiller ses dires sous une écorce de velours de soie, d'or, d'argent et d'azur. Mais, au milieu des fanfreluches antido-

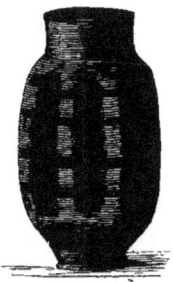

Fig. 180. Vase à boire de terre noire mate, orné de dépressions longitudinales et de raies transversales faites à la roulette. Hauteur, 10 centimètres ; largeur, 4 centimètres. — Provenance inconnue. N° 163 du Catalogue.

tées que débitent *Cujas* discutant avec *Lycurgue*, — *Épaminondas* et *Nostradamus*, — *Pythagoras* et *Lucrèce*, — *Alcibiade* et *Madame*, — *le Moine* et *Sapho*, — *Luther* et le *Premier-Venu*, nous voyons clair, heu-

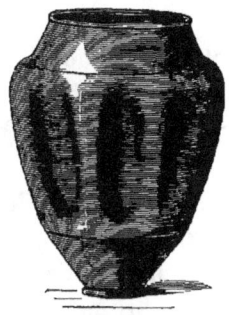

Fig. 181. Vase à boire de terre noire mate, orné de dépressions longitudinales très-accentuées. Provenance inconnue. N° 155 du Catalogue.

reusement, et songeant à Socrate, le prince des philosophes, buvant la ciguë dans Athènes, à Claude le Petit, pendu en place de Grève, à Étienne Dolet, brûlé en place Maubert, nous pardonnons aux symboles des Pantagruélistes et à leur doctrine forcément absconse et cachée [1].

1. *Le moyen de parvenir*, œuvre contenant les raisons de ce qui a été, est et sera, avec démonstration certaine, selon la rencontre des effets de la vertu, par Beroalde de Verville, édition du bibliophile Jacob. Paris, Charpentier, 1863.

Qu'elles étaient belles, ces *repues franches* des enfants sans souci et de leur chef Villon, qui possédait soixante-trois manières de dépenser l'argent qu'il n'avait pas, quand au cabaret du *Plat d'Etain*, il se levait pour dire « *la ballade des dames du temps jadis,* »

Mais où sont les neiges d'antan,

celle de bonne doctrine,

Où s'en va tout: Or escoutez :
Tout aux tavernes et aux filles,

ou *la leçon des enfants perdus*, où *les regrets de la belle Heaulmière*, ou *l'Épitaphe;* quand, plein de ce dédain de la mort que nous avons signalé, si souvent, comme étant le caractère principal de nos pères, il riait du gibet de Montfaucon, au nez de la sombre camarde elle-même [1].

Ah! certes, on lança bien de l'esprit aussi aux quatre vents du ciel, dans cette *cave peinte* de Chinon, où l'on montait de la basse ville par autant de degrés qu'il y avait de jours dans l'an.

Là, ombre n'était que de cuisine, fumée que de pastés, cliquetis que de tasses, là se faisaient les amples lippées du planctureux pays de Touraine, on humait le piot, ou chopinait théologalement la fine purée septembrale en buvant à la bretonne et maître Alcofribas Nazier, abstracteur de quintessence, expliquait à ses buveurs très-illustres, à ses valeureux champions de gentillesse, les moqueries, folâtreries et menteries joyeuses de *la vie très-horrifique* du *grand Gargantua* et les *prouesses épouvantables* de *Pantagruel, roi des Dipsodes*, leur faisant fleurer, sentir et estimer, ces sentences de haulte-graisse, légères au pourchas, hardies à la rencontre, brisant les noix de Galles, rompant l'os médullaire, entr'ouvrant les silènes aux peintures contrefaictes et donnant à sucer à tous, la substantifique moelle, aliment élabouré, à perfection de nature, ordinaire réfection de l'abbaye de Thelème, propos colligés dans ce merveilleux bréviaire, où le cardinal de Chastillon aimait à dire ses petites heures et ses menus suffrages, et qui osait, en plein seizième siècle, crosser d'importance tous les caphards, cagots,

---

1. Œuvres complètes de François Villon. Jannet, MDCCCLIV. Paris, p. 62, 168, 166, 74 et 199. *Le quatrain que feit Villon quand il fut jugé à mourir.*

DE LA POTERIE PARLANTE. 247

matagots, papelards, chattemittes, chats fourrés et papimanes, qui ont repris abondante vie depuis lors [1].

Quelle gaieté que celle des soupers de la rue *du Vieux-Colombier*, des déjeuners de *la Pomme de Pin* ou de la *Croix de Lorraine*, sanctuaires où venait officier Chapelle, moins ivre de vin que Boileau de ses vers, où se lançaient ces mots dédaigneux et profonds qui obligèrent le fils du conseiller Luillier à refuser les offres du duc de Brissac, parce

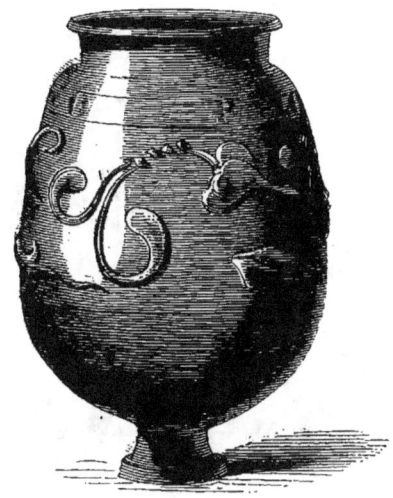

Fig. 182. Vase de terre rouge (bouteille), orné de feuillages en barboline; sur le haut de la panse se voient des traces de lettres COPO. Hauteur, 18 centimètres ; largeur, 8 centimètres. — Provenance Amiens. N° 109 du Catalogue.

qu'il avait lu dans le Plutarque d'un vieux chanoine d'Angers ce titre de chapitre : « Qui suit les grands, serf devient » [2]. Racine, Boileau y ciselaient leurs fines épigrammes dans la compagnie de Molière, de Vivonne, de Nantouillet, de Mignard et du bon Lafontaine. Le poëte des *Plaideurs* y dialoguait, au sortir de l'antre de la Chicane, ces admirables scènes où l'Intimé, Petit-Jean, Dandin et la Comtesse plaident à tour de bras, en passant du Déluge aux Babiboniens, des Babiboniens au Japon, du Japon à Aristote et d'Aristote à la famille désolée qui laisse couler ses larmes amères. Les chanoines gras et dodus, sor-

---

1. Œuvres de François Rabelais. Paris, 1857.
2. *Voyage de Chapelle et de Bachaumont.* Paris, Constant, 1826. *Mémoires pour la vie de Chapelle,* xv.

taient du réduit obscur de l'alcôve enfoncée pour s'éveiller au son des cloches argentines que Chapelle ne voulut pas pardonner à Boileau, et Despréaux peignait, d'après nature, ses types à la face rebondie, au triple menton tombant à triple étage sur leurs soutanes engraissées, qui passaient le long de la rue de la Juiverie, suivis des Guillaume à la main novice ou des Boirude aux fronts jaunis par les services. Et tous riaient à se tordre. Que d'aimables railleries, que d'esprit,

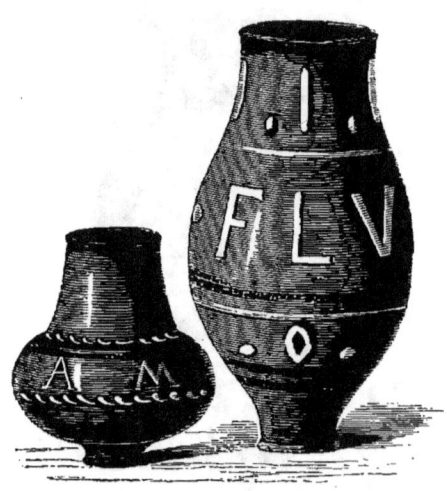

Fig. 183. Bouteille et tasse en terre noire. Ornements en barbotine blanche légèrement en relief. Sur la bouteille on lit FLVERE; sur la tasse AMO TE. Hauteur de la bouteille, 16 centimètres; hauteur de la tasse, 9 centimètres; largeur, 4 centimètres. — Provenance Cologne. Nos 117 et 160 du Catalogue.

que de goût, se dépensèrent chez ce brave *Crenet*, l'heureux cabaretier de la *Pomme* [1].

Le grand caractère de la race gauloise, c'est LA JOIE.

Non pas cette joie bruyante qui crie, vocifère, brise la vaisselle, éclabousse ses voisins, et mène grand tapage; mais cette joie fine, délicate, étincelante, qui pétille comme le vin des coteaux de la Marne, réchauffe l'esprit, épanouit les visages et dilate les cœurs.

Cette joie, nos pères l'avaient comme nous, quand, assis autour de la

---

1. OEuvres de Boileau Despréaux. Paris, Blaise, MDCCCXXI, t. I, p. 114, Satire III, note 2.

table ronde où les rencontra Posidonius[1], ils portaient la santé de ce Rire à la joviale figure, dont les bustes encapuchonnés ornaient le lieu de leurs festins [2].

Sur des tentures rayées, sombres, les boucliers peints, les lances de bronze luisant, les casques au cimier clair, les cuirasses aux ornements repoussés, brillaient dans l'ombre, jetant çà et là des éclairs jaunes et vifs.

Un cercle de jeunes gars, les cheveux libres tombant sur le cou

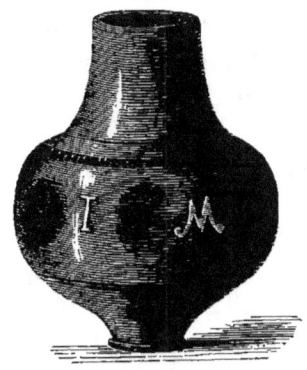

Fig. 184. Vase de terre noire (tasse à boire) avec dépressions rondes et lettres blanches en barbotine. Inscription IMP COP. Hauteur, 9 centimètres; largeur, 4 centimètres. — Provenance Cologne. N° 160 du Catalogue.

blanc, tantôt causaient librement, appuyés sur les épaules les uns des autres, discutent avec l'animation habituelle à l'adolescence, tantôt écoutaient le récit pittoresque de quelque exploit fameux raconté par le chef assis à la droite du père, avec cette éloquence verbeuse, sonore, triomphante, qui, si elle disparaissait du reste du monde, se rencontrerait encore dans le midi de la France.

Alors on interrogeait le voyageur; il avait beaucoup vu, partant beaucoup retenu... il narrait ses voyages, ses aventures, les récits du pays du soleil ou de l'île des nuées sombres, et, si parfois dans ses causeries l'anecdote fine, épicée, légère, trouvait sa place, si sa descrip-

1. V. Henri Martin, *Histoire de France*, t. I, p. 45.
Amédée Thierry, *Histoire des Gaulois*, t. I, p. 468.
2. Voir les bustes rieurs (*Dieu Risus!*). Collection de figurines en argile, E. Tudot, planches 8, 43, 50, 55, etc., etc.

tion provoquait le rire, il éclatait, brillant, sonore, et le doux vieillard, à la longue barbe, se levant du siège où il présidait, portait haut le hanap et buvait au rire (les savants ont fait de cette figure le *Dieu Risus*, les savants voient des dieux partout ; ils ont bien trouvé quinze divisions exactes du rire) [1], buvait à celui qui seul est l'âme du monde ; car sans rire, point de joie et sans joie, point de vie.

Lors flacons d'aller, goubelets de voler, breusses de tinter. Les *joyeux buveurs* émaillaient, de leurs propos bruyants, la fin du banquet :

« Boute à moi sans eau. — *Reple me copo meri*. — Tiens, il est plein de jus, compaing. — *Fero vinum tibi dulcis*. — Fouette-moi ce verre galantement, *bibe*. — Produis-moi du clairet verre pleurant, *imple, reple, merum da*. — O gentil vin blanc, j'ai soif, *sitio*. — Science, sapience, prudence sont en toi, *disce*. — Tu es la force, tu es le courage, ô vin ! *vires*. — Tu es le vrai bonheur, *felix*. — A toi, par ma fi, commère, *vive, vivas, vivamus ! (Fig*. 189 *et suiv*.)

« En sec jamais l'âme n'habite. Cornons ici, à son de flacons et bouteilles, que quiconque aura perdu sa soif n'ait à la chercher céans.

« Ah ! nos pères buvaient bien, car ils vidèrent les pots [2]. »

---

1. La délivrance de l'absolu, captif dans le fini, la beauté renaissante de sa propre négation.

Une réalité sans idées contraire aux idées.

La négation de la vie infinie, la subjectivité qui se met en contradiction avec elle-même et avec l'objet.

La résolution soudaine d'une attente en rien.

Oh ! les Allemands !

L'univers est le rire de Dieu, et le rire est l'univers de celui qui rit.

Celui qui rit s'élève jusqu'à Dieu, devient créateur d'une création gaie.

Quinze divisions, ris modeste, ris caché, ris synchronien, ris sardonien, etc., etc. V. Champfleury, *Histoire de la caricature antique*. Paris, Dentu, p. 221.

2. *Gargantua*, chap. V. Le propos des buveurs. — Ce rapprochement entre les faïences parlantes actuelles, les poteries parlantes des premiers siècles et les propos des buveurs du seizième siècle est, je crois, assez complet pour montrer la persistance du caractère national à travers toutes les transformations de la nation. Quant à la langue latine, quant au bas latin employé par les Gaulois, nous ne pouvons ici nous lancer dans une dissertation scientifique à ce sujet. — Nous nous contenterons de dire avec M. Henri Martin : « Le peuple lut, écrivit le latin, mais ne le parla jamais. Il garda sa langue presque intacte pendant plusieurs siècles, puis il se forma peu à peu un grand patois, une langue rustique mêlée de latin et de celtique, où le vocabulaire latin finit par dominer, mais où subsistèrent quelques-unes des formes gauloises, et où ne régna jamais la syntaxe latine. La civilisation romaine n'obtint ce triomphe incomplet que tardivement, et grâce à un élément qui ui était étranger et qui pénétra les masses à des profondeurs qu'elle n'avait pu

Pendant ce temps-là les Romains, couchés sur des lits, vêtus de robes traînantes et parfumés comme les femmes, se livraient à des

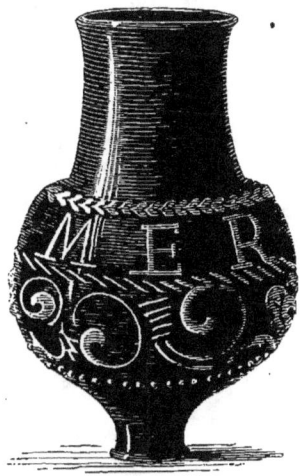

Fig. 185. Vase de terre noire (bouteille), orné de guirlandes et de pointillés en barbotine relief blanche et jaune (les fruits sont en jaune). Inscription MERUM DA. Hauteur, 17 centimètres largeur, 7 centimètres. — Provenance, Cologne. N° 114 du Catalogue.

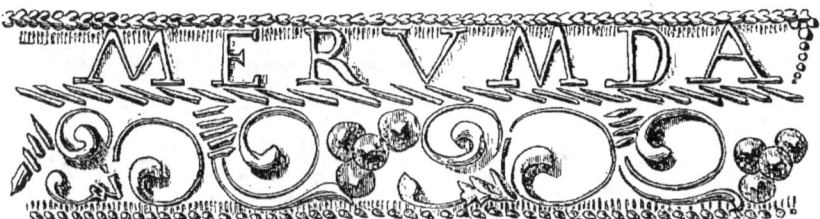

Fig. 186. Développement de l'ornementation du vase précédent, raisins et vrilles de vigne.

atteindre. Nous parlons de l'Église chrétienne qui adopta le latin et le fit survivre à l'empire. »
(Henri Martin, *Histoire de France*, t. I, p. 204, note 1.)
« En Prusse, sous Frédéric II, le français se répandit de même partout. Il remplaça même le latin à l'Académie de Berlin. Il fut longtemps seul en usage *dans a colonie*, et pénétra jusque dans les provinces les plus reculées, avec les arts, les industries, les méthodes agricoles nouvelles. Un moment on crut que cette conquête pacifique irait jusqu'au bout, et que l'allemand subirait le sort qu'il avait fait subir à d'autres idiomes. »
« Jusqu'en 1819, Berlin possédait sept églises où le culte se célébrait exclusivement en français. »
La Race prussienne, par A. de Quatrefages. Paris, Hachette, 1871, p. 70.
On ne viendra pourtant pas nous dire que les Prussiens sont de race française dans le sens admis du mot.

débauches que nous laissons à Pétrone le soin de décrire ; au commencement, c'était l'ostentation : défilé de machines chargées de mets excentriques, posés sur les signes du Zodiaque, expliqués avec pompe par le maître du logis ; — apparition de sangliers couronnés de fleurs et coiffés comme des affranchis. Après arrivaient les confidences médi-

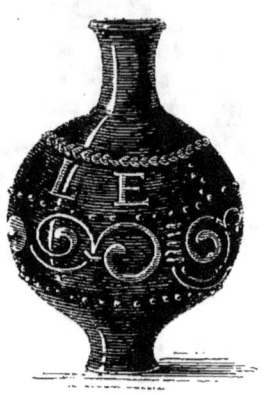

Fig. 187. Vase en terre noire (bouteille), orné de guirlandes et de pointillés en barbotine relief blanche et jaune. Inscription REPLE. Hauteur, 14 centimètres ; largeur, 5 centimètres. — Provenance, Cologne. N° 116 du Catalogue.

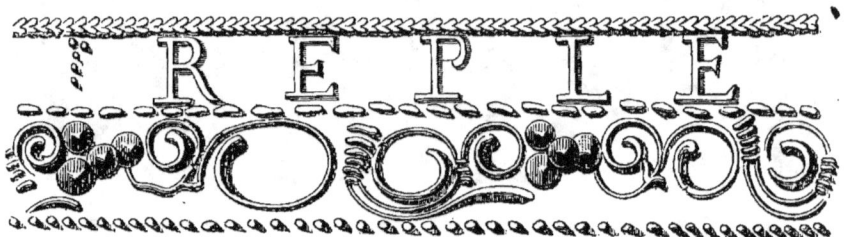

Fig. 188. Développement de l'ornementation du vase précédent, raisins et vrilles de vigne.

cales, mêlées de détails sordides de *Trimalcion* sur le dégagement de ses entrailles ; puis des vers, improvisés avec soin dès la veille, qu'on applaudissait avec véhémence ; puis les danses des esclaves, les grimaces de *Fortunata*, les farces grotesques des mimes.

Puis l'orgie continuait. Nous n'osons en parler, le *Satiricon* en dit assez sur ce sujet ; que le lecteur curieux l'entr'ouvre, il en sortira profondément navré.

Et quand les lampes fumeuses manquant d'huile ne répandaient plus qu'une incertaine lueur, les convives, ivres-morts, couchés sur leurs lits, ronflaient. Les esclaves, étendus à terre, la tête appuyée sur les murailles, répondaient aux soupirs des maîtres par des grognements plus sonores.

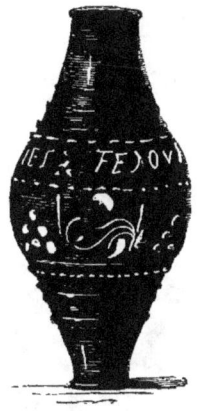

Fig. 189. Vase de terre brune lustrée. Ornements en barbotine blanche. Inscription FERO VINUM TIBI DULCIS. Hauteur, 14 centimètres; largeur, 4. — Provenance, Cologne. N° 157 du Catalogue.

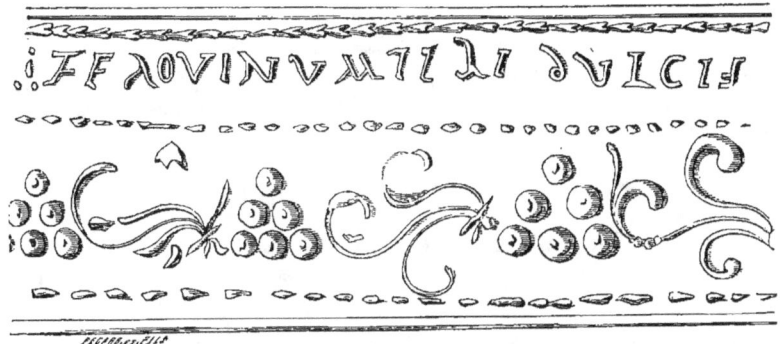

Fig. 190. Développement de l'ornementation du vase précédent, raisin et vigne.

Immondes festins, qui dépassent toutes les bornes de la dégradation humaine. Voilà le repas romain[1].

Détournons les yeux, revenons à nos pères. Et qui nous permet d'entrer si avant dans la vie intime des vieux Gaulois?

---

1. Traduction entière de Pétrone, suivant le nouveau manuscrit trouvé à Bellegrade en 1688, avec les remarques. A Cologne, chez Pierre Groth, MDCXCVIII. Voir l'épisode de Quartilla, p. 62 et suiv., et le Festin de Trimalcion, p. 78, et suiv., t. I.

La poterie, toujours la poterie.

Nos petits vases sont couverts d'inscriptions, nous en publions quelques-unes. (*Fig.* 182, 183 *et suiv.*)

Voici la liste des plus connues :

OSPITA REPLE LAGONA CERVESA.

Hostelier, remplis cette gourde de cervoise.

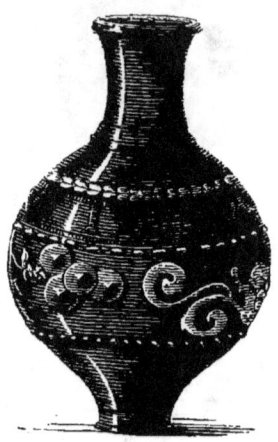

Fig. 191. Vase de terre noire (bouteille). Ornements en barbotine relief blanche et jaune. Inscription VIVAS. Hauteur, 16 centimètres; largeur, 6 centimètres. — Provenance, Cologne. N° 115 du Catalogue.

COPO GNODI TVABES EST REPLEDA.

Cabaretier, mon ami, retire-toi, la bouteille est remplie [1].

VIVAMVS.

Hanaps, cruches et vases de Cologne, quatre exemplaires.

REPLE ME COPO MERI.

Cruche.

FELIX — VIVAS FELIX.

Vases et hanaps en très-grand nombre.

MISCE.

Douze hanaps, et vases coloriés.

---

1. *Revue archéologique*, pl. XXII, 1868. Vase gallo-romain, trouvé dans la Cité, à Paris.

AMO TE.

Vases à boire.

VIVE — VINVM — IMPLE — LVDE — SITIS — SITIO.

Tasses à boire en très-grand nombre.

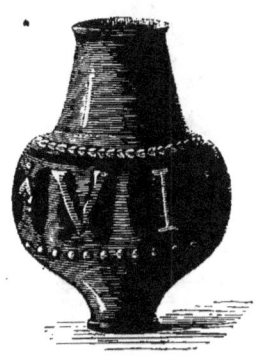

Fig. 192. Vase en terre noire orné de légères dépressions longitudinales, guirlande pointillée e inscription en barbotine blanche. Inscription VIVAS. Hauteur, 9 centimètres; largeur, 4 centimètres. — Provenance inconnue. N° 161 du Catalogue.

DAMI — FRVI — PIE — VASCE — DISCE — CALO — BENEBIBO.

Tasses à boire.

TENEME — BIBE — AVE — VIRES — VIVA.

Petits hanaps.

AVE TE FELICES.

Hanap.

Nous avons vu que les Romains se contentaient d'écrire, ou plutôt d'estamper sur leurs terres rouges, les noms des fabriquants :
ÆTERNI OFFICINA, de la fabrique d'Æternus; — CALVI MANV, de la main de Calvus; — QVINTILLIANVS FECIT, Quintillien a fait; — CATIANI FIGVLINÆ, figurines de Catianus [1].

Un vase, publié par le professeur Fiedler, contient pourtant une inscription parlante, très-parlante même. Le sujet est de ceux qui ne

---

1. E. Tudot, p. 67 et suiv.

se décrivent pas; l'homme, dans un costume sur lequel je n'insiste pas, dans une posture complétement italienne, crie : TV SOLA NICA.

Je renvoie le lecteur, pour plus ample information, au savant Allemand [1]. C'est immonde, hors nature; c'est romain, vraiment romain.

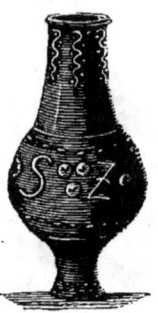

Fig. 193. Vase de terre rouge mate, barbotiné de blanc. Inscription Z.E.C.E.S. Hauteur, 11 centimètres; largeur, 8 centimètres. — Provenance, Cologne. N° 164 du Catalogue.

D'habitude, les artistes de la ville éternelle ne faisaient que signer leurs *poncifs*.

Comme les faïenciers du seizième siècle, qui écrivaient :

Fata i Siena da M° Benedetto.
Dipinta Giovinale Tereni da Montelupo.
Bologniesus Betini fecit.
Fato in Faenza in caxa pirota.
Fata in Forli.
In Botega de M° Guido Durantino in Urbino 1535 [2].

A cette époque, nous autres, nous écrivions sur nos plateaux :

TANT QVE IE VIVE AVLTRE NAVRÉ.

La belle devise de Philippe le Bon, duc de Bourgogne.

Je cuis planter pour raverdir. Vive Truppet! [3]

---

1. Antike Erotische Bildwerke in Houbens Rœmischem antiquarium zu Xanten. Von. Dr Fielder. Konigl, professor. Xanten, 1839.
2. *Les merveilles de la céramique*, deuxième partie, Occident, par A. Jacquemart. Paris, Hachette, 1868, p. 131, 141, 145, 150, 156 et 175.
3. Id., p. 103 et 104.

Ce brave vilain, qui ne craignait pas d'accoler son nom à une acclamation bien plus souvent réservée au seul souverain.

Vive — mieux vault tard que iames (jamais).

Faïence de Rouen.

Le vostre cuis (suis).

Faïence de même provenance.

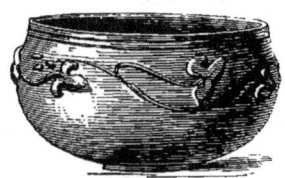

Fig. 194. Coupe fine en terre jaunâtre. Ornement en relief barbotine. Hauteur, 5 centimètres ; largeur, 9 centimètres. — Provenance inconnue. N° 180 du Catalogue.

Sela (Cela) *non plus* [1].

Faïence du musée des antiquités de la ville de Rouen.

Ou bien encore quelque temps après :

> Que la terre soit en guerre,
> Mon âme est toujours en paix;
> Et je brave
> Dans ma cave
> La fortune et tous ses traits.

Ou sur les assiettes à musique du musée de Cluny :

ARIA.

> Croyez-vous qu'amour m'attrape
> De m'avoir osté Catin?
> Qu'aige à faire de la grappe
> Quand j'ai foulé le raisin?

ARIA.

> Pour passer doucement ma vie,
> Avec mon petit revenu,
> Amis, je fonde une abbaye,
> Et je la consacre à Bacchus [2].

---

1. *Musée d'antiquités de Rouen. Histoire du travail. Catalogue général. Exposition universelle de* 1867. Paris, Dentu, p. 158, numéros 2,150, 2,151 et 2,152 du Catalogue.

2. Numéros 89 et 90 de la salle des faïences françaises. Musée de Cluny.

Nous renvoyons pour les inscriptions plus récentes à l'ouvrage de M. Champfleury, qui le premier a levé, comme il dit, « le drapeau de la faïence parlante », et qui a rempli son beau livre des *Poteries de la*

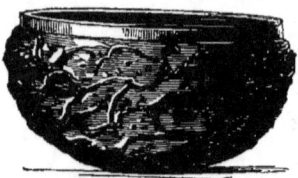

Fig. 195. Coupe en terre jaunâtre. Ornement de feuilles naturelles appliquées pendant la cuisson. — Provenance inconnue. N° 185 du Catalogue.

Révolution d'innombrables inscriptions d'un esprit complétement gaulois, recueillies sur des assiettes de Nevers ou de Rouen.

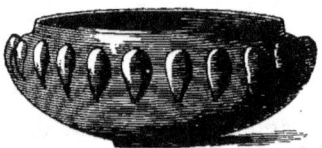

Fig. 196. Coupe de terre noire. Ornement en relief barbotine (gouttelettes). Hauteur, 5 centimètres; largeur, 9 centimètres. — Provenance inconnue. N° 182 du Catalogue.

Il a tellement bien su découvrir *la griffe* de l'art national à cette époque de résurrection, qu'il suffit de le suivre dans ses observations

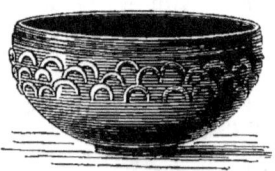

Fig. 197. Coupe en terre rouge. Ornements en relief barbotine imbrication. Espèce de vernis stanifère Hauteur, 6 centimètres; largeur, 10 centimètres. — Provenance inconnue. N° 181 du Catalogue.

si perspicaces pour s'assurer par ses yeux de la persistance inaltérable de la joie, de la gaieté, de l'esprit de nos vieux pères parmi leurs vrais descendants [1].

[1]. *Histoire des faïences patriotiques sous la révolution*, par Champfleury. Paris; Dentu, 1867.

VIVE LA LIBERTÉ !

VIVE LA NATION !

VIVE L'AGRICULTURE !

VENERANDA NUTRIX !

O Cérès antique ! ô belle Isis des Gaules ! que tu as dû pleurer de bonheur au cri d'enthousiasme de ces braves laboureurs, au cri de ces bonnes citoyennes, *Louise Brunete, l'an* IV ;—*Marie-Anne Pigu*, 1793 ;— *Catherine Tetar*, qui écrivaient sur leurs coupes de mariage [1] : La patrie a besoin d'hommes.

Coit (C'est) le moment de faire un petit enfant [2].

La tradition des poteries parlantes ne devait appartenir qu'aux races

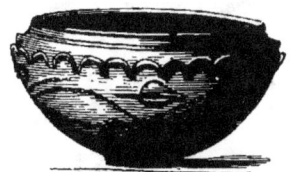

Fig. 198. Coupe en terre rouge foncée. Feuillage et imbrication en barbotine. Hauteur, 5 cent. ; largeur, 5 centimètres. —Provenance inconnue. N° 182 du Catalogue.

de la pensée. Nous ne l'avons pas vue chez les Latins, nous la retrouvons chez les Hellènes, et même, en remontant plus haut, jusque dans l'Orient lointain.

Les Grecs l'avaient gardée.

Réjouis-toi, criaient à Corinthe les calices des convives des philosophes épicuriens. *Réjouis-toi* et vide-moi pour les dieux !

XAIPE KAI ΠΙΕΙ ΝΑΙΧΙ.

Salut et bois-moi.

XAIPE KAI ΓΙΟΜΕ.

Eva, Évohé !

EVA EVOE.

---

[1] L'usage de donner des coupes aux nouvelles mariées est encore en vigueur dans beaucoup de campagnes françaises. Nous ne revenons pas sur le symbole de cette coupe. Il est assez formel pour n'avoir pas besoin d'explications nouvelles.

Ah ! si l'on voulait un peu creuser la France moderne, comme on y retrouverait, vivante toujours, l'âme de l'ancienne Gaule !

[2] *Faïences patriotiques*, p. 164, 226 et suiv.

Bois et ne repose pas ta coupe.

ΓΡΟΓΙΝΕΜΕ ΚΑΤΘΗΙΣ

Puis, en don de noces, comme sur nos coupes de mariage, qui, si les archéologues fouilleurs nous permettent de les trouver intactes, porteront sans doute les noms des *Huelline*, des *Rovina*, des *Adenize*, des *Luned* au sein d'or et des *Guenaran* à la gorge de neige, les amis de Pindare [4], sur les calices, au lieu des *Louise*, des *Perrine*, des *belles Marie-Jeanne* de nos faïenciers populaires, écrivaient : *la belle Héras, la belle Calipé, la belle fille*.

ΗΕΡΑΣ ΚΑΛΕ — ΚΑΛΙΓΕ ΚΑΛΕ — ΗΕΓΑΙΣ ΚΑΛΕ [1]

Cet usage de la poterie qui parle est encore plus primitif; les Chinois l'ont.

Que les derniers replis du cœur soient satisfaits comme devant un parterre de fleurs!

En dehors de ceci quoi chercher encore [2] *?*

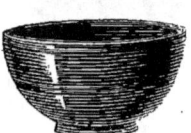

Fig. 199. Coupe ou bol en terre grise mate foncée. Hauteur, 4 centimètres; largeur, 7 centim. — Provenance, Cologne. N° 123 du Catalogue.

Sur les vases dédiés au ciel et aux ancêtres ils mettent des souhaits plus purs et moins matérialistes :

Dix mille années sans violences et sans troubles [3].

Les Circassiens, enfin, le conservent de même sur les rebords retroussés de leurs bratines d'or ou de bronze. Joyeux ils s'écrient :

Buvez, égayez-vous, et en vous levant le matin dégrisez-vous à la santé du propriétaire Siméon.

---

1. Voir page 74. — Chapitre de la coupe de l'immortalité, note 1.
Les Merveilles de la céramique, de M. A. Jacquemart, p. 21 et suiv. — Antiquité grecque. Deuxième partie, Occident.
2. *Les Merveilles de la céramique*, par Jacquemart. Première partie, Orient, p. 117.
3. Voir le *Po Kou Tou*, ouvrage composé au dix-huitième siècle (1772) par un fils de l'empereur de la Chine, et dans l'*Univers, Histoire et description de tous les peuples*. Paris, Didot. Le volume *Chine*, par M. G. Pauthier, pages 202 et suiv.

Plus philosophes ils disent :

Courage, ô homme! ne cherche pas la sagesse, mais l'humilité, car si tu possèdes l'humilité, tu triompheras de la sagesse.

Ou bien :

Si l'on boit avec modération dans cette coupe, elle réjouit l'âme, sinon elle la perd[1].

Du reste, ces coupes « d'un homme de bien », destinées à « porter d'honorables santés », et qu'on a pu voir dans les galeries de l'*Histoire du travail*, au palais du Champ de Mars en 1867, avaient des formes identiquement semblables aux coupes que nous donnons ici (*fig.* 194 et *suiv.*); le rapprochement se passe de commentaires.

Telle est la généalogie de la poterie parlante, qui nous mène au point de départ déjà signalé dans la première partie de ce travail : l'Orient.

Les renaissances ne sont que la rencontre de deux familles séparées brusquement par des catastrophes horribles qu'on nomme des conquêtes, et qui sont, dit-on, l'histoire des peuples. Les sœurs, à ce moment, s'appellent, se reconnaissent et confondent leurs baisers dans une étreinte commune. Puis l'humanité réconciliée reprend sa marche et roule son rocher de Sisyphe en remontant vers l'éternel but ici-bas, *le progrès infini.*

A la fin de l'époque romaine, quand cette pourriture était en train de se ronger elle-même et, comme tout ce qui est impérial, de disparaître par son propre anéantissement, la Liberté, belle fille aux seins durs, était venue tendre sa coupe aux vieux rejetons des Vercingétorix de l'Arvernie, des Civilis de Hollande, des Marick de l'Allier. On célébrait joyeusement l'union puissante, rêve du vaincu d'Alise. Mais le Sicambre était là. Se souvenant des anciens pillages et des grasses terres d'outre-Rhin, il guettait sa proie, dans l'ombre de ses forêts sombres ; quand il jugea le moment venu, il se précipita dans la Gaule à son tour. Sur la bouche sereine, sur la gorge blanche de la belle rieuse, se posa le poing du guerrier chevelu : le doux rire et la gaieté s'évanouirent, étranglés pour des siècles par la main brutale et grossière de Mérovée le Germain.

---

1. Bratines russes à l'Exposition universelle de Paris, 1867. *Histoire du travail.*

VII

LA RENAISSANCE DE L'ART GAULOIS

Sommaire : Conclusion de la seconde partie. — Rome d'après Napoléon III et d'après Voltaire. — César massacra tout en Gaule et ne fit rien pour la civilisation. — Les empereurs ont pillé la Gaule, mais ne l'ont pas civilisée. — La conquête rapprochant les vaincus. Les Grecs détruits retrouvent des frères dans les Gaulois décimés. — De la putréfaction romaine renaît une fleur divine. — L'art gaulois. — Résumé de l'étude de cette renaissance. — Qu'a-t-on fait de Rome? *Tout*. — Que fut-elle? *Rien*. — Qu'a-t-on fait de la Gaule? *Rien*. — Que fut-elle? *Quelque chose*.

Oser décrier Rome, marchander son admiration pour *l'Urbs œterna*, c'est encore aujourd'hui blasphémer un nom sacro-saint. C'est presque mériter le bûcher, c'est être un barbare.

Rome, dit M. Francis Wey dans son grand ouvrage (Paris, Hachette, 1872), « c'est la Jérusalem de l'art antique et de l'art moderne, c'est le sanctuaire où tout se résume et d'où sont parties toutes les civilisations actuelles. »

Rome, s'écrie S. M. Napoléon III (*Histoire de César*), « c'est le génie de la force. »

Le soldat romain était un chevalier errant allant à travers le monde « défendre partout *le faible* ». (*Id.*)

« Il y avait alors sur la terre, une nation qui, à ses frais, au prix de « fatigues et de périls, faisait la guerre pour *la liberté des peuples*, « même éloignés de ses frontières et de son continent. Elle traversait « les mers, afin que dans le monde entier il n'existât pas une seule domi- « nation injuste, et que *le droit, l'équité, la loi*, fussent partout les plus « puissants. » (*Id.*, p. 173, *Cit. de Tite-Live.*)

Rome inventa une chose admirable entre toutes, inconnue des races barbares, *l'amour de la patrie*. (*Id.*)

Voltaire, avec son bon sens habituel, avec cet esprit sain qui ne le quitte jamais, se charge de répondre : « L'amour de la patrie chez les « Romains, dit-il dans son *Essai sur les mœurs*, consista pendant plus de « quatre cents ans à rapporter à la masse commune ce qu'on avait pillé « chez les autres nations. C'est *la vertu des voleurs*. »

« Aimer la patrie, c'était tuer et dépouiller les autres hommes. »

Les empereurs, d'après lui, n'étaient que de simples «*capitaines de flibustiers.*» (Œuvres comp., t. XV, p. 225.)

Pour nous, dans l'histoire de la Gaule, dans l'histoire de l'art chez nos ancêtres, voici notre inébranlable conviction :

Qu'a-t-on voulu faire de Rome ? — Tout.

Qu'était-elle ? — Rien.

Qu'a-t-on voulu faire de la Gaule dans sa propre initiation aux arts ? — Rien.

Que doit-elle être quand on veut sérieusement étudier son génie local ? — Quelque chose.

Voilà ce que nous avons cherché à démontrer, en détruisant les légendes des historiens qu'avec un incroyable parti pris on a voulu nous faire passer pour des vérités absolues.

Voilà ce que nous avons cherché à prouver, en indiquant ce que furent les campagnes de César en Gaule, ce que fut l'invasion romaine.

Une irruption violente, sauvage, faite avec ordre et discipline, méthodiquement, réglementairement.

Un massacre horrible d'hommes, de femmes, d'enfants, de vieillards, commandé froidement par un homme pour lequel on ne saurait avoir assez de haine, puisque son bonheur lui a créé dans la suite des temps de trop nombreux imitateurs.

Oui, égorger sans dangers des fuyards pendant des journées entières.

Passer au fil de l'épée des milliers de prisonniers,

Vendre, corps et âme, sous la lance, un nombre incalculable d'êtres humains comme on vend des troupeaux,

Faucher des hommes comme des épis mûrs,

Condamner à mort de blancs vieillards, magistrats aimés d'une cité vaincue,

Frapper, tant que les bras peuvent soutenir les sanglantes épées,

Brûler des cabanes, des champs, des forêts, des villes, des régions entières,

Décimer une nation,

Faire couler le sang jusqu'à en dégoûter les soldats,

Appeler à son aide un peuple de brigands, les Allemands, aux exploits duquel on assiste impassible,

Couvrir de morts tout le territoire d'un peuple,

Mutiler, pour en finir, de nobles défenseurs de l'indépendance de leur patrie,

C'est peut-être conquérir. Je ne dis pas. — Ce n'est pas civiliser !

Lancer ensuite dans ces contrées dévastées toute une armée d'administrateurs rapaces, insolents et voleurs, de gentilshommes ruinés, désireux de refaire rapidement leur fortune.

Légats, exacteurs, procurateurs, questeurs, propréteurs, censeurs, etc., suçant avec une avidité de vampire, le sang, l'argent, l'âme de ces pauvres débris des funestes guerres.

Leur donner comme exemple des progrès de l'humanité, de l'idéal de la vie, le fainéantisme d'un peuple pour les amusements duquel on mettait à contribution l'Asie et son luxe doré, l'Afrique et ses bêtes féroces, l'Océan et ses monstres.

L'immoralité honteuse des grands, se cachant à peine dans des litières aux rideaux flottants, s'étalant sur les places publiques, au théâtre et dans le milieu de la voie sacrée.

La gourmandise des parvenus se vautrant dans des festins monstrueux, au milieu des femmes nues et des esclaves, dressés à l'orgie sans bornes.

Le scandaleux triomphe d'empereurs encensés, adulés, flattés, divinisés.

La cruauté barbare des Césars couronnés, savourant des supplices et ne jouissant que d'entrailles palpitantes, de poitrines ouvertes, de troncs séparés et de têtes coupées.

La prostitution immonde, enfin, des courtisanes parfumées, venant tendre leurs flancs aux impurs baisers de la brutalité publique.

C'est peut-être énerver une nation trop vigoureuse et trop pure, pour ne pas faire honte à ces maîtres écrasés de débauches. Je ne dis pas. — Ce n'est pas civiliser.

Rome asservie dans son triomphe, n'a pas fait autre chose pour la Gaule libre encore dans sa défaite.

Les arts chez elle ne pouvaient être que l'expression du goût d'une race de *soudards* et de *filles*, l'alignement, le régulier, le symétrique ou l'ostentation, le faux éclat et le clinquant.

Ils ont pu être ingénieurs, constructeurs de chemins, de canaux, d'aqueducs, de remparts, etc.

Ils ne furent jamais *artistes*.

Est-ce qu'ils avaient le temps d'inventer? Ils copièrent, ou plutôt surmoulèrent ce qu'ils avaient volé partout.

C'est ce que nous espérons avoir suffisamment démontré dans l'étude de la fabrication banale de leurs poteries rouges de Toscane.

Ce n'est point avec de petits poinçons estampés sur des pierres gravées, ce n'est pas avec des roulettes, des outils préparés, des cases géométriques remplies selon la formule, que l'on constitue un art, qu'on élève et qu'on fait épanouir l'intelligence d'un ouvrier.

Nous n'insistons pas sur les colosses de vingt-cinq pieds de haut, sur les portraits en perle, sur les casques à faux cheveux des matrones, sur le bon goût de Mummius ou de Metellus, sur les statues iconiques et les Césars en uniforme.

Ce fut là véritablement l'art romain, art qui n'est qu'une décadence triste, bien triste.

De lui ne pouvait sortir aucun germe, il était *hiératisé*, donc il était mort.

Mais après le mal ici-bas, apparaît très-souvent le bien.

Du fumier naissent les fleurs.

La putréfaction romaine provoqua en Gaule une résurrection. Du formidable mélange occasionné par l'ambition des Césars qui voulaient porter partout leurs aigles victorieuses, et qui confondirent, sous la baguette du centurion, le noir Africain, l'Égyptien à l'œil oblique, le Grec au front pur, le Gaulois à l'œil rêveur; de cet entassement de peuples réunis, sortit comme un éclair lumineux de la pensée.

Du choc de deux corps, qui contiennent comme un feu latent, jaillit parfois comme une étincelle.

De l'immixtion nouvelle et forcée des races de l'esprit, séparées depuis longtemps, brusquement rassemblées tout à coup, naquit la lumière.

Une de ces races qui était restée, grâce à son respect inouï des traditions primitives, plus élevée, plus grande, plus pure, elle venait de le prouver par sa force de résistance à l'envahissement militaire, gardait en elle-même une véritable force de cohésion.

Elle attira, comme un aimant, tout ce que le bouleversement du sabre avait remué, déplacé, séparé, désuni.

On peut dire que la Gaule servit dès lors de pivot au grand mouvement de *renaissance* de l'humanité désorganisée par les soldats de Rome.

Ses écoles de Marseille, de Lyon, d'Autun, de Bordeaux, rayonnèrent sur le monde. Juvénal lui-même le constate. Sous la domination pacifique des empereurs philosophes, on se reconnut dans le désordre affreux au milieu duquel vivait le monde. Les initiés se firent un signe, et les mains s'unirent, dans la grande nuit, où l'ambition sanglante des conquérants venait de plonger le vieux monde tout entier.

« Reine du ciel, quels que soient le nom, la forme ou le rit sous lesquels on puisse t'invoquer, mère d'Horus, mère d'Apollon, mère de Taliesin, daigne nous secourir. »

La mère. Ce fut au culte de la mère, conservé si pieusement en Gaule, et qui a survécu à l'obscurité plus profonde encore des invasions germaniques, ce fut au culte de la mère que nous dûmes de devenir la grande nation.

Femmes sublimes, femmes de France, vous venez de prouver que vous êtes grandes encore. Vous avez osé rêver la libération de la patrie ; ce que n'avaient pu les hommes, vous avez voulu le tenter... Hélas !... Honneur à vous, femmes ! Tant que votre culte restera dans nos cœurs, les orages peuvent fondre sur nous, nous resterons debout. Vous avez été le passé, fasse le ciel que vous soyez l'avenir.

Nous avons essayé de démontrer comment ce culte d'Isis, de la grande déesse, trouva bien vite des adeptes en Gaule, où celui de Koridwen n'était pas encore complétement éteint. Nous avons essayé d'expliquer cette obscure inscription des autels de Chartres et de Châlons : *Virgini pariturœ*, sans nous appesantir sur les rapports nécessaires qui durent s'établir entre les fils des philosophes d'Athènes et les disciples des semnothées d'Aristote.

C'était le rapprochement de nos petits vases, presque grecs, qui nous avait conduit à l'énonciation de ces analogies. Nous avons trop parlé du rôle de la céramique dans l'histoire des peuples, pour insister à nouveau sur cet objet constant de nos recherches.

Mais nous ne pouvions, rencontrant sur toutes nos poteries des noms grecs mêlés à des noms gaulois, trouvant sur nos monuments des inscriptions grecques, constatant dans nos cimetières des inhumations grecques, ne pas conclure que de la patrie des Socrate et des Platon, des Phidias et des Praxitèle, non de Rome la grande prostituée, nous était venue la flamme sainte qui provoqua notre réveil. Pour mieux accentuer la portée de ce grand réveil, nous sommes allé demander aux maîtres ès arts de la fin du douzième siècle le pourquoi de leurs immortels chefs-d'œuvre. Nous les avons suivis dans les fraîches vallées de la Seine, allant cueillir les primevères, la renoncule, le muguet, l'iris ou le nénuphar, et le sculptant au lendemain sur les frises, les frontons et les chapiteaux de leurs grands temples.

Nous les avons trouvés Gaulois jusqu'au bout des ongles, transmettant à la postérité les types, les sentiments, les affections, les passions même de la grande famille française.

Et le divin potier de Saintes nous a conduit dans ses sublimes rêveries des douces prairies du fleuve de Charente, à déduire, qu'ainsi que lui, ceux qui enroulèrent sur leurs vases noirs les délicieuses guirlandes que nous dessinions avec tant d'amour, les vignes ondoyantes que nous reproduisions avec tant de joie, avaient aussi parcouru les campagnes au renouveau qui suivit les grandes défaites, et s'étaient retrempés à la source intarissable qu'avait sanctifiée la triade des vieux bardes, la grande, la belle, l'immortelle mère, la Nature.

On nous demandait des traces certaines de cet art national, dont nous avions si souvent affirmé l'existence. Nos pauvres petits vases nous en ont donné ce que de raison.

Ils éclataient de joie dans des paroles naïves et douces, nous avons transcrit les termes si français de cette joie, franche, gaie, suave, de ce rire adoré chez les vieux Celtes, et recherchant au milieu de nos paysans modernes, dans la charmante accointance des menus propos de friandise et de passe-temps, dans les joyeux propos des buveurs de la cave peinte, dans les dires si philosophiques des convives de Beroalde, dans l'esprit si plein d'indépendance des poëtes de la pomme, les traces indestructibles du caractère de ceux que nous tenons tant à montrer tels que nous les rêvons, nous avons pu traduire par les faïences du moyen âge, par celles du dix-huitième siècle, par les cruches, les bols, les tasses du Poitou, de Normandie, du Nivernais, de la Bretagne, les mots mêmes des grands calomniés des premiers siècles, assez heureux pour passer encore là au-dessus de Rome, et pour renouer la chaîne qui réunit, par les Grecs et les Circassiens, les nôtres, à leurs véritables aïeux, ceux du profond Orient.

« De même qu'il y a une sorte de piété à recueillir les moindres objets qui ont appartenu à des parents qu'on ne retrouve plus, en revenant à la maison natale, après une longue absence, de même les moindres débris de l'héritage de nos ancêtres, nous doivent toucher profondément. » (*Esprit des Gaules*, Jean Reynaud, p. 306.) C'est pour cela qu'il nous a été doux de faire retentir dans notre vraie langue ces cris de ceux qui nous ont devancé, que nous avons trouvé un inexprimable charme à redire, avec le grand penseur que nous citions plus haut, avec nos modeleurs d'argile si dédaignés, et pourtant si artistes dans leurs premières œuvres, de cette Renaissance oubliée : « Voilà les paroles que prononçaient nos pères. »

Ah! s'il nous a été donné d'enlever à Rome quelques-uns de ses admirateurs, et de convertir à l'amour des œuvres de nos artistes nationaux, des yeux désillusionnés des soi-disant chefs-d'œuvre de la perfide Italie, combien grand serait notre bonheur ; nous pourrions alors répéter hardiment ce que nous écrivions au début de ce chapitre.

Qu'a-t-on voulu faire de Rome pour la civilisation artistique de la Gaule? Tout. Que fut-elle? Rien.

Qu'a-t-on voulu faire de la Gaule pour sa propre initiation aux arts? Rien.

Que fut-elle? Quelque chose.

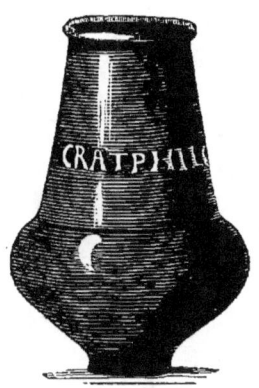

Fig. 200.

TROISIÈME PARTIE

LE FRANK EN GAULE

I

GESTA DEI PER FRANCOS

Sommaire : La *Truste* de Mérowig. — « La bataille! la bataille! » Le pillage. L'orgie teutonique. — Parole de Frank. — L'intérieur de la cour d'un roi frank. — Les femmes. — Les douces et blondes Germaines. — La chasse à l'homme. — Incroyable supériorité des Franks dans l'invention des supplices. — Clovis et sa famille. — Massacres. — Clotaire et ses neveux. — Massacres. — Franks et Gaulois de 1789.

César, dans ses *Commentaires*, prête à l'Éduen Divitiac un prophétique discours où le grand druide s'écrie :

« Voilà que les Germains passent le Rhin. Ces hommes rudes et grossiers, charmés par le sol de la Gaule, les mœurs policées et les richesses des habitants, arrivent en grand nombre, et dans peu d'années tous les Gaulois seront chassés de chez eux et tous les Germains traverseront le fleuve, car on ne peut comparer le sol de la Gaule à celui de la Germanie, pas plus qu'on ne peut comparer le genre de vie des deux peuples »[1].

---

1. Horum primo circiter millia XV Rhenum transisse : posteaquam agrös, et cultum, et copias Gallorum, homines feri ac barbari adamassent, traductos plures : nunc

Le jour funeste de la prédiction de Divitiac était arrivé. Derrière le Rhin, depuis de longues années, grouillaient des masses sombres, campées dans la Forêt-Noire. Du haut de leurs rochers abruptes, comme des aigles fauves, ils regardaient d'un œil d'envie les belles prairies du Doubs et de la Saône. Quand ils jugèrent venu *le moment psychologique*, ils descendirent.

Terrible fut le choc, plus terrible encore l'occupation; elle a duré des siècles et n'a pu finir que par une absorption qui, de nos jours mêmes, grâces à des circonstances, à des tendances, à des principes contraires qu'il ne nous est pas permis d'étudier ici, n'est pas encore complétement terminée.

Parée de la dépouille des ours et des veaux marins, des aurochs et des sangliers, plus semblable à un troupeau de bêtes féroces qu'à une nation d'hommes, *la Truste* de Mérowig [1] s'abattit, rapace, avide, désordonnée, sur nos fertiles campagnes, et la grande chevauchée des Sicambres et des Salliens commença.

Des ceintures de cuir dessinaient leurs hautes tailles, des baudriers de cuir ornés de larges plaques de fer argenté, couvertes de dessins fantastiques, où les entrelacs se terminaient par des têtes de serpents, des becs d'aigles ou des profils de dragons, chargeaient leurs épaules.

Sur la tête ils avaient des peaux de bête, aux pieds des bottines fauves, le poil en dehors, de longues courroies de cuir se croisant sur la jambe rattachaient à la taille ces chaussures grossières.

Un justaucorps de couleur sombre, vert-bleu-brun, orné de dentelures rouges, dissimulait leurs poitrines.

Les bras étaient nus.

Un bouclier blanc, poli, rond, armé d'une pointe au centre, pendait à l'arçon de leurs selles. Une large épée battait les flancs de leurs montures, un poignard appelé *skramasax*, à lame empoisonnée, se balançait sur leur cuisse gauche. Une hache lourde, épaisse, funeste, qu'ils lançaient de loin à la face de l'ennemi, était attachée par le manche à leur côté droit. Ils tenaient en main des harpons au fer recourbé en

---

esse in Gallia ad centum et XX millium numerum... Futurum esse paucis annis uti omnes ex Galliæ finibus, pellerentur atque omnes Germani Rhenum transirent : neque enim conferendum esse Gallicum cum Germanorum agro, neque hanc consuetudinem victus, cum illa comparandam.

Guerre des Gaules. Commentaires de J. César. Paris, Charpentier, 1862, p. 33 et 35.

1. *Truste*, bande de vassaux armés. — A. Thierry, p. 292, t. II.

fleur de lis, dont ils se servaient pour accrocher les gens dans la bataille.

Leur chevelure vierge, ramenée en avant sur la poitrine et teinte d'une liqueur rouge semblable à du sang et à du feu, encadrait leur face blême, où brillaient des yeux couleur de mer orageuse et qu'accentuaient des moustaches pendantes qui donnaient à leurs lèvres l'apparence d'un mufle de dogue ou de loup [1].

« La bataille! criaient-ils de toutes parts, la bataille! Roi *Koning*, donne-nous l'occasion de nous battre, de gagner des richesses. Alors on t'élèvera dans le *mâl* sur le haut bouclier, tu seras le vrai chef de guerre, le digne fils de ta mère, l'épouse de la bête des vagues écumantes, et nous *obéirons à ta bouche* » [2].

Et les *hangs*, les harpons, les *francisques*, les épieux, les *skramasax* battaient le fer des boucliers en cadence, et les cavaliers hurlaient, et les chevaux piaffaient, et sur les chariots pesants, traînés par des bœufs, les femmes aux tresses blondes, assises sur les grands coffres cerclés de fer, à triples serrures, où s'entassaient le butin, les vases, les bijoux précieux, les sacs d'or, les étoffes voyantes, agitaient les bras et criaient :

« La bataille ! — la bataille ! »

---

1. V. *Récits des temps mérovingiens*, par Augustin Thierry. Paris, Garnier frères, 1867. Tome I, pages 309, 313, 322, tome II, pages 15, 26, 50, 73, 79, etc.
Les *Martyrs*, par M. le vicomte de Chateaubriand. Paris, Didot, 1849, p. 102 et suiv.
Histoire de France, d'Henri Martin. *Passim*.
Histoire de France, d'après les documents originaux et les monuments de l'art de chaque époque, par M. Henri Bordier et Edouard Charton. Paris, 1862, t. I, p. 112, 120, 166.
Mémoire sur les sépultures des barbares de l'époque mérovingienne découvertes en Bourgogne et particulièrement à Charnay, par Henri Baudot. Paris, Didron, 1860. *Passim*, planches 1 à 14 de l'album.

2. Voir sur le titre de *Koning*, Augustin Thierry, *Récits mérovingiens*, t. I, p. 297, sur le *mâl*, *grande assemblée guerrière*, id., t. II, p. 3 et p. 48 ; sur le mot *obéir à ta bouche*, id., t. II, p. 79. La bouche était pour les Germains le symbole de l'autorité, et l'oreille celui de la dépendance, et sur le *cri de la bataille*, id., t. II, p. 29.
La naissance de Mérovée fut enveloppée de traditions fabuleuses. Fredegher, l'abréviateur et le continuateur de Grégoire de Tours, rapporte à ce sujet un conte populaire qui avait cours chez les Franks. « On raconte, dit-il, qu'un jour d'été, vers le midi, Chlodeo se reposant avec sa femme sur le rivage de la mer, la femme se leva pour s'aller baigner dans les eaux, et fut épouvantée par un monstre marin (*bestia Neptuni*, semblable au Minotaure, qui avait eu désir d'elle... Ayant été touchée soit par la bête, soit par son mari, elle conçut et engendra un fils appelé *Meroveus*, du nom duquel les rois des Franks furent depuis nommés Mérovingiens. (Henri Martin, *Hist. de France*, t. I, p. 370.)

Alors, lorsque la tourbe que traînait à sa suite le roi chevelu était arrivée près d'une ville, il envoyait dire : « Si l'on touche un des miens, je vais brûler tout le pays... Si vous ne faites pas ce que j'ai dit, si vous résistez à ma volonté, je vais détruire tout ce qu'il y a de verdoyant à une lieue autour de la cité, si bien que la charrue pourra y passer. » Et le fait suivait son dire, quelquefois le précédait; au reste, rien, pas même lui, ne pouvait prévaloir contre la fureur des gens venus de l'autre côté du Rhin [1].

Devant ce flot, le pauvre Gaulois fermait sa chaumière et chassait ses troupeaux dans les bois. Les cités épouvantées ouvraient leurs portes. Quand on s'était rendu, le soldat allemand emplissait d'abord ses havre-sacs de cuir, puis après avoir pillé les maisons, profané les lieux saints, incendié les églises, détruit les couvents de fond en comble, on mettait à mort les prêtres, on violait les religieuses, et l'on traînait ce qui restait sous le joug attaché comme des bêtes de somme [2]. On enlevait aux sanctuaires, pour les faire fondre, tous les vases sacrés; on cherchait l'or jusque dans les tombeaux [3]. On se drapait dans des étoffes de soie brochée, semées de pierres précieuses enlevées aux sépulcres des martyrs; on abattait à coups de harpon les colombes d'argent, figures de l'esprit, suspendues aux lambris des chapelles; on entassait sur des barques chargées à couler bas les trésors des monastères, puis, avec des lances en guise de rames, on ramenait les navires au rivage [4].

Après ce qu'ils appelaient la victoire, — l'orgie commençait, orgie teutonique qui dévorait des sangliers, des daims entiers servis tout embrochés, qui défonçait des tonneaux dont les fûts restaient éventrés aux quatre coins de la salle [5].

---

1. ... Sin autem aliud totam regionem illam igni succendam. Chilpéric à Grégoire de Tours. — (Greg. Turon., *Hist. Franc.*, lib. V, t. II, p. 239.)

... Cuncta virentia quæ sunt circa urbem ad terram ut dignus fiat aratro locus ille. (*Id.*, lib. V, t. II, p. 234.)

Vicos quoque qui circa Parisius erant, maxime tunc flammas consumsit : et tam domus quam res reliquiæ ab hoste direptæ sunt, ut etiam et captivi ducerentur. Obtestabatur enim rex ne hæc fierent; sed furorem gentium quæ de ulteriore Rheni amnis parte venerant superare non poterat. (*Id.*, lib. IV, p. 229.)

Augustin Thierry, *Récits mérovingiens*, t. II, p. 84, 77, 30.

2. *Id.*, t. II, p. 19 et 77.

3. *Id.*, t. I. p. 312.

4. Voir le pillage de Saint-Denis et d'un monastère de Saint-Martin, près de Tours. — *Deuxième récit*, Augustin Thierry, p. 21 et 30, t. II.

5. *Id.*, t. I, p. 294.

Les tables étaient couvertes de plats d'or, d'argent ciselés, fruits du pillage de la conquête. Le vin, la bière coulaient sans interruption dans des coupes ornées, dans des cornes de buffle dont les Germains se servaient pour boire.

Les buveurs se portaient des défis, aux acclamations, aux éclats d'une joie complétement sauvage.

Les mots rudes, les rires grossiers retentissaient dans les salles. Merowig racontait les crimes de son père, les débauches de sa belle-mère[1]. On se querellait, on se battait, le bruit couvrait le chant des offices, allait troubler les prêtres dans leurs stalles ou les religieux au fond de leurs cellules, et les convives pris de vin se colletaient jusqu'auprès de l'autel. Et quand, tout le monde était ivre, le roi s'écriait, n'ayant plus soif de vin, mais ayant encore soif de sang :

« Je tuerai bien quelqu'un ici[2] ! »

Les femmes regardaient, hébétées, caressant leurs longues tresses grasses et quelque poëte italien bien gorgé comme Venantius, Honorius, Clementianus, Fortunatus, les comparait à Vénus, aux Néréides qui nagent dans les mers d'Hibérie, aux sources de l'Océan, aux napées, aux nymphes des fleuves, au saphir, au diamant, au cristal, à l'émeraude, au jaspe, aux perles, etc. Au milieu de ce cliquetis de mots sonores, ces chasseresses, plus habituées à entendre le son du cor dans la forêt que le rythme harmonieux de la lyre, à filer le chanvre des quenouilles, à ouïr la voix des chiens fauves poursuivant le cerf lancé, ouvraient les lèvres, écoutaient bouche béante[3].

---

1. *Id.*, t. I, p. 309, t. II, p. 90.
2. Mot du fils de Hilpéric à Tours, *Troisième récit*. Augustin Thierry, t. II, p. 82.
3. Epithalame composé par Venantius Fortunatus pour les noces de Sighebert et de Brunehilde :

O virgo miranda mihi, placitura jugali,
Clarior æthereal Brunichildes lampade fulgens,
Lumina gemmarum superasti lumine vultus,
Altera nata Venus, regno dotata decoris,
Nullaque Nereidum de gurgite talis Hibero
Oceani sub fonte natat, non ulla Napea.
Pulchrior, ipsa suas subdunt tibi flumina nymphas.
Lactea cui facies, incocta rubore coruscat.
Lilia mixta rosis, aurum si intermicet ostro,
Decertata tuis nunquam se vultibus æquant,
Saphirus, alba adamas, crystalla, smaragdus, iaspis,
Cedant cuncta, novam genuit Hispania gemmam!

Pièces justificatives, Augustin Thierry, t. I, p. 382. *Récits*, p. 311.

Si le roi, et il s'en trouvait quelquefois, avait aussi des prétentions à la poésie, entre deux hoquets, après avoir gratifié ses convives « d'écervelés, d'insolents, de bavards, ou de luxurieux [1], » il lançait à son tour des vers informes, perclus de tous leurs pieds, où les brèves couraient après les longues, les longues après les brèves, » sans ordre, sans suite, et les ivrognes applaudissaient avec des trépignements féroces, la poésie suave du victorieux *Koning* [2].

Puis comme, après tout cela, on avait besoin de paix, car il fallait bien cultiver les champs pour vivre, les rois qui se battaient, sur les corps de ceux qu'ils appelaient leurs sujets, faisaient de grands jurements de ne jamais plus recommencer. Ils s'avançaient l'un vers l'autre tenant à la main de petites branches d'arbre, qu'ils échangeaient en signe de la parole qu'ils se donnaient mutuellement de ne jamais reprendre l'offensive [3]. Ils prenaient à poignées les tapis de soie qui recouvraient les châsses des saints. Les *leudes* rangés en demi-cercle tiraient tous à la fois leurs épées, et les brandissaient en l'air en prononçant une vieille formule païenne qui dévouait au tranchant du glaive celui qui violerait sa parole. On posait la main sur les reliques, on chantait des psaumes, on portait des flambeaux de cire, et la foi tudesque, le mensonge brutal accompagné d'un gros rire interne, jurait avec la pensée de trahir aussitôt son serment de donner au monde le repos et la tranquillité [4].

Lorsque la bête est repue, d'ordinaire elle se retire dans son antre; sa faim apaisée, elle étend sur ses pattes sanglantes sa gueule fatiguée, allonge ses griffes et, les yeux à demi fermés, se repose.

Le Frank après la bataille, après les incendies, les pillages, l'orgie et les serments, rentrait dans la grande forêt de Cuise dont les agrestes sites lui rappelaient les villages de l'ancienne Germanie et là se reposait, lui aussi.

Le village royal se composait de grands bâtiments d'exploitation agricole, de haras, d'étables, de bergeries, de masures de cultivateurs, de cabanes de serfs, ce n'était pas un *burg* avec de hautes tourelles, des créneaux, des machicoulis, des poternes et des donjons, c'était une sorte de repaire de brigands, fortifié de palissades, garni de parapets

---

1. *Propos de table du roi Hilpéric*, t. I, p. 302, *id.*
2. *Sixième récit*, t. II, p. 273, *id.*
3. *Deuxième récit*, t. II, p. 9.
4. ... Ipsis prodentibus Francis, quibus familiare est ridendo, fidem frangere. (*Flav. Vopisc.*, t. 1, p. 541. Augustin Thierry, t. II, p. 77.)

de terre ; au milieu, sur une motte factice ou naturelle, s'élevait une tour basse, ronde, à toiture surbaissée, surmontée d'une guette ; devant s'étendait une grande cour (*aula*) servant aux revues, aux réunions, aux assemblées [1].

Dans la demeure centrale, on entassait les grands coffres, remplis de joyaux, de sacs d'or et d'argent, de ballots d'étoffes précieuses.

Les femmes se paraient d'ornements de tête, de colliers, de verroterie, de bracelets, d'agrafes de pierre, de grandes robes tissues de fils d'or et de pourpre, de ceintures d'or massif et venaient s'offrir au seigneur.

— Le roi m'a appelée, qu'il fasse de sa servante ce qui lui semble à propos. Qu'*Ingonde* ne perde jamais ses bonnes grâces !

Après *Ingonde*, arrivait *Markowefe*, puis après *Meroflede*, puis *Theodehilde* ou quelque autre, et le roi quittait celle-ci pour celle-là, épousait chacune à leur tour *Aregonde, Ingoberghe, Audowère* ou *Frédégonde*. La fille d'un cardeur de laine, la fille d'un gardeur de troupeau, la fille d'un *lite* (serviteur) de la cour, n'importe. Sous Louis XIV, qui chassait de race [2], cela s'appelait des demoiselles d'honneur, et la cérémonie nuptiale n'était pas de rigueur.

« Je ne puis ce soir coucher avec ma femme, disait Hilpéric à Frédégonde. — Eh bien ! alors, je coucherai avec toi [3]. »

Et le lendemain, on avait une reine de plus.

Ah ! le mariage était chose facile à cette époque. On se donnait la main en présence de témoins choisis, c'était le *handelang*. A l'aurore pour prix de sa virginité, la femme recevait le *morghen-gabe*, le don du matin, le sou et le denier, d'après la loi salique. Son époux jetait sur elle un brin de paille, il avait acheté sa reine, elle était devenue sa chose, on dictait une charte à quelque secrétaire et le pacte était conclu [4].

Quand l'épouse se montrait gênante, on la reléguait dans un cloître ou bien un serviteur dévoué l'étranglait pendant son sommeil [5]. Qu'il y a loin de là, aux nobles épousées de la vieille Gaule, à la coupe libre-

---

1. *Dictionnaire raisonné de l'architecture française*. Paris, Bance, t. III, p. 64, article *Château*, par M. Viollet-Leduc, et les *Récits mérovingiens*, t. I, p. 293.
2. Surtout, disait-il un jour à d'Hozier, ne faites pas de moi un Gaulois. Je suis Franc, excessivement Franc, tout ce qu'il y a de plus Franc.
3. Augustin Thierry, *Premier récit*, t. I, p. 306.
4. *Id.*, p. 315, 325, 326.
5. *Id.*, p. 328.

ment offerte de la belle Aristoxène, aux trois pudeurs, à la fidélité de Camma, à l'énergie de Kiomara.

Les femmes franques, quand elles ne sont pas des monstres, sont de simples femelles, propres à donner des héritiers, à filer de la laine et à complaire à leurs maris.

Clothilde elle-même, la douce Clothilde, a des regains de sauvagerie incroyable. Quand on l'amène à son mari dans une basterne traînée par des bœufs, suivie d'un cortége nombreux, elle apprend que ses oncles la poursuivent. Alors elle fait brûler de chaque côté de la route deux lieues du pays burgondien et arrivée sur les terres de son époux, s'écrie : « Dieu tout-puissant, je vois enfin commencer la vengeance de mes parents et de mes frères [1]. » Quant à Rigonthe, la fille de Frédégonde, elle battait la reine à coups de pied et à coups de poing. Un jour que celle-ci cherchait une parure au fond d'un de ces grands coffres dont nous avons parlé plus haut, elle abattit brusquement le couvercle et s'assit dessus, broyant sous le chêne, pesant, bardé de fer, les épaules, le cou, les bras de sa digne mère [2].

Quand il faisait beau temps et qu'on avait signalé les traces d'un gros gibier dans la forêt, on sortait les équipages de chasse, les valets tenaient en laisse les grandes meutes, les serviteurs présentaient le poing aux oiseaux dressés à la poursuite, les nobles châtelaines grimpaient à cheval, les cornes recourbées portées en bandoulière, les hennissements des coursiers, les appels des seigneurs, brandissant leurs épieux dans l'air, faisaient retentir les échos des bois profonds [3].

On prenait la bête, la capture mettait en goût de galoper, — en chasse ! en chasse ! Si le fauve faisait défaut, on chassait l'homme, sur les grands chemins, alors on attaquait à coups de lance et d'épée tous ceux dont on voulait se venger [4].

Clodowig, le jeune fils de Hilpéric « entendit tout un jour, derrière lui, le son du cor et les cris des chasseurs qui le suivaient à la piste comme un cerf lancé dans le bois [5]. »

Puis on rentrait au logis royal, se reposer, fourbir ses armes, jouer, jurer, s'enivrer et faire sa cour.

---

1. Henri Martin, *Hist. de France*, t. I, p. 417.
2. Augustin Thierry, *Cinquième récit*, t. II, p. 191. Elle ne pouvait se pardonner d'être la fille d'une ancienne servante du palais.
3. *Id.*, *Troisième récit*, t. II, p. 94; *Cinquième récit*, t. II, p. 220.
4. *Id.*, *Premier récit*, t. I, p. 312.
5. *Id.*, *Deuxième récit*, t. II, p. 16.

Le roi daignait parfois égayer la monotonie d'un pareil genre d'existence par quelques exécutions combinées avec soin.

Les empereurs romains savouraient les supplices, les rois franks étaient peut-être plus forts, ils en inventaient d'inconnus.

Je ne parle pas de Brunehaut, attachée toute nue à la queue d'un cheval sauvage, mais il faut lire Grégoire de Tours pour se rendre bien compte de l'esprit raffiné des Mérovingiens dans la tuerie.

Gonthram avait perdu un cor de chasse, on torturait toute la valetaille, on torturait les hommes libres, qui avaient accompagné le roi dans sa promenade.

Tel noble franc était soupçonné d'avoir tué un buffle sur le domaine royal, — à mort [1].

Gaïlen, Grind, Gaukil avaient accompagné Merowig dans sa révolte; on coupait les pieds, les mains, le nez et les oreilles de Gaïlen ; on brisait les membres de Grind sur une roue qu'on élevait en l'air, on se contentait de trancher la tête de Gaukil [2].

Austrehilde se mourait, ses médecins devaient être des ignorants, ils ne pouvaient survivre à Austrehilde, on décapitait les médecins [3].

Deux amants, colons de Raukhing, s'étaient mariés sans son aveu. Un prêtre suppliait le seigneur, celui-ci promettait de ne pas séparer ceux que Dieu lui-même avait unis, il faisait enterrer vifs les deux amants dans la même fosse [4].

Ce duc Raukhing, du reste, était un tyran d'une imagination remarquable, il aimait à souper, mais encore plus à se distraire en soupant ; l'un de ses jeux consistait à se faire éclairer par des torches de cire ; quand il éprouvait le besoin de ne pas y voir, il forçait ses esclaves porteurs de torches à éteindre les flambeaux entre leurs jambes nues, puis on rallumait les cierges, et l'on recommençait l'expérience. Raukhing riait à se tordre des contorsions du malheureux chargé de produire, à sa voix, l'obscurité dans la salle du festin [5].

Frédégonde trouva mieux : qui a parlé de Frédégonde a nommé la femme franke dans l'expression la plus complète de son atroce tempérament de Germaine pur sang. Frédégonde, c'est la reine mérovingienne dans toute la cruauté froide de ses instincts barbares.

---

1. *Id., Premier récit*, t. I, p. 301.
2. *Id., Troisième récit*, t. II, p. 113.
3. *Id., Quatrième récit*, t. II, p. 167.
4. *Id., Troisième récit*, t. II, p. 105.
5. *Id.* Même page.

Elle est accusée d'adultère, Rikulfe témoigne contre elle, on assemble un synode. Les évêques abandonnent le clerc Rikulfe au bras séculier, mais on réclame pour lui le bénéfice de mansuétude.

Frédégonde essaye sur son corps tout ce que peut supporter un homme sans en mourir. Depuis la troisième heure du jour jusqu'à la neuvième, il reste suspendu à un arbre par les mains liées derrière le dos, après on l'étend sur un chevalet, puis on appelle toute la bande des soldats désœuvrés qui traînent dans le palais, et à tour de bras, on frappe le pendu Rikulfe avec des bâtons, des verges et des courroies mises en double.

Leudaste, le grand accusateur, est pris plus tard, le roi le livre à Frédégonde. Celle-ci réfléchit, songe la nuit, cherche dans sa pensée quelque chose d'inconnu qui puisse contenter sa vengeance.

Leudaste est blessé, on le guérit, mais la gangrène s'est mise dans la plaie, il faut se hâter. On arrache de son lit le moribond, il est étendu sur le pavé, la nuque appuyée sur une énorme barre de fer, puis un homme armé d'une autre barre le frappe sur la gorge, jusqu'à ce qu'il rende le dernier soupir [1].

Deux femmes sont complices d'un de ses beaux-fils. Il y a des maléfices dans la chose. Frédégonde fait saisir les deux femmes, la mère est mise à la question, la fille, concubine de Clodowig, est serrée dans les deux moitiés d'un pieux fendu, que l'on dresse devant le logement de son royal amant.

Le prince continue à nier le complot fantastique, on le trouve le lendemain à Noisy avec un large couteau empoisonné dans le cœur [2].

Que de sang, Dieu tout-puissant, que de sang dans cette sublime cour des rois de France!

Clodowig, ou Clovis, si vous préférez, est devenu vieux, mais il rêve l'unité salique : les Allemands ont toujours dans la tête une unité quelconque. Sighebert est l'héritier présomptif du royaume de Chloderik, son père. Clovis lui écrit : — « Voici que ton père est vieux et qu'il boite de son pied malade (il avait été blessé à Tolbiac) : s'il venait à mourir, son royaume t'appartiendrait de droit, ainsi que notre amitié. »

Sighebert fait sortir Chloderik dans la forêt de Buconie, et des meurtriers en finissent avec le roi des Ripuaires.

« Mon père est mort, écrit Sighebert, envoie-moi quelqu'un, je te

---

1. Voir pour le supplice de Rikulfe le *Cinquième récit*, p. 255; et pour celui de Leudaste, le *Sixième récit*, p. 315, t. II.

2. *Id.*, *Septième récit*, p. 342 et 346, t. II.

remettrai ce qui te plaira de ses trésors ». — Clovis dépêche ses gens; on ouvre les coffres. — « Plonge ta main jusqu'au fond, cherche s'il ne reste rien ». — Sighebert se baisse et son crâne et sa cervelle roulent sur l'or des grands coffres. — « Hélas! s'écrie Clovis, pauvres peuples sans chefs, voulez-vous de ma protection? » — Et Clovis est élevé sur le bouclier et devient roi des Ripuaires.

Hararik avait jadis, vingt-quatre ans auparavant, refusé de suivre Clovis dans sa guerre contre Siagrius. L'époux de Clotilde fait prendre Hararik et son fils, les tond, infamie pour des chevelus; le père devient prêtre, le fils, simple diacre. — « Le feuillage coupé sur un arbre vert repousse au renouveau », — dit le fils. Le roi fait couper la tête aux deux tondus. Le peuple d'Hararik acclame Clovis dans le *mâl* des Franks.

Raghenaher, à Cambrai, mène une vie d'une luxure effrénée, les *antrustions*[1] de la cour en rougissent. Clovis donne aux *antrustions* des bracelets et des baudriers d'or[2]. Les leudes livrent Raghenaher avec son frère Rikher, les mains liées derrière le dos. — « Pourquoi t'es-tu laissé enchaîner? dit Clodowig. Tu es la honte de notre race. » — Et il lui fend la tête d'un coup de hache. — « Et toi, pourquoi n'as-tu pas défendu ton frère? » — Et il frappe Rikher de sa francisque sanglante.

« Je crois qu'il ne me reste plus de famille, s'écrie l'hôte du palais des Thermes. — Pourtant... » — Et il assemble ses fidèles. — « Malheur à moi, dit-il, qui suis comme un voyageur parmi les étrangers, n'ayant pas de parents qui puissent me secourir si l'adversité me venait. » — « Et il parlait ainsi par ruse, dit Grégoire de Tours, pour découvrir s'il avait encore quelqu'un des siens de survivant et le faire tuer [3]. »

Ces monstres ont fait des petits. Clothilde les élève; un jour, on lui envoie une épée et des ciseaux. — « Plutôt morts que tondus », s'écrie-t-elle, et Clother saisit le fils de Clodomir, jette l'enfant à terre et lui plonge son couteau dans l'aisselle; avec lui se trouve Hildebert, l'autre oncle, dans ses jambes se cramponne un second enfant, le barbare se prend à pleurer. — « Tiens, je te donne ce que tu voudras, mais

---

1. Convives du roi.
2. Cet or était du cuivre doré. Après l'événement, les nobles leudes s'en aperçurent et s'en plaignirent à Clovis. Le roi leur répondit : — Celui qui fausse sa foi envers son chef et le livre de sa propre volonté à la mort, mérite de recevoir du faux or pour récompense.
3. *Histoire de France*, de Henri Martin, t. I, p. 157 *et suiv.*

ne tue pas celui-ci. » — Clother écume de rage, le pauvre petit corps est lancé en l'air et reçu sur la pointe du glaive.

Puis les rois remontent à cheval et font une course à fond de train, pour se remettre, jusqu'à Soissons. J'en passe. Il faudrait transcrire toute l'histoire des origines de la dynastie mérovingienne. *Gesta Dei per Francos* [1].

Et ce sont là les ancêtres de la nation!

Ah! qu'ils avaient bien raison, les pétitionnaires de 1789, de demander que l'on renvoyât dans les marais de la Franconie tous ces bourreaux et leurs sicaires. Ah! qu'ils avaient raison de réclamer le nom pur de Gaulois, ces revendicateurs de la vieille race celtique.

Oui, nous ne sommes pas de ce sang, nous autres, jamais aucune attache ne nous a liés à ces Germains maudits, sacrés par le ciel et les pontifes trembleurs, pour lesquels nous avons encore dans le fond du cœur une haine que rien ne pourra jamais éteindre.

1. *Histoire de France*, de Henri Martin, t. II, p. 9 *et suiv.*

II

DISPARITION ET SOMMEIL DE L'ART GAULOIS

Sommaire : Clovis et le vase de Soissons. — Les Franks artistes. — Fleurs de lis et fers de lance. — De la céramique des Franks. — Retour à la barbarie. — Le Fantastique : la prédiction de saint Jean et la terreur de l'an mil. — Nuit complète. — Sommeil de l'art. — De ce que l'on peut voir dans une esquisse d'un grand maître. — De ce que donne l'étude des simples profils des vases. — Justesse de l'affirmation du savant Lelewel. — La céramique, c'est l'histoire de l'humanité.

Un jour, après une lucrative expédition dans le pays de Reims, « toute la proie » avait été accumulée sur la place publique de Soissons. Remy, pour l'amour duquel « le roi s'abstenait de beaucoup de méchancetés, » et qu'il écoutait même parfois assez volontiers, avait été pillé à l'insu du grand chef par une bande indisciplinée. On avait, comme d'ordinaire, forcé les églises, enlevé les ornements et les vases sacrés. Le vieux *Père* ne réclamait qu'un *urceus* d'une merveilleuse beauté. « Venez avec moi, » avait dit le *Koning* aux envoyés de Remy.

« La masse du butin » était étalée par terre. « Mes braves guerriers, voici un vase que je désire rendre à l'évêque. Ne me le refusez pas, je vous en prie, et qu'il me soit donné hors part. — Tu n'auras rien que ce que le sort t'accordera, » s'écria tout à coup un Frank, « léger, envieux, écervelé, » et il leva sa francisque et broya le vase.

Un an plus tard, une grande revue d'armes se faisait à la cour. Tous étaient rangés en bataille. Clodowig parcourait le front des guerriers. « Montre ta pique, toi, montre ton épée, ta francisque. Ta hache est rouillée, ton glaive n'a plus de tranchant, ton *hang* ne peut servir. » — Et la hache, arrachée des mains du soldat, tombe à terre, et la pique suit la hache, et l'épée est rejetée sur l'arène. Le guerrier furieux se baisse. « Tiens, qu'il te soit fait ainsi que tu as fait, l'an passé, au vase de Soissons, » et la framée du roi fit voler en éclats la tête du soldat. « C'est ainsi qu'il parvintà s'environner d'une grande crainte, » ajoute Grégoire de Tours. (*Henri Martin*, t. I, p. 413.)

Voilà comment les Franks comprenaient le respect des chefs-d'œuvre.

— A moi ou, sans cela, à personne !

De tels artistes étaient faits pour marcher à grands pas dans la voie de l'idéal.

Où trouver le temps de penser, au milieu de ce sang, de ces égorge-

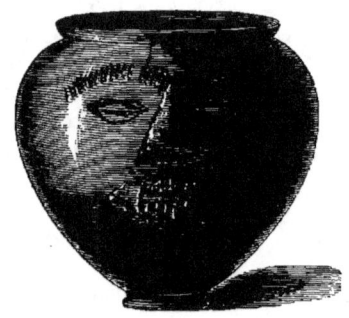

Fig. 201. Vase en terre grise fruste barbotiné d'une façon barbare voulant figurer une tête humaine, muni d'une anse, Hauteur, 11 centimètres; largeur, 9 centimètres.—Provenance, Cologne. N° 250 du Catalogue.

ments, de ces meurtres, de ces fratricides, de ces vengeances de princes qui avaient, comme Claude, le droit de tout faire, de ces plus cruelles représailles de femmes jalouses, qui ne se délectaient que dans les supplices.

« Tous en Gaule, à cette funeste époque, avaient perdu le repos de l'esprit, sans lequel l'étude et les arts périssent. »

« Hors la force physique, tout était méprisé. »

La grande, la seule, l'unique raison, était le *skramasax*, le couteau de sûreté qui pendait à la ceinture.

« Toute culture intellectuelle, toute élégance de mœurs disparut de la Gaule. »

Les instincts brutaux, les passions désordonnées régnaient sans mesure et sans règle. (*Augustin Thierry*, t. I, p. 313, t. II, p. 53.)

— Est-ce que tu ne vois pas quelque chose au-dessus du toit de ce bâtiment? demandait Salvius d'Alby à Grégoire de Tours. — Je vois la nouvelle guette que le roi vient de faire élever. — Et tu n'aperçois rien de plus? — Rien du tout, si tu vois autre chose, dis-moi ce que c'est. Salvius fit un grand soupir. — Je vois le glaive de la colère de Dieu suspendu sur cette maison. (*Augustin Thierry*, t. II, p. 54.)

Et c'est à cette famille bénie, sacrée, aimée de Dieu, que des colombes mystérieuses ont apporté du ciel l'huile sainte dans des ampoules de verre. C'est pour cette famille prédestinée, que des anges ont brodé des étendards de soie blanche où brillaient des fleurs de lis. (Légende du sacre et légende de l'hermite de Saint-Germain-en-Laye.)

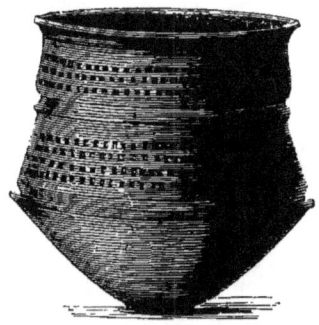

Fig. 202. Vase de terre grise mate avec ornements barbares en creux faits à l'outil. Hauteur, 7 centimètres; largeur, 11 centimètres. — Provenance inconnue. N° 253 du Catalogue.

Eux qui *déchiquetaient* en fer de lance l'ancien signe du sceptre antique, le vieux lotus fleur de vie, source d'immortalité des figures égyptiennes, qui brille encore dans les cathédrales aux mains des vierges couronnées (*Viollet-Leduc*, t. V, p, 495. *Panthéon de Champollion*. *Passim. Ornementation usuelle*, 1867, p. 45), ils ne le comprirent que comme harpon, instrument de mort.

Seu venere solo, seu sunt hæc edita cœlo,
Hæc sunt digna solo, Lilia digna Polo.

Il est vrai que les gens qui blasonnaient *Nemrod* de sinople au bélier d'argent ; *Telamon* de pourpre ou linon dragonné d'or, couronné et armé de même, à la bordure componnée d'argent; et *David*, d'argent, à la fronde d'azur, chargée d'une pierre d'or en pal, pouvaient sur les froids et muets écus des Franks, mettre des crapauds, des couronnes, ou ce que bon leur semblait. (*Hiérosme de Bara*, 1630, p. 120 *et suiv.*)

La naïveté des courtisans en quête de flatteries nouvelles, peut seule faire pardonner la faiblesse de leur science profonde, la platitude de leur argumentation surmenée.

On n'a eu qu'un tort, c'est de bâtir sur cette vase, un édifice aux proportions immenses, qui croule de lui-même et pour cause.

Le colosse avait des pieds d'argile.

Pourquoi s'étonner de sa chute !

Que pouvaient devenir, au milieu de tout cela, nos pauvres maîtres potiers du Rhin, de la Loire et de la Charente ?

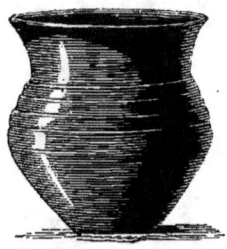

Fig. 203. Vase de terre noire, sans ornement. Hauteur, 11 centimètres; largeur, 11. — Provenance inconnue. N° 253 du Catalogue.

Les terres grises, rugueuses, grossières, monotones, avaient le pas dans le goût de la cour.

La France fut inondée d'étranges coupes, d'informes hanaps, de bouteilles sans aucune délicatesse, de récipients de toutes sortes, façonnés comme on en fabriquait encore à l'époque du premier voyage, au sortir du berceau des invasions primitives. (*Fig.* 201 *et suiv.*)

L'outil de bois, la glaise à peine dégrossie, les formes anciennes, mal comprises, exagérées dans leurs défauts, les bords droits, la molette, l'application brutale de l'ébauchoir carré, plaqué régulièrement sur les panses; les ornementations géométriques de l'âge de pierre revenues à la mode après plusieurs siècles d'oubli ; le sauvage dans des combinaisons mal ordonnées, remplaçant la recherche et le culte de la belle nature végétale; les procédés des tailleurs de silex venant comme perfectionnement des études grecques, des initiés de l'ère des Antonins.— Voilà la céramique française des Mérovingiens !

Si l'on n'arrêtait dans sa course furibonde l'ours germanique, tout était perdu.

Les moines s'en chargèrent, on leur doit cette reconnaissance.

Le fantastique faisait partie intégrante de l'éducation des rois franks. Ces buffles avaient des effrois soudains à la vue de ce que leurs yeux refusaient de comprendre.

Childéric, une nuit, est chassé de son lit par sa femme. « Que vois-tu, ô roi? — Je vois des lions, des licornes et des léopards. — Que vois-tu encore, ô roi? Retourne et dis à ta servante. — Je vois des bêtes semblables à des ours et à des loups, dans le bois grand. — Regarde bien encore, ô roi, dis à Bazine ce que tes yeux aperçoivent dans

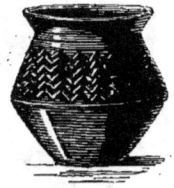

Fig. 204. Vase de terre noire avec ornements ondés. Hauteur, 6 centimètres; largeur, 5 centim. — Provenance inconnue. N° 252 du Catalogue.

l'ombre de la nuit? — Je vois des chiens qui se déchirent les uns les autres. » (*Histoire populaire de la France*, t. I, p. 68. Paris, Hachette.)

On connaît l'histoire du monstre marin, père de Mérovée.

Les moines exploitèrent habilement cette corde du fantastique, et donnèrent une espèce de fièvre de terreur salutaire aux bandits couronnés qui apprirent de la sorte à les respecter.

— Vous vivrez mille ans et plus, s'écriaient-ils, puis après Satan sera délié. Il sortira de sa prison, et il réduira les nations qui sont aux quatre coins du monde, Gog et Magog, et le nombre des victimes égalera le sable de la mer.

Et cùm consummati fuerint mille anni solvetur Satanas de carcere suo, et exibit, et reducet gentes quæ sunt super quatuor angulos terræ, Gog et Magog; et congregabit eas in prælium, quorum numerus ut sicut arena maris. (*Apocalypsis Beati Joannis apostoli. Caput XX*, ver. 7.)

Que celui qui a des oreilles pour entendre, écoute ce que l'esprit dit aux églises.

288   POTERIE GAULOISE.

Préparez la grande cuve. Voici que la vendange est prête, on va presser le raisin dans la coupe de la colère de Dieu.

Aiguisez la faulx. Voici que la moisson va se faire. On fauchera les épis, car la terre est mûre pour le jour du Tout-Puissant.

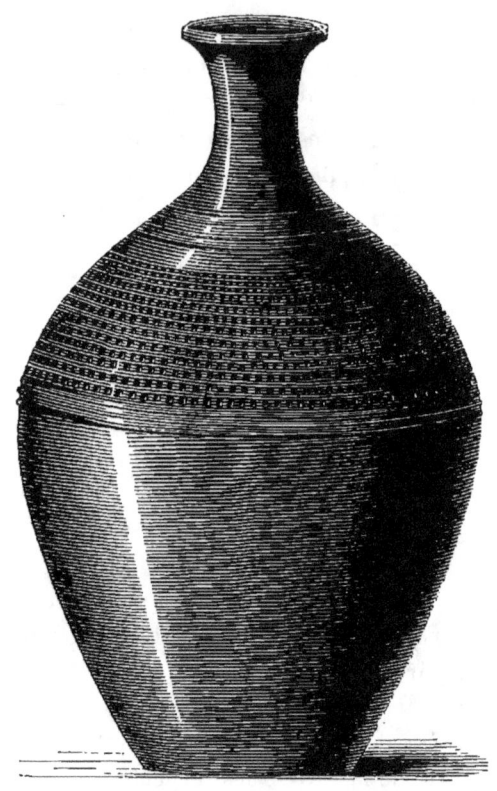

Fig. 205. Bouteille de terre grise fruste. Ornements en creux faits à l'outil, travail barbare. Hauteur, 29 centimètres; largeur, 6 centim. — Provenance Cologne. N° 251 du Catalogue.

Archanges, trônes et dominations, embouchez la grande trompette sonore de l'Éternel qui habite au-dessus des nuées.

Ouvrez le livre et déliez les sceaux terribles.

Toutes les races ont adoré la grande prostituée Babylone, demeure des démons, retraite des esprits immondes, repaire de tout oiseau impur et haïssable.

Princes gorgés de sang, tremblez !

Dieu s'est ressouvenu de vos iniquités. Vos crimes sont montés jusqu'à lui.

Vous serez traités comme vous avez traité les autres.

L'abîme ! l'abîme ! voici l'abîme !

Et les chevelus se signèrent et prirent grand'peur.

Le jugement avec le feu, la flamme, le fer rouge, les tenailles et les couleuvres dévorant des chairs vives.

L'an mil !

Ceci arrêta les monstres, mais en même temps les arts s'éteignirent, un grand sommeil s'empara de l'humanité dans cette immense nuit provoquée par toutes ces traverses sans nombre.

Tout est mort, un grand linceul couvre au loin la terre attristée.

Plus tard, au douzième siècle, survint la Renaissance, renaissance entièrement gauloise, nous l'avons indiquée plus haut, qui absorba complétement l'élément germanique et parvint à en faire sortir la *nationalité française.*

Lorsque l'on parcourt les galeries du Louvre, dans les salles des esquisses des grands maîtres, parfois l'on s'arrête, étonné, devant un simple coup de plume de Raphaël, un crayon de Rubens, une sanguine de Michel-Ange.

L'esprit rêveur on s'en va, l'œil encore plein de souvenirs : ici c'est un pan de robe traînante du peintre de la *Joconde;* plus loin, une main fine d'Holbein; ailleurs, la bouche souriante d'une femme de Léonard, ou le regard pensif d'un jeune homme de Lorenzo di Credi.

Un rien vous a ému.

Ah ! c'est que, devant ce pan de robe, devant cette bouche, devant cette tête, il a peut-être rêvé, lui aussi, le grand penseur des âges écoulés, il a peut-être pleuré, aimé peut-être, et dans ce simple carton, sa pensée, son rêve, son amour se développent, et vous les ressentez avec lui, et vous rêvez, vous pleurez, vous aimez avec lui.

De même quand on se passionne pour le simple profil d'un vase, dans ces petites lignes on retrouve tout un monde disparu. Le Frank, grossier, lourd, barbare, sauvage, soulève le cœur; le Romain, régulier, mouleur, soldat, ami des jouissances brutales, vous fait honte; le Gaulois enfin, fou de nature, délicat, chercheur, amant des grands bois, des plantes suaves, des fleurs odorantes, vous réjouit.

Ceci est le pourquoi de ce livre.

Après avoir manié pendant bien des jours ces modestes débris des potiers d'argile d'autrefois, nous nous sommes senti pris d'amour pour eux. Nous avons cherché à les faire connaître à leurs descendants. Nous avons essayé de réhabiliter ces dédaignés, qui furent les seuls pères de *la Nation*.

Fort de la parole d'un savant, nous y avons mis toute notre âme, croyant fermement avec lui que, pour celui qui sait voir, comprendre et sentir,

L'Histoire de la céramique est l'histoire de l'humanité tout entière.

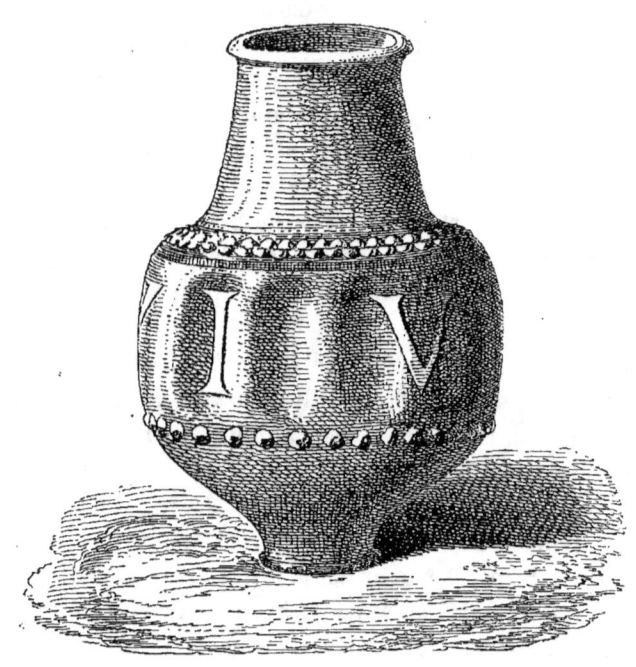

Fig. 206.

CONCLUSION

La réhabilitation de la race gauloise, tel a été l'unique but de cette étude.

Lorsqu'aux jours bénis de notre enfance, il nous arrivait d'atteindre, dans nos courses, un de ces grands *Menhirs* qu'ont semés les ancêtres dans la terre de Bretagne, nous demandions souvent à ceux qui nous accompagnaient : « Mais qui donc a planté là ces pierres ? » Et l'on nous répondait : « Des hommes grands, mon fils, des hommes très-grands, des géants. » Et nos mains caressaient les petites plantes verdâtres qui tapissaient le *Peulvan*, cherchant comme à découvrir, au-dessous de cette mousse sèche et dure, le signe de la griffe de l'homme grand, la marque du géant sur le granit.

Le vent soulevait les feuilles mortes et faisait grincer les branches des chênes. La bruyère de la lande se courbait sur la terre aride. La fleur d'or étincelait dans les genêts, et les vagues au loin, gravissant les rochers rouges, jetaient au ciel des flots d'écume blanche, en ajoutant aux soupirs du vent je ne sais quelle note immense, sonore, majestueuse, qui laissait notre jeune âme dans une inexplicable rêverie.

La terre grande et nue, le bois sombre, échevelé, la mer énorme, profonde, insondable, l'Océan sans bornes et des hommes grands remuant des pierres colossales !

Plus tard, dans nos promenades de collége, nous nous arrêtions assez souvent près d'une petite borne qui se cachait dans la fougère, le long d'un fossé de terre élevée, sur laquelle on lisait :

IMP. CAES

PIAVONIO

VICTORINO

PIO FELICI

AUG.

Et notre professeur, avec sa voix monotone, ses gestes mesurés, son œil sans regard, nous parlait des Romains, de la seule étude des anciens, dissertait sur César, *Veni, vidi, vici,* sur le clément Auguste, sur Titus, les Délices du genre humain, sur la beauté de la langue de Cicéron, sur les bienfaits des empereurs, et les éloges pompeux, académiques, redondants, interminables, entremêlés de citations classiques, coulaient de sa bouche aux lèvres froides et serrées, avec des flots d'éloquence pleine d'une rhétorique ampoulée et pédante.

Nous regardions la petite borne, et comme c'était un pays de Vannes et qu'à chaque pas, dans ces contrées, les grandes pierres se dressent alignées dans les champs muets de Karnac, solitaires sur les dunes de Quiberon étranges et mystérieuses, avec leurs zones inexpliquées, leurs feuillages inconnus, leurs serpents bizarres dans les îles de la Petite-Mer. A la vue du *milliaire* de Rome, nous ne pouvions ne pas songer aux grands témoins du Konguel ou de Kermario, et nous murmurions à part nous : « Si les autres avaient su peindre, qu'auraient dit les géants ? »

Un insatiable désir de savoir ce qu'avaient été les planteurs de pierres s'empara dès lors de notre esprit.

On ne nous parlait que de forêts de chênes où brillaient, dans la nuit, des torches, sous les arbres noirs desséchés par la cime. On nous décrivait des triangles de fer où s'asseyaient les prophétesses furieuses. On nous racontait des histoires de bassins d'airain où cuisaient des membres d'hommes. Partout ce n'étaient que poignards aigus remués par des femmes, que vieillards éventrés sur la pierre sainte au milieu des mugissements de taureaux, la gorge entr'ouverte. — Chaque arbre de Gaule cachait un victimaire.

Les bruyères n'étaient rougies que par des sacrifices. Les landes n'étaient couvertes que de cadavres humains. *Teutatès*, Dieu des vengeances, réclamait, au sixième jour de la lune, des entrailles vivantes coupées avec des faucilles d'or.

Dans les îles, des Euménides à l'œil hagard, déchiraient avec leurs ongles crochus, le visage de leurs compagnes, brûlaient les maisons, plongeaient leurs mains avides dans des cœurs palpitants.

Les Druides tuaient, les Eubages tuaient, les Bardes chantaient près des autels tièdes de massacres. Les guerriers buvaient dans des crânes, et des têtes coupées, à la langue pendante, aux yeux éteints, décoraient des portes dégouttantes de sang.

Le sourire nous venait aux lèvres, et nous nous disions quand même : « Cela n'est pas la vérité ! »

A peine libre, nous nous sommes donc lancé aussitôt dans une étude acharnée des origines.

Alors, petit à petit, les nuages accumulés par une éducation *latine*, se sont dissipés.

En feuilletant, soir et matin, aux bibliothèques, les vieilles pages des bénédictins de la congrégation de Saint-Maur, la lumière nous est venue, et nous sommes arrivé peu à peu à nous refaire une conviction plus saine, des usages, de la religion, des mœurs, des défricheurs du sol aimé de la patrie.

Le père Dom Martin nous a initié tout d'abord à ces doctrines des Druides « qui connaissaient le fin de toutes les sciences, les cultivaient avec soin, et ne négligeaient rien pour les porter à leur perfection. »

Il nous a expliqué qu'en faisant de *Teutatès* un dieu, on avait pris le Piré pour un homme.

Il nous a fait revenir sur ces égorgements des autels de pierre qui ne sont expressément marqués dans aucun auteur.

Il nous a, enfin, appris le premier à aimer ce grand peuple si doux, si bienveillant, si pacifique, dans la haine duquel on voulait nous élever malgré nous.

Le brave Malo Corret de la Tour d'Auvergne, avec l'enthousiasme naturel aux grandes âmes, a réchauffé de même chez nous cet amour.

Puis nous sommes allé demander aux modernes des recherches, que l'esprit analytique de notre temps réclamait plus certaines, plus sérieuses, plus pénétrantes.

M. Pictet nous a découvert le mystère des Bardes et leurs triades sublimes, où se condensait, dans un langage aussi élevé que concis, toute une série de principes d'une profondeur de vue que la science actuelle elle-même semble aujourd'hui ne pouvoir dépasser malgré ses audaces.

Les chants populaires sont venus colorer d'une note poétique ce tableau, que nous commencions à ébaucher dans notre imagination, de cette race si belle et si méprisée.

En écoutant ces chants de guerre, en murmurant ces *séries*, en interprétant les strophes de ces Nains, de ces Fées, de ces vieux Saints eux-mêmes qui n'ont d'autre canonisation que celle que leur a donnée la reconnaissance du peuple, nous avons senti grandir dans notre cœur la vénération des ancêtres.

Les historiens contemporains, ces scrutateurs patients et calmes qui, ne s'en tenant pas seulement aux textes des ennemis, veulent d'autres motifs de certitude ; les Amédée Thierry, les Henri Martin, les Jean Reynaud, chercheurs infatigables, sont venus, à leur tour, fortifier nos pensées, dissiper nos doutes et nous ont révélé enfin le véritable, le grand, l'immortel *Esprit* de la Gaule.

Une plus minutieuse recherche dans l'archéologie spécialiste a contrôlé notre étude.

M. Viollet-Leduc, qui sait trouver dans le profil d'une statue, dans l'enroulement d'une volute, dans la frise d'un portique, le sentiment des temps oubliés; M. B. Fillon qui ose rapprocher le pot du Sénégal de son similaire de fabrique Pictone; M. E. Tudot, enfin, qui place sur une même étagère l'Isis d'Égypte et la Déesse Mère du bassin de l'Allier, nous ont donné le vrai mot du sphinx des landes de l'Armorique. Alors, fort du témoignage de ces historiens, de ces savants, de ces penseurs, nous avons jeté sur nos épaules le sac du touriste et pris la pique en main, résolus à faire dire, à notre tour, aux pierres du pays, les mots qu'elles tenaient cachés depuis tant de siècles.

Les sibylles antiques écrivaient, dit-on, les oracles inspirés par le dieu sur des feuilles légères que le vent enlevait au loin, et nul ne pouvait les réunir.

L'oubli, de même, a dispersé les traditions des belles Druidesses de Sein, d'Ouessant, des Sept Iles et de Gavrinis, nous voulions rechercher ce qui peut en rester dans la mémoire des peuples.

Le cœur à l'aise, l'œil en avant, nous sommes donc parti, nous égarant ici dans le « val sans retour, » buvant là-bas à la fontaine de Baranton, regardant ailleurs couler l'eau sainte sur les épaules des croyants du Pouldour, faisant à Guisseny le *Tantad* avec les pêcheurs, écoutant les fileuses au pied de *Hinkineret*, de Goulven, et le pâtre à la grande montagne d'Uzel.

Et le pâtre, la fileuse, le pêcheur et le croyant nous ont dit des choses qui auraient fait rêver un sceptique.

Alors nous avons demandé aux pierres elles-mêmes leurs noms. Elles ont répondu : Moi, je suis « la pierre du Veilleur de la pointe » ; moi, je me nomme « celle du Hurleur de la nuit », et moi, « celle du Vivant à toujours. »

Et quand, assis près de ces pierres dont nous dessinions les silhouettes avec une indicible émotion, nous nous sommes saturé de la nature ambiante, cherchant à voir ce qu'avaient vu les fils des Géants, les sommets se sont éclairés tout à coup, et le Clan libre nous est apparu, protégeant les agriculteurs et les femmes, dirigé lui-même par les grands cercles du Ménéhom, de Gourin, de Saint-Michel ou de Méné-Bré.

Alors, les autels à sacrifices ont disparu pour faire place à des tombes, et les potences de justice sont devenues « les Pierres du souvenir. »

Les Barbares étaient réellement des hommes, et quels hommes !

Nous n'avions pas à rougir de nos pères, mais bien à nous en faire honneur.

Au retour de cette excursion, comme nous errions en compagnie d'un ami, dans les plaines de la Champagne, étonnés d'entendre résonner à nos oreilles où tintaient encore des refrains celtiques, des mots dont les habitants du pays, eux-mêmes, ne pouvaient nous donner le sens ; nous avons appliqué l'étude commencée dans l'Armor, aux collines boisées d'Avize et de Vertus ; quelle n'a pas été notre joie de rencontrer à la place des *menhirs* bretons, des *Hautes bornes* détruites, mais intactes dans la mémoire des gens ; des *Huchées* oubliées sur les plans de la contrée, mais vives encore dans les usages des vignerons.

Nous avons voulu, dès lors, pousser plus avant notre recherche, et là, dans la craie blanche, des Gaulois immenses, des Gaulois morts nous ont laissé voir leurs ossements rangés avec ordre par les mains de ceux qui se battirent pour l'indépendance.

Sur la poitrine ouverte étaient les coupes.

Au flanc droit des guerriers nous déterrions des glaives.

Les bracelets unissaient, après la vie, les mains des *soldures* ; des colliers ornaient les vertèbres desséchées, et les vases du festin funèbre, pleins de débris du repas antique, parsemaient les tombes.

Grands calomniés, que vous étiez beaux dans votre sommeil séculaire !

L'immolation volontaire de l'ami, l'immolation volontaire de la femme, l'Orient tout entier était là, vivant sous nos yeux.

Les diatribes de la soldatesque romaine n'étaient plus que l'ignorance d'un homme « dont la seule préoccupation était de faire la guerre et d'en bien parler, formant ses jugements sur des apparences légères et chimériques, et dissertant de tout sans en rien savoir, comme les faiseurs de commentaires. » (Dom Martin.)

C'est à ce moment qu'on nous offrit de classer une collection entière des produits de la céramique gauloise.

Lorsque vous ne vous contentez pas d'examiner en passant telle grande conception d'un maître, mais que vous placez devant elle un chevalet, une toile blanche, et que là, seul à seul, vous cherchez à rendre par vous-même ce charme du sourire, cet éclat de l'œil, ce modelé, cet effet, cette opposition de valeurs, cette richesse de tons, après de longues heures de contemplation véhémente, il vous reste bien des choses au fond de l'esprit. En revenant à travers la ville, vous entendez encore le cliquetis des vaisselles remuées, la conversation des convives, l'harmonie douce des grands musiciens aux robes traînantes ; vous sentez l'œuvre du maître, vous dînez avec Véronèse et le Christ, vous écoutez François et la duchesse, Charles-Quint et Marie la Catholique, le marquis de Guast et le marquis de Pescaire, vous avez *vu* la noce de Cana du seizième siècle.

De même, lorsqu'il vous arrive de vous enfermer quelque temps avec les œuvres modestes des ouvriers de l'art de terre, que vous retournez ces vases, que vous les palpez, que vous les étudiez, que vous les examinez de toutes façons, suivant ici les traces de l'outil qui s'arrête, glisse, remonte et descend tour à tour, remarquant là les empreintes d'une main délicate, qui fait fléchir l'argile sous une pression mesurée, amenuise un profil, charge un pied trop faible, termine, en le rendant le plus harmonieux du monde, un contour amoureusement étudié, vous pénétrez, pour ainsi dire, dans la vie d'une époque, d'une nation, d'une race.

Si, peu après, vous prenez en main de même les lourds moulages d'une fabrication prétentieuse, que, trouvant les poinçons, vous en faites personnellement usage, que disséquant les procédés, vous en reconnaissez la grossièreté primitive, un mépris souverain s'empare de votre âme, et vous rejetez outils, terre, moule et roulette, en vous écriant : « De l'art ! mais il n'y en eut jamais dans ces poncifs orgueilleux et vains ; de l'art ! mais c'est là-bas qu'on le retrouve et non pas ici. »

Alors, que quelque terre grise fruste vous tombe sous les yeux avec des applications d'ébauchoir régulières, monstrueusement barbares, avec une rugosité inouïe pour l'époque, avec une coloration fausse, faite au hasard de la cuisson, sans goût, sans recherche, et qu'on vous dise : « Ceux-ci furent les vrais civilisateurs du pays, » vous vous écrierez : « Eux, mais ces mains pouvaient manier la hache à double tranchant et la jeter à cinquante coudées dans la poitrine d'un adversaire, comme les amis de l'Italie lançaient le pilum par-dessus les estacades, dans les cœurs invincibles des Gaulois ; mais façonner la fine terre blanche, ceux-là, jamais ! »

Le barbare, le voilà. L'artiste, lui, il est ici, dans la grande, l'immense Gaule, non pas ailleurs !

C'est après avoir songé longtemps, accoudé près de ces coupes si pures, de ces hanaps si élégants, de ces vases à boire aux légères guirlandes, aux inscriptions joyeuses, que nous avons résolu d'écrire les impressions qui se pressaient tumultueuses au fond de notre âme, et que nous avons fait ce livre.

Ce n'est pas œuvre de savant, loin de nous pareille prétention.

Le savant analyse : il prend une fleur, vous décrit sa corolle polypétale, son calice ovoïde à cinq lobes munis d'appendices foliacés, sa tige ligneuse, ses étamines hypogynes, périgynes ou tétradynames, son pistil trifide, multifide, ou penicilliforme.

Il vous dira sa tribu, sa famille, son espèce, son genre, ajoutant qu'elle est palustre, commune, urbaine, champêtre ou vulgaire. Il vous disséquera la violette, qu'il nomme *viola odorata*, ou le muguet qu'il appelle *convallaria multiflora*.

S'il entrevoit un papillon qui déploie ses ailes diaprées, en cherchant la poussière fécondante ; s'il aperçoit un insecte aux ailes d'or, qui se cache au fond d'un blanc calice, il s'écriera : C'est un lépidoptère, un hyménoptère, un névroptère, un coléoptère, ou quelque chose de semblable. Il vous dira s'il est nocturne, diurne ou crépusculaire; il vous montrera sa trompe roulée en spirale, ses élytres, son thorax ou ses mandibules.

Il en est qui aiment mieux respirer le parfum de la rose et voir voler le papillon.

Nous sommes un peu de ceux-là.

Nous avions, dans les sentiers déserts, eu le grand bonheur de humer, à pleins poumons, la fine senteur de la grande fleur de la Gaule, nous l'avons cueillie pour vous l'offrir, sans l'effeuiller, sans la disséquer, sans la détruire.

Un de ces savants nous disait, il y a quelques jours: « Vous autres coureurs de grands chemins, vous vous mêlez quelquefois de chasser aussi sur nos terres. Croyez-moi, ne le faites jamais, il pourrait vous arriver malheur. Vous êtes en tout point semblables à des chiens. Nous devons vous lancer sur le gibier, à vous de le poursuivre à travers les halliers, les fondrières, les étangs et les précipices; mais, de grâce, n'ayez donc point la dent chaude. C'est à nous qu'il faut apporter le lièvre que vous avez levé; nous seuls saurons le déguster à loisir, en juger et le savourer complétement. Pauvres limiers, donnez-vous garde de toucher à la plume ou au poil, réservez-nous vos prises, elles nous appartiennent de droit. »

Une comparaison un tant soit peu périgourdine nous trotta quelques instants dans la tête. Mais nous sûmes garder un silence prudent. Comme nous avions tâté du gibier défendu, il ne nous restait plus qu'à nous battre la poitrine, et c'est ce que nous fîmes.

Mais, que voulez-vous, en Bretagne, on n'aime pas les « chasses réservées », et c'est là que nous avions osé courir mainte fois après le grand sanglier, que nos vieux pères avaient pris pour signe de leurs Clans libres. A vous, lecteur, de nous dire si nous avons eu tort.

A l'époque où nous écrivions les premières pages de cette étude, la France ne portait point encore au front la souillure de l'invasion prussienne. La botte germanique n'avait pas encore flétri son beau sein.

Lorsque les désastres commencèrent, notre cœur plein d'espérance

osait crier encore : « Peuple grand, race de la pensée, je t'aime; qui
« pourra se vanter de te tuer? Gaulois tu étais, et passent toutes les
« tyrannies, tous les coups de la force brutale, Gaulois tu resteras,
« Gaulois tu seras toujours. »

C'est alors qu'il nous fallut tourner la page, fermer le livre et quitter la retraite tranquille que devaient troubler tôt après les bruits horribles d'une rage inassouvie.

Ah! souvent, dans ces nuits froides qu'avec des hommes inconnus hier et devenus nos amis, nous passions dans la neige des remparts ou la boue des tranchées, nous avons songé à l'œuvre commencée, rêvée, qui restait inachevée sur notre table, et, quand il nous a été donné de la reprendre, c'est avec une impression pénible, mais pourtant avec un espoir de vengeance inextinguible, que nous avons recommencé notre labeur.

Certes, quelques-unes des pages écrites à la suite de la défaite doivent être empreintes de sentiments violents et condensés.

Lorsque nous les avons relues, n'ayant aucun remords, nous les avons livrées telles qu'elles avaient été tracées. Car une œuvre quelconque, n'eût-elle pour objet qu'une simple observation artistique, doit conserver le cachet du temps où elle fut pensée.

De toutes ces choses, il est peut-être résulté dans la suite de nos chapitres divers, un manque d'unité, je ne sais quoi de heurté, de brusque, d'incohérent, qu'on nous le pardonne. Qui donc a pu échapper, au milieu des événements que nous venons de traverser, à l'incohérence? Qui donc a pu garder, impassible, la placidité nécessaire au chercheur? Que le lecteur se souvienne de ce qu'il a ressenti, lui aussi, sans doute, et qu'il nous excuse.

Nous parlions de la Patrie, et tout ce qui reste de sang gaulois dans nos veines nous refluait au cœur au souvenir de ses outrages et de ses malheurs sans nombre.

Géants des pierres grises, « qui parlez encore aux années qui s'élèvent derrière les siècles », qu'avait-on fait de vos fils?

Il y a dans les mythes grecs un pétrisseur d'argile, lutteur de l'esprit, chercheur de lumière qui a nom Prométhée. Le grand tyran Jupiter, celui qui règne par ses propres lois, convoque la Force et la Violence et cloue le ravisseur du feu sacré sur le noir rocher du Caucase; un vautour lui ronge éternellement le cœur. Les douces Océanides, ces brises légères qui volent au-dessus de l'écume transparente des flots bleus, comme une troupe d'oiseaux blancs, viennent consoler le Titan vaincu et le Grand Travailleur, cet autre ouvrier de la terre, comme l'appelle M. Michelet, le Dompteur de monstres, qui combat les hydres des marais empestés, qui dirige les fleuves, féconde les vallées et réunit les mers, un beau jour, brave le roi des dieux et délivre « le fils de la Justice ».

Il est, de par le monde, une race qui a dérobé de même au ciel le feu sacré qu'elle conserve pieusement, elle hait les tyrans et se rit de Jupiter.

Les Tyrans et Jupiter, avec la Force et la Violence, l'ont clouée sur le roc. Des aigles, appelés par eux, dévorent son flanc pur. L'aigle de Rome, l'aigle noir du nord et d'autres dont nous ne parlerons point. Les nymphes de l'Océan embrassent le bas de sa robe et voltigent autour de sa tête fière et libre. Elle vit quand même. Hercule, où donc es-tu? Jadis elle t'adorait, conduisant un troupeau d'hommes, liés à ta parole par une chaîne d'ambre et d'or. Hercule, lève-toi, il est temps de délivrer de nouveau Prométhée.

Ou plutôt laisse là ta massue, le géant sommeillait, il a fait un effort, et déjà bien des liens se sont rompus, au seul soulèvement de sa main pesante et forte.

Les chaînes de Jupiter n'étaient que les attaches de Liliput; parce qu'ils avaient garni ses mains de cordes serrées, ils se croyaient sûrs du triomphe, les nains !

Pompons, panaches, cordons et couronnes criaient à tue-tête, s'en donnaient à cœur-joie et banquetaient autour du cadavre. Il a fait un geste, l'Homme-Montagne, et Liliput est rentré dans son trou.

Il est vrai qu'ils braillent quelque peu, furieux d'un premier écrasement, et cherchent des inventions nouvelles pour renouer les chaînes rompues, pour étrangler de nouveau le monstre.

Efforts vains, il est fini, son long sommeil.—S'il connaissait sa force!

Rois, potentats, empereurs, majestés grotesques, prenez garde.

Prométhée n'est pas mort, et vous criez trop fort près de ses oreilles inattentives.

Princes de vieille ou de récente formation, vous prétendez gouverner quand même, vous primez le droit, dites-vous, prenez garde.

Hurlez vos *Te Deum*. Faites vos lois, élucubrez vos décrets.

Ah ! vous aurez beau vous flanquer, à dextre et à senestre, d'aigles au pectoral d'azur, vous aurez beau chercher la force dans le trèfle d'or garni de feuilles de chêne d'argent (*in trinitate robur*), vos bibelots héraldiques ne nous effrayeront plus.

Revêtez le manteau de pourpre ; prenez en main le glaive et la boule ; chaussez le cothurne et coiffez la couronne de Karl.

Pendant que passent les grandes processions, les grands troupeaux d'hommes, Jacob lutte avec l'esprit sur la montagne.

Pangermanisme, Panslavisme, partagez-vous l'univers.

Voici que la vieille race se réveille. Déjà les Ombriens de la Gaule cisalpine viennent de donner à l'Italie sa liberté.

La Galice tremble, l'Irlande grouille derrière l'aristocratie anglo-saxonne dans la vieille terre des Druides.

Votre jour va venir, nobles hommes des burgs et des forteresses.

Le géant a remué le bras, que le mot de Vercingétorix s'accomplisse : « Je veux que les peuples de Gaule n'aient qu'une volonté et quand ils seront tous d'accord, l'univers lui-même n'est pas en état de leur résister. » Et puis alors vous verrez.

Rêvez la conquête, rêvez l'empire : quand vous aurez fini vos songes, nous arriverons.

Car, malgré vos casques, malgré vos légions, malgré vos bouches de bronze et d'acier, malgré votre science funeste à l'humanité, il est des feux sacrés qu'on ne peut étouffer quand même. Il est des lumières qui brillent à travers toutes les ombres accumulées autour d'elles avec un soin farouche.

L'avenir est aux peuples qui ont rompu leurs chaînes et non pas à ceux qui les rivent.

Place aux Titans invaincus! Place à Prométhée délivré.

L'AVENIR EST AUX RACES CELTIQUES.

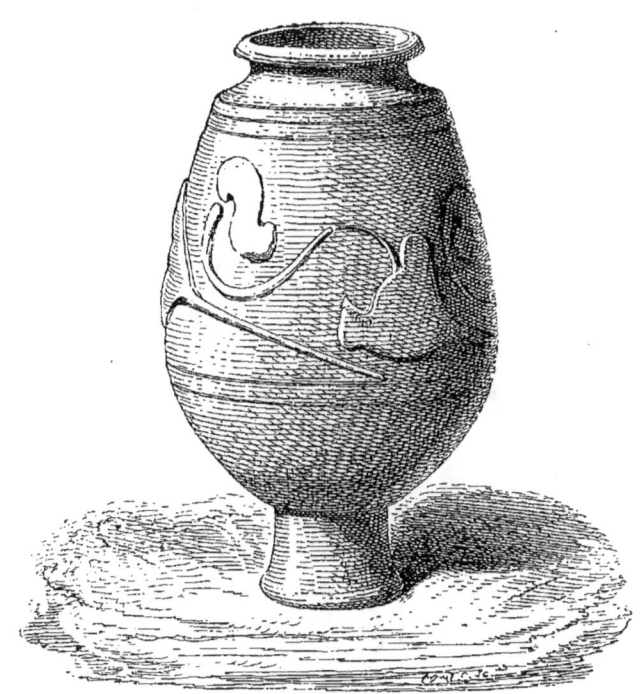

Fig. 207.

TABLE DES MATIÈRES

	Pages.
Lettre a M. J. Charvet...	1
Avant-Propos...	5
Introduction...	25

Sommaire. — L'art de terre. — Sa première inspiration. — Les formes génératrices des vases naissent à l'imitation du végétal. — Trois lois. — La loi de parenté. — La loi d'analogie. — La loi de personnalité. — L'histoire de la Céramique, c'est l'histoire de l'humanité. — Application des trois lois à l'art de la Gaule. — La poterie fournissant les points saillants de la généalogie de la race gauloise...   25

PREMIÈRE PARTIE. — L'ORIENT EN GAULE

I. — LE REPAS FUNÈBRE

§ 1. Sommaire. — Les vases des tombes consacrés par le souvenir du mort. — Les festins funèbres d'usage constant chez les races orientales. — Des festins funèbres en Égypte. — Des festins funèbres dans l'Inde. — Des festins funèbres chez les Hébreux. — Un enterrement gaulois d'après les textes et les monuments. — Permanence de l'usage des festins funèbres dans la Gaule moderne. — L'administration de la pompe funèbre à Rome. — Du cas que l'on doit faire du *cremabantur* de César et des urnes cinéraires en Gaule...   48

§ 2. Sommaire. — La libation, suite du festin funèbre. — La soif des morts dans le *Ramayana*. — La soif des morts dans l'*Odyssée*. — La soif des morts au moyen âge. — La soif des morts chez les Bretons actuels...... 61

II. — LA COUPE DE L'IMMORTALITÉ

§ 1. Sommaire. — La coupe, symbole de génération, de renaissance et d'immortalité. — La coupe femelle, lotus des Égyptiens. — Le sacrifice du Sôma et la coupe des sept prêtres,' chez les Aryas. — Le sacrifice du Haoma et la coupe du Zend Avesta, en Perse. — La coupe femelle, symbole du mariage et de la génération en Gaule. — La coupe des tombeaux. — Le gui potable et la coupe de Taliesin. — La coupe chez les patriarches, chez les Assyriens. — La coupe d'ambroisie chez les Grecs. — Le calice du chrétien.................. 69

§ 2. Sommaire. — La coupe au moyen âge. — Les chevaliers de la coupe. — Peredur de Cornouaille. — Peronik de Bretagne. — Parceval des Minnesingers. — Perceval le Gallois. — La coupe des Akalis au Penjab. — La coupe à l'Orient... 78

III. — LE GRAND ŒUF SACRÉ

Sommaire. — L'œuf du scarabée égyptien. — L'œuf dans la Mahabarata et dans les peintures indiennes. — L'œuf sortant de la bouche de Cneph. — Ptha *stabilitor*. — L'œuf chez les Phéniciens. — Explication de l'œuf *anguinum* de Pline. — L'œuf des Grecs. — L'œuf des Japonais. — La légende de Hu Gardan et de la belle Creiz Viou (milieu de l'œuf). — *Les œufs de Pâques en Perse*. — *Les œufs de Pâques en France*............ 83

IV. — LA PERSONNALITÉ GAULOISE

PREMIÈRE ÉPOQUE.

Sommaire. — Transplantation de l'arbre de vie (Haoma) en Gaule. — Premiers caractères de la personnalité gauloise, de l'art national dans les poteries. — Ce que c'était que la barbarie gauloise. — Un clan gaulois. — Éducation libre de l'enfant. — Constitution de la famille. — Rôle de la femme. — Le fuseau et la lance. — Religion. — Contemplation sublime de la nature. — Irruption de la civilisation romaine. — César............ 93

V. — LA SOURCE DE L'ART GAULOIS

Sommaire. — Conclusion de la première partie. — Prétention fausse de Rome au point de vue de l'art. — Personnalité artistique de la Gaule,

avant l'arrivée des Romains. — De l'art gaulois, ne s'inspirant ni de
l'Étrurie, ni de la Grèce, ni de l'Égypte, mais se rattachant comme eux à
l'Orient primitif par les Ombriens, les Pélages et les premières dynasties
des bords du Nil. — Point de contact de l'art gaulois avec l'Orient. —
Ame commune. — Idée d'immortalité. — Culte des morts, origine des religions. — Vases semblables, donc usages communs. — Le repas funèbre, les libations, la coupe, l'œuf de la résurrection. — Explication
du titre de cette première partie. — *L'Orient en Gaule*.................. 117

DEUXIÈME PARTIE. — LE ROMAIN EN GAULE

I. — LES INSTRUMENTS DE LA CIVILISATION. — LE SOLDAT

Sommaire. — Invasion des Romains en Gaule. — César et ses soldats. —
Massacre des Belges. — Massacre des Nerviens. — Sac de Namur. —
Massacre des Venètes. — Massacre des Menapiens. — Incendies à
Amiens, en Bretagne, sur le Rhin, chez les Éburons, chez les Bituriges.
— Bouleversement de la Gaule. — Victoire des Romains. — Nouveaux
massacres à Gien, à Poitiers, au Puy d'Yssolu. — Les mains coupées. —
Retour de César à Rome. — La Gaule ouverte à la civilisation.......... 127

II. — LES INSTRUMENTS DE LA CIVILISATION. — LA COLONIE, LES EMPEREURS

Sommaire. — La colonie impériale napoléonienne. — La colonie impériale
césarienne. — Centralisation. — Rome, ventre de l'univers. — *Panem et
circenses*. — Les Grands. — Luxe et gourmandise. — Les empereurs. —
Parricides, assassinats et autres joyeusetés. — On les tue, puis on leur
élève des temples. — Les prêtres. — Les dames romaines. — Grandeur
admirable de la civilisation latine... 149

III. — LES ROMAINS ARTISTES

Sommaire. — Les Césars des académiciens et les Césars de l'histoire anecdotique et de l'archéologie. — But de la digression des chapitres précédents. — J.-J. Rousseau et le paysan du Danube. — De la méthode de
fabrication des poteries rouges de Toscane. — Le surmoulage romain. —
L'art du camp de Châlons. — Le bout de l'oreille. — Le Grec vaincu,
civilisant son vainqueur. — Les Grecs fabricants de statues iconiques à
Rome. — Nullité de l'influence romaine en Gaule. — Occupation militaire de Lutèce d'après les monuments.................................... 169

IV. — L'ÈRE DES ANTONINS (LES PHILOSOPHES).

Pages.

Sommaire. — Période de calme. — Première renaissance. — Les empereurs philosophes : Trajan, Adrien, Antonin, Marc-Aurèle. — La religion officielle d'Auguste et la religion des initiés de la Grèce. — Identité du culte d'Isis et du culte de Koridwen. — La mère. — Explication des autels de Chartres et de Châlons. — *Virgini pariturœ*. — Confirmation de la thèse qui précède par l'étude des statuettes gauloises, par l'étude de la poterie. — Des noms grecs et gaulois, tracés sur les vases............... 187

V. — LA PERSONNALITÉ GAULOISE
DEUXIÈME ÉPOQUE.

Sommaire. — Révolution des artistes laïques dans les sculptures des cathédrales, à la fin du douzième siècle. — Naturalisme dans l'art. — Flore locale dans l'ornementation. — Types nationaux, celtes et gaulois, dans la statuaire. — Révolution coïncidant avec l'affranchissement des communes. — Analogie de la renaissance gauloise à l'époque des Antonins. Naturalisme dans l'ornementation des poteries. — Abandon des poncifs romains. — Accentuation très-caractérisée de la personnalité gauloise..... 209

VI. — DE LA POTERIE PARLANTE

Sommaire. — De la poterie parlante chez les paysans français actuels. — La joie du repas en France. — Le repas anglais. — Le repas allemand. — Le banquet du Moyen de parvenir. — Les repues franches du Plat d'Étain. — La Cave peinte de Chinon. — La Pomme de pin au dix-septième siècle. — Le repas des Gaulois anciens et le dieu Rire. — Propos des buveurs. — Le festin de Trimalcion. — Poterie parlante des premiers siècles. — Signatures des potiers romains. — Signatures des faïenciers italiens du seizième siècle. — Devises des faïences françaises à cette même époque. — La faïence révolutionnaire et les devises des citoyens en 1789. — Poteries parlantes chez les Grecs. — Poteries parlantes chez les Chinois. — Poteries parlantes chez les Russes. — La Joie et la Liberté. — Invasion germanique. — Mérovée... 239

VII. — LA RENAISSANCE DE L'ART GAULOIS

Sommaire. — Conclusion de la seconde partie. — Rome d'après Napoléon III et d'après Voltaire. — César massacra tout en Gaule et ne fit rien pour la civilisation. — Les empereurs ont pillé la Gaule mais ne l'ont pas civilisée. — La conquête rapprochant les vaincus. — Les Grecs, détruits, retrouvent des frères dans les Gaulois décimés. — De la putré-

TABLE DES MATIÈRES. 309

faction romaine, renaît une fleur divine, l'art gaulois. — Résumé de l'étude de cette renaissance. — Qu'a-t-on fait de Rome? *Tout*. — Que fut-elle? *Rien*. — Qu'a-t-on fait de la Gaule? *Rien*. — Que fut-elle? *Quelque chose*.. 264

TROISIÈME PARTIE. — LE FRANK EN GAULE

I. — GESTA DEI PER FRANCOS

Sommaire. — La *Truste* de Merowig. — La bataille! la bataille! le pillage, l'orgie teutonique. — Parole de Frank. — L'intérieur de la cour d'un roi frank. — Les femmes. — Les douces et blondes Germaines. — La chasse à l'homme. — Incroyable supériorité des Franks dans l'invention des supplices. — Clovis et sa famille. — Massacres. — Clother et ses neveux. — Massacres. — Franks et Gaulois de 1789............................ 271

II. — DISPARITION ET SOMMEIL DE L'ART GAULOIS

Sommaire. — Clovis et le vase de Soissons. — Les Franks artistes. — Fleurs de lis et fers de lance. — De la céramique des Franks. — Retour à la barbarie. — Le fantastique, la prédiction de saint Jean et la terreur de l'an mil. — Nuit complète. — Sommeil de l'art. — De ce que l'on peut voir dans une esquisse de grand maître. — De ce que donne l'étude des simples profils des vases. — Justesse de l'affirmation du savant Lelewel. — La Céramique, c'est l'histoire de l'humanité............................ 283

Conclusion.. 290

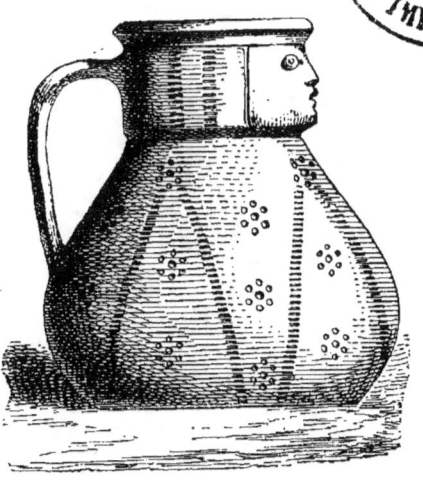

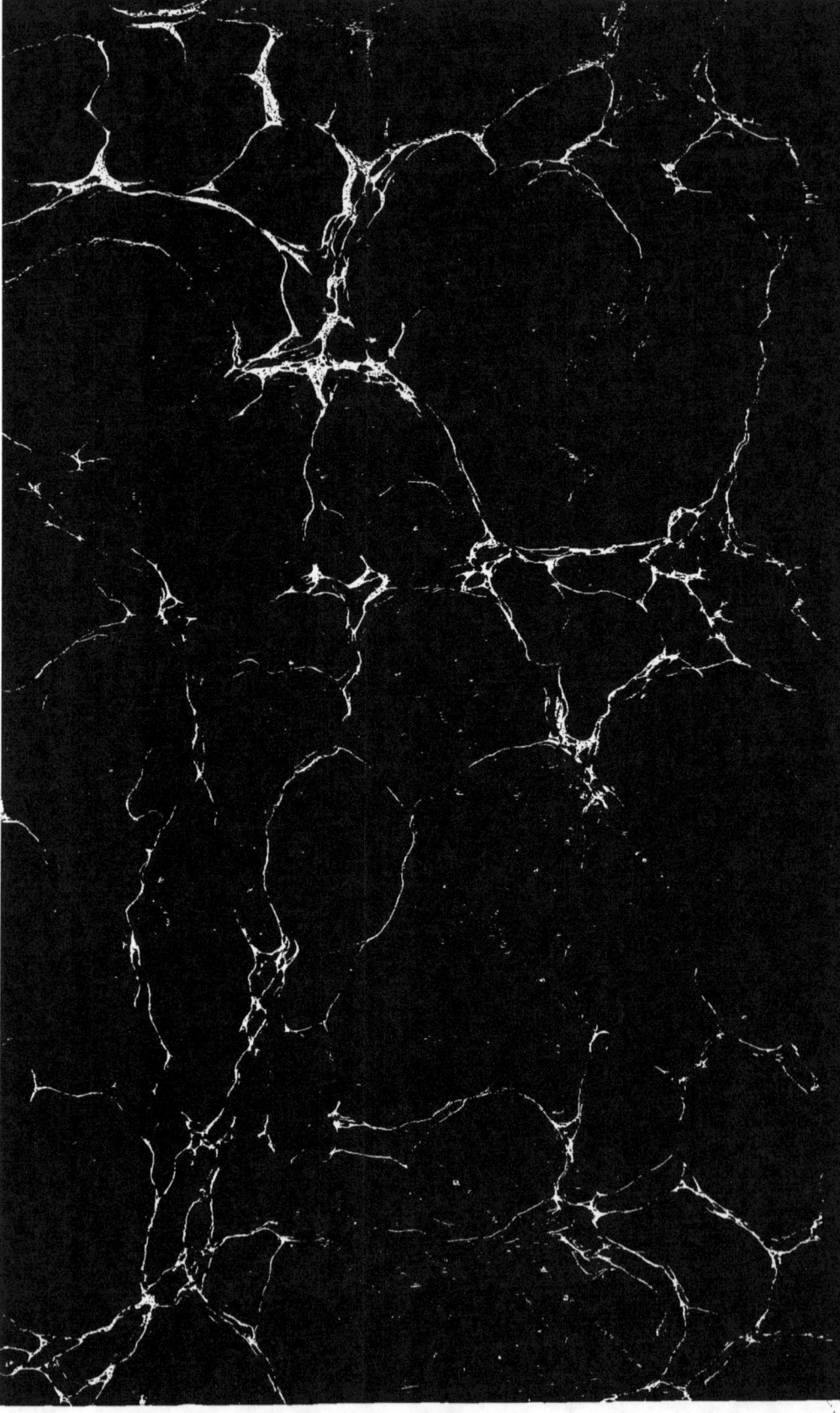

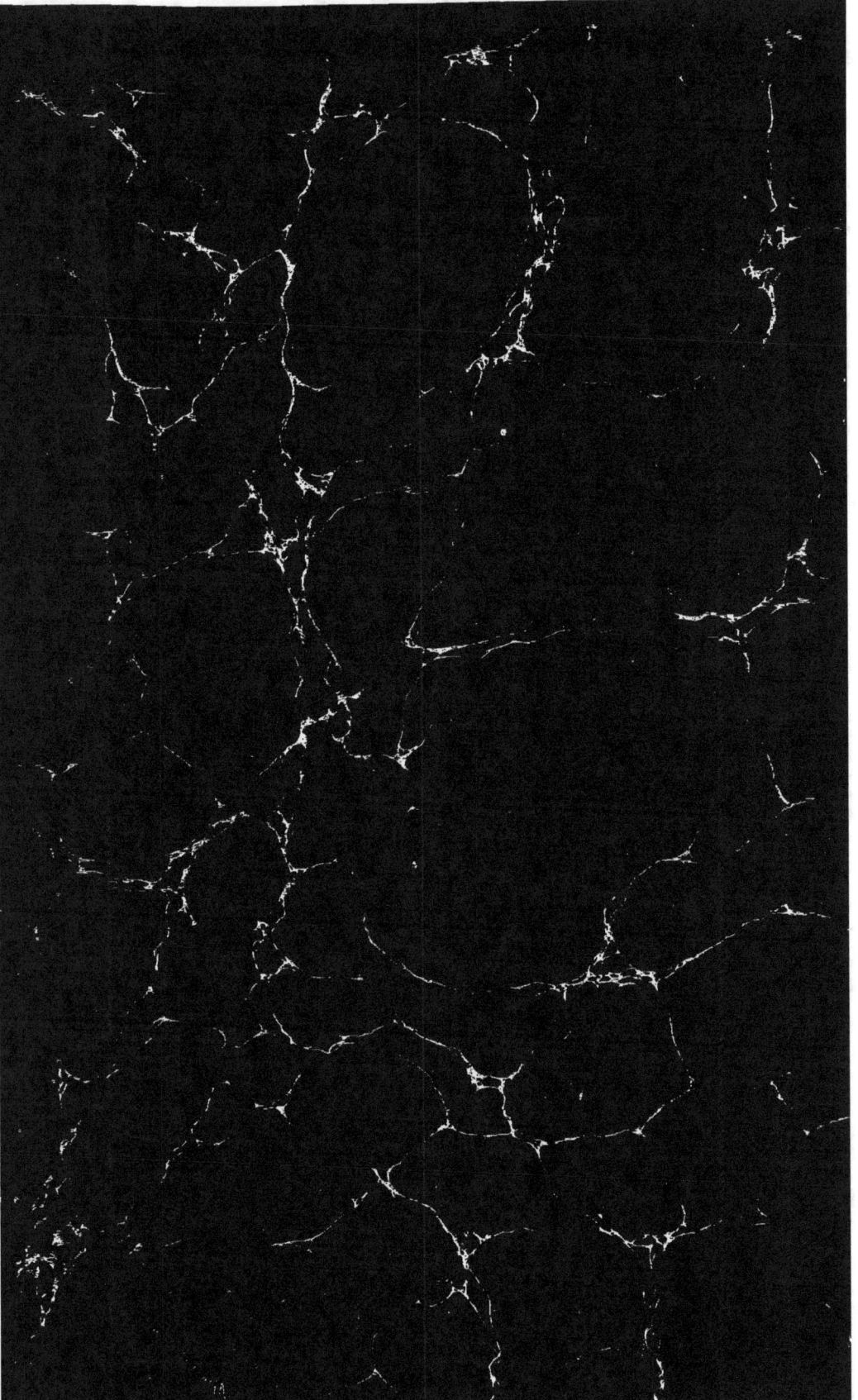

www.ingramcontent.com/pod-product-compliance
Lightning Source LLC
Chambersburg PA
CBHW071041240526
45471CB00014B/121